ALLÉGORIE DES POÈTES
ALLÉGORIE DES PHILOSOPHES

DANS LA MÊME COLLECTION

1. Richard GOULET, *Études sur les Vies de philosophes dans l'Antiquité tardive. Diogène Laërce, Porphyre de Tyr, Eunape de Sardes*, 2001, 432 pages
2. Pierre CHIRON, *Un rhéteur méconnu : Démétrios (Ps.-Démétrios de Phalère). Essai sur les mutations de la théorie du style à l'époque hellénistique*, 2001, 448 pages
3. Jean-Luc SOLÈRE et Zénon KALUZA (éd.), *La servante et la consolatrice. La philosophie dans ses rapports avec la théologie au Moyen Age*, 2002, 280 pages
4. Bernadette PUECH, *Orateurs et sophistes grecs dans les inscriptions d'époque impériale*, 2002, 608 pages
5. Maroun AOUAD, *Le* Commentaire moyen *d'Averroès à la* Rhétorique *d'Aristote,* 2002 :

   Volume I – Introduction générale, 528 pages

   Volume II – Édition et traduction, 712 pages

   Volume III – Commentaire du *Commentaire*, 464 pages
6. Daniel-Odon HUREL, *Érudition et commerce épistolaire. Jean Mabillon et la tradition monastique*, 2002, 688 pages
7. MACARIOS DE MAGNÉSIE, *Le Monogénès*, édition critique et traduction française par R. GOULET, 2003, 382 + 456 pages

   Tome I – Introduction générale, 382 pages

   Tome II – Édition critique, traduction et commentaire, 456 pages
8. Antoine GUILLAUMONT, *Un philosophe au désert. Évagre le Pontique*, 2004, 432 pages
9. Henri HUGONNARD-ROCHE, *La logique d'Aristote du grec au syriaque. Études sur la transmission des textes de l'*Organon *et leur interprétation philosophique*, 2004, 304 pages

TEXTES ET TRADITIONS

Collection dirigée par

Marie-Odile GOULET-CAZÉ — Richard GOULET — Philippe HOFFMANN

— 10 —

ALLÉGORIE DES POÈTES
ALLÉGORIE DES PHILOSOPHES

Études sur la poétique et l'herméneutique de l'allégorie de l'Antiquité à la Réforme

Table ronde internationale de l'Institut des traditions textuelles (Fédération de recherche 33 du C.N.R.S.)

Actes publiés sous la direction de
Gilbert DAHAN et Richard GOULET

Chercheurs au C.N.R.S.

Ouvrage publié avec le concours du Centre national des lettres

PARIS
LIBRAIRIE PHILOSOPHIQUE J. VRIN
6, Place de la Sorbonne, V^e^

—

2005

Couverture : Vase du peintre Douris
© *Bildarchiv Preußischer Kulturbesitz* (Staatliche Museen zu Berlin, Antikersammlung. Kat./Inv.-Nr. : F2285)
Photographie : Johannes Laurentius

Imprimé en France

ISBN 2-7116-1762-9

PRÉSENTATION

Nous avons regroupé dans le présent ouvrage treize des quinze contributions présentées dans le cadre de la table ronde internationale de l'Institut des traditions textuelles qui s'est tenue à Villejuif du 4 au 6 février 2003. Cette manifestation a été organisée par des membres des quatre équipes de cet Institut (FR 33 du CNRS) sous la direction de Marie-Odile Goulet-Cazé. Elle avait été précédée par plusieurs journées d'étude destinées à clarifier la problématique de la table ronde.

L'idée d'une telle rencontre est née au terme d'un colloque antérieur sur le Commentaire, organisé par notre Institut des traditions textuelles en 1999[1]. Dans cette longue tradition du commentaire, l'allégorie a été un instrument d'innovation doctrinale permanent et a donné lieu, à toutes les époques, à des réquisitoires et à des plaidoyers enflammés.

Lorsque nous nous sommes réunis pour la préparation de cette table ronde, il nous est rapidement apparu que l'objet de ces conférences ne serait pas de dresser une histoire de l'allégorie en passant en revue divers exemples d'exégèses allégoriques et en montrant comment tel commentateur avait tiré par ce moyen telle doctrine de tel texte. Nous souhaitions plutôt clarifier le concept d'allégorie ou de méthode allégorique de façon à le distinguer de phénomènes littéraires voisins et à mieux en retracer l'évolution, en identifiant toutes les déformations que l'allégorie philosophique des Grecs a connues en passant dans des univers culturels différents.

Cette approche conceptuelle de l'allégorie est d'abord nécessaire pour en délimiter le champ d'application. Plutarque nous apprend que le mot « allégorie » est relativement tardif; il est mal attesté avant l'ère chrétienne. Mais la méthode est déjà parfaitement décrite par Platon et fut pratiquée par les stoïciens. D'un autre côté, on constate que tout n'est pas allégorique dans les pratiques que leurs auteurs ont ainsi qualifiées. Même les théoriciens antiques de l'allégorie ont parfois pris comme exemples des procédés littéraires qui nous paraissent plutôt des métonymies ou des métaphores et qui relèvent par conséquent de ce qu'on a appelé le sens littéral figuré. Faut-il donc parler d'allégorie à propos de l'interprétation physique des noms des dieux chez les philosophes stoïciens ? Le recours à Homère ou Hésiode chez les philosophes grecs est-il toujours dépendant d'une approche allégorique ? L'interprétation des anthropomorphismes par un auteur juif alexandrin comme Aristobule relève-t-elle de l'allégorie ? Même lorsqu'un auteur comme saint Paul emploie la terminologie de l'allégorie pour interpréter les rapports entre Abraham et ses deux épouses, se conforme-t-il à la méthode d'exégèse que les Grecs désignaient par ce terme ?

Une autre question connexe que l'on peut se poser est celle de l'universalité de ce procédé littéraire. L'allégorie – que l'on pense au procédé artistique employé par

1. *Le commentaire entre tradition et innovation.* Actes du Colloque international de l'Institut des traditions textuelles (Paris et Villejuif, 22-25 septembre 1999), publiés sous la direction de Marie-Odile Goulet-Cazé, avec la collaboration éditoriale de Tiziano Dorandi, Richard Goulet, Henri Hugonnard-Roche, Alain Le Boulluec, Ezio Ornato, Paris, Vrin, 2000, 575 p. et 24 pl.

l'auteur ou à la méthode d'exégèse mise en œuvre par l'interprète – est un phénomène littéraire qui peut, en principe, apparaître dans des contextes culturels très divers. Si elle ne recouvre pas parfaitement l'idée de symbolisme et si la dissimulation du sens est constitutive de la fiction allégorique, on peut estimer que dans nombre de civilisations et à toutes les époques on a pu vouloir identifier des créations de l'esprit, qu'il s'agisse d'un poème, d'une statue ou d'un oracle, comme la dissimulation d'un sens caché sous le voile d'une représentation obscure ou anodine. La distinction inévitable qu'on est amené à faire entre allégorie et méthode allégorique est là pour nous rappeler que l'application de la méthode à des textes divers est fondée sur une fiction littéraire implicite selon laquelle le commentateur se borne à retrouver le sens caché voulu par l'auteur lorsqu'il a employé ce procédé. Ce modèle esthétique comporte plusieurs implications, qui permettent de distinguer l'allégorie de procédés plus ou moins voisins: (a) L'allégorie concerne des productions littéraires ou artistiques et non des dieux, des personnalités ou des faits historiques; pour prendre un exemple, elle n'approche pas le livre de la Genèse ou de l'Exode comme une histoire sainte, mais comme un récit raconté par Moïse. (b) Elle est au départ l'œuvre d'un créateur, auteur ou artiste. (c) Elle vise la communication d'un sens susceptible d'être atteint par l'application d'une méthode appropriée. Bien qu'elle ait été dès l'Antiquité critiquée comme purement arbitraire, l'allégorie se concevait comme méthodique et répondant à des lois identifiables. (d) Enfin, le contenu matériel, la lettre ou le voile apparent de l'œuvre ainsi créée n'est pas ce que l'auteur ou l'artiste souhaitait communiquer. Il en résulte que, malgré tous les accommodements auxquels elle s'est prêtée, l'allégorie est en son principe peu compatible avec une interprétation littérale et historique des textes. Si on imagine qu'Homère en racontant les voyages d'Ulysse entendait parler des errances de l'âme, on peut difficilement supposer qu'il rapportait tout de même des événements historiques réels.

Ces présupposés de la fiction allégorique peuvent servir de critères pour identifier comme allégoriques des pratiques qui n'en portent pas le nom ou pour contester le caractère allégorique de certaines exégèses. Ils sont également utiles pour distinguer entre des formes originales de l'allégorie et des déviations plus ou moins tardives. Il peut sembler excessif de contester que des commentateurs de l'Écriture comme Philon ou Origène aient pratiqué l'allégorie, puisqu'aussi bien ils ont revendiqué cette méthode et s'en sont fait les théoriciens. Et pourtant un auteur comme Philon n'a guère pratiqué qu'une forme édulcorée de l'allégorie, dans la mesure où il n'accepte pas une remise en cause systématique de l'historicité des récits bibliques dans lesquels il découvre des significations cachées. Pour lui, l'allégorie apporte un supplément de sens spirituel à un texte qui peut parfaitement se défendre au plan littéral. A sa suite et sous son impulsion, une longue tradition chrétienne a construit une théorie des sens multiples de l'Écriture dans laquelle l'allégorie prenait sa place tout en respectant une lecture littéraliste. Mais le terme harmonieux de cette évolution ne doit pas nous faire méconnaître le caractère foncièrement anti-littéraliste de l'allégorie philosophique ancienne. L'historien qui travaille avec un concept trop flou de l'allégorie risque de ne pas percevoir où surgissent les innovations et où interviennent les déformations.

L'une des questions posées par certaines des études de ce recueil concerne le caractère factice de l'allégorie conçue comme production littéraire que chercherait à interpréter la méthode allégorique. On trouve certes des éléments d'une réflexion théorique sur l'allégorie comme forme littéraire chez les grammairiens et les rhéteurs, mais les définitions qu'ils en donnent et surtout les exemples qu'ils fournissent ne correspondent pas tellement à ce que les philosophes ou les théologiens croient retrouver grâce à leur méthode. Il ne s'agit généralement que d'images ponctuelles (métaphores, métonymies, synecdoques), presque transparentes, ne dissimulant aucune richesse doctrinale.

Faut-il considérer la méthode d'exégèse allégorique comme le simple complément de la création de textes allégoriques? Faut-il au contraire penser que les théoriciens de la rhétorique ont tenté de définir après coup une figure de pensée correspondant aux significations cachées que les philosophes prétendaient découvrir dans les mythes? En vérité, entre les deux traditions, il y a bien peu de points communs. Pour commencer, les philosophes ne parlent pas d'allégorie, mais de sens caché ou de sous-entendus. Ils s'intéressent à la signification de mythes ou de récits développés dont ils considèrent le sens apparent comme illusoire, comme un voile que le lecteur naïf ne peut soulever. Chez les poètes ou les rhéteurs, l'allégorie a peine à se distinguer d'autres figures et, en tant que figure, elle ne porte que sur de brèves formules et jamais sur la totalité d'un récit. Ce qui chez eux s'oppose à la lettre, ce n'est pas un sens caché mystérieux, c'est très précisément le sens de la figure, un sens qui ne reste voilé qu'aux incultes. Le souci principal n'est pas de dissimuler, quelle qu'en soit la raison, mais de communiquer autrement. Le récit d'Homère ou de la Genèse garde toute sa cohérence pour le lecteur qui ne pratique pas la lecture allégorique, alors que les allégories créées par le poète perdent toute signification si on n'en comprend pas le sens *figuré*.

Ce n'est guère que dans des textes tardifs comme le *Tableau* de Cébès ou peut-être les *Noces de Mercure et de Philologie* de Martianus Capella que l'on peut reconnaître de véritables productions allégoriques répondant à la fiction théorique sur laquelle est fondée la méthode d'exégèse allégorique pratiquée depuis au moins le VIe siècle avant J.-C. Encore faut-il constater que ces textes témoignent d'un souci obsessionnel de dévoiler les symbolismes qui leur fait sacrifier à peu près totalement toute vraisemblance littérale. Quant aux mythes élaborés par des auteurs comme Platon ou Plutarque, ils ne se présentent pas comme des allégories, mais généralement comme des récits exposant directement leur sujet et ils ne font pas l'objet d'une interprétation de type allégorique. L'allégorie comme forme littéraire qui est postulée par la pratique d'une exégèse allégorique serait-elle dans l'Antiquité un genre inexistant?

Pour le médiéviste, tout spécialement pour celui qui s'intéresse à la pensée de l'Occident chrétien, la réflexion autour de l'allégorie est une nécessité quasiment vitale: tout à la fois l'allégorie se trouve malmenée dès qu'il franchit les limites de son domaine (que l'on pense à la contestation juive ou, dans l'exégèse chrétienne même, aux mises en cause sévères des Réformés des premières générations), mais aussi elle est l'objet de tant d'interrogations dans le champ même de ses investigations. Avec toujours la question lancinante : est-elle figure de style ou procédure herméneutique? Les auteurs du Moyen Age passent sans cesse de l'une à l'autre, le plus souvent en toute connaissance de cause. De la sorte, la relative quiétude des antiquisants n'est plus de mise, puisque le simple emploi du terme *allégorie* doit susciter l'interrogation.

Si l'on accepte, avec les exégètes chrétiens du Moyen Age, que l'allégorie soit autre chose qu'une figure de style, on se trouve confronté à de redoutables problèmes d'herméneutique. Comment se situer par rapport à l'au-delà du texte ? Comment définir la relation entre la réalité objective ou matérielle des mots et la signification mouvante qu'on leur prête? A cet égard, la confrontation entre différents systèmes (Antiquité païenne, judaïsme et islam médiévaux, christianisme moderne) est stimulante et éclairante: la lecture confessante d'un texte considéré comme sacré ne mène-t-elle pas irrésistiblement à une démarche qui serait proche de l'allégorie? Inversement, les efforts de certains exégètes en vue de ramener la démarche allégorique à un processus rhétorique a-t-elle des chances de succès? Les pages qui suivent apportent bien des éléments de réponse à ces interrogations, majeures pour qui s'intéresse à la lecture des textes à l'intérieur des traditions religieuses et philosophiques.

On trouvera dans les études ici rassemblées d'autres réflexions théoriques sur l'allégorie à diverses époques. On voit assez souvent la méthode allégorique surgir dans des situations de crises culturelles, lorsque le contenu des textes canoniques ne semble plus conforme aux conceptions nouvelles et que l'on cherche à faire dire à l'auteur supposé des vérités qu'il ne pouvait pas ne pas partager. L'infidélité de l'interprète allégoriste est alors une marque de respect envers la signification véritable du texte vénéré.

Dans illustrer le contexte de réflexion où est née la méthode allégorique, nous voudrions suggérer un parallélisme entre l'allégorie démythologisante pratiquée par les philosophes grecs et la démarche d'un théologien et exégète comme Rudolf Bultmann. L'interprétation existentiale est pour Bultmann une façon de démythologiser l'Écriture en retrouvant le message biblique caché sous un langage devenu incompréhensible pour l'homme moderne. Pour Bultmann la proclamation du Royaume de Dieu qui est au cœur de la prédication de Jésus et toute la représentation du monde que présuppose cette prédication est mythologique et ne peut plus avoir de signification pour l'homme moderne qui ne conçoit plus la nature et l'histoire, pas plus que sa vie personnelle, comme soumises à l'intervention de forces surnaturelles. Il y a cependant une signification cachée de cette mythologie, une certaine compréhension de l'existence humaine. D'où la nécessité d'une démythologisation du message de Jésus tel que formulé par la communauté chrétienne primitive. Bultmann n'était évidemment pas un adepte de la méthode allégorique, tout au contraire, mais le sentiment d'étrangeté qui lui semble définir le rapport de l'homme moderne avec le message biblique est assez similaire à ce que des Grecs cultivés pouvaient ressentir à l'égard des mythes racontés par Homère ou à ce que des juifs d'Alexandrie pouvaient éprouver à l'égard de la Torah. Dans tous les cas, c'est pour redonner une place au texte canonique qu'il faut se résoudre à en contester la signification littérale. Pour reprendre une formule de Bultmann, « nous devons abandonner les représentations mythologiques précisément parce que nous voulons conserver leur signification plus profonde ».

Nous terminerons par une note plus personnelle en rappelant le rôle considérable qu'ont joué dans la recherche contemporaine sur l'allégorie les travaux de Jean Pépin. Son *Mythe et allégorie*, paru en 1958, et ses nombreuses études, partiellement rassemblées dans son ouvrage *La tradition de l'allégorie de Philon d'Alexandrie à Dante* paru en 1987, ont magistralement défini les problématiques, dégagé les courants et les étapes historiques, analysé l'ensemble des témoignages avec rigueur, pénétration et élégance. Ces immenses études ont fourni une inspiration et des orientations décisives à notre travail sur l'allégorie dans le monde grec ou dans le monde juif et chrétien.

Richard GOULET et Gilbert DAHAN

JEAN-BAPTISTE GOURINAT *

EXPLICATIO FABULARUM : LA PLACE DE L'ALLÉGORIE DANS L'INTERPRÉTATION STOÏCIENNE DE LA MYTHOLOGIE

> Croyez vous en vostre foy qu'oncques Homere, escrivant l'*Iliade* et *Odyssée*, pensast es allegories lesquelles de lui ont calfreté Plutarche, Heraclides Ponticq[1], Eustatie[2], Phornute[3], et ce que d'iceux Politian a desrobé ?
>
> F. Rabelais, *Gargantua*

L'allégorie est d'abord une procédure de style, ou bien la méthode d'interprétation d'un texte[4]. Le procédé stylistique est ce qu'on appelle à proprement parler l'allégorie, tandis que la méthode d'interprétation est ce que la critique moderne appelle parfois l'allégorèse. Si l'allégorie en tant que procédure stylistique a joué un rôle important dans la philosophie stoïcienne, on devrait donc en trouver l'exposition ou du moins une brève définition dans la partie logique de l'exposé des doctrines stoïciennes par Diogène Laërce. On pourrait s'attendre notamment à en trouver la théorie dans le bref exposé sur la poésie (VII 60), puisque ce sont très souvent les poèmes théologiques et épiques comme la *Théogonie* d'Hésiode ou l'*Iliade* et l'*Odyssée* d'Homère qui semblent faire

* Cet article a grandement bénéficié de deux travaux inédits, la thèse de Guillaume Rocca-Serra, *Cornutus : Abrégé des traditions relatives à la théologie grecque*, thèse dactylographiée, Paris, 1988, et l'article de Richard Goulet, « La méthode allégorique chez les stoïciens », [paru dans G. Romeyer Dherbey (dir.) et J.-B. Gourinat (édit.), *Les stoïciens*, Paris, Vrin, 2005, p. 93-120]. Que tous deux trouvent ici l'expression de ma dette et celle de ma gratitude. Je tiens également à remercier les participants du colloque pour leurs remarques, en particulier, Pierre Chiron, Alain Le Boulluec, Marie-Odile Goulet-Cazé et Tiziano Dorandi, ainsi que Stéphane Toulouse et Juliette Dross pour des discussions ultérieures. Cet article était déjà remis aux éditeurs lorsque sont parus deux articles sur le même sujet, dont il n'a pas été possible de tenir compte : G. R. Boys-Stones, « The Stoics two types of allegory » dans G. R. Boys-Stones (édit.), *Metaphor, Allegory and the Classical Tradition,* Oxford, 2003, p. 189-216, et C. Lévy, « Sur l'allégorèse dans l'Ancien Portique », dans B. Pérez-Jean et P. Eichel-Lojkine (édit.), *L'Allégorie de l'Antiquité à la Renaissance,* Paris, 2004, p. 221-233.

1. En fait, il s'agit de l'Héraclite auteur des *Allégories d'Homère*.
2. Eustate.
3. Cornutus.
4. Comme le fait remarquer R. Goulet, art. cité, p. 101 : « L'allégorie est un procédé d'écriture avant d'être une méthode d'exégèse. Historiquement, il se pourrait bien qu'on ait découvert des allégories avant que des auteurs aient pensé en mettre dans leurs textes et avant que les grammairiens aient théorisé cette figure du langage ».

l'objet d'une interprétation allégorique[1]. Or, rien de tel. Les deux seuls passages où une méthode allégorique semble à l'œuvre dans l'exposé de Diogène Laërce sont un passage sur l'étymologie des noms des dieux dans le paragraphe consacré à la divinité (VII 147) de l'exposé de la physique et l'interprétation allégorique d'un tableau dans la vie de Chrysippe (VII 187). Le point commun des deux passages est leur lien avec la théologie mythique, puisque le tableau de Samos

1. C'est notamment le cas dans l'ouvrage d'Héraclite, *Allégories d'Homère*, selon qui Homère « a été impie en tout, s'il n'a allégorisé en rien » (1, 1). Cet Héraclite (probablement un contemporain de Cornutus) a longtemps été considéré comme un stoïcien, par exemple par Diels. Selon son éditeur dans la collection Budé, F. Buffière, rien n'étaye cette hypothèse (p. XXXII-XXXIX). Mais ses arguments pour réfuter le stoïcisme d'Héraclite, à vrai dire, ne sont pas toujours dirimants. Selon lui, « si Héraclite parlait en stoïcien, il ne dirait pas que Zeus est l'éther, Héra, l'air, Poséidon, l'eau: il dirait que Zeus est la raison divine en tant qu'elle parcourt l'éther; Héra, cette même raison étendue à l'air» (p. XXXVIII-XXXIX) : la nuance, on le voit, est mince. Aussi W. Bernard préfère-t-il souligner ce qui rapproche l'allégorisme d'Héraclite de la tradition stoïcienne ou « substitutive », et qui l'oppose à la tradition néoplatonicienne. Dans la tradition néoplatonicienne, selon lui, la personnalité des dieux est préservée, c'est seulement l'anthropomorphisme et donc l'aspect « chronologique et psychologique » qui est rejeté, les dieux symbolisant des divinités intelligibles: voir W. Bernard, « Zwei verschiedene Methoden der Allegorie in der Antike », dans H.-J. Horn et H. Walter (édit.), *Die Allegorese des antiken Mythos*, Wiesbaden, 1997 p. 63-83 ; voir aussi id., *Spätantike Dichtungstheorien. Untersuchungen zu Proklos, Herakleitos und Plutarch*, Stuttgart, 1990, notamment p. 15-17, et J. Pépin, art. « Héraclite », H 63, *DPhA* III, Paris, 2000, p. 572-573. Le point de vue de W. Bernard est illustré notamment par l'exemple de la p. 69 de son article, l'allégorèse de l'adultère d'Arès et d'Aphrodite (Homère, *Od.* VIII 266 *sq.*). Dans l'allégorèse « substitutive », cet adultère symbolise l'union de la discorde (Arès) avec la φιλία (Aphrodite), ou bien c'est l'allégorie du travail de la forge, où le feu (Héphaistos) maîtrise le fer (Arès) avec l'aide de la beauté (Aphrodite) : ces deux allégories sont proposées par Héraclite, *Alleg. Hom.*, 69, 7-16. La première provient d'Empédocle (*cf.* Eustath., *In Od.*, p. 1597, 51-60 Majoranus = p. 298, 31-42 Stallbaum [absent de Diels-Kranz], et Empédocle, B 128 D.-K.), tandis que la seconde semble stoïcienne (*cf.* Cornutus, *Compendium,* p. 34, 15 *sq.* Lang). En revanche, pour Proclus dans son commentaire de la *République* I, p. 141-143, le mythe de l'adultère signifie que le dieu Arès, séparateur des opposés dans l'univers et le dieu Héphaistos, ordonnateur du sensible, ont tous deux besoin d'Aphrodite, déesse de la beauté : en ce sens, les dieux, dans l'allégorèse de Proclus, restent des dieux, bien que déshumanisés. On remarquera toutefois qu'il s'agit davantage d'une différence de conception de la divinité que d'une différence de méthode exégétique, que l'exégèse de Proclus lui est propre plus qu'elle ne s'applique à l'ensemble du néoplatonisme (en raison de la doctrine des hénades propre à Proclus) et que l'appartenance *stricto sensu* d'Héraclite au stoïcisme (que W. Bernard ne défend pas) reste improbable en raison de la présence de doctrines non stoïciennes dans son texte, comme le montre notamment A. Long, « Stoic readings of Homer », dans *Stoic Studies*, Cambridge, 1996, p. 64 n. 13 : psychologie tripartite, localisation de la rationalité dans la tête (voir aussi Buffière, p. XXXVIII, mais voir p. 17 n. 1 *infra*). En outre, Héraclite cite les stoïciens comme une école à laquelle il n'appartient pas (33, 1). Sur Héraclite, voir aussi l'article de Pierre Chiron ici même, et sur la conception néoplatonicienne de l'allégorie, voir aussi S. Toulouse, « La lecture allégorique d'Homère chez Porphyre : principes et méthode d'une pratique philosophique », *La lecture littéraire. Revue de recherches sur la lecture des textes littéraires* 4, 2000, *L'allégorie*, Paris, p. 25-50.

qui fait l'objet d'une interprétation allégorique est la description obscène d'un rapport d'Héra et de Zeus. Mais, dans le paragraphe sur l'étymologie des noms des dieux (VII 147), les *noms propres*[1] des dieux de la mythologie traditionnelle sont expliqués étymologiquement par l'application de *noms communs* (προσηγορίαι) désignant les divers pouvoirs (δυνάμεις) d'une seule et unique divinité.

Comme cette application d'une méthode étymologique aux divinités traditionnelles est confirmée par le témoignage du *De natura deorum* de Cicéron, Anthony Long a pu récemment mettre en doute que les stoïciens aient de fait pratiqué autre chose que cette « démythologisation » du panthéon traditionnel par l'étymologie et contester qu'il y ait eu une véritable pratique de l'interprétation allégorique chez les stoïciens[2]. A. Long suit en partie Peter Steinmetz, qui avait déjà remis en cause la thèse selon laquelle, pour les stoïciens, « derrière le sens littéral d'un poème, le poète a caché consciemment un sens plus profond »[3]. Selon P. Steinmetz, même s'il y a chez Zénon une « allégorèse étymologique » de la *Théogonie* d'Hésiode, et quelques tentatives isolées de Cléanthe, il n'y a dans l'ancien stoïcisme « aucune interprétation allégorique de la poésie comme poésie, en particulier aucune allégorèse de ce genre des poésies d'Homère »[4]. Mais il ne nie pas pour autant que les stoïciens aient pratiqué une allégorèse des mythes traditionnels : il s'efforce précisément de démontrer que les stoïciens n'ont pas interprété allégoriquement Homère et Hésiode, mais qu'ils ont interprété allégoriquement les mythes traditionnels, dont Homère et Hésiode sont seulement les transmetteurs. Autrement dit, selon P. Steinmetz, l'allégorie n'est pas pour les stoïciens un procédé littéraire des poètes, que l'allégorèse stoïcienne interpréterait, mais l'allégorèse est une méthode d'interprétation des mythes de la religion populaire. A. Long est encore plus radical, soutenant que les stoïciens ne pratiquèrent guère l'allégorèse, mais presque exclusivement l'étymologie[5]. Toutefois, pour ces deux auteurs, l'essentiel est surtout de montrer que les stoï-

1. Diogène Laërce emploie le verbe προσονομάζεται, qui renvoie manifestement au terme ὄνομα, qui, désigne chez les stoïciens les nom propre, par contraste avec le terme προσηγορία, qui désigne l'« appellation » ou nom commun : l'appellation « signifie » (σημαῖνον) la qualité commune, par exemple l'homme ou le cheval, tandis que le nom « désigne » (δηλοῦν) la qualité propre, comme Diogène ou Socrate (Diogène Laërce VII 58 = *SVF* III Diog. 22 = *FDS* 536).

2. C'est la thèse soutenue dans les deux études d'A. Long, « Stoic readings of Homer », dans *Stoic Studies*, Cambridge, 1996, p. 58-84 (repris de R. Lamberton et J. J. Keaney (édit.), *Homer's Ancient Readers*, Princeton, 1992, p. 41-66) et « Allegory in Philo and etymology in Stoicism : a plea for drawing distinctions », dans D. Runia et G. Sterling (édit.), *Wisdom and Logos*, *The Studia Philonica Annual* 9, 1997, p. 198-210.

3. P. Steinmetz, « Allegorische Deutung und allegorische Dichtung in der alten Stoa », *Rheinisches Museum* 129, 1986, p. 18. Pour une critique du point de vue de P. Steinmetz, voir W. Bernard, *op. cit.*, p. 13-15.

4. *Ibid.*, p. 29.

5. A. Long, « Stoic readings of Homer » (art. cité), p. 71 ; p. 82.

ciens n'ont pas donné une interprétation allégorique de l'ensemble d'un poème, et n'ont pas soutenu l'idée qu'Hésiode ou Homère avaient conçu l'ensemble de leur œuvre comme une allégorie. Il ne s'agit donc pas tant de nier des allégorèses ponctuelles, que de nier une interprétation allégorique de l'ensemble d'une œuvre poétique.

Bien que l'étymologie ait très manifestement occupé une place de choix dans l'interprétation stoïcienne de la mythologie traditionnelle, un long passage du *De anima* de Chrysippe cité dans le *De Placitis Hippocratis et Platonis* de Galien (III 8) montre que celui-ci pratiquait une exégèse « symbolique » (κατὰ σύμβολον) du mythe de la naissance d'Athéna dans la *Théogonie* d'Hésiode qui peut être à bon droit qualifiée d'allégorique[1], et qui allait au-delà de l'étymologie des noms des dieux. Il semble assez probable que les stoïciens n'ont jamais écrit eux-mêmes de récit allégorique : l'*Hymne à Zeus* de Cléanthe par exemple ne semble pas présenter de caractère allégorique, et l'allégorie ne fait pas partie des procédés rhétoriques attribués par Fronton à Chrysippe[2]. Mais les stoïciens semblent néanmoins avoir eu la notion du caractère symbolique ou allégorique de la théologie mythique traditionnelle, ou du moins avoir pratiqué une certaine forme d'allégorèse. C'est notamment à partir d'une analyse de la stratégie de Chrysippe dans l'interprétation du mythe de la naissance d'Athéna que l'on peut réévaluer la place et le rôle de l'allégorie dans l'interprétation stoïcienne de la mythologie traditionnelle. Mais il importe aussi de comparer la méthode de Chrysippe dans ce passage avec sa conception de la métaphore : la distinction de l'allégorie et de la métaphore est en effet essentielle à la notion d'allégorie, et si elle existe déjà chez les stoïciens, alors il existe chez eux une conception assez claire de l'allégorie.

1. La distinction de la métaphore et de l'allégorie symbolique chez Chrysippe et leur place dans sa stratégie d'interprétation

L'allégorie est d'abord ce que la rhétorique traditionnelle postérieure aux anciens stoïciens appelle un trope, c'est-à-dire un procédé stylistique différent de la figure. Le trope consiste à prendre un mot ou une phrase dans un sens différent de son sens propre pour lui conférer un autre sens[3]. L'allégorie, comme le dit Héraclite dans ses *Allégories d'Homère*, est le trope qui « tout en exprimant

1. P. Steinmetz, art. cité, p. 28, passe rapidement sur cette interprétation de Chrysippe, sans dire clairement s'il la considère comme allégorique ou non. A. Long, art. cité, p. 76, préfère parler d'« interprétation » plutôt que d'« allégorie », mais T. Tieleman, *Galen and Chrysippus on the Soul. Argument and Refutation in the* De Placitis, *Books II-III*, Leiden, 1996, p. 222-223, est d'un avis contraire : « *the term allegory (in a fairly strong sens, I would think) does apply* ». Voir aussi A. Le Boulluec, « L'allégorie chez les Stoïciens », *Poétique* 23, 1975, p. 305.

2. Fronton, *Epist. ad M. Anton.*, *De eloquentia* 1, 15, p. 146 Naber, p. 68 vol. II Haines (*SVF* II 27).

3. Quintilien, *Inst. orat.* VIII 6, 1. *Cf.* Tryphon, *Trop.*, p. 191, 12-13 Spengel.

certaines choses, signifie des choses autres que celles que l'on dit»[1]. Dans ce sens très général, l'allégorie s'apparente à la métaphore. Selon Quintilien et Cicéron, l'allégorie est une métaphore continuée ou une suite de métaphores[2]. La métaphore se contente en effet de comparer une chose à une autre, ou de substituer l'une à l'autre[3], tandis que l'allégorie est composée d'un ensemble cohérent de substitutions, souvent énigmatiques[4].

(a) La métaphore selon Chrysippe

Un exemple de métaphore selon Chrysippe est la description par Zénon de la représentation ou φαντασία[5] comme impression (τύπωσις[6]). En effet, Diogène

1. Héraclite, *Allégories d'Homère* 5, 2: ὁ γὰρ ἄλλα μὲν ἀγορεύων τρόπος, ἕτερα δὲ ὧν λέγει σημαίνων.

2. Quintilien, *Inst. orat.* IX 2, 46: ἀλληγορίαν *facit continua* μεταφορά (*cf.* VIII 6, 44). Voir J. Pépin, *Mythe et allégorie*, Paris, 1976², p. 89. Selon Quintilien (*Inst. orat.* VIII 6) et Tryphon (*Trop.*, p. 191, 14-18), l'allégorie fait partie de 14 formes de trope. Cicéron se contente de faire de l'allégorie une forme de métaphore. Sur la distance entre la tradition rhétorique de l'allégorie et l'allégorie stoïcienne, voir ici même l'article de P. Chiron.

3. Selon Aristote, *Rhetor.* III 4, 1, 1406b20-24, écrire: «il s'élança comme un lion» est une image (εἰκών), tandis que «ce lion s'élança» devient une métaphore (μεταφορά), parce que, dans la métaphore, le lion est directement substitué au personnage décrit, alors que, dans l'image, les deux termes de la comparaison sont présents et la comparaison est explicitement formulée. Voir J. Pépin, *loc. cit.* Cette tradition est reprise notamment par Quintilien, qui voit dans la métaphore «une similitude abrégée» telle que «celle-ci [l'image ou similitude] offre une comparaison avec ce que l'on peut exprimer, tandis que l'autre [la métaphore] est énoncée au lieu de la chose elle-même» (*Inst. orat.* VIII 6, 10, trad. J. Cousin). Que dans l'image, l'original accompagne sa représentation est assez naturel, si l'on songe que l'image par excellence, c'est le reflet dans l'eau ou le miroir, avant d'être le tableau du peintre: le reflet va de pair avec son original.

4. L'allégorie est parfois accompagnée de son interprétation par l'auteur: c'est ce que Quintilien, *Inst. orat.* VIII 6, 47, appelle l'allégorie «mélée de choses claires» *(allegoria apertis permixta)*. Voir ici même l'article de J.-C. Fredouille.

5. La traduction utilisée ici pour φαντασία, «représentation» est purement conventionnelle, et ne doit pas être comprise comme impliquant une image reproduisant la chose et la redoublant, puisque au contraire la φαντασία est la manière dont la chose se présente à l'âme: nous ne voyons pas à la fois la φαντασία et son objet, puisque la φαντασία est la manifestation de la chose dans l'âme (voir J.-B. Gourinat, *Les stoïciens et l'âme*, Paris, 1996, p. 36-37). Mais la traduction souvent utilisée dans la littérature de langue anglaise, «impression», ne peut être employée dans le contexte stoïcien sous peine de redondance: on serait obligé de traduire τὴν φαντασίαν τύπωσιν par «l'impression est une impression» ou «l'impression est une empreinte», ce qui ne serait pas mieux, car les stoïciens distinguent l'impression de l'empreinte, qui en est le résultat.

6. L'origine zénonienne de la métaphore est attestée par Sextus Empiricus, *M.* VII 230 (*SVF* I 58, *FDS* 259); *cf. ibid.*, 236. Sur cette métaphore, on peut consulter H. Rolke, *Die bildhaften Vergleiche in den Fragmenten der Stoiker von Zenon bis Panaitios,* Hildesheim-New York, 1975, p. 190-193 (d'après cet auteur, voir aussi L. Stroux, *Vergleich und Metapher bei Zenon von Kition*, Diss., Heidelberg, 1965, p. 51-71).

Laërce commente cette description de la représentation comme impression en disant que le terme a été proprement tiré par métaphore des empreintes produites par un sceau dans la cire :

Τὴν δὲ φαντασίαν τύπωσιν ἐν ψυχῇ, τοῦ ὀνόματος οἰκείως μετενηνεγμένου ἀπὸ τῶν τύπων τῶν ἐν τῷ κηρῷ ὑπὸ τοῦ δακτυλίου γινομένων.

La représentation est une impression dans l'âme, le nom provenant par métaphore de façon appropriée des empreintes produites par un sceau dans la cire[1].

La métaphore vient du *Théétète* de Platon et avait probablement été utilisée dans l'Académie, comme en atteste son utilisation à propos de la mémoire par Aristote dans le *De memoria*[2]. C'est probablement aux discussions de l'Académie et au *Théétète* que Zénon l'avait empruntée[3]. Cléanthe avait pris cette métaphore au pied de la lettre et pensait que la représentation était vraiment « une impression en relief et en creux, comme l'impression produite dans la cire par des sceaux »[4]. C'est Chrysippe qui avait critiqué cette interprétation littérale de Cléanthe, la jugeant absurde pour plusieurs raisons. L'argument principal était qu'il serait impossible que la partie hégémonique se représente plusieurs choses à la fois ou conserve une représentation en mémoire. D'une part en effet, « quand l'intelligence se représentera en un seul moment un triangle et un carré, il faudra que le même corps dans le même temps porte sur lui des figures différentes, à la fois triangulaires et carrées ou bien même circulaires, ce qui est absurde »[5]. D'autre part, si la représentation était vraiment une impression, il faudrait que « le dernier mouvement obscurcisse toujours la représentation précédente, de même que l'impression d'un second sceau oblitère toujours le premier »[6]. Peut-être Chrysippe ajoutait-il que ni la couleur ni l'odeur ne peuvent s'imprimer en creux et en pleins comme le sceau dans la cire[7]. Chrysippe expliquait donc qu'il ne fallait pas comprendre la représentation comme une véritable empreinte, mais comme une altération :

Αὐτὸς οὖν τὴν τύπωσιν εἰρῆσθαι ὑπὸ τοῦ Ζήνωνος ὑπενόει ἀντὶ τῆς ἑτεροιώσεως.

Il conjecture donc qu'« impression » a été employé par Zénon au lieu d'« altération »[8].

1. Diogène Laërce VII 45 (*SVF* II 235 ; *FDS* 33).

2. Platon, *Theaet.* 191c-195d ; Aristote, *Mem.* 1, 450a31-32.

3. Sur l'importance du *Théétète* pour l'épistémologie de Zénon, voir A. Long, « Zeno's epistemology and Plato's *Theaetetus* », dans T. Scaltsas et A. Mason (édit.), *The Philosophy of Zeno of Citium*, Larnaca, 2002, p. 115-131.

4. Sextus, *M.* VII 228 (*SVF* I 484-1 ; *FDS* 259).

5. *Ibid.*, VII 229 ; Diogène Laërce VII 50 (*SVF* II 55 ; *FDS* 255). Il se peut qu'il s'agisse encore de l'exposé emprunté à l'*Abrégé* de Dioclès de Magnésie. Selon ce passage, ces vues étaient exposées par Chrysippe dans le livre II de son traité *Sur l'âme*.

6. Sextus, *P.* II 70.

7. L'argument se trouve dans Alexandre d'Aphrodise, *De anima*, p. 72, 6-11 Bruns. Peut-être est-il d'origine stoïcienne, comme semble le penser Arnim, qui le reproduit dans son fragment *SVF* II 58.

8. Sextus, *M.* VII 230 (*SVF* I 58 ; *FDS* 259) ; *cf.* Diogène Laërce VII 50 (*SVF* II 55 ; *FDS* 255). Le verbe employé par Sextus, ὑπενόει, évoque le terme ὑπόνοια, qui appartient au

La stratégie interprétative de Chrysippe ici est très claire : quand il est en désaccord avec Zénon (ou du moins avec l'interprétation qu'en donne Cléanthe), il soutient qu'il est en fait en accord avec Zénon en assurant que celui-ci s'exprime métaphoriquement, et qu'il a employé un mot à la place (ἀντί) d'un autre, et qu'en fait le terme employé n'est qu'une métaphore. Il est remarquable que, dans cette analyse, on a effectivement affaire à une métaphore au sens strict, car un terme est appliqué de façon imagée à la place d'un autre pour exprimer quelque chose de différent du sens littéral, mais sans que la comparaison soit ni expliquée[1] ni développée[2], ni accompagnée d'autres termes, ni insérée dans un récit comprenant des personnifications. On retrouve le même type de métaphore dans un autre exemple de métaphore reconnu comme tel par Chrysippe, selon qui « nous disons métaphoriquement (κατὰ μεταφοράν) de certains qu'ils sont sans nerf ou qu'ils ont des nerfs » (pour désigner la faiblesse ou la force psychique), par comparaison avec les cas où nos nerfs et nos muscles sont incapables d'efforts parce que mous et relâchés[3]. Il s'agit bien d'une métaphore là aussi parce que, lorsque nous disons de quelqu'un qu'il est « sans nerf », c'est par comparaison avec les nerfs qui se trouvent dans le corps, mais on ne dit pas que l'âme est *comme si le corps était sans nerf* (ce qui serait une image), mais on dit que quelqu'un *est sans nerf en l'appliquant à l'âme* (ce qui est une métaphore).

Il semble bien que les stoïciens en général (et Chrysippe en particulier) aient distingué de manière classique la métaphore de l'image. Les comparaisons célèbres des parties de la philosophie avec un œuf, un jardin, une ville fortifiée, puis

vocabulaire de l'allégorie (sur ce terme, *cf.* J. Pépin, *op. cit.*, p. 86-87). Mais le terme ici est employé dans un sens contraire à son sens habituel dans le contexte de l'allégorie (il désigne habituellement l'activité de cryptage de l'allégoriste, et non l'activité de décryptage de l'interprète), et il est de Sextus, non de Chrysippe. Toutefois, Sextus l'emploie certainement intentionnellement.

1. L'interprétation que donne Chrysippe est en accord avec la définition aristotélicienne de la métaphore en *Rhetor.* III 4, 1, 1406 b 20-24, puisque, comme dans la métaphore du lion, l'image (celle de l'impression) est directement substituée au terme qu'elle remplace (l'altération). C'est d'ailleurs l'absence de terme comparatif (Zénon ne dit pas que la représentation est « *comme* une impression », mais il dit qu'elle *est* une impression) qui entraîne l'interprétation littérale de Cléanthe et qui permet à Chrysippe de déceler la procédure métaphorique. Bien sûr, que Chrysippe ait eu raison ou tort est une autre affaire, qui ne change rien au point visé ici, qui est la manière dont Chrysippe conçoit une métaphore et interprète à partir de ce trope un texte qui, interprété littéralement, l'embarrasse, à cause des absurdités qu'il entraîne.

2. C'est précisément le développement de la métaphore prise au sens littéral par Cléanthe qui entraîne les absurdités que Chrysippe veut réfuter.

3. Galien, *Plac. Hipp. Plat.* IV 6, p. 270, 29-33 De Lacy (*SVF* III 473). Cette métaphore est bien analysée par A. Le Boulluec, art. cité, p. 305, mais son interprétation de la phrase de Chrysippe, « nous disons de certains qu'ils sont sans nerfs, *bien qu'ils aient* des nerfs » est probablement erronée (*cf.* T. Tieleman, *Chrysippus On Affections*, Leiden, 2003, p. 146, à consulter aussi pour la conception de la métaphore utilisée ici par Chrysippe, et la différence avec l'analogie ; voir aussi la trad. de Ph. De Lacy *ad loc.*).

un animal[1] ne sont pas en effet des métaphores mais des comparaisons[2] où les deux termes, c'est-à-dire l'image et ce qu'elle représente, sont simultanément présents, la comparaison ne prenant son sens et n'ayant d'intérêt que par la comparaison terme à terme de chacune des trois parties de la philosophie avec les parties de l'œuf, du jardin, de la citadelle ou de l'animal. Il s'agit là de ce que l'on appelle à proprement parler une image (εἰκών), par distinction d'une métaphore dans le vocabulaire rhétorique[3].

Il est donc assez probable que, même si nous n'avons pas de trace d'une théorie stoïcienne de l'image et de la métaphore, celles-ci étaient assez clairement distinguées dans la tradition stoïcienne, dans les mêmes termes que ce que l'on trouve par exemple chez Aristote, puisque Chrysippe et d'autres stoïciens semblent avoir distingué ces deux procédures stylistiques, soit qu'ils les aient eux-mêmes employées, comme dans le cas des images des parties de la philosophie, soit qu'ils aient interprété certains textes de leur propre tradition comme utilisant ces procédures, comme dans le cas de l'attribution par Chrysippe à Zénon d'un usage métaphorique du terme « impression » dans sa description de la représentation. Dans ces conditions, l'absence dans nos sources d'une théorie stoïcienne de l'allégorie n'implique ni que cette théorie n'a pas existé, ni que les stoïciens n'ont pas eu une conception de l'allégorie ou ne l'ont pas utilisé dans l'interprétation de certains mythes traditionnels. Comme on va le voir, dans deux cas, il est au contraire assez clair que Chrysippe a recouru à l'allégorèse pour expliquer certains mythes théologiques, et que cette allégorèse suppose effectivement une procédure différente de l'image ou de la métaphore.

(b) L'interprétation allégorique de la mythologie selon Chrysippe

Dans l'interprétation du mythe de la naissance d'Athéna par Chrysippe, il est évident que l'on a affaire à quelque chose de différent d'une simple métaphore. Cette interprétation se trouvait dans le traité de Chrysippe *Sur l'âme*, et elle est longuement rapportée par Galien dans ses *Doctrines d'Hippocrate et de Platon*[4]. Le mythe racontait la naissance d'Athéna sortie de la tête de Zeus. Il était employé par des adversaires de la localisation de la partie directrice de l'âme dans le cœur, théorie que soutenait Chrysippe. Selon ces défenseurs de la locali-

1. Diogène Laërce VII 40 (*SVF* II 38; *FDS* 40); Sextus, *M.* VII 16-19 (*FDS* 20); la dernière comparaison vient de Posidonius (Sextus, *M.* VII 19 = Posid. F. 88 E.-K.). Sur ces comparaisons, voir J.-B. Gourinat, *La dialectique des stoïciens*, Paris, 2000, p. 30-31.

2. Εἰκάζουσι (Diogène Laërce VII 40 = *SVF* II 38 = *FDS* 1).

3. On notera toutefois que, dans la classification stoïcienne des notions, la pensée qui se forme à partir de l'image en tant que reproduction artistique suppose l'absence du modèle: « Socrate absent est pensé à partir de l'image de Socrate » (νοεῖται ἀπὸ τῆς Σωκράτους εἰκόνους ὁ μὴ παρὼν Σωκράτης, Sextus, *M.* IX 394). La présence de l'image peut donc aller de pair avec l'absence de son modèle, mais ceci ne change rien à la distinction entre la métaphore et l'image ou comparaison comme procédures rhétoriques.

4. Galien, *Plac. Hipp. Plat.* III 8, p. 222-230 De Lacy (*SVF* II 908-909).

sation de l'âme dans la tête, puisque Athéna, personnification de l'intelligence, naît de la tête de Zeus, le mythe symbolise le fait que l'intelligence est située dans la tête[1].

Chrysippe réfute cette interprétation traditionnelle en soutenant que le récit «manifeste un symbole différent» (ἄλλου τινος συμβόλου ποιοῦντ' ἔμφασιν[2]). Car il faut tenir compte de plusieurs éléments que les défenseurs de l'interprétation combattue par Chrysippe ne prennent pas en compte par «ignorance de ce qu'on raconte à ce sujet» (ἀγνοοῦντες τὰ περὶ τούτων ἱστορούμενα), ce qui les induit en erreur (διαμαρτάνοντες[3]). Chrysippe s'appuie explicitement sur le texte de la *Théogonie* d'Hésiode parce qu'elle donne une version «plus détaillée» (ἐπὶ πλέον[4]). Car les autres versions que celles d'Hésiode racontent seulement qu'Athéna est née de la tête de Zeus, ou ajoutent seulement que Zeus s'est accouplé successivement à Mètis et à Thémis. Mais ces versions négligent un détail rapporté par Hésiode, à savoir que Mètis est avalée par Zeus avant que celui-ci ne donne naissance à Athéna «pour que la déesse lui fasse méditer le bien et le mal»[5]. Or ce détail est capital pour l'interprétation de Chrysippe:

> En effet d'abord, on parle de Mètis comme de quelque prudence et d'un art se rapportant à la vie[6], en tant qu'il faut que les arts soient avalés et assimilés, de la même manière que nous disons que certains avalent ce qu'on dit, et que, à cause de l'avalement, on dit, en conservant le même registre d'expression (συνηκολουθηκότως λέγεται), qu'ils les «digèrent et les assimilent»[7]. Ensuite, le plus probable est qu'un tel art, quand il a été avalé, engendre en eux une enfant très semblable à sa mère. S'y ajoutent les enfants que les sciences engendrent en eux. Or, il nous reste à examiner comment ils peuvent être mis au jour et surtout par quelle

1. Selon Galien, «Chrysippe s'aperçut que le récit de la naissance supposée de la déesse sortant de la tête de Zeus contredisait ses propres doctrines» (*ibid.*, p. 222, 30-224, 1 De Lacy = *SVF* II 908). Ph. De Lacy, vol. III, p. 640, dit que «l'identité de ces allégoristes est inconnue» mais penche pour des membres de l'Académie, puisqu'ils acceptent la localisation platonicienne de l'âme dans la tête. Comme l'a montré T. Tieleman, *Galen and Chrysippus on the Soul* (*op. cit.*), p. 141 n. 26, certains stoïciens avaient interprété le mythe en ce sens et il se peut qu'il y ait eu sur ce point une querelle à l'intérieur de l'école (*cf.* Philodème, *De pietate* col. 361, 10-15 Obbink [éd. citée plus loin, p. 22 n. 2] = *SVF* II 910 = *SVF* III Diog. 33 = *FDS* 456): «certains des stoïciens disent que l'hégémonique se trouve dans la tête: en effet, c'est la prudence, et c'est pourquoi elle est appelée aussi Mètis»).

2. Galien, *Plac. Hipp. Plat.* III 8, p. 226, 24-25 (*SVF* II 909). Sur le sens du terme «symbole» ici, voir les excellentes remarques de T. Tieleman, *op. cit.*, p. 222 n. 13 (voir l'ensemble des p. 222-225 pour une interprétation détaillée du texte de Chrysippe).

3. *Ibid.*, p. 224, 8-9 (*SVF* II 908).

4. *Ibid.*, p. 224, 15 (*SVF* II 908). Un des extraits que donnait Chrysippe, p. 226, 4-22 De Lacy (*SVF* II 908), est en fait absent de la tradition directe de la *Théogonie*. Ce texte (fr. *dub.* 343 Merkelbach-West) est généralement considéré comme apocryphe. Sur ce texte, voir T. Tieleman, *op. cit.*, p. 222 n. 11.

5. Galien, *loc. cit.*, p. 224, 15-29 (*SVF* II 909). Le vers cité provient d'Hésiode, *Theog.* 900.

6. Galien, *loc. cit.*, p. 226, 25-26: τις φρόνησις καὶ περὶ τῶν κατὰ τὸν βίον τέχνη.

7. Littéralement, «les mettent en réserve dans le ventre» (εἰς τὴν κοιλίαν ἀποτίθεσθαι).

voie. Eh bien, c'est manifeste : ils sont exprimés par le langage rationnel à la hauteur de la tête par la bouche, le mot « tête » (κεφαλή) ici étant employé de la même manière que l'on parle de la tête d'un mouton, ou de couper la tête à quelqu'un, ce qu'on exprime aussi en disant « sortir du crâne » (κορυφή), car de tels déplacements[1] sont fréquents dans les symboles[2].

L'exégèse du mythe par Chrysippe était donc complexe, et faisait entrer en ligne de compte de nombreux éléments du texte d'Hésiode pour donner une interprétation qui n'avait rien d'évident. Le point initial consistait à prendre en compte tout le récit, et non pas seulement la naissance d'Athéna, qui ne pouvait être invoqué contre le cardiocentrisme stoïcien qu'à condition de limiter l'interprétation symbolique à ce seul élément: autrement dit, Chrysippe n'interprète pas un symbole isolé, mais considère l'ensemble d'un récit (ce qui donne évidemment au texte un caractère d'allégorèse que n'a pas l'interprétation purement symbolique déjà courante avant lui). C'est là le point le plus important, car il indique que Chrysippe pratique précisément l'allégorèse d'un récit complet, et ne se contente pas de l'interprétation d'un symbole isolé. Ensuite, un élément important est de faire de Mètis le symbole de la prudence. Certes, comme le fait remarquer A. Long, cette interprétation est assez obvie, puisqu'il y a un lien évident entre le nom de la déesse Μῆτις et le terme μῆτις, qui désigne l'intelligence, le nom propre de la déesse n'étant que le nom commun personnifié[3]. Mais, néanmoins, Chrysippe ne fait pas fond sur cette étymologie, mais sur une interprétation précise du v. 900 de la *Théogonie*. En effet, quand il écrit que l'« on parle de Mètis comme de quelque prudence et d'un art se rapportant à la vie »[4], il s'agit là d'une interprétation méticuleuse en termes stoïciens de ce vers, selon lequel la déesse doit faire connaître à Zeus le bien et le mal: or la prudence est pour Chrysippe la « science des biens, des maux et de ce qui n'est ni l'un ni l'autre »[5]. Élement supplémentaire: puisque Mètis symbolise la prudence et les vertus, l'ingestion de Mètis symbolise en fait l'ingestion des arts par l'âme, et cette symbolique de l'ingestion, parce que les termes sont employés métaphoriquement pour le langage, doit faire comprendre qu'en réalité la naissance de la fille de Mètis, Athéna, désigne l'expression de la prudence par le langage. Autre

1. Παραλλαγαί: il s'agit d'une métonymie. Chrysippe employait (sans doute dans le sens général de la substitution d'un mot à un autre) le terme παραλλαγή (Galien, *Plac. Hipp. Plat.* III 8, p. 228, 4.8.26; 230, 3), qu'il pouvait aussi employer dans un sens non linguistique (*Ibid.*, p. 274, 28.30; 278, 31), et, en tout état de cause, dans un sens différent du sens grammatical (changement de syllabe: Aeschin., III 192; Platon, *Theaet.* 193c; 194d; changement de personne ou de cas: Apollonius Dyscole, *Pron.*, p. 110, 3; *Synt.*, p. 214, 9; *Conj.*, p. 239, 10; p. 245, 25) que le terme a avant ou après lui.

2. Galien, *Plac. Hipp. Plat.* III 8, p. 226, 23-228, 5 De Lacy (*SVF* II 909).

3. A. Long, « Stoic readings of Homer », p. 76.

4. Galien, *loc. cit.*, p. 226, 25-26 (*SVF* II 909): τις φρόνησις καὶ περὶ τῶν κατὰ τὸν βίον τέχνη.

5. Τὴν φρόνησιν εἶναι ἐπιστήμην κακῶν καὶ ἀγαθῶν καὶ οὐδετέρων (Diogène Laërce VII 92-93 = *SVF* III 265). L'expression περὶ τῶν κατὰ τὸν βίον τέχνη renvoie manifestement à la définition stoïcienne de la vertu comme περὶ ὅλον τὸν βίον τέχνη (Stobée, *Eclog.* II 7, 5b, p. 66, 20-67, 1 W. = *SVF* III 560).

élément enfin : la tête par laquelle sort Athéna désigne en fait la bouche par laquelle sort l'expression linguistique de la science, et ceci même si dans les vers cités on trouve *koryphê* (en principe, le sommet chevelu du crâne, le «chef») au lieu de *kephalê* (qui désigne donc aussi l'ensemble du visage, jusqu'au cou, et inclut la bouche). Le mouvement est double : le terme employé par le poète est celui d'une partie de la tête (le sommet du crâne), à la place du tout (la tête), mais en réalité, il faut comprendre une autre partie (la bouche).

Dans cette exégèse du mythe, il est évident que l'on a affaire à une véritable allégorie, qui repose à la fois sur des personnifications, des symboles, le décryptage de tout un ensemble de procédures littéraires, et l'interprétation cohérente d'un récit complexe, où aucun élément ne doit être pris au pied de la lettre, chaque élément faisant sens et devant être systématiquement interprété différemment du sens littéral, et même dans la plupart des cas, *à contre-pied* du sens littéral.

Le même type de remarque vaut pour l'interprétation allégorique d'une peinture représentant un rapport oral d'Héra avec Zeus dans le traité *Sur les anciens physiologues*[1], ou pour l'interprétation de la mutilation d'Ouranos[2]. L'interprétation de la peinture semble ressortir du genre de l'ἔκφρασις, d'autant plus que le tableau décrit est peut-être imaginaire[3], comme l'indique Diogène Laërce. En

1. Diogène Laërce VII 187 (*SVF* II 1071 = *FDS* 245). Versions parallèles : Théophile, *Ad Autolycum* III 8 (*SVF* II 1073) ; Origène, *Adv. Cels.* IV 48 (*SVF* II 1074). Version différente dans le Pseudo-Clément, *Homil. Clem.* V 18 (*SVF* II 1072), selon qui le tableau se trouvait à Argos (alors qu'Origène parle de Samos), et Chrysippe en parlait dans les *Lettres érotiques*, dont l'existence semble attestée par Diogène Laërce X 3 (*cf.* R. Goulet, art. «Chrysippe de Soles», C 121, *DPhA* 2, Paris, 1994, p. 357). Sur la différence entre les deux versions et les deux interprétations différentes du (même ?) tableau, voir M.-O. Goulet-Cazé, *Les Kynika du stoïcisme*, Stuttgart, 2003, p. 54.

2. Cicéron, *N. D.* II 63 (*SVF* II 1067).

3. Là encore, le procédé a été théorisé après Chrysippe. L'ἔκφρασις ou «description» est «un discours qui présente en détail et met sous les yeux de façon évidente ce qu'il donne à connaître» (Théon, *Progymnasmata* 7, p. 118, 7-8 Spengel = p. 66 Patillon). La description d'épisodes mythologiques par le biais de la description de tableaux, généralement imaginaires, est un des genres privilégiés de l'ἔκφρασις, comme les *Imagines* de Philostrate, ou le *Tableau de Cébès*. Sur l'ἔκφρασις, voir R. Webb, «Mémoire et imagination» et S. Dubel, «*Ekphrasis* et *enargeia*», dans C. Lévy et L. Pernot (édit.), *Dire l'évidence*, Paris, 1997, respectivement p. 229-248 et p. 249-264, en particulier R. Webb, p. 239-242 sur ces galeries de tableaux imaginaires. Sur le *Tableau de Cébès*, où on décela assez longtemps une influence cynico-stoïcienne, voir R. Joly, *Le tableau de Cébès et la philosophie religieuse*, Bruxelles, 1963, en particulier p. 25-35 sur les «insuffisances de l'interprétation stoïcienne et cynique» du *Tableau*, et la notice de J.-M. Flamand, art. «*Le tableau de Cébès*», C 62, *DPhA* II, Paris 1994, p. 248-251. L'intérêt du *Tableau de Cébès* est qu'il donne une interprétation symbolique du tableau imaginaire décrit. Sans doute doit-on accorder de toute façon à Joly et à Flamand que, malgré les figures «que l'on peut dire allégoriques» qui peuplent le tableau, «l'ouvrage n'a pas véritablement de signification allégorique» (J.-M. Flamand, art. cité, p. 248), puisqu'on ne peut distinguer dans le tableau «la lettre et l'esprit, un sens littéral et un sens symbolique» (H. Joly, *op. cit.*, p. 22), dans la mesure où le tableau n'a pas d'autre sens que

tout cas, l'interprétation qu'en donnait Chrysippe peut à bon droit être qualifiée d'allégorique :

Il y a des auteurs qui s'en prennent à Chrysippe sous prétexte qu'il aurait tenu dans ses écrits bien des propos obscènes et indécents. En effet, dans l'ouvrage *Sur les anciens physiologues* il décrit de façon obscène les rapports entre Héra et Zeus, disant vers la ligne 600[1] ce que personne ne répéterait sous peine de se souiller la bouche. (188) Il décrit en effet, à ce qu'on rapporte, cette histoire de la façon la plus obscène, même s'il en fait l'éloge comme porteuse d'un enseignement physique (ὡς φυσικήν[2]) ; elle convient en effet davantage à des prostituées qu'à des dieux[3].

Mais pourquoi devrais-je énumérer les histoires absurdes des Grecs sur leurs dieux, manifestement honteuses même allégorisées ? Ainsi le passage où Chrysippe de Soles, qui passe pour avoir honoré le Portique par maints ouvrages pénétrants, explique un tableau de Samos où Héra était peinte commettant avec Zeus un acte obscène. Le pieux philosophe dit dans son traité que la matière, ayant reçu les raisons séminales de Dieu, les garde en elle-même pour l'ordonnance de l'univers. Dans le tableau de Samos, Héra c'est la matière, et Zeus c'est Dieu[4].

Il est clair que la scène décrite est une allégorie physique : le sperme de Zeus constitue les raisons spermatiques de l'univers (c'est à peine un symbole) et Zeus est Dieu (même remarque) tandis que la déesse Héra symbolise la matière. L'allégorèse rapportée par Origène est d'autant plus remarquable qu'Héra n'y symbolise pas l'air, comme l'interprétation étymologique du nom de la déesse le suggère habituellement chez les stoïciens[5].

Dans les deux cas, l'interprétation symbolique d'un récit mythologique est donc une pratique différente de l'interprétation d'une simple métaphore. Comme dans le cas de la métaphore zénonienne de l'impression, Chrysippe, plutôt que de critiquer le récit d'Hésiode, préfère montrer qu'il y a eu une erreur d'inter-

son sens figuré. Il n'en reste pas moins que, si le sens énigmatique du tableau se distingue d'un récit mythologique que l'on peut prendre au pied de la lettre ou interpréter, ce que le tableau est censé montrer est différent de ce qu'il désigne, ce qui est caractéristique de l'allégorie. Il ne serait pas absurde de soutenir qu'il s'agit de ce qu'on appelle l'allégorie « mixte » (voir *supra* p. 13 n. 4).

1. C'est bien la signification de κατὰ τοὺς ἑξακοσίους στίχους, et non pas « en 600 lignes environ ». Voir M. Schofield, *The Stoic Idea of the City*, Cambridge, 1991, p. 6-7 n. 9-11. Sur la stichométrie dans l'Antiquité, voir les références citées par M. Schofield, *loc. cit.*, ainsi qu'E. M. Thompson, *An introduction to Greek and Latin Paleography*, Oxford, 1912, p. 67-70, qui établit d'après Galien, *Plac. Hipp. Plat.* VIII 1, p. 486, 1-9 que la ligne (στίχος) « standard » était l'hexamètre de 16 syllabes.

2. Il ne semble guère possible, comme l'avance M.-O. Goulet-Cazé, *loc. cit.*, de soutenir que, dans le texte de Diogène Laërce, l'adjectif φυσικήν pourrait signifier « naturel » au sens de « conforme à la nature », car, dans ce sens-là, les stoïciens emploient toujours l'expression κατὰ φύσιν, et jamais l'adjectif φυσικός. Il est plus vraisemblable que Chrysippe utilisait le même tableau dans deux contextes différents avec deux significations différentes : dans les *Anciens physiologues*, il en faisait un usage allégorique, tandis que dans ses *Lettres*, il prenait le texte au sens littéral.

3. Diogène Laërce VII 187-188, trad. R. Goulet (*SVF* II 1071 ; *FDS* 245).

4. Origène, *Adv. Cels.* IV 48, trad. M. Borret légèrement modifiée (*SVF* II 1074).

5. Diogène Laërce VII 147 (*SVF* II 1021 = *FDS* 651). *Cf.* A. Long, art. cité, p. 76.

prétation. Mais alors que, dans le cas de la métaphore, l'interprétation était facile à redresser (il suffisait de voir que le terme était une métaphore et n'était pas pris dans son sens littéral), ici, c'est seulement une lecture attentive du récit dans le moindre de ses détails qui peut donner lieu à l'interprétation correcte. Mais il semble ne faire aucun doute que la lecture doit être allégorique, et ne peut être effectuée dans un sens littéral : les personnages divins du récit *symbolisent* quelque chose, et le récit n'est pas censé dire une histoire réellement arrivée aux dieux. Il semble donc que Chrysippe avait ou appliquait une notion assez spécifique de l'allégorie, qu'il caractérisait par le mot « symbole »[1]. Inversement, l'allégorèse du tableau obscène ne confirme pas non plus l'hypothèse d'une réduction de l'allégorèse à une démythologisation par l'étymologie puisqu'elle est indépendante de l'étymologie stoïcienne habituelle du nom d'Héra. Il faut donc supposer que l'interprétation symbolique des mythes divins ne procède nullement d'une grille de lecture et d'équivalences symboliques systématiques, mais qu'elle est assez souple, ce que semble confirmer les acrobaties auxquelles doit se livrer Chrysippe dans son interprétation du mythe de la naissance d'Athéna. Il est d'ailleurs remarquable que l'exégèse de ce mythe n'ait rien à voir avec la théologie : l'interprétation du mythe de la naissance d'Athéna ne nous apprend rien sur les dieux, mais représente seulement un enseignement sur la physiologie humaine.

2. *Étymologie et allégorie dans l'interprétation de la mythologie*

Comment cette pratique de l'exégèse des récits mythologiques se rattache-t-elle à la pratique de l'élucidation des noms des dieux par l'étymologie ? Dans le cas du tableau de Samos, il est clair que l'interprétation est indépendante de l'étymologie. D'autre part, l'étymologie semble être pour les stoïciens une pratique relativement indépendante de l'interprétation d'un récit mythique. C'est ce qui a conduit à mettre en doute que l'étymologie du nom des dieux ait été partie intégrante d'une interprétation allégorique.

(a) La place de l'étymologie du nom des dieux dans l'étymologie stoïcienne

L'étymologie du nom des dieux est un élément bien attesté de la théologie stoïcienne. Elle consiste à ramener tous les dieux de la mythologie grecque à des « puissances » d'une divinité unique, la seule reconnue par les stoïciens :

Dieu est un être vivant immortel, rationnel, parfait ou bien (un être) intelligent, vivant dans la béatitude, ne pouvant recevoir en lui rien de mauvais, exerçant une providence sur le monde et sur les êtres qui sont dans le monde. Il n'a cependant pas une forme humaine. Il est le démiurge de l'univers et pour ainsi dire le Père de toutes choses, à la fois de façon générale et dans la partie de lui-même qui pénètre à travers toutes choses et qui reçoit des appellations

1. Le terme « allégorie » est d'apparition tardive (*cf.* J. Pépin, *op. cit.*, p. 85-92), et Chrysippe ne semble pas avoir employé le terme ὑπόνοια, qui appartient à la tradition platonicienne (Platon, *R.* II, 378d).

multiples selon les puissances qu'il y déploie. On le dit en effet *Dia* (Δία) parce que toutes choses existent à cause de lui (διά), on l'appelle *Zeus* (Ζῆνα) pour autant qu'il est la cause de la vie (ζῆν) ou qu'il pénètre la vie de part en part, *Athéna* à cause de l'extension de sa partie directrice dans l'éther, Héra (Ἥρα) à cause de son extension dans l'air (ἀέρα), *Héphaistos* à cause de son extension dans le feu artisan, *Poséidon* à cause de son extension dans l'humide, *Démétèr* à cause de son extension dans la terre. On lui a donné de façon similaire les autres appellations en s'attachant à l'une ou l'autre de ses propriétés[1].

Cette pratique de l'étymologie des noms divins est attribuée par Philodème à Chrysippe[2], qui soulignait que l'anthropomorphisme du panthéon traditionnel est «infantile». Si le résumé de la logique stoïcienne par Diogène Laërce ne contient pas plus une théorie de l'étymologie qu'une théorie de l'allégorie, la théorie stoïcienne de l'étymologie est bien attestée, notamment par Varron et Augustin[3]. Selon cette théorie, un certain nombre de mots primitifs imitent les sons mêmes des choses, ou provoquent une sensation analogue à celle que provoquent les choses correspondantes dans d'autres sens que l'ouïe. Dans des mots de ce type où «la sensation des choses est en harmonie avec la sensation des sons» se trouve *pour ainsi dire* le «berceau des mots» (*quasi cunabula verborum*[4]). Les autres mots auraient été tirés de ces sons primitifs «conformément à la similitude des choses mêmes entre elles»[5], Les mots sont donc soit attribués aux choses par imitation directe, soit composés à partir de ces sons primitifs, soit tirés par analogie. Dans d'autres mots, le son reflète étroitement la nature des choses, même s'il n'y a pas imitation: le pronom ἐγώ a ainsi en lui quelque chose qui indique naturellement son objet, bien qu'il n'imite rien, car «nous proférons ἐγώ en détachant la lèvre inférieure à la première syllabe, et en l'abaissant vers nous-mêmes d'une façon qui nous désigne»[6]. C'était un des arguments que Chrysippe utilisait pour prouver la thèse stoïcienne de la localisation dans le cœur de la partie directrice de l'âme. On voit là clairement qu'un argument étymologique (le mot ἐγώ) et une interprétation allégorique d'un mythe poétique (la naissance d'Athéna) pouvaient être utilisés de façon parfaitement indépendante par Chrysippe pour prouver la même thèse, et ce en dehors du contexte de la mythologie. L'exemple du mot ἐγώ, qui n'a rien à voir avec la théologie, et qui semble avoir été utilisé à la fois dans le traité *Sur l'âme* de

1. Diogène Laërce VII 147, trad. R. Goulet (*SVF* II 1021).

2. Philodème, *De piet.*, col. 357, 29-30 ; *cf.* 360, 25 ; Stobée, *Eclog.* I 1, 26, p. 31, 11-14 W. (*SVF* II 1062-1 ; *FDS* 653) et Cicéron, *N. D.*, II 63-70 (*FDS* 655). Pour le texte du *De pietate* de Philodème, voir désormais l'article de D. Obbink, «"All gods are true" in Epicurus», dans D. Frede et A. Laks (édit.), *Traditions of Theology*, Leiden, 2002, p. 183-221, qui donne une nouvelle édition des passages concernés.

3. Augustin, *Dial.* VI ; Varron, *Ling. Lat.* V 2 (*FDS* 639) ; 3 (*FDS* 644A) ; VI 1 (*SVF* II 154 ; *FDS* 642) ; Origène, *Adv. Cels.* I 24 (*SVF* II 146 ; *FDS* 643) ; Cornutus, *Compendium,* 28, p. 53, 8-9 Lang. *Cf.* A. Le Boulluec, art. cité, p. 306-312 ; J.-B. Gourinat, *La dialectique des stoïciens, (op. cit.),* p. 164-167.

4. Augustin, *Dial.* VI Pinborg (*FDS* 644).

5. *Ibid.*

6. Galien, *Plac. Hipp. et Plat.* II 2, 11, p. 106, 2-4 De Lacy (*SVF* II 883 ; *FDS* 560).

Chrysippe et dans ses *Étymologiques*[1], indique en outre que la pratique de l'étymologie des noms des dieux n'était donc qu'un aspect de la théorie stoïcienne de l'étymologie. C'était en effet une pratique très fréquente chez Chrysippe que d'associer citations de poètes, manière de parler et étymologie pour établir l'opinion commune sur une question[2]. Il reste une trace de l'explication que Chrysippe lui-même en donnait dans le livre I de son traité *Sur le destin*. Selon Diogénien, Chrysippe y prenait à témoins (κατειλῆφθαι μαρτυρίοις) Homère et d'autres pour établir que «tout est soumis à la nécessité et au destin»[3]. Il utilisait la formation de termes (θέσις ὀνομάτων) comme la destinée (Πεπρωμένη), les Moires (μοῖραι), comme preuve (τεκμήριον) que «la nécessité est en toutes choses»[4], parce que c'est d'après les notions qu'ils ont des choses que les hommes leur ont donné leur nom:

Ταύταις ταῖς ἐννοίαις κεχρημένους τοὺς ἀνθρώπους, καθὼς αὐτὸς ἐτυμολογεῖ, τὰ ὀνόματα τεθεῖσθαι τὰ ἐκκείμενα.

C'est d'après les notions dont ils se servaient, telles que [Chrysippe] lui-même les retrouve par l'étymologie, que les hommes ont établi les noms que tout le monde connaît[5].

Cette justification du recours à l'établissement initial des mots comme preuve montre clairement l'usage et la conception que Chrysippe avait de l'étymologie: l'étymologie, diront les grammairiens dans une formulation que n'aurait sans doute pas entièrement désavouée Chrysippe, «est le dépliage des mots, grâce auquel le vrai est rendu clair»[6], car l'étymologie rend manifeste la manière dont ceux qui ont institué les mots concevaient les choses qu'ils ont ainsi nommées[7].

1. *Ibid.*, III 5, p. 206, 6-11 (*SVF* II 884; *FDS* 561).

2. *Cf.* T. Tieleman, *Galen and Chrysippus on the Soul* (*op. cit.*), p. 197-203; 233-236. Sur la référence à l'opinion commune chez Chrysippe, voir D. Obbink, «"What all men believe – must be true": common conceptions and *consensio omnium*», *Oxford Studies in Ancient Philosophy* 10, 1992, p. 193-231.

3. Diogénien, fr. 1 Gercke (Eusèbe, *P. E.* VI 8, 1 = *SVF* II 925): πάνθ' ὑπ' ἀνάγκης καὶ τῆς εἱμαρμένης.

4. Diogénien, fr. 2 (Eus., *P. E.* VI 8, 8-10 = *SVF* II 914).

5. Diogénien, fr. 2 (Eus., *P. E.* VI 8, 11): bien que ce passage expose clairement la raison pour laquelle Chrysippe recourait à l'étymologie comme preuve, il est absent des *SVF*. On remarquera toutefois que ce n'est pas à Chrysippe mais à Diogénien qu'il faut attribuer l'usage du verbe ἐτυμολογεῖν. À Chrysippe, il faut sans doute attribuer l'expression θέσις ὀνομάτων.

6. Ἐτυμολογία ἐστὶν ἡ ἀνάπτυξις τῶν λέξεων, δι' ἧς τὸ ἀληθὲς σαφηνίζεται, *Sch. Dion. Thr.*, p. 14, 23 Hilgard (*G.G.* 1, III). Voir A. Le Boulluec, art. cité, p. 309, et T. Tieleman, *op. cit.*, p. 200 n. 22-23.

7. Peut-être faut-il apporter ici une nuance à la confiance que T. Tieleman place dans la fidélité exacte de la définition des scholies à la conception stoïcienne: d'après le texte de Diogénien, Chrysippe semble plus exactement penser que l'étymologie redéploie les notions des onomatothètes, et non pas le vrai lui-même directement. Mais, évidemment, les notions témoignent du vrai: «Chrysippe, aucune des opinions des hommes sur aucune chose, écrit Diogénien, ne te semble erronée, et tous contemplent la vérité» (Diogénien, fr. 2 = Eus., *P. E.* VI 8, 12). Bien sûr, ce n'est pas ce que pense Chrysippe, mais le texte indique que Chrysippe a

Glenn Most fait remarquer à propos de Cornutus que la pratique de l'étymologie appliquée aux noms des dieux se distingue de la théorie stoïcienne traditionnelle de l'étymologie : l'étymologie divine ne remonte pas à des *cunabula verborum* qui imiteraient vocalement les choses[1]. Mais, en fait, cette remarque est valable pour la plupart des étymologies attestées chez les stoïciens : ils expliquent la formation d'un mot à partir d'autres mots, et rarement en remontant jusqu'aux sons mimétiques primitifs[2]. L'originalité de l'étymologie des dieux par rapport à l'étymologie traditionnelle est plutôt qu'elle consiste à ramener les noms propres des dieux à des noms communs ou « appellations » (προσηγορίαι). Il s'agit en effet d'expliquer que les dieux personnifiés et anthropomorphiques du panthéon traditionnel ne sont que les noms qui ont été attribués symboliquement, « avec l'intention de signifier quelque chose » *(per significationem)* à des « choses inanimées et muettes » *(rebus inanimis atque mutis)*[3]. Encore cette position attribuée à Zénon par Cicéron n'est-elle pas forcément celle de tous les stoïciens, car certains semblent considérer que les donneurs de noms ont véritablement cru à l'existence personnelle des dieux à qui ils donnaient ces noms[4]. L'étymologie des noms des dieux a donc bien une valeur symbolique spécifique, car elle déploie la signification originelle de noms qui désignent des qualités communes inanimées par des noms propres d'êtres animés. À première vue, il semble que, dans cette personnification d'un être inanimé par un nom propre, il n'y a pas de mythe ou de récit, et donc pas à proprement parler d'allégorie. Toutefois, comme Cicéron signale que cette démythification par l'étymologie était effectuée par Zénon dans le cadre d'une interprétation de la *Théogonie* d'Hésiode, on ne peut pas écarter que Zénon ait pris en compte certains éléments du récit.

pensé que les opinions communes véhiculées par le langage témoignaient des choses telles qu'elles étaient.

1. G. Most, « Cornutus and Stoic allegoresis : a preliminary report », dans W. Haase et I. Temporini (édit.), *Aufstieg und Niedergang der römischen Welt*, II, 36-3, Berlin-New York, 1989, p. 2028. Voir cependant l'étymologie de χθών qui « a reçu son appellation par imitation » (Cornutus, *Compendium* 28, p. 53, 8-9 Lang) : προσηγορεῦται κατὰ μιμήσιν.

2. Voir l'ensemble des fragments rassemblés par K. Hülser, *FDS* 662-680 (section « *einige sonstige Etymologien* », par opposition à la section « *Etymologien zu den Götternamen* », *FDS* 650-661). Aucune de ces étymologies ne remonte aux sons primitifs.

3. Cicéron, *N. D.* I 36 (*SVF* I 167) ; *cf.* Philodème, *De pietate*, col. 358, 5-10. Ceci doit conduire à nuancer la position d'A. Long, « Allegory in Philo and etymology in Stoicism » (art. cité), p. 201, selon qui les stoïciens cherchent à révéler « le sens littéral des noms », ce qui est « à l'opposé de ce que nous entendons ordinairement par l'" allégorie " », car il s'agit bien de soutenir que ces noms ont été appliqués à des réalités inanimées comme s'il s'agissait de personnes, ce qui n'est pas si loin du sens « ordinaire » de l'allégorie.

4. Voir ci-dessous le commentaire de [Plutarque], *De Placitis* I 6. Dans ce cas, les noms pourraient désigner ce sur quoi les dieux en question exercent leur pouvoir spécifique (mais une telle explication ne se trouve pas dans nos sources). Bien entendu, cela ne signifie pas que les stoïciens en question croyaient eux-mêmes à l'existence de dieux personnels.

(b) Le rapport entre étymologie et allégorie

Selon Anthony Long, il faut distinguer essentiellement cette pratique de l'étymologie d'une pratique allégorique qui consisterait à interpréter les récits mythologiques proprement dits. Sa position est que les stoïciens procèdent plus en étymologistes qu'en allégoristes[1]. La plupart de leurs interprétations sont des interprétations des noms des dieux et non des lectures allégoriques des récits mythologiques eux-mêmes, et, quand ils interprètent (rarement) un élément de fable, ils interprètent ce qui reste d'un mythe originel chez le poète, et non le récit tel qu'il se trouve précisément rapporté chez le poète et généralement perverti par lui[2]. Cette dernière distinction est appuyée par un passage de Cornutus[3] et un autre des *Placita*[4] selon lesquels Hésiode a rajouté des inventions personnelles aux mythes originels. Selon A. Long, la méthode étymologique servait à retrouver et à interpréter la physique contenue dans les mythes originels, mais non les inventions complémentaires ajoutées par les poètes.

Mais cette position minimise l'importance de l'interprétation par les stoïciens des mythes que l'on trouve chez les poètes. D'après les fragments du traité de Chrysippe *Sur les dieux*, il y avait une différence importante entre les livres I, II et III[5]. Le livre I était consacré à une description physique de l'essence de dieu (*SVF* II 1022) et à la « démythologisation » des dieux du panthéon traditionnel, en grande partie à l'aide de l'étymologie[6]. Mais, dans le livre II, selon Cicéron (*N. D.* I 41) et Philodème (*De piet.*, col. 358-359), Chrysippe a accommodé

1. A. Long, « Allegory in Philo and etymology in Stoicism » (art. cité), p. 200-202 ; *id.*, « Stoics readings of Homer » (art. cité), p. 67 ; 71-73 ; 82.

2. « *Interpretation of the meaning and composition of Homer and Hesiod* per se *was not their concern. As even the hostile Philodemus says (*Piet., *col. vi), "It was* things in *Homer and Hesiod" that Chrysippus tries to harmonise with Stoic doctrines. The things in question were divine names and myths transmitted by the poets, and not the poets' own use of these* » (A. Long, art. cité, p. 82). Cet argument dérive largement des thèses de P. Steinmetz, art. cité.

3. Cornutus, *Compendium* 17, p. 31, 14-17 Lang (cité par A. Long, art. cité, p. 73) : τὰ μέν τινα, ὡς οἶμαι, παρὰ τῶν ἀρχαιοτέρων αὐτοῦ παρειληφότος, τὰ δὲ μυθικώτερον ἀφ' αὐτοῦ προσθέντος, ᾧ τρόπῳ καὶ πλεῖστα τῆς παλαιᾶς θεολογίας διεφθάρη, « certains éléments, selon moi, il [= Hésiode] les a reçus d'autorités plus anciennes que lui, d'autres, il les a ajoutés de son propre chef, d'une manière plus mythique, de sorte que la plus grande partie de l'ancienne théologie a été corrompue » (trad. G. Rocca-Serra).

4. [Plutarque], *Placita* I 6, 880 C (*SVF* II 1009) : τὸ ὑπὸ τῶν ποιητῶν πεπλασμένον· Ἡσίοδος γὰρ βουλόμενος τοῖς γενητοῖς θεοὺς πατέρας συστῆσαι εἰσήγαγε τοιούτους αὐτοῖς γεννήτορας· Κοῖόν τε Κρεῖόν θ' Ὑπερίονά τ' Ἰαπετόν, « les inventions des poètes : en effet, Hésiode voulant donner aux êtres engendrés des dieux comme pères, introduisit pour eux les géniteurs suivants : Koios, Kréios, Hypérion et Japet » (trad. G. Lachenaud). Texte cité par A. Long, art. cité, p. 69.

5. Pour l'attribution livre par livre des fragments conservés du Περὶ θεῶν de Chrysippe, voir *SVF*, vol. II, appendix II, XXIII, p. 197. Les fragments ne proviennent pas tous de Cicéron et de Philodème et présentent une grande unité pour chaque livre, ce qui n'est sûrement pas l'effet d'un hasard.

6. Cicéron, *N. D.* I 39-41 (*SVF* II 1077) ; Philodème, *De piet.*, col. 356-359.

(*accomodare*, συνοικεῖουν) les fables (*fabellas*) attribuées (ἀναφερόμενα) à Orphée et à Musée et celles qui se trouvent chez Homère, Hésiode et Euripide (τὰ παρ' Ὁμήρωι καὶ Ἡσιόδωι καὶ Εὐριπίδῃ) aux doctrines stoïciennes[1]. La pratique de l'étymologie et celle de l'interprétation des fables étaient donc deux pratiques différentes, bien attestées l'une et l'autre, que Cicéron distingue clairement : *explicatio fabularum et enodatio nominum*, « l'explication des mythes et le dénouement des mots »[2]. Les deux pouvaient être couplés, l'étymologie correcte du nom du dieu servant de clé pour interpréter la fable[3], mais ce n'était pas nécessairement le cas, comme dans le cas de l'interprétation du tableau de Samos, où Chrysippe assimile Héra à la matière, ne faisant pas usage de l'étymologie stoïcienne habituelle, qui assimile Héra à l'air. Dans la pratique de Chrysippe, l'étymologie ne sert donc pas toujours de clé à l'interprétation allégorique d'un mythe (représenté dans un poème ou un tableau).

On peut probablement trouver une indication sur la façon dont les stoïciens articulaient les deux les indications de Cornutus sur la manière dont les Anciens ont forgé les « opinions sur les dieux » : « les Anciens n'ont pas été gens d'esprit négligeable, mais capables de comprendre la nature de l'univers et habiles à en donner une explication philosophique par le moyen de symboles et d'énigmes »[4]. Parmi les moyens employés, il y avait l'étymologie, qui permettait d'indiquer certaines choses (τοῦτο παριστᾶσι διὰ τῆς ἐτυμολογίας, 1, p. 2, 8-9). La pratique de l'étymologie comme outil d'interprétation est donc simplement une « inversion du processus de construction linguistique »[5]. Si l'on peut supposer que les auteurs du mythe ont employé l'étymologie pour signifier quelque chose, l'étymologie doit être employée pour expliquer le mythe ; sinon, comme dans le cas de la peinture de Samos, il n'y a pas lieu de le faire. On pourrait dire qu'en un sens, il n'y a évidemment pas lieu de le faire dans la peinture de Samos, parce que celle-ci ne s'exprime pas par des mots : l'explication étymologique n'est

1. Le livre III était consacré à Zeus (*SVF* II 1049 ; III 1068, 326).

2. Cicéron, *N. D.* III 63 : *enodatio* semble être la traduction assez précise d'ἀνάπτυξις dans la définition traditionnelle de l'étymologie citée plus haut (*Sch. Dion. Thr.*, p. 14, 23 Hilgard).

3. Cela pourrait expliquer que l'étymologie se trouve dans le livre I du Περὶ θεῶν de Chrysippe, et l'élucidation des fables au livre II. Mais il faut souligner aussi que Chrysippe compose souvent ses traités avec les preuves en faveur de sa position (notamment étymologie et citations poétiques) au livre I et la résolution des difficultés au livre II. Par exemple, selon Diogénien, le livre I du *De fato* contenait des démonstrations de l'existence du destin, tandis que le livre II était consacré à « résoudre les conséquences absurdes qui semblent résulter de la doctrine » (Diogénien, fr. 3 Gercke = Eusèbe, *P. E.* VI 8, 25 = *SVF* II 998). Mais on remarquera que c'est dans le livre I du *De anima* que se trouvaient à la fois les explications étymologiques et l'allégorèse du mythe de la naissance d'Athéna.

4. Cornutus, *Compendium* 35, p. 76, 2-5 Lang (trad. G. Rocca-Serra) : οὐχ οἱ τυχόντες ἐγένοντο οἱ παλαιοί, ἀλλὰ καὶ συνιέναι τὴν τοῦ κόσμου φύσιν ἱκανοὶ καὶ πρὸς τὸ διὰ συμβόλων καὶ αἰνιγμάτων φιλοσοφῆναι περὶ αὐτῆς εὐεπίφοροι.

5. D. Dawson, *Allegorical Readers and Cultural Revision in Ancient Alexandria*, Berkeley-Los Angeles-London, 1992, p. 30.

donc pas adaptée à une scène forgée par un peintre[1]. Mais il n'en reste pas moins que c'est toujours la déesse Héra qui est représentée dans le tableau, et que le symbolisme attachée à son nom en raison de l'étymologie de son nom devrait valoir aussi dans ce contexte. Ceci semble donner une dimension arbitraire à l'allégorèse, car on ne voit pas sur quel critère Chrysippe s'appuie dans l'allégorèse du tableau de Samos pour faire soudainement d'Héra le symbole de la matière.

Pour éliminer tout arbitraire, deux présupposés sont nécessaires : (1) les auteurs des mythes ont voulu exprimer une vérité physique qu'ils connaissaient parfaitement ; (2) l'interprète lui aussi connaît la vérité physique et, *partant de cette vérité*, il doit simplement trouver par la méthode adaptée au cas précis l'interprétation correcte du mythe qui permet d'établir une équivalence entre cette vérité et le mythe. C'est ainsi que Chrysippe semble procéder dans l'allégorèse de la naissance d'Athéna. Il présuppose qu'il ne peut pas trouver l'opinion fausse à ses yeux de la localisation de l'âme dans la tête, et, à partir de certains indices précis (Mètis comme symbole de la prudence), il réinterprète l'ensemble du mythe. Aux yeux des stoïciens, l'interprétation n'était donc sans doute pas arbitraire, puisqu'elle repose sur la connaissance scientifique de la nature, commune aux philosophes stoïciens et aux anciens mythographes[2]. Mais on comprendra aisément que cette méthode puisse paraître arbitraire à tout non-stoïcien, dans la mesure où elle repose sur une pétition de principe.

(c) La théorie stoïcienne de la construction des mythes théologiques

Pour mieux comprendre la place de l'allégorie dans l'interprétation stoïcienne de la mythologie, il reste à expliquer comment les stoïciens comprenaient la façon dont ont été constitués le panthéon traditionnel et les récits mythologiques qui mettent les dieux en scène.

Un long chapitre des *Placita*[3], est consacré à expliquer d'où vient la notion des dieux selon les stoïciens. La provenance exacte de la doctrine qui y est exposée est problématique. D'abord, le début du texte se réfère aux stoïciens en général (οἱ Στωικοί), mais la définition de l'essence de la divinité qui leur est attri-

1. Comme l'a souligné G. Rocca-Serra à propos de Cornutus, *Cornutus : Abrégé des traditions relatives à la théologie grecque*, thèse dactylographiée, Paris, 1988, p. 193, « le nom de la divinité n'est qu'un élément parmi d'autres qui servent à caractériser une représentation religieuse. Un tel signifié se reconnaît à d'autres signes – aspect, attribut, lieu de culte... Si tous ces éléments sont des signes, ils doivent être signifiants ». L'*Abrégé* de Cornutus, comme le montre Rocca-Serra, *ibid.*, p. 194-196, décrypte donc aussi l'aspect de la divinité, son vêtement, ses activités, ses attributs, ses animaux consacrés. Tous ses éléments sont fréquemment présents dans la peinture et la statuaire, plus que dans les poèmes. Sur l'importance des peintres et des sculpteurs dans la formation des représentations des dieux, voir Cicéron, *N. D.* I 77 ; I 81.

2. *Cf.* A. Le Boulluec, art. cité, p. 311.

3. [Plutarque], *Plac.* I 6 (=Aetius, *Plac.* I 6 Diels = *SVF* II 1009).

buée comme «souffle intelligent et igné» (πνεῦμα νοερὸν καὶ πυρῶδες) n'est pas la définition classique des trois formes du dieu[1], mais celle de Posidonius: c'est en effet à ce dernier qu'est attribuée la définition de la divinité comme «souffle intelligent et igné» dans la version des *Placita* transmise par Stobée[2]. Le début du texte au moins provient donc de Posidonius, et non du stoïcisme ancien. Une référence à Platon, en 879 D, qui soutient que le νοῦς se situe dans la tête est déconcertante en contexte stoïcien[3]. Enfin, le début de la partie finale du texte, qui distingue entre la théologie naturelle, la théologie mythique et la théologie coutumière[4] se trouvait aussi chez Varron, au témoignage de Tertullien et d'Augustin[5], et avait divers parallèles[6]. L'origine de cette tripartition, souvent attribuée à Posidonius ou Panétius, pourrait bien remonter à l'ancien stoïcisme[7], mais on ne peut en avoir la certitude. L'ensemble du texte porte donc des marques d'éclectisme, et son attribution à l'ancien stoïcisme ou à celui de Posidonius est problématique. En tout état de cause, le texte attribue une place non négligeable à l'invention des poètes. La notion des dieux vient d'abord de la contemplation de l'ordre du monde. Mais un processus de personnification du ciel et de la terre, des astres (nommés θεοί parce que les astres «courent», θέοντας), des passions et des vertus, et d'hommes utiles aux hommes donne naissance à la conception d'un grand nombre de dieux. L'explication étymologique a manifestement sa place dans ce processus. Ensuite, ce sont les fables des poètes qui introduisent, de manière *à première vue* arbitraire, de nouvelles divinités nécessaires à la cohérence d'un récit: «Hésiode voulant donner aux êtres engendrés des dieux comme pères, introduisit pour eux les géniteurs suivants: Koios, Kreios, Hypérion et Japet» (les Titans). Ces inventions poétiques semblent arbitraires, sauf que l'on sait que Zénon expliquait étymologiquement les noms de ces Titans, selon les scholies d'Hésiode, pour expliquer l'organisation des éléments dans la cosmogonie:

Ζήνων δὲ Τιτᾶνας φησὶ εἰρῆσθαι φυσικώτερον, διὰ τὸ διατάττεσθαι διὰ παντὸς τοῦ κόσμου τὰ στοιχεῖα. Ἀλληγοροῦσι δὲ τὸν μὲν Κοῖον εἶναι τὴν ποιότητα καὶ Κρεῖον τὴν

1. Selon cette définition, Dieu est un «feu artisan» (la définition de la nature selon Zénon d'après Cicéron, *N. D.* II 57 = *SVF* I 171), qui devient *pneuma* dans les parties du monde et éther dans son hégémonique ([Plut.], *Plac.* I 7, 881 F-882 A).

2. Aetius, *Plac.*, I, 7, 19, Diels (Stob., I 1, 29 b, p. 34, 26 W. = Posid. fr. 101 E.-K.). La paternité posidonienne de la définition est confirmée par une scholie de Lucain (Posid., fr. 100 E.-K.).

3. Voir cependant *supra*, p. 17 n. 1.

4. «Ceux qui nous ont enseigné le culte des dieux ont eu recours à trois types d'exposés, l'un fondé sur la nature, un autre fondé sur le mythe, le troisième sur le témoignage des usages. L'enseignement fondé sur la nature est celui des philosophes, l'enseignement mythique est celui des poètes, et chaque cité pour sa part compose l'enseignement fondé sur les usages» ([Plutarque], *Plac.* I 6, 879 F-880 A, trad. G. Lachenaud).

5. Tertullien, *Ad nationes* II 1, 8-11 ; Augustin, *Civ. Dei* IV 27 ; VI 5 ; VI 12. Voir les analyses très détaillées de J. Pépin, *op. cit.*, p. 276-290.

6. Plutarque, Dion Chrysostome, Eusèbe : voir aussi J. Pépin, *op. cit.*, p. 290-296.

7. Voir toujours J. Pépin, *op. cit.*, p. 300-307.

διάκρισιν· Ὑπερίονα δὲ τὸν οὐρανόν, τὸν ὑπεράνω ἡμῶν ἰόντα, καὶ Ἰάπετον τὴν κίνησιν αὐτοῦ, παρὰ τὸ ἵεσθαι καὶ πέτεσθαι. Ὁ γὰρ οὐρανὸς ἀεικίνητός ἐστι.

Ὁ Ζήνων φησὶ τοὺς Τιτᾶνας διὰ παντὸς εἰρῆσθαι τὰ στοιχεῖα τοῦ κόσμου. Κοῖον γὰρ λέγει τὴν ποιότητα κατὰ τροπὴν Αἰολικὴν τοῦ π πρὸς τὸ κ· Κρεῖον δὲ τὸ βασιλικὸν καὶ ἡγεμονικόν· Ὑπερίονα δὲ τὴν ἄνω κίνησιν ἀπὸ τοῦ ὑπεράνω ἰέναι· ἐπεὶ δὲ φύσιν πάντα τὰ κοῦφα ἀφιέμενα πίπτειν ἄνω, τὸ τοιοῦτον μέρος Ἰάπετον ἐκάλεσε.

Zénon dit que les Titans ont été appelés de manière plus physique, du fait que les éléments sont disposés à travers tout l'univers. Ils allégorisent en faisant de Koïos la qualité et de Kreios le jugement ; Hypérion est le ciel, qui va au-dessus de nous, et Japet est son mouvement, d'après « aller » et « voler ». Car le ciel est perpétuellement en mouvement.

Zénon dit qu'on a de tout temps appelé les Titans les éléments du monde. Car il dit que Koïos est la qualité, selon un tour éolien qui remplace le π par un κ ; que Kreios est l'élément royal et hégémonique ; qu'Hypérion est le mouvement ascendant d'après l'expression « aller au-dessus » ; et que, puisque toutes les choses légères que l'on lâche ont pour comportement naturel de « tomber vers le haut », une telle partie de l'univers a été appelée Japet[1].

En somme, le point de vue stoïcien ne paraît pas à première vue parfaitement cohérent. Les fables sont rejetées comme infantiles (*cf.* Philod., col. 357, et Cic., *N. D.* II 70) et en même temps, les stoïciens dépensent une énergie considérable (*N. D.* III 63) pour interpréter les fables afin de les mettre en accord avec les doctrines stoïciennes. Sans doute, les stoïciens pensent-ils globalement qu'il y a dans les inventions des poètes, une part qui est significative, et une part qui est un pur développement fictionnel, nécessité par la cohérence d'un récit. Mais la difficulté est alors la suivante: comment faire la part, dans les mythes théologiques, de ce qui a une signification, et de ce qui est un simple développement imaginaire ? Cette généalogie de la mythologie suppose en tout cas une construction du mythe différente de celle qui sera développée par Cornutus: tandis que la généalogie du mythe selon Cornutus suppose que, dès le départ, les théologiens qui ont inventé les noms des dieux ont voulu parler « par symboles et énigmes »[2], celle qui est rapportée dans les *Placita* suppose que les premiers qui ont nommé les dieux l'ont fait de bonne foi, en croyant réellement à l'existence de dieux personnels[3]. En outre, selon Cornutus, au départ, on exprime par énigmes et symboles les pouvoirs de la divinité, et les inventions des poètes ont perverti ces mythes originaux en y ajoutant des récits imaginaires[4]. C'est l'*accu-*

1. *Scholia in Hesiod. Theog.*, v. 134 (p. 30, 6-18 Di Gregorio). Sur la paronomase (utilisée ici par Zénon) comme procédé de l'étymologie dans le cadre de l'allégorie, voir l'article de P. Chiron.

2. Cornutus, *Compendium* 35, p. 75, 18-76, 5.

3. C'est aussi ce que l'on trouve dans Cicéron, *N. D.* II 59 : « Beaucoup d'autres divinités ont été instituées et nommées, non sans motif, par les plus sages des Grecs et par nos ancêtres d'après les grands bienfaits qu'ils recevaient d'elles. Ils pensaient en effet que tout ce qui apporte un grand avantage au genre humain ne peut se produire sans la bonté des dieux envers les hommes. C'est pourquoi ils donnaient le nom du dieu lui-même à ce qui provenait du dieu, comme lorsque nous appelons le blé Cérès et le vin Liber » (trad. C. Auvray-Assayas).

4. Cette explication paraît s'inspirer d'une doctrine de stoïciens récents, rapportée par Sextus (*M.* IX 28), qui constitue le fr. 305 de Posidonius chez Theiler, fragment rejeté par Edelstein et Kidd. *Cf.* G. Most, art. cité, p. 2021.

sation portée par Cornutus contre Hésiode, et qui semble reprendre les termes des *Placita*: « la plus grande partie de l'ancienne théologie a été corrompue » par les fictions mythiques qu'Hésiode y a rajoutées[1]. Mais si Zénon a vraiment interprété les Titans comme les scholies disent qu'il les a interprétées, alors Hésiode a rajouté les Titans dans son récit *par souci de décrire plus exactement* la formation de l'univers, puisqu'ils sont inventés par lui pour tenir compte de la mise en ordre des quatre éléments.

En fait, la position stoïcienne semble donc bien être que les inventions des poètes sont des fictions puériles dans leur forme et impies dans leur littéralité, mais qui exposent à des enfants ou des quasi enfants (les hommes non sages) des doctrines accessibles sous leur forme physique dans l'enseignement philosophique. Et les stoïciens semblent avoir hésité quant à la question de savoir qui possédait la vérité physique: étaient-ce les plus antiques sages ou les poètes comme Hésiode qui auraient amélioré les mythes originels ? Cicéron présente en un sens un point de vue très nuancé: la mythologie est un ramassis de sottises (*N. D.* II 70), mais en réalité elle inclut un « raisonnement physique non sans élégance »[2] qui ne demande qu'à être décrypté. Le récit de la mutilation d'Ouranos par Cronos a ainsi voulu montrer que « l'élément du ciel le plus élevé, qui est fait d'éther, c'est-à-dire de feu, et qui engendre toutes choses par lui-même, est dépourvu de cette partie du corps qui, pour créer, a besoin de s'unir à un autre corps »[3]. Or, ceci montre bien que ce décryptage doit s'appliquer aux éléments de récit eux-mêmes, et non pas seulement à une dépersonnification par le biais de l'étymologie.

Il est remarquable que, dans le deuxième livre de son traité *Sur les dieux*, où il tentait d'harmoniser les fables des poètes avec les doctrines stoïciennes, Chrysippe disait aussi qu'il n'était pas vraisemblable que les dieux soient responsables d'actions honteuses[4]. Ce propos est peut-être à rapprocher de celui de Zénon, dans ses *Problèmes homériques*, selon qui Homère ne disait jamais rien de répréhensible[5]. Le propos de Chrysippe signifiait peut-être qu'il ne fallait pas prendre dans leur sens littéral les actes honteux prêtés aux dieux par les poètes, mais en décrypter le sens symbolique, comme il le faisait dans le cas du tableau de Samos.

Un rôle non négligeable est donc attribué aux poètes dans la constitution des fables mythologiques. Il importe toutefois de souligner que beaucoup de citations des poètes étaient prises dans un sens littéral, notamment par Chrysippe[6]: à l'exception du récit de la naissance d'Athéna, les nombreuses citations du *De*

1. Cornutus, *Compendium* 17, p. 31, 12-17 Lang.
2. Cicéron, *N. D.* II 64 (*FDS* 655): *physica ratio non inelegans.*
3. *Ibid.*
4. Plutarque, *Stoic. Repugn.* 33, 1049 E (*SVF* II 1125).
5. Dion Chrysostome, *Oratio* 53, 4 (*SVF* I 274 ; *FDS* 608). Voir l'intéressante interprétation de J. Pépin, *op. cit.*, p. 128.
6. A. Long, art. cité, p. 66 ; T. Tieleman, *op cit.*, p. 221.

anima de Chrysippe qui avaient pour but de montrer que les poètes étaient tous d'accord pour situer l'hégémonique dans le cœur étaient prises dans un sens littéral. Il en va de même pour l'usage que Chrysippe faisait du mythe de Médée, utilisé pour illustrer la passion, ou de celui de la folie d'Oreste, utilisé pour illustrer la différence entre les représentations fausses et les hallucinations. En revanche, il n'y a probablement pas eu chez les stoïciens, d'interprétation allégorique de l'ensemble du périple d'Ulysse dans le récit homérique, par exemple[1].

Conclusions

Dans l'interprétation des mythes théologiques traditionnels, Chrysippe et les stoïciens ont donc recouru à deux méthodes distinctes : l'étymologie des noms des dieux, et l'interprétation allégorique de certaines fables, récits ou représentations picturales. Dans l'interprétation allégorique, l'étymologie jouait un rôle clé, mais qui ne semble pas avoir été systématique. Ces pratiques s'inscrivaient dans des perspectives plus vastes :

(1) L'étymologie des noms des dieux était l'application spécifique d'une pratique reposant sur une théorie de la formation des mots à partir de sons mimétiques originels.

(2) L'allégorie était une figure de style particulièrement complexe, distincte de la métaphore, qui était utilisée dans certains récits mythologiques par les poètes ou les peintres (par exemple, le mythe de la naissance d'Athéna). Tandis que certains récits assumaient volontairement cette portée symbolique (l'interprétation fait alors le chemin inverse de celui du mythographe ou du poète), d'autres récits devraient être décryptés selon la même méthode, mais sans supposer que les auteurs des récits aient été forcément conscients de la valeur seulement symbolique de leur interprétation.

(3) L'interprétation des fables théologiques des poètes était une forme spécifique de l'usage des textes poétiques pour prouver le consensus en faveur des thèses stoïciennes.

1. Encore ceci n'est-il qu'une probabilité, une conclusion que l'on peut tirer du silence de nos sources. Le témoignage concernant l'interprétation de l'épisode de la plante appelée μῶλυ dans l'*Odyssée* X 305 par Cléanthe, qui y voit l'allégorie de la raison « par laquelle les impulsions et les passions sont affaiblies (μολύονται) » (*SVF* I 256) témoigne toutefois de l'interprétation allégorique d'un passage non théologique, et suggère donc la possibilité d'une interprétation allégorique de l'*Odyssée* indépendamment de sa valeur théologique. Sur ce passage, voir R. Goulet, « La méthode allégorique chez les stoïciens », art. cité, p. 117 et les références données à la n. 64 de son article. Mais si ce cas est véritablement isolé, il s'agit évidemment d'une différence non négligeable par rapport à l'exégèse néoplatonicienne (sur l'interprétation d'ensemble de l'*Iliade* et de l'*Odyssée*, voir F. Buffière, *Les mythes d'Homère et la pensée grecque*, Paris, 1956, p. 410-418 ; voir aussi *ibid.*, p. 419-459 sur l'*Antre des nymphes* de Porphyre).

(4) Elle s'inscrivait aussi dans une théorie de la formation de la notion des dieux. Deux théories successives quant à la place de l'invention des poètes dans la formation des mythes expliquent probablement une certaine impression d'incohérence dans l'attitude des stoïciens à l'égard des mythes théologiques grecs :

a. Selon l'une de ces théories, les premiers hommes ont de bonne foi personnifié des réalités physiques ou morales.
b. Selon une autre théorie, les anciens physiologues possédaient une vérité profonde, qu'ils ont volontairement cryptée.
c. Dans les deux cas, les poètes ont ensuite ajouté d'autres personnages et des récits soit pour donner une cohérence et une plus grande pertinence symbolique à ces mythes, soit parce qu'ils ont traité ces récits comme des fictions[1]. Il appartient au philosophe de distinguer les contes de bonne femme *(superstitiones paene aniles)* et la *physica ratio non inelegans*. Quant à Zénon, il ne blâme rien chez Homère. Il est probable que les autres stoïciens n'en ont rien fait non plus, et que c'est plutôt Hésiode qui a essuyé les critiques des stoïciens : c'est en tout cas ce que fait Cornutus.
d. Dans tous les cas, il valait la peine aux yeux des stoïciens d'essayer de retrouver le sens caché des fables poétiques (qu'il ait été voulu par les poètes ou involontairement perverti par eux), car ce sens témoignait de la vérité profonde des doctrines stoïciennes.

Bibliographie

BERNARD, Wolfgang, *Spätantike Dichtungstheorien. Untersuchungen zu Proklos, Herakleitos und Plutarch,* Stuttgart, Teubner, 1990.

—, « Zwei verschiedene Methoden der Allegorie in der Antike », dans H.-J. Horn et H. Walter (édit.), *Die Allegorese des antiken Mythos,* coll. « Wolfenbütteler Forschungen », 75, Wiesbaden, Harrassowitz Verlag, 1997, p. 63-83.

BOYS-STONES, G. R., « The Stoics two types of allegory » dans G. R. Boys-Stones (édit.), *Metaphor, Allegory and the Classical Tradition,* Oxford, 2003, p. 189-216.

BUFFIÈRE, Félix, *Les mythes d'Homère et la pensée grecque,* Paris, Les Belles Lettres, 1956.

DAWSON, David, *Allegorical Readers and Cultural Revision in Ancient Alexandria,* Berkeley-Los Angeles-London, University of California Press, 1992.

DUBEL, Sandrine, « Ekphrasis et enargeia : la description antique comme parcours », dans C. Lévy et L. Pernot (édit.), *Dire l'évidence,* Paris, L'Harmattan, 1997, p. 249-264.

1. Εἴ τι προσεπλάσθη ταῖς παραδεδομέναις κατ' αὐτοὺς γενεαλογίαις ὑπὸ τῶν μὴ συνιέντων ἃ αἰνίττονται, κεχρημένων δ' αὐτοῖς ὡς καὶ τοῖς πλάσμασιν (« si quelque élément fictif a été ajouté aux généalogies traditionnelles qu'ils comportent, par des gens ignorant leur signification symbolique et qui les utilisent comme ils feraient des œuvres d'imagination », Cornutus, *Compendium* 17, p. 27, 20 - 28, 2, trad. G. Rocca-Serra).

FLAMAND, Jean-Marie, « Le tableau de Cébès », dans R. Goulet (dir.), *Dictionnaire des philosophes antiques*, vol. II, Paris, CNRS-Éditions, 1994, p. 248-251.

GOULET, Richard, « Chrysippe de Soles », dans *id.* (dir.), *Dictionnaire des philosophes antiques*, vol. II, Paris, CNRS-Éditions, 1994, p. 329-361 (p. 336-356 par P. Hadot).

—, « La méthode allégorique chez les stoïciens », dans G. Romeyer Dherbey (dir.), J.-B. Gourinat (édit.), *Les stoïciens*, Paris, Vrin, 2005, p. 93-120.

GOULET-CAZÉ, Marie-Odile, *Les Kynika du stoïcisme*, coll. « Hermes-Einzelschriften », 89, Stuttgart, Franz Steiner Verlag, 2003.

GOURINAT, Jean-Baptiste, *Les stoïciens et l'âme*, Paris, PUF, 1996.

—, *La dialectique des stoïciens*, Paris, Vrin, 2000.

JOLY, R., *Le tableau de Cébès et la philosophie religieuse*, coll. « Latomus », 61, Bruxelles, 1963.

LE BOULLUEC, Alain, « L'allégorie chez les Stoïciens », *Poétique*, 23, 1975, p. 301-322.

LÉVY, C., « Sur l'allégorèse dans l'Ancien Portique », dans B. Pérez et P. Eichel-Lojkine (édit.), *L'Allégorie de l'Antiquité à la Renaissance*, Paris, Honoré Champion, 2004, p. 221-233.

LONG, Anthony A., « Stoic readings of Homer », dans *Stoic Studies*, Cambridge, Cambridge University Press, 1996, p. 58-84, repris de R. Lamberton et J. J. Keaney (édit.), *Homer's Ancient Readers*, Princeton, Princeton University Press, 1992, p. 41-66.

—, « Allegory in Philo and etymology in Stoicism: a plea for drawing distinctions », dans D. T. Runia et G. E. Sterling (édit.), *Wisdom and Logos. Studies in Jewish Thought in Honor of David Winston = The Studia Philonica Annual* (Atlanta, Scholars Press), 9, 1997, p. 198-210.

—, « Zeno's epistemology and Plato's *Theaetetus* », dans T. Scaltsas et A. Mason (édit.), *The Philosophy of Zeno of Citium*, Larnaca, The Pierides Foundation and the Municipality of Larnaca, 2002, p. 115-131.

MOST, Glenn W., « Cornutus and Stoic allegoresis : a preliminary report », dans W. Haase et I. Temporini (édit.), *Aufstieg und Niedergang der römischen Welt*, II, 36, 3, Berlin-New York, W. De Gruyter, 1989, p. 2014-2065.

OBBINK, Dirk, « "What all men believe — must be true" : common conceptions and *consensio omnium* », *Oxford Studies in Ancient Philosophy* 10, 1992, p. 193-231.

—, « "All gods are true" in Epicurus », dans D. Frede et A. Laks (édit.), *Traditions of Theology*, coll. « Philosophia Antiqua », 89, Leiden, Brill, 2002, p. 183-221.

PÉPIN, Jean, *Mythe et allégorie. Les origines grecques et les contestations judéo-chrétiennes*, Paris, Aubier-Montaigne, 1958 ; 2e édition augmentée, Paris, Études augustiniennes, 1976.

—, « Héraclite », dans R. Goulet (dir.), *Dictionnaire des philosophes antiques*, vol. III, Paris, CNRS-Éditions, 2000, p. 572-573.

ROCCA-SERRA, Guillaume, *Cornutus : Abrégé des traditions relatives à la théologie grecque*, thèse dactylographiée, Paris, 1988.

ROLKE, Karl Hermann, *Die bildhaften Vergleiche in den Fragmenten der Stoiker von Zenon bis Panaitios*, Hildesheim-New York, G. Olms, 1975.

SCHOFIELD, Malcolm, *The Stoic Idea of the City*, Cambridge, Cambridge University Press, 1991.

STEINMETZ, Peter, « Allegorische Deutung und allegorische Dichtung in der alten Stoa », *Rheinisches Museum* 129, 1986, p. 18-30.

STROUX, L., *Vergleich und Metapher bei Zenon von Kition*, Diss., Heidelberg, 1965.

THOMPSON, E. M., *An Introduction to Greek and Latin Paleography,* Oxford, Clarendon Press, 1912.

TIELEMAN, Teun, *Galen and Chrysippus on the Soul. Argument and Refutation in the De Placitis, Books II-III*, coll. « Philosophia Antiqua », 68, Leiden, Brill, 1996.

— *Chrysippus On Affections*, coll. « Philosophia Antiqua », 94, Leiden, Brill, 2003.

TOULOUSE, Stéphane, « La lecture allégorique d'Homère chez Porphyre : principes et méthode d'une pratique philosophique », *La lecture littéraire. Revue de recherches sur la lecture des textes littéraires,* 4, 2000, *L'allégorie,* Paris, Klincksieck, p. 25-50.

WEBB, Ruth, « Mémoire et imagination, les limites de l'enargeia dans la théorie rhétorique grecque » dans C. Lévy et L. Pernot (édit.), *Dire l'évidence,* Paris, L'Harmattan, 1997, p. 229-248.

PIERRE CHIRON

ASPECTS RHÉTORIQUES ET GRAMMATICAUX DE L'INTERPRÉTATION ALLÉGORIQUE D'HOMÈRE*

Nous voudrions ici à la fois prolonger et réorienter une étude de l'allégorie esquissée lors d'un colloque qui s'est tenu à Montpellier en janvier 2001[1]. La tâche que nous nous étions assignée alors était de contribuer à définir l'allégorie en évoquant l'histoire de la notion et du mot lui-même chez les rhéteurs anciens. Cette première enquête devait déboucher sur une double conclusion : les rhéteurs, tout d'abord, non sans difficultés et hésitations, ont finalement élaboré des définitions assez précises qui tendent à répondre à la plupart des questions que se posent aujourd'hui encore linguistes et stylisticiens face au problème d'un énoncé complexe doté conjointement de deux significations. Ils fournissent de nombreux éléments de réflexion sur (a) les rapports (métaphore, autres tropes) et (b) la hiérarchie (priorité ou non du sens second) entre les deux niveaux de signification, (c) les modalités du passage de l'un à l'autre (comparaison explicite, discontinuité du premier « fil » discursif, recours à des motifs conventionnels, etc.), (d) l'ampleur (ponctuelle ou plus étendue) et (e) la fonction du phénomène (masquer une réalité offensante ou obscène, amplifier ou minorer, rendre plus frappante une menace, etc.). La seconde constatation issue de notre enquête fut que les rhéteurs, en tant que prescripteurs, se sont montrés plus que réticents face à la pratique de l'allégorie dans le cadre de la relation rhétorique habituelle (discours « réel », ou même déclamation). Le champ d'action de l'allégorie a été limité par la difficulté du trope – difficulté d'élaboration, difficulté de compréhension – mais plus encore par la crainte d'offrir un *èthos* d'habileté excessive, *èthos* qui, depuis l'époque des orateurs attiques, est considéré comme nuisible à la persuasion collective. Notre objectif est de poursuivre l'enquête sur les aspects techniques, définitionnels de l'allégorie, mais en exploitant un autre corpus, non plus celui des prescripteurs et pédagogues de l'éloquence que sont les rhéteurs, mais celui d'auteurs pratiquant *eux-mêmes* l'*interprétation* allégorique et qui, loin de la traiter avec méfiance, lui accordent une fonction importante voire

* Nous tenons à remercier J.-B. Gourinat et C. Lévy pour leur relecture et leurs conseils, ainsi que R. Goulet, qui nous a aimablement communiqué les épreuves de son article « La méthode allégorique chez les stoïciens », maintenant paru dans G. Romeyer Dherbey (dir.) et J.-B. Gourinat (édit.), *Les stoïciens*, Paris, Vrin, 2005, p. 93-120.

1. *Cf.* P. Chiron, « Allégorie et langue, allégorie et style, allégorie et persuasion : le témoignage des traités de rhétorique », dans Brigitte Pérez-Jean et Patricia Eichel-Lojkine (édit.), *L'allégorie de l'Antiquité à la Renaissance*, Paris, Champion, 2004, p. 41-74.

essentielle dans leur projet intellectuel. Il y a *a priori* un saut qualitatif entre l'allégorie-trope et l'allégorie d'un Philon d'Alexandrie ou l'allégorie d'Homère et d'Hésiode telle qu'elle fut pratiquée depuis les stoïciens jusqu'aux néoplatoniciens: cette seconde tradition paraît devoir se référer sinon à des unités textuelles plus amples[1] du moins à des concepts plus ambitieux. C'est l'ensemble d'un caractère – dieu ou personnage –, d'un mythe ou d'un récit, qui, tout en gardant un sens littéral apparent à peu près cohérent, peut être porteur d'un ou plusieurs sens caché(s), d'ordre physique, moral, historique[2] ou spirituel. Nous nous efforcerons de découvrir, en nous aidant de la division indiquée ci-dessus, si – et comment – les praticiens de l'exégèse allégorique ont pensé la frontière entre leur pratique et la figure codifiée par les rhéteurs. Cette comparaison permettra, nous l'espérons, de mieux mettre en lumière les contours de la notion ainsi que la façon dont les allégoristes se représentent leur activité. L'ampleur du matériau est telle que nous ne saurions embrasser ici les deux domaines où l'allégorie a occupé une place centrale, l'interprétation philosophique des poètes et l'apologétique. Nous nous limiterons à l'exégèse homérique et à un auteur principal, le Ps.-Héraclite, dont nous complèterons l'analyse par quelques éléments de comparaison tirés de Cornutus et du Ps.-Plutarque.

Si un rhéteur lui aussi fait parfois profession de critique, son but est alors d'identifier et d'analyser le procédé employé par un modèle pour en faciliter l'imitation. L'entreprise du Ps.-Héraclite[3] est toute différente et ces différences retentissent sur la nature et la présence même d'outils rhétoriques et grammaticaux dans l'interprétation allégorique. Il y a, à un premier niveau, une quasi-incompatibilité entre cette entreprise et une codification précise – au sens où les rhéteurs décrivent une figure et fixent les conditions de son utilisation – de l'allégorie.

Il s'agit pour le Ps.-Héraclite de défendre Homère contre ceux qui l'ont accusé d'impiété. Selon les détracteurs du Poète, Platon au premier chef[4], la vision des dieux reflétée par l'*Iliade* et l'*Odyssée* est fausse et immorale. Homère doit être chassé de la cité[5]. Le simple énoncé du projet de défense est ce qui fonde le saut dans l'allégorie: il est inconcevable qu'Homère, lui qui – Platon lui-même le

1. L'*Abrégé* de Cornutus, par exemple (*Theologiae graecae compendium*, éd. C. Lang, Leipzig, Teubner, 1881), se signale par le caractère ponctuel d'un grand nombre d'exégèses: il s'agit le plus souvent d'assimiler des dieux, par l'étymologie, à des principes cosmiques.

2. Selon un usage consacré, l'allégorie «historique», qu'on pourrait appeler aussi «rationalisante», «réaliste» ou «positive», dépouille le récit mythique de son merveilleux et le rapporte à une réalité concrète.

3. Texte établi par F. Buffière [1962], «Nouvelle édition», Paris, *CUF*, 1989. Sauf indication contraire, les traductions sont nôtres.

4. Sur l'exégèse préplatonicienne, *cf.* notamment N. J. Richardson, «Homeric professors in the age of the Sophists», *PCPhS* 21, 1975, p. 65-81.

5. *Cf. Rép.* livres II, III, X, notamment III, 390 c, et l'analyse de J. Pépin, *Mythe et allégorie* [1958], «Nouvelle édition, revue et augmentée», Paris, 1976, chap. V.

reconnaît – « a éduqué la Grèce »[1], prêche aucun principe pervers. Il est donc *impossible* que la poésie d'Homère signifie ce qu'elle signifie, πάντα γὰρ ἠσέβησεν, εἰ μηδὲν ἠλληγόρησεν (car tout est impie chez lui si rien n'est allégorique – 1, 1). Il y a là un coup de force qui risque de soustraire l'établissement du « plus haut sens » à toute autre justification et l'on craint que l'exégète, plutôt que de s'attacher à l'étude des signes qui autorisent ou exigent la recherche du second degré de signification, ne se borne à plaquer sur le texte la lecture allégorique sans laisser d'alternative ni fournir d'argument. Plus généralement, la dimension religieuse autant que philosophique de l'approche du Ps.-Héraclite s'accompagne de présupposés qui contribuent à « verrouiller » son entreprise : l'un d'eux semble être celui de la pureté *essentielle* d'Homère, qu'il doit à sa position de poète des origines. Ce motif – que l'on retrouve chez Cornutus et le Ps.-Plutarque[2] –, est presque explicite au début du chapitre 2 : καθαρὰν δὲ καὶ παντὸς ἁγνεύουσαν μύσους Ἰλιὰς πρώτη καὶ μετὰ ταύτην Ὀδύσσεια σύμφωνον ἑκατέρα περὶ τῆς ἰδίας εὐσεβείας κέκραγε φωνήν (Sans tache, pure de toute souillure est la voix qu'a élevée l'*Iliade* la première, puis après elle l'*Odyssée*, chacune en accord avec l'autre pour clamer sa propre piété – 2, 1). La pureté originelle est aussi une excellence du savoir qui permet à Homère d'anticiper sur les découvertes scientifiques ultérieures. La durée s'annule[3]. Après avoir commenté l'expression homérique θοὴ νύξ comme signifiant non pas « nuit rapide » mais « nuit pointue » et comme décrivant déjà la forme conique de l'ombre de la terre – due au fait que le soleil est plus grand qu'elle – (45, 4), le Ps.-Héraclite conclut : Ὁ δὴ πρῶτος Ὅμηρος ἐκ μιᾶς λέξεως ὑπαινιξάμενος τὰς μυρίας τῶν φιλοσόφων ἁμίλλας ἐπιτέτμηται (En insinuant cela le premier, à partir d'un seul mot, Homère a tranché définitivement les mille querelles des philosophes – 46, 7). Ce postulat d'excellence inclut celui de la

1. Platon, *Rép.* X, 606 e 2 : τὴν Ἑλλάδα πεπαίδευκεν.

2. [Plutarchus], *De Homero 2*, 1, éd. J. F. Kindstrand, Leipzig, Teubner, 1990, p. 7. L'idée de la supériorité morale des Anciens ou de l'ancien était un préjugé largement répandu, chez Homère le premier. *Cf.* aussi, par exemple, Dicéarque, fr. 48 Wehrli ; Démétrios, *Du Style*, § 67, 175, 244 ; Denys d'Halicarnasse, *Les Orateurs antiques* [I], Prologue, etc. Elle ne saurait donc être reliée à une école philosophique particulière, notamment stoïcienne. D'ailleurs, Zénon (Dion Chrysostome, *Discours* LIII (36) 4-5 = *SVF* I 274), s'il ne blâme jamais Homère, ne le « sauve » pas non plus à tout prix, puisqu'il distingue chez le Poète ce qui est dit selon l'opinion et ce qui est dit selon la vérité. Sur la nature du « stoïcisme » du Ps.-Héraclite, voir les notes suivantes.

3. Ce second motif est plus proche d'un thème stoïcien, le fait que pour eux le feu premier, lors de chaque cycle, contient le principe de tout ce qui est advenu et adviendra, *cf.* par exemple Aristoclès, cité par Eusèbe (*Prép. év.* XV 14, 2 = *SVF* I 98 = fr. 46 G dans le recueil de A. A. Long & D. N. Sedley, *Les philosophes hellénistiques* II, trad. française par J. Brunschwig et P. Pellegrin, Paris, GF Flammarion, 2001, p. 257). Mais ce thème est banalisé et vulgarisé. Le Ps.-Héraclite semble ignorer l'apport spécifique (la réflexivité) que le temps et le travail des philosophes fournissent au donné homérique initial, *cf.* Sénèque, *Lettre* 90, 46.

cohérence du texte homérique[1]. De même qu'une seule proposition impie est inconcevable, de même, si la poésie d'Homère contient quelques vers à la gloire des dieux – leur signalement est l'objet principal du chapitre 2 –, c'est qu'Homère est pieux *tout entier*. Toute objection est écartée vigoureusement: Τίς οὖν ἐπὶ τούτοις Ὅμηρον ἀσεβῆ λέγειν τολμᾷ; (Qui donc après cela ose traiter Homère d'impie? – 3, 1). Il s'ensuit que tout, absolument tout ce qui pourrait passer pour impie chez Homère relève d'un second niveau de lecture où se restaure la cohérence du texte et que cette cohérence ne saurait absolument rien recouvrir d'autre qu'une vérité intemporelle. Cette démarche est systématique et va jusqu'au défi. Le Ps.-Héraclite (47, 4-6) rapproche deux expressions formulaires distantes l'une de l'autre, et expressives chacune dans ses contextes propres, qui sont différents: «la terre sans bornes» (ἀπείρονα γαῖαν, *Il.* VII 446; XXIV 342; *Od.* I 98; V 46; XV 79; XVII 386, 418; XIX 107), et les «bornes de la terre» (πείρατα γαίης, *Il.* XIV 200, 301; *Od.* IV 563). Puis il souligne une contradiction que peu d'auditeurs et de lecteurs, peut-on supposer, avaient trouvée choquante, pour l'expliquer au moyen de la double et paradoxale définition de la sphère comme une forme à la fois délimitée, bornée, et – à l'instar du cercle, sans commencement ni fin – infinie. On peut dire, sans faire preuve de sévérité excessive, que l'exégèse répond ici à une difficulté créée de toutes pièces.

Un autre présupposé est celui de la dissymétrie entre l'herméneute[2] et son lecteur. Un technographe établit une relation d'égalité – au moins potentielle – avec son lecteur et il compte sur son argument ou ses explications pour le convaincre. L'herméneute n'ouvre ses mystères qu'à celui qui a opéré une conversion intérieure[3]. La perception du sens allégorique ne dépend plus du texte, mais d'une disposition du lecteur. Cette disposition est toute d'obéissance. Il s'agit de suivre la voie tracée: ...σεμνὴν ὑπὸ νόμῳ τῶν ποιημάτων τὴν ἀλήθειαν ἰχνεύωμεν (...suivons à la trace, sous la loi des poèmes, l'auguste

1. Ce postulat de cohérence vient de ce que le Ps.-Héraclite fait d'Homère le premier philosophe. À l'instar de la philosophie qui reflète elle-même l'organicité du monde, l'*Iliade* et l'*Odyssée* ne peuvent être faites que de parties solidaires. Cette vision est sans doute à rattacher au stoïcisme tardif. Les stoïciens plus anciens considéraient sans doute, plus raisonnablement, la poésie d'Homère non comme la philosophie mais comme un enseignement (φιλοσόφημα, Strabon I 2, 7), dans le cadre général de l'interprétation des mythes. R. Goulet (art. cité, p. 118-120) suggère que c'est seulement à partir de Cratès de Mallos (*fl.* 160 av. J.-C.) ou d'Héracléon qu'«on emploiera l'allégorie pour révéler la philosophie ou la science d'Homère». Cette hypothèse nous séduit d'autant plus que la théorie des tropes, si présente en sous-main chez le Ps.-Héraclite, on le verra, provient sans doute de travaux péripatéticiens et stoïciens réalisés en Asie (Pergame, Rhodes) au second siècle avant J.-C. Voir sur ce point G. Calboli, «From aristotelian lexis to *elocutio*», *Rhetorica* 16, 1998, p. 47-80.

2. Nous employons ce mot au sens moderne, *cf.* J. Pépin, «L'Herméneutique ancienne. Les mots et les idées», *Poétique* 6, 1975, p. 291-300.

3. *Cf.* Philon, *De Providentia* II 40-41. Cette attitude ne paraît pas avoir été celle des stoïciens, qui recommandent au contraire la clarté. Cornutus fait peut-être exception, dans un passage d'interprétation délicate où il paraît valoriser l'énigme (*Comp.* 35, p. 76, 2 *sq.* Lang).

vérité – 3, 3). Malheur à celui qui, par ignorance et sottise, ne s'est pas converti, car il est rejeté dans les ténèbres du monde ordinaire :

Εἰ δ' ἀμαθῶς τινες ἄνθρωποι τὴν ῾Ομηρικὴν ἀλληγορίαν ἀγνοοῦσιν οὐδ' εἰς τὰ μύχια τῆς ἐκείνου σοφίας καταβεβήκασιν, ἀλλ' ἀβασάνιστος αὐτοῖς ἡ τῆς ἀληθείας κρίσις ἔρριπται, καὶ τὸ φιλοσόφως ῥηθὲν οὐκ εἰδότες, ὃ μυθικῶς δοκεῖ πλάσαι προσαρμόζουσιν, οὗτοι μὲν ἐρρέτωσαν. (Mais si certains individus, par ignorance, méconnaissent l'allégorie homérique et ne parviennent pas à accéder aux tréfonds de la sagesse qu'elle renferme, rejettent sans examen l'épreuve de la vérité et, sans comprendre la dimension philosophique de ce qui est dit, s'attachent aux apparences de la fiction, ces gens-là, qu'ils aillent au diable. – 3, 2).

On entrevoit la difficulté d'isoler des éléments objectifs permettant d'identifier et d'authentifier l'allégorie : la charge de la preuve, l'adhésion à l'exégèse en tout cas, relève autant du lecteur que de l'herméneute lui-même.

Il est d'autres traits du projet du Ps.-Héraclite qui expliquent une relative occultation des aspects rhétoriques de l'allégorie. C'est d'abord une sémiotique et une esthétique qui se veulent étrangères aux raffinements du langage. Deux conceptions ont présidé à l'élaboration de la doctrine des figures. La première, dont les origines sont anciennes, se fonde sur la distinction de deux fonctions du langage : *porter le sens*, ou *orner*[1], que ce soit pour impressionner ou séduire, et affecte aux figures, définies comme des variations par rapport à l'usage dans le cadre défini par la grammaticalité[2], cette seconde mission. La théorie aristotélicienne de la métaphore ne saurait être réduite à cette conception ornementale. Quand le Stagirite définit la métaphore (au sens compréhensif qui sera plus tard *mutatis mutandis* le sens du mot *trope*) comme le transfert d'une désignation d'un objet à un autre en fonction d'un lien entre les deux objets : lien d'inclusion espèce/genre ou lien d'analogie[3], il ouvre la voie à une métaphore exploratrice, riche de potentialités poétiques, rhétoriques mais aussi « scientifiques ». Les stoïciens ont sans doute, sur d'autres bases linguistiques et rhétoriques, contribué à développer cette seconde conception des figures en germe chez Aristote. Rejetant le conventionalisme, ils ont revivifié le cratylisme en postulant un lien d'adéquation originel entre les sons primitifs *(cunabula uerborum)* et les choses. Au niveau de l'énoncé, le σχῆμα τῆς λέξεως (figure de l'expression) s'inscrit dans la continuité de l'emploi aristotélicien au sens de forme de l'expression[4]. À

1. *Cf.* par exemple Démétrios, *Du Style*, § 106.

2. De là, dans les traités des tropes ou des figures, un grand nombre de définitions qui s'accompagnent d'une définition corollaire du barbarisme (pour le trope, par exemple Alexandros, *De figuris*, p. 9 Spengel III ; Charisius, *Artis grammaticae libri V*, p. 349-350 Barwick) et du solécisme (pour la figure, par exemple Alexandros, *loc. cit.* ; Charisius, *op. cit.*, p. 351 ; Tibérios, *De figuris demosthenicis*, 1, 10-13, p. 8 Ballaira = p. 59 Spengel III ; Phoebammon, *De figuris*, p. 44 Spengel III).

3. Pour une analyse de ces opérations, *cf.* J. Lallot, « Le fonctionnement sémiotique de la métaphore selon Aristote », *Recherches sur la philosophie et le langage* 9, Grenoble, 1988, p. 47-58.

4. Pour une étude de l'acception aristotélicienne de cette expression, source de maints malentendus à cause de l'histoire postérieure de σχῆμα, voir F. Ildefonse, « ΤΑ ΣΧΗΜΑΤΑ

ce titre, tout énoncé possède une «figure»[1]. Tel est le cadre dans lequel ils ont probablement contribué à développer la catégorie de trope[2]: dans une optique critique, d'abord, et dans l'esprit de la métaphore aristotélicienne, à cent lieues de l'approche ornementale. Deux, et seulement deux, possibilités d'analyse se font jour. Il y a, d'abord, l'enquête étymologique. Celle-ci est destinée à retrouver le véritable objet désigné par le mot. C'est une chose possible parfois, mais pas toujours. L'adéquation originelle ayant été compromise au fur et à mesure du temps et du développement du lexique, ce dernier est devenu ambigu. Mais il évolue – en raison de l'étroite liaison entre pensée et parole – selon les mêmes processus que ceux qui sont à l'œuvre dans la pensée des objets (similitude, contrariété, etc.). L'enquête sur les mots procède donc de l'enquête sur les choses. La seconde enquête possible porte sur l'énoncé. Ce n'est pas le lieu de résumer la complexe théorie stoïcienne de la prédication[3]. Il suffit de dire ici que l'analyse linguistique de l'énoncé est au service d'un projet qui la dépasse: le projet dialectique d'analyser le vrai et les conditions de son intériorisation. En d'autres termes, il ne saurait être question pour l'allégoriste d'obédience stoïcienne d'analyser le mot ni l'énoncé pour eux-mêmes, de distinguer entre sens propre et sens figuré, ni *a fortiori* de réfléchir à la connotation. Ce qui l'intéressera dans l'allégorie, ce n'est pas tant le mécanisme de détournement de la désignation ni la double valeur sémantique de l'énoncé ni le premier niveau de réalité qui sert d'intermédiaire pour atteindre le second, le seul visé, ni la façon dont les véritables intentions du Poète peuvent être percées, mais *l'objet* réellement et originellement désigné, la cohérence entre les *choses* que l'énoncé allégorique désigne et la façon dont le vrai contenu originellement et «naïvement» dans l'épopée peut accéder au statut de vérité intériorisée. Comme l'écrit A. Le Boulluec,

> L'entreprise allégorique des stoïciens (...) ne se développe (...) qu'à condition de mettre entre parenthèses le mouvement qui va de la sensation à l'énoncé et de poser l'immanence du

ΤΗΣ ΛΕΞΕΩΣ», dans M. S. Celentano, P. Chiron et M.-P. Noël (édit.), *Skhèma/Figura. Formes et figures chez les Anciens. Rhétorique, philosophie, littérature*, Paris, Éditions Rue d'Ulm, 2004, p. 143-157.

1. Un texte caractéristique sur ce point – et pourtant rarement cité – est celui du Ps.-Denys d'Halicarnasse, *Ars rhetorica* IX, Περὶ ἐσχηματισμένων β', p. 323 Usener-Radermacher.

2. Pour une analyse récente de cette thèse communément admise, *cf.* H. Fuzier, *Le Trope. En relation avec le* De Tropis *de Charisius, essai de mise en perspective historique du concept depuis l'Antiquité gréco-latine jusqu'à la fin du* XXe *siècle*, thèse dactylographiée, Montpellier III, déc. 2002, p. 116-124. Mme Fuzier conclut au caractère probable mais seulement probable de l'origine stoïcienne des tropes, ainsi que sur la minceur et le caractère tardif de la documentation qui va dans ce sens (essentiellement les *Principia dialecticae*, VI, d'Augustin). L'idée d'une *double* origine, péripatéticienne – en raison notamment de l'importance du rôle d'Aristote et de Théophraste – et stoïcienne, rend sans doute mieux compte de la réalité historique (*cf.* G. Calboli, art. cité), mais sans que l'on puisse être beaucoup plus précis.

3. Pour un résumé de cette théorie au sein d'une présentation générale de la linguistique stoïcienne, *cf.* M. Baratin et F. Desbordes, *L'Analyse linguistique dans l'Antiquité classique*, I: *Les Théories*, Paris, Klincksieck, 1981, p. 26-34.

logos dans le lexique et certains textes. Elle doit négliger les circonstances de l'émission et de la réception d'un message ; elle ne fonctionne qu'en opérant plusieurs suppressions : celle du sujet parlant, celle du destinataire, celle de la différence entre le couple signifiant-signifié et l'objet extérieur[1].

Ce genre de conception a influencé le Ps.-Héraclite. On en trouve une illustration dès qu'il juge bon de définir l'allégorie, presque au début de son ouvrage (5, 1-2):

Νυνὶ δὲ ἀναγκαῖον ἴσως μικρὰ καὶ σύντομα περὶ τῆς ἀλληγορίας τεχνολογῆσαι· σχεδὸν γὰρ αὐτὸ τοὔνομα καὶ λίαν ἐτύμως εἰρημένον ἐλέγχει τὴν δύναμιν αὐτῆς. Ὁ γὰρ ἄλλα μὲν ἀγορεύων τρόπος, ἕτερα δὲ ὧν λέγει σημαίνων, ἐπωνύμως ἀλληγορία καλεῖται. (Mais peut-être est-il nécessaire, au point où nous en sommes, de donner quelques succinctes indications d'ordre technique sur l'allégorie : c'est tout juste si le mot lui-même (allégorie), tant il est véridiquement dit, ne trahit pas son sens. Car le trope consistant à parler [*-ègor-*] de choses tout en désignant d'autres choses [*all-*][2] que ce qu'on dit s'appelle à juste titre *allégorie*).

La décomposition du *mot* allégorie donne accès à *l'objet* qu'il désigne «à juste titre» (ἐπωνύμως), ou «véridiquement» (ἐτύμως). La δύναμις d'un mot n'est autre que l'objet désigné. À la fin du chap. 5, à propos d'Homère, *Il.* XIX 222 *sq.* – allégorie fameuse de la guerre comme moisson, «dont le bronze verse au sol abondance de paille pour si peu de grain», citée par Tryphon, Porphyre, Eustathe, etc. –, le Ps.-Héraclite donne cette précision: Τὸ μὲν γὰρ λεγόμενόν ἐστι γεωργία, τὸ δὲ νοούμενον μάχη· πλὴν ὅμως δι' ἐναντίων ἀλλήλοις πραγμάτων τὸ δηλούμενον ἐπείπομεν (Ici, le dit est l'agriculture mais le pensé bataille, sauf que[3] nous avons ajouté le second propos exprimé à l'aide de la contradiction entre elles des choses désignées – 5, 16). On voit que ce qui révèle le second «propos», ou énoncé, allégorique, est une incohérence entre les choses (δι' ἐναντίων ἀλλήλοις πραγμάτων), incohérence qui implique une nouvelle cohérence, dans un second domaine de *réalité*. On remarque aussi qu'il s'agit d'une implication inscrite dans le texte et non d'une invitation à chercher. La formulation est en effet singulièrement close: les participes passifs substantivés (Τὸ... λεγόμενον, τὸ... νοούμενον, τὸ δηλούμενον) présentent les différents étages de l'analyse comme des éléments objectifs. Les effets sur la réception sont mécaniques[4]. La démarche se veut scientifique et ignore, ou occulte, tout écart entre la volonté du poète et le sens établi par l'exégète[5]. Voilà qui

1. «L'Allégorie chez les Stoïciens», *Poétique* 6, 1975, p. 301-321 (art. cité, p. 320).

2. Inexactitude volontaire de notre part, destinée à clarifier la correspondance entre le français et le grec: en grec, ἕτερος est ressenti comme une redite de ἄλλος, ce dernier mot ayant la possibilité, selon sa place, de désigner *l'un* ou *l'autre*.

3. Le lien logique exprimé par πλὴν ὅμως n'est pas d'une clarté parfaite. Nous comprenons qu'il ne s'agit pas d'un lien d'opposition mais d'un lien de spécification, destiné à préciser que l'accès à l'objet désigné est indirect.

4. Noter l'aoriste ἐπείπομεν.

5. *Cf.* A. A. Long, «Stoic readings of Homer», dans R. Lamberton and J. J. Keaney (édit.), *Homer's Ancient Readers*, Princeton, 1992, p. 46 (réimpr. dans A. A. Long, *Stoic studies*, Cambridge, 1996). Voir aussi S. Toulouse, «La lecture allégorique d'Homère chez

risque aussi – à l'exception de l'étymologie, qui relève en partie de la grammaire, et de quelques tropes, qui reproduisent les mécanismes de la pensée sur le monde[1] – de réduire à la portion congrue les aspects proprement rhétoriques et linguistiques de l'exégèse.

Il faut tenir compte également du fait que le Ps.-Héraclite s'inscrit dans une longue tradition exégétique. Le recours à un matériau traditionnel risque d'augmenter sa tendance à passer sous silence les explications qui nous paraîtraient nécessaires et à user de l'argument d'autorité. C'est ce que l'on constate en maints endroits. Le premier exemple donné pour illustrer la définition de l'allégorie est un fragment d'Archiloque (54 Bergk = 103 Lasserre-Bonnard) où, selon le Ps.-Héraclite, le poète ἐν τοῖς Θρᾳκικοῖς ἀπειλημμένος δεινοῖς τὸν πόλεμον, εἰκάζει θαλαττίῳ κλύδωνι λέγων ὧδέ πως· «Γλαῦχ' ὅρα, βαθὺς γὰρ ἤδη κύμασιν ταράσσεται πόντος κτλ.» (pris dans les dangers du conflit avec les Thraces, compare la guerre aux flots déchaînés, en s'exprimant à peu près ainsi: «Regarde Glaucos: la mer profonde déjà est tourmentée de vagues, etc.» – 5, 3-4). Un critique moderne ferait remarquer l'étrange «embrayeur» par quoi commence l'évocation de la mer déchaînée: «Regarde, Glaucos», dont le calme contraste avec la violence de la scène et rend peu plausible que le fragment d'Archiloque prenne place dans un récit réaliste. Mais la comparaison prétendue (*cf.* εἰκάζει) n'est pas explicite chez Archiloque et l'allégoriste ne donne aucune explication sur l'émergence de la seconde signification, politique, du passage. Sans doute ce texte était-il célèbre. Théophraste, Plutarque le citent aussi. Mais on reste sur sa faim. Comme le remarquent les éditeurs d'Archiloque dans la collection Budé (Lasserre et Bonnard, 1958, p. 33), il n'est pas sûr «qu'il faille en croire Héraclite sur le sens figuré de ces vers et les lire autrement qu'au sens propre». On pourrait citer beaucoup d'autres exemples d'assertion brute, et notamment le chapitre 27, où une exégèse de Cratès de Mallos est récusée, comme une aberration (ὡς τερατείαν τινά), sans autre argumentation qu'une connivence supposée avec le lecteur.

La rhétorique stoïcienne, enfin, s'est définie contre les traditions antérieures et notamment la tradition stylistique sophistico-isocratique telle qu'elle a été en partie reprise par Aristote. De là sont nées des polémiques, dont l'influence sur la terminologie de l'analyse stylistique et rhétorique reste à étudier de manière systématique. Pour prendre un exemple emblématique, il n'est pas indifférent que le style simple soit souvent appelé ἰσχνός (maigre) ou le grand style, ἁδρός

Porphyre: principes et méthodes d'une pratique philosophique», *La Lecture littéraire*, n° 4 (*L'Allégorie*), Reims, 2000, p. 25: «Pour les philosophes de l'Antiquité hellénistique et romaine, la lecture allégorique d'Homère est au premier chef une lecture du discours allégorique d'Homère».

1. Précisons que le recours à la division dialectico-grammaticale addition, soustraction, mutation, métathèse pour le classement des tropes, aussi naturel qu'il soit dans une perspective stoïcienne, n'est que tardivement attesté (Charisius, Phoebammon).

(gras)[1]. On peut dire sans exagérer que la figure ornementale est chez les stoïciens et ceux qui se réclament peu ou prou de leur doctrine, comme le Ps.-Héraclite, un repoussoir et incarne à elle seule tout ce que la secte récuse dans la rhétorique d'origine sophistique. Tout un pan de connaissances techniques accumulées depuis Isocrate sera tantôt omis, tantôt masqué ou refoulé. La formule citée *supra* (Νυνὶ δ' ἀναγκαῖον ἴσως μικρὰ καὶ σύντομα περὶ τῆς ἀλληγορίας τεχνολογῆσαι) nous paraît refléter cette attitude par son ton de concession : il est temps, semble dire le Ps.-Héraclite, de sacrifier au devoir rhétorique. Devoir ponctuel (Νυνὶ), devoir sans réelle nécessité (d'où l'oxymore ἀναγκαῖον ἴσως), devoir vite rempli (μικρὰ καὶ σύντομα), puisque, aussi bien, les mots disent exactement ce qu'ils veulent dire. On se gardera, évidemment, d'accepter cette dénégation telle quelle et l'enquête que nous avons entreprise devra tenir compte de la gêne et du scrupule qu'éprouve sans doute le Ps.-Héraclite à traiter de l'allégorie en termes rhétoriques.

La conséquence de tous ces facteurs est que, bien souvent, l'interprétation allégorique paraît effectivement « plaquée », sans autre raison qu'une difficulté morale ou esthétique née – pour l'herméneute et parfois seulement pour lui – du décalage entre le texte homérique et les *a priori* qu'il a sur son auteur et sans autre justification qu'une similitude de pertinence très variable entre les deux niveaux de réalité. Toute situation où les dieux se montrent sous un jour ridicule, indécent ou simplement humain sera forcément allégorique. La mécanique mise en route fonctionne alors, parfois, pour son propre compte et il arrive à l'exégèse de verser non seulement dans la gratuité mais dans l'incohérence, dans une sorte d'emballement dont Cornutus offre aussi l'illustration. C'est par un trident que Poséidon provoque l'écroulement du mur que les Grecs ont construit sans l'accord des dieux (*Il.* XII 4 *sq.*). Ce trident est un motif traditionnel et n'occasionne ni indécence ni impiété ni même, dans un contexte poétique, invraisemblance. La punition infligée aux Grecs est logique. Le Ps.-Héraclite invente de toute pièce une invraisemblance : Οἶμαι δ' ἔγωγε καὶ τὸ Ἑλληνικὸν τεῖχος, ὃ πρὸς καιρὸν ἔρυμα τῆς ἰδίας ἀσφαλείας ἐπύργωσαν, οὐχ ὑπὸ τοῦ συμμάχου καθῃρῆσθαι Ποσειδῶνος (Le mur des Grecs, qu'ils avaient construit occasionnellement pour assurer leur sécurité, je ne crois pas pour ma part que ce soit Poséidon, leur allié, qui l'ait détruit – 38,1). Comme si Poséidon n'était pas un dieu avant d'être le protecteur des Grecs. Puis, non content d'interpréter l'épisode comme un tremblement de terre – ce qui est encore plausible –, Le Ps.-Héraclite voit dans le trident le symbole des trois types d'effets que, d'après les Physiciens, un séisme provoque, soit : secousse verticale, secousse latérale, ouverture d'une crevasse (38, 6-7). On ne saurait imaginer rapprochement plus gratuit. Il arrive enfin à l'exégète – trait qui a été relevé également chez

1. *Cf.* par exemple [Plutarchus], *De Homero* 2, 72, p. 36 Kindstrand.

Cornutus[1] – de proposer sur un même point plusieurs interprétations à la compatibilité problématique : Aphrodite symbolise d'abord et surtout la passion amoureuse (28, 4-5 ; 54, 7) mais aussi, quand elle est blessée par Diomède (*Il.* V 311 *sq.*), l'irréflexion des barbares (30, 4). Arès est la discorde (69, 8) puis le fer (69, 13). Dans ce bric-à-brac, les explications lumineuses voisinent avec les assertions les plus forcées et les plus fantaisistes.

Mais beaucoup de philosophes étaient, par leur éducation, rompus à la technique rhétorique[2]. Le stoïcisme, d'autre part, reconnaissait l'importance politique et sociale de la parole persuasive, comme une des fonctions – avec la fonction « scientifique » et la fonction réflexive – du *logos* dialectique[3]. Il fallait bien aussi reconnaître l'existence de figures chez les poètes les plus anciens. Plusieurs textes expriment la surprise de critiques marqués par le stoïcisme face à l'emploi ancien et réussi de figures associées pour eux d'habitude à la duplicité, à l'immoralité et au manque de goût des procédés ornementaux. Deux de ces textes se trouvent chez Démétrios, dans le traité *Du Style* (§ 67) : Χρῆσθαι μέντοι τοῖς σχήμασι μὴ πυκνοῖς· ἀπειρόκαλον γὰρ καὶ παρεμφαῖνόν τινα τοῦ λόγου ἀνωμαλίαν. Οἱ γοῦν ἀρχαῖοι πολλὰ σχήματα ἐν τοῖς λόγοις τίθεντες συνηθέστεροι τῶν ἀσχηματίστων εἰσίν, διὰ τὸ ἐντέχνως τιθέναι (Il faut user des figures sans les entasser, car c'est un manque de goût qui fait apparaître en même temps un manque d'uniformité dans le discours, même s'il faut bien reconnaître que les Anciens, tout en mettant beaucoup de figures dans leurs discours, ont un langage plus proche de l'usage que ceux qui se les interdisent, mais c'est qu'ils les disposent avec un art consommé).

De ce talent, la poétesse Sappho est l'exemple éclatant, elle qui sait utiliser l'hyperbole sans tomber dans la froideur de style (§ 127) : Ὃ δὴ καὶ μάλιστα θαυμάσειεν ἄν τις Σαπφοῦς τῆς θείας ὅτι φύσει κινδυνώδει πράγματι καὶ δυσκατορθώτῳ ἐχρήσατο ἐπιχαρίτως (C'est bien ce qu'il y a de plus admirable chez Sappho la divine : elle a pris une matière [*sc.* un fait impossible] périlleuse par nature et difficile à réussir, et l'a utilisée avec grâce). Le Ps.-Plutarque exprime le même émerveillement dans des termes voisins :

> ποτὲ δὲ (*sc.* Ὅμηρος χρῆται) ταῖς ἀρχαίαις (*sc.* φωναῖς), ὡς ὅταν λέγῃ, "ἄορ" καὶ "σάκος", ποτὲ δὲ ταῖς κοιναῖς καὶ συνήθεσιν, ὡς ὅταν λέγῃ "ξίφος" καὶ "ἀσπίδα". Καὶ θαυμάσειέ τις, ὅτι καὶ <αἱ> κοιναὶ λέξεις παρ' αὐτῷ σῴζουσι τὸ σεμνὸν τοῦ λόγου· κτλ. ([*sc.* Homère se sert] aussi tantôt de [mots] anciens comme « glaive », « écu », tantôt de mots

1. *Cf.* G. Most, « Cornutus and Stoic allegoresis : a preliminary report », *ANRW* II 36, 3, p. 2014-2065 (spécialement p. 2028) ; A. A. Long, « Stoic readings of Homer », art. cité, p. 54 n. 29.

2. Le traité de *Progymnasmata* d'Aelius Théon, édité récemment (1997) dans la *CUF* par Michel Patillon, montre combien cette formation – intermédiaire entre l'enseignement du grammairien et celui du rhéteur – n'est pas étroitement rhétorique mais vise à perfectionner tant la culture générale de l'élève que ses capacités d'expression et d'argumentation. L'exercice « roi » est la *thèse*, dont l'usage est aussi bien philosophique que rhétorique.

3. *Cf.* C. Atherton, « Hand over Fist : the Failure of Stoic Rhetoric », *CQ* 38, 1988, p. 398-399.

banals et usités, tels « épée » et « bouclier » ; et ce qu'il y a d'admirable, c'est que malgré ces expressions banales, son style n'en conserve pas moins toute sa majesté ; etc. – *De Hom.* 2, 14, p. 15 Kindstrand, trad. Bétolaud[1] modifiée).

Il faut ajouter que le Ps.-Héraclite lui-même n'est sans doute pas, comme l'a montré Félix Buffière[2], un stoïcien de stricte obédience[3]. Anthony Long est allé plus loin en contestant radicalement la tradition qui identifie l'interprétation stoïcienne d'Homère à la pratique du Ps.-Héraclite. Selon lui, les projets n'ont que peu en commun. Nous n'entrerons pas dans ce débat, mais nous admettrons avec A. Long que le Ps.-Héraclite est un éclectique[4]. D'ailleurs, il ne se pose pas en ennemi de toute habileté oratoire. Au chapitre 72, Hermès incarne la parole persuasive comme alternative à la violence, et réduite au rôle de véhicule de la pensée raisonnable (*cf.* ἔμφρων λόγος, 72, 4), traitée comme divinité chtonienne ou comme divinité ouranienne en raison du double règne qu'elle exerce, sur la réflexion solitaire d'une part, sur la communication humaine d'autre part (72, 14-18). Cet écrasement de la rhétorique sur la dialectique et sur l'activité réflexive en général évoque une vulgate stoïcienne. De même, l'efficacité oratoire de Télémaque au cours de l'assemblée précédant son départ, au début du chant 2 de l'*Odyssée*, suit immédiatement l'accession du jeune homme à la φρόνησις (63, 5-6) et ne fait guère que la projeter, comme si le développement de la pensée et celui de la parole coïncidaient. Mais, ailleurs, affleurent des caractérisations moins « puritaines » : la parole persuasive, à propos de Priam, est qualifiée de douce comme le miel (μειλίχιον, 59, 3), l'éloquence d'Ulysse est dite bigarrée, enjôleuse (*cf.* ποικίλος, καταθέλγω, 67, 5), et son effet supérieur à celui de l'amour puisque Calypso accepte de laisser partir son amant. On pourrait objecter que, dans cet épisode du chant V de l'*Odyssée*, la parole sert de remède à la passion, mais il est vrai aussi que rien ne forçait l'allégoriste à la doter des séductions de la passion qu'elle combat. Au chapitre 55, Hermès devient même l'allégorie de la parole comme vecteur des émotions – ou passions – intérieures (τῶν ἔνδον ἐν ἡμῖν παθῶν, 55, 1).

Surtout, le Ps.-Héraclite veut convaincre. Initié aux Mystères[5] de la divine poésie d'Homère, il prétend aussi à la philosophie et à son exercice (φιλοσοφία, φιλοσοφεῖν), mots qu'il utilise souvent, d'ailleurs, au sens d'« explication,

1. Cette référence est explicitée *infra*.

2. F. Buffière (édit.), *Allégories d'Homère, op. cit.*, p. XXXII *sq.* Voir aussi, *supra*, p. 37 n. 3, p. 38 n. 1 et n. 3.

3. Cet éclectisme est aisément prouvé par son recours aux doctrines de celui qu'il affirme combattre, Platon (*cf.* 17, 4 *sq.*), et par le fait qu'il s'écarte parfois de la doctrine du Portique, par exemple sur la localisation de la rationalité dans le corps (19). On a noté aussi qu'il se désolidarise de certaines interprétations de Cratès de Mallos, qui, selon la *Souda*, était stoïcien (sur ce philosophe, voir *supra* p. 38 n. 1, et la notice de J.-M. Flamand, *DPhA*, II, p. 487-495).

4. A. A. Long, « Stoic Readings of Homer », art. cité, p. 47.

5. La référence aux Mystères est une figure. On ne trouve pas chez le Ps.-Héraclite l'exégèse mystique des néo-pythagoriciens (*cf. supra*). En revanche, la référence à la religion est à prendre au pied de la lettre, *cf.* 79, 13.

expliquer» (27, 1 ; 2 ; 34, 5 ; 8 ; 35, 9, etc.). On ne trouve pas chez lui ce «court-circuit» qui, chez Proclus, par exemple, relie directement l'inspiration poétique au dévoilement de l'*Un*[1]. Le Ps.-Héraclite se plaît aux secrets bien cachés, surtout s'il est le premier à les pénétrer, mais il tient à les communiquer à ceux qui le méritent. Son entreprise naît, il le dit souvent, d'une εἰκασία (*représentation*, au sens d'*hypothèse*, de *supposition* à vérifier, *cf.* 7, 3 ; 29, 4) mais sa fierté, ensuite, est de pouvoir faire état d'une démonstration de la vérité de la lecture proposée (*cf.* ἀπόδειξις, 7, 1 ; 44, 1 ; 60, 1...). Ce souci rationaliste occasionne le recours à des notions de physique, d'astrologie, de morale, d'histoire, etc., au folklore (68, 5), mais aussi à l'usage linguistique et à des notions de rhétorique ou de grammaire. Essayons de faire le bilan de ces notions, explicites ou plus secrètes, en nous aidant en chemin des questions qui nous ont permis en son temps d'éclairer l'allégorie des rhéteurs.

Le recours à la *technique* rhétorique (τεχνολογῆσαι, *cf.* 5, 1 cité *supra*), que nous avons présenté comme une sorte de concession, n'en correspond pas moins à une documentation précise. Le Ps.-Héraclite donne au mot τρόπος le sens technique de trope[2] et, en classant l'allégorie dans cette catégorie de figures, rejoint une tradition attestée depuis la *Rhétorique à Herennius* (IV 42 ; 46)[3] et Philodème (*Rhetorica*, IV B, *PHerc.* 1007/1673, t. I, p. 164, 18 *sq.* Sudhaus). Quant au terme allégorie, il est attesté depuis le traité *Du Style*, du Ps.-Démétrios de Phalère (§ 99, 100-102 etc.), que l'on doit probablement situer à la charnière des IIe et Ier siècles av. J.-C. La définition elle-même – à l'insistance sur l'étymologie près – ne s'écarte guère, comme l'a remarqué R. Hahn[4], de celles de Tryphon et de Cocondrios. K. Reinhardt[5] a supposé que le Ps.-Héraclite a recouru à un traité des tropes, et c'est en effet vraisemblable même s'il s'agit d'une définition canonique que l'on trouve chez d'autres technographes moins spécialisés comme Quintilien (VIII 6, 44 [*inuersio*]) ou le Ps.-Plutarque (*De Hom.* 2, 70, p. 36 Kindstrand).

Outre cette définition, il existe aussi chez le Ps.-Héraclite tout un champ lexical de l'allégorie, où se retrouvent d'autres expressions habituelles aux rhéteurs. Interprétant (40) l'épisode du chant XV de l'*Iliade* (18-21) où Zeus suspend Héra dans l'air, avec des enclumes aux pieds et une chaîne d'or aux mains, comme l'allégorie de la genèse successive des quatre éléments, et au moment d'expliquer ce que signifie la chaîne d'or emprisonnant les mains de la déesse, il s'écrie : Τί τοῦτο τὸ καινὸν αἴνιγμα τῆς κολακευούσης τιμωρίας ; (Qu'est-ce que c'est que cette énigme d'un genre nouveau : un châtiment flatteur ? – 40, 9).

1. *Cf.* F. Buffière, *Les Mythes d'Homère et la pensée grecque*, Paris, Les Belles Lettres, 1956, notamment p. 28.

2. *Cf.* H. Fuzier, *Le Trope, op. cit.* (*supra*, p. 40 n. 2), p. 84, 765.

3. Le mot latin traduisant allégorie est, dans la *Rhétorique à Herennius*, *permutatio*. Quintilien préfère *inuersio* (VIII 6, 44).

4. R. Hahn, *Die Allegorie in der antiken Rhetorik*, Inaug.-Dissert., Tübingen, 1967, p. 25.

5. Art. «Herakleitos» 12, *RE* VIII 1, 1913, col. 508.

L'oxymore «châtiment flatteur» traduit la contradiction entre le matériau (l'or) et sa fonction (emprisonner). L'exégèse assimile ensuite la chaîne d'or à la zone de jonction de l'éther et de l'air, avec pour «intersection métaphorique»[1] la couleur. De même, les deux enclumes sont assimilées à l'eau et à la terre, avec comme point commun le poids. L'allégorie, le recours à la métaphore – même si le mot n'apparaît pas ici –, l'emploi du mot *énigme*, le caractère didactique de l'ensemble, tout cela fait songer au chap. 11 du livre III de la *Rhétorique* d'Aristote. Celui-ci vient juste de traiter des «apophtegmes spirituels» (τῶν ἀποφθεγμάτων τὰ ἀστεῖα) et les a illustrés d'un exemple de Stésichore qui reviendra, chez le Ps.-Démétrios de Phalère (*Du Style*, § 99), comme exemple d'allégorie. Il écrit alors: Καὶ τὰ εὖ ᾐνιγμένα διὰ τὸ αὐτὸ ἡδέα· μάθησις γάρ, καὶ λέγεται μεταφορᾷ (Les bonnes énigmes, elles aussi sont agréables, pour la même raison: elles nous apprennent quelque chose, et elles se disent par métaphore – 1412 a 23-25). Après ce qui est sans doute l'un des ancêtres de l'allégorie, l'apophtegme spirituel, on constate la présence, dans le même contexte, des trois autres termes essentiels du passage du Ps.-Héraclite: apprentissage, énigme, métaphore.

Un autre élément important de ce chant lexical revient assez souvent (six fois: 24, 1.3; 26, 10[2]; 48, 1; 66, 5; 74, 1)[3], c'est le *symbole*. Ce terme est employé presque comme un équivalent d'allégorie (*cf.* 26, 10-11) à ceci près que, conformément à son étymologie, il souligne dans l'allégorie le caractère d'*énoncé incomplet* et l'obscurité qui s'ensuit (voir en particulier la formule ἀμαυροῦν τὴν φιλοσοφίαν συμβολικοῖς ὀνόμασι [obscurcir la pensée philosophique par des termes symboliques] – 24, 1-2). On trouve en philosophie (chez Chrysippe, notamment) et en rhétorique ce même type d'emploi et d'équivalence, notamment chez Démétrios (*Du Style*, § 99-102; 243). Le Ps.-Héraclite recourt aussi à l'idée de sous-entendu. Mais cette dernière, est-ce un hasard ? est exprimée non pas à l'aide du vieux mot platonicien ὑπόνοια (*Rép.* II, 378 d, etc.) mais par un mot plus grammatical, ὑποσημαίνειν (57, 4). Il est d'autres absences qui ne sont peut-être pas indifférentes: il n'est jamais question d'ironie; d'autre part, le mot

1. Formule empruntée à H. Morier, *Dictionnaire de Poétique et de Rhétorique* [1961], «3e éd. augmentée et entièrement refondue», Paris, 1981, p. 675.

2. Dans ce passage, il s'agit du feu de la terre – Héphaïstos – qu'Homère appelle «boiteux» parce qu'il a besoin de bois pour brûler, comme l'infirme a besoin d'un bâton. F. Buffière traduit συμβολικῶς par «de façon imagée», traduction inexacte, bien sûr, puisque le bois ne fait pas moins image que le bâton. Il s'agit plutôt d'une formulation *incomplète* et qui demande une «clef».

3. Deux, et seulement deux, de ces emplois anticipent sur la valeur moderne du symbole (réalité concrète et délimitée renvoyant à une signification plus ample et plus abstraite): quand il est question du bouclier d'Achille, microcosme image du macrocosme (48, 1-2); quand il est question de l'arbre, symbole de l'air par son mouvement d'expansion sous la poussée de la terre (66, 5). Comme souvent, les acceptions retenues par les Modernes représentent une sélection parmi des emplois antiques plus diversifiés.

σχῆμα désigne toujours la *forme* d'un objet et n'a jamais[1] chez le Ps.-Héraclite le sens *de figure de rhétorique*, ni non plus, d'ailleurs, le sens que lui donnait Zoïle et qui n'était pas très éloigné d'une définition de l'allégorie[2]: ἕτερον μὲν προσποιεῖσθαι, ἕτερον δὲ λέγειν (feindre de dire une chose et dire autre chose – Zoïle *apud* Phoebammon, p. 44, 1-3 Spengel III, *cf.* Quintilien, IX 1, 14). Nous parlions d'occultation des aspects rhétoriques et grammaticaux de l'allégorie. On est tenté de dire que cette «censure» s'étend au lexique technique de tous les ennemis d'Homère. Passons maintenant à la question des limites de l'allégorie.

Cette question des bornes est un des points qui restent le plus flous chez le Ps.-Héraclite, car les unités concernées par ses analyses vont du mot – par exemple le nom d'une divinité, comme Arès ou Aphrodite – à un poème entier, l'*Odyssée*, dans la mesure où l'ensemble des errances d'Ulysse constitue, dit-il, une vaste allégorie morale (70, 1)[3]. Mais il ne faudrait pas interpréter trop rapidement cette extension comme une rupture: tout d'abord, la complexité essentielle – par rapport à la métaphore – de l'allégorie n'est pas remise en question par cette allégorie minimale, car un nom de dieu correspond implicitement à un composé narratif et descriptif dont chaque terme participe d'une exégèse d'ensemble. Il n'y a donc pas de remise en cause de la définition rhétorique de l'allégorie. De plus, les rhéteurs eux non plus n'ont pas su ou voulu tracer de frontière entre l'allégorie ponctuelle réduite à quelques mots (*cf.* Quintilien, VIII 6, 54) et les textes entièrement allégoriques comme la célèbre *Ode* 14 du Livre I d'Horace (Quintilien, VIII 6, 14) sur le vaisseau de l'État. Pour être plus courte que l'*Odyssée*, elle n'en forme pas moins un poème entier.

Mais c'est au niveau du mécanisme associatif reliant les deux niveaux que le travail du Ps.-Héraclite est le plus riche. Si l'on regarde le texte attentivement, on détecte la présence d'analyses qui suivent le processus à l'œuvre dans certains des tropes les plus subtils. Avant d'aborder ces subtilités, il faut rappeler que l'accès au sens véritable se fait d'abord et avant tout à l'aide de l'étymologie. C'est elle qui, par exemple, permet de comprendre pourquoi la déesse Rhéa est chez Homère (*Il.* XV 187) la mère des dieux dont Cronos est le père:

1. On peut avoir un doute à propos de la formule: ὑποκλέπτειν τὸ τοῦ πράγματος αἰσχρὸν εὐπρεπεῖ σχήματι (dissimuler l'indécence de la chose sous un habit décent – 77, 11). Mais la métaphore est plutôt vestimentaire (*cf.* γυμνοῖς ὀνόμασι, juste au-dessus) et conforme alors à un emploi classique (*cf.* par exemple l'emploi de σχῆμα au sens d'*allure extérieure*, surtout liée au vêtement, dans Sophocle, *Philoctète* 223).

2. Ce rapprochement vaut pour Zoïle, mais l'histoire ultérieure du «discours figuré», hérité de Zoïle d'après Quintilien, fait de ce type particulier de figure plutôt un moyen de *manipulation* qu'un moyen d'expression.

3. Il y a ici deux autres points de frottement sinon de rupture par rapport à l'orthodoxie stoïcienne, du moins ancienne: la seule allégorie morale attestée chez les stoïciens – et encore, dans un contexte plutôt théologique – est l'interprétation par Cléanthe du μῶλυ homérique (*Od.* X 305) comme représentant allégoriquement la raison, par laquelle les passions sont affaiblies (μωλύονται), *SVF* I 526 (cité par R. Goulet, art. cité, p. 117 n. 64). On n'a pas de trace, d'autre part, d'une interprétation allégorique d'obédience stoïcienne de l'*Odyssée* dans son ensemble.

son nom renvoie à l'idée d'écoulement (*cf.* le verbe ῥεῖν) des quatre éléments, lequel est, avec le temps, la loi du monde. Le chapitre 44 est rempli de reconstitutions du sens originel et donc allégorique des épithètes homériques du soleil. Mais ce sont là des aspects bien connus. Passons aux opérations plus complexes, qui supposent un travail sur la langue plus concerté et plus savant que le projet apparent du Ps.-Héraclite ne le laissait prévoir.

La comparaison, d'abord. Il arrive au Ps.-Héraclite de supposer sans preuve cette opération. C'est le cas des deux premiers exemples donnés à l'appui de sa définition de l'allégorie (5, 3 [Archiloque] ; 5, 5 [Alcée, fr. 18 Bergk]), mais le troisième (Alcée, fr. 19 Bergk), étiqueté lui aussi comme une comparaison (5, 8-9), est commenté comme mentionnant à la fois le comparé (le « putsch » de Myrsilos) et le comparant (la vague qui submerge le navire), tandis que le texte d'Alcée commence par la conjonction ηὖτε (comme). Le verbe εἰκάζειν n'apparaît pas moins de trois fois dans ce chapitre 5. On devine que la figure codifiée par les rhéteurs n'est pas loin. Ailleurs, sans que l'opération bénéficie d'un terme technique, l'interprétation allégorique se fonde sur une ressemblance, mais cette ressemblance est formulée par une métaphore dont la lisibilité immédiate, implicitement, sert d'argument en faveur de la relation entre les deux niveaux de réalité : il s'agit de l'épisode, jugé si scabreux par les exégètes, d'Héra se parant pour exciter le désir sexuel de son époux et l'empêcher ainsi de favoriser les Troyens (*Il.* XIV 161 *sq.*). Héra, on s'en souvient, c'est l'air. Dans un premier temps, elle est l'air froid de l'hiver, ce que trahissent – d'après le Ps.-Héraclite – les inquiétudes de la déesse sur le sort des Achéens. Puis elle se lave, se parfume et arrange sa chevelure. Elle incarne alors la belle saison et la croissance de la végétation ἐπειδὴ δένδρον ἅπαν κομᾷ καὶ θριξὶν ὁμοίως ἀπὸ τῶν κλάδων ἀπαρτᾶται τὰ φύλλα (puisque tout arbre porte les cheveux longs et que les feuilles pendent aux rameaux de la même manière que des cheveux, 39, 6). On voit que la première justification (ἐπειδή) de l'analogie est la métaphore humanisante κομᾶν (porter les cheveux longs), que développe ensuite la similitude entre feuilles et cheveux. Il arrive, du reste, que la métaphore soit explicitement présente, même si c'est très rare (une seule fois). On se souvient qu'Hermès représente la parole. L'épithète Hermès *chrysorrhapis* (χρυσόρραπις, *Od.* X 277) est lue comme signifiant non pas « à la baguette d'or » mais « couseur d'or » et comme s'appliquant à la faculté du discours de bien délibérer et de raconter les faits avec cohérence (*cf.* 73, 7). Le mot est décomposé comme suit : Τὸ μέν γε χρυσοῦν ἀντὶ τοῦ καλοῦ παρείληπται, τὸ δὲ ῥάπτειν μεταφορικῶς ἀντὶ τοῦ συντιθέναι τε καὶ διανοεῖσθαι (*D'or* est mis pour *beau*, quant à *coudre*, il est employé métaphoriquement pour *composer*, *concevoir* – 73, 4). On reconnaît ici la métaphore comme transfert fondé sur une analogie, et cela d'autant plus facilement que les analogies entre la couture ou le tissage et le discours sont courantes[1].

1. *Cf.* par exemple εἰρομένη *vs* κατεστραμμένη λέξις chez Aristote, *Rhét.* III 9 ; κατεστραμμένη *vs* διῃρημένη λέξις, chez Démétrios, *Du Style*, §12.

Parmi les tropes, le Ps.-Héraclite connaît et pratique aussi la métalepse. C'est un aspect de son traité qui mérite d'être examiné de près, car la traduction et le commentaire de F. Buffière ne satisfont pas pleinement sur ce point. Comme dans le cas de la métaphore, la figure est plus souvent présente que le mot, lequel est employé seulement deux fois[1]. Commençons par un passage où la chose est là, mais sans le mot. Il s'agit encore de la poursuite de Dionysos par Lycurgue, épisode lu comme l'allégorie de la production du vin. Le Ps.-Héraclite commente la peur du dieu: «Διωνύσος δὲ φοβηθείς» (Z 135): ἐπειδήπερ ὁ μὲν φόβος εἴωθε τρέπειν τὴν διάνοιαν, ὁ δὲ τῆς σταφυλῆς καρπὸς τρέπεται θλιβόμενος εἰς οἶνον («Dionysos effrayé» [*Il.* VI 135]: puisque la peur, d'habitude, *retourne* l'esprit, et que la grappe de raisin, quand on l'écrase, *se tourne* en vin – 35, 5). La substitution se fonde sur une double relation: il y a une synonymie entre le mot (a) signifiant *avoir peur* (φοβεῖσθαι) et le mot (b) *être retourné* (τρέπεσθαι). Ce dernier mot, τρέπειν, a au moins deux sens – capacité que nous appellerions polysémie mais que les Grecs appelaient homonymie –: (b) *retourner* (émotionnellement) et (c) *faire tourner* (fermenter). La substitution se fait de (c) par (a). F. Buffière[2] ironise en disant que le Ps.-Héraclite «se donne bien du mal», et il est vrai que l'application du mécanisme tropique est un peu approximative, en particulier du point de vue de la voix des verbes. Mais l'éditeur aurait dû au moins signaler la possibilité d'interprétation du passage par la métalepse. Quelles sont les sources techniques ? Ce trope est d'attestation assez récente (Denys d'Halicarnasse). La meilleure définition nous paraît être celle que conserve le traité *De tropis* transmis sous le nom de Grégoire de Corinthe (XIIe siècle ap. J.-C.)[3], mais qui n'est certainement pas si tardive, puisque, d'après Martin West, elle représente l'une des principales compilations du traité de Tryphon, grammairien grec du Ier siècle avant J.-C.: Μετάληψίς ἐστι λέξις διὰ τῆς συνωνύμου τὴν ὁμώνυμον δηλοῦσα (La métalepse est un terme qui désigne, par le biais de son synonyme, une chose qui porte le même nom [*sc.* que ce synonyme]. – *De tropis*, 4, p. 238 West). Cette définition un peu dense, qu'il est difficile de traduire sans la gloser, confirme l'analyse que nous faisions. L'exemple, surtout, est éclairant. Tryphon cite un fragment tragique, parfois attribué à Sophocle, où il est dit que le héros Teucros use de ses flèches φειδωλίᾳ, avec *parcimonie*. Tryphon explique que φειδωλία, dans la vie, a pour synonyme ἀκρίβεια, l'*exactitude*. Or ce dernier mot, utilisé dans le champ lexical de la technique, notamment de la technique militaire, désigne aussi la *précision*, la qualité de celui qui vise bien. Le mécanisme est bien le même. Le bénéfice du trope est plus clair: le mot utilisé, si impropre qu'il puisse

1. En 26, 11 et 45, 4. En 41, 6, μετάληψις a le sens grammatical de changement (de lettres).

2. *Allégories d'Homère*, *op. cit.*, p. 109.

3. *Cf.* p. 761-778 Walz VIII = 215-226 Spengel III. Nous recourons à l'édition plus récente de M. L. West, «Tryphon. *De Tropis*», *CQ* 15, 1965, p. 230-248. Ce titre ne doit pas faire croire que M. West a édité le traité transmis sous le nom de Tryphon (p. 726-760 Walz VIII = p. 191-206 Spengel III).

paraître une fois le trope déchiffré, garde une part de sa valeur sémantique, puisque celui qui tire bien utilise moins de flèches. Par ailleurs, les auteurs de traités des tropes citent presque tous comme exemple de métalepse l'adjectif θοός, dans les formules homériques «nuit rapide» ou «îles rapides» interprétées comme signifiant *nuit* ou *îles pointues*. Or justement, à propos de ces formules, le Ps.-Héraclite utilise l'adverbe μεταληπτικῶς (45, 4), ce qui confirme qu'il a utilisé une source technique et utilise le mot métalepse dans un sens précis. Ces formules relèvent de la même analyse que la fermentation dionysiaque: dans le domaine du mouvement, θοός a pour synonyme ὀξύς. Or, rapporté à la forme, ὀξύς désigne quelque chose de pointu. On peut se demander, au passage, pourquoi F. Buffière traduit μεταληπτικῶς par «métaphoriquement», car les principes du transfert ne sont pas les mêmes entre la métaphore et la métalepse. On s'étonne d'autant plus que F. Buffière signale en note que le Ps.-Plutarque (*Vie et Poésie*, 21), identifie la «nuit rapide» à une métalepse. Dans un troisième passage, on retrouve cette traduction malheureuse. Il s'agit d'une métalepse un peu plus simple, qui se confond en fait avec l'homonymie:

Τὸν γοῦν Ἥφαιστον οὐκ ἀλληγορικῶς ἐν ἑτέροις ἀλλὰ διαρρήδην φησὶν Ὅμηρος εἶναι·

Σπλάγχνα δ' ἄρ ἀμπείραντες ὑπείρεχον Ἡφαίστοιο· (B 426)

μεταληπτικῶς ὑπὸ τοῦ Ἡφαίστου τὰ σπλάγχνα φησὶν ὀπτᾶσται.

Citons la traduction de F. Buffière:

D'ailleurs en d'autres endroits, Homère déclare – non plus allégoriquement mais en propres termes – que le feu est Héphaistos :

Sur une broche ensuite enfilant les abats, on les présente au feu [littér. à Héphaistos] *Il.* II 426.

Il dit par métaphore que les entrailles sont rôties par Héphaistos – 26, 11.

Cette traduction ne pèche pas seulement par la confusion de la métalepse avec la métaphore mais aussi par la formule «en propres termes». Il n'y a pas là de sens propre ni de sens figuré, mais une désignation directe dans la mesure où le mot Héphaïstos, *dans l'usage* – ce que prouve la citation d'Homère –, peut renvoyer au feu. Nous proposerions plutôt:

Ce qui est sûr, c'est que dans d'autres passages Homère dit non pas allégoriquement mais directement qu'Héphaïstos est le feu : *Sur une broche ensuite enfilant les abats, on les présente à Héphaïstos.* C'est par métalepse qu'il dit que les abats sont rôtis par Héphaïstos.

L'intérêt de ce passage tient aussi à ce qu'il montre la délimitation entre la métalepse et l'allégorie. Pour que cette dernière existe, il faut que le nom Héphaïstos désigne le dieu, avec des attributs complexes et symboliques qu'il faudra déchiffrer. Au niveau plus simple et plus direct du trope, l'usage a consacré une homonymie, qui permet au mot Héphaïstos de désigner explicitement (διαρρήδην) le feu.

Une autre opération tropique est utilisée, là encore sans que le terme technique, qui serait *métonymie*, soit employé. Il s'agit de Dionysos. Certains pensent qu'Homère ne le considère même pas comme un dieu puisque, au chant VI de l'*Iliade* (130 *sq.*), il le fait poursuivre et presque tuer par un homme, Lycurgue.

Pour disculper le Poète d'un tel sacrilège, le Ps.-Héraclite déchiffre l'épisode comme l'allégorie de la récolte du vin chez les paysans (35, 2). A propos de l'épithète « délirant » appliquée à Dionysos (*cf.* μαινομένοιο Διωνύσοιο, 6, 132), il écrit :

Μαινόμενον μὲν εἴρηκεν ἀντὶ Διονύσου τὸν οἶνον, ἐπειδήπερ οἱ πλείονι τῷ ποτῷ χρώμενοι τοῦ λογισμοῦ διασφάλλονται· ὥσπερ τὸ δέος εἰ τύχοι χλωρὸν λέγει, καὶ πευκεδανὸν τὸν πόλεμον· ἃ γὰρ ἀπ' αὐτῶν συμβαίνει, ταῦτα ἐκείνοις περιῆψεν, ὅθεν ἄρχεται τὰ πάθη. (C'est le vin et non Dionysos qu'il appelle « délirant », puisque ceux qui abusent du vin ont la raison qui s'égare, tout comme il appelle, à l'occasion, la peur « verte » et la guerre « amère » : les émotions qui résultent de la peur et de la guerre, il les attribue à ce qui les cause – 35, 3).

On reconnaît sans peine le trope attesté pour la première fois dans la *Rhétorique à Herennius* (IV 43) sous le nom de *denominatio* et décrit comme transfert fondé sur la contiguïté *(ab rebus propinquis et finitimis)* entre l'objet désigné et l'objet par le nom duquel on le désigne. Plus précisément, le Ps.-Héraclite fait référence à une sous-espèce consistant à désigner l'effet par la cause *(id quod fit ab eo qui facit)* ou la cause par l'effet *(quod facit ab eo quod fit)*. Ce sont donc la plupart des processus de transferts de mots, comme dirait Aristote, ou de tropes selon la terminologie plus tardive, qui servent à structurer la cohabitation des deux niveaux de réalité visés par l'allégorie.

Jusqu'à présent, nous avons surtout vérifié l'hypothèse d'une analyse *critique* fondée sur la catégorie rhétorico-*grammaticale* – plus que rhétorique *stricto sensu* – de trope. Il reste à vérifier la présence de figures moins « pures », et se rapprochant de la stylistique ornementale. Les trois cas que nous voudrions examiner rapidement, ceux de la paronomase, de l'euphémisme et de l'hyperbole, ont pour caractéristique commune d'être assez difficilement discernables et peu ou mal justifiés, ce qui témoigne de cette gêne et de cette volonté d'occultation dont nous avons parlé.

Dans l'une de ses définitions les plus répandues, la paronomase est un jeu sur la ressemblance des signifiants (Quint. IX 2, 66). La grammaire, notamment la grammaire stoïcienne, voit dans la paronomase, entendue comme la mutation d'un élément du signifiant phonique, un des mécanismes de la néologie[1]. Le Ps.-Héraclite justifie par la ressemblance des mots l'interprétation allégorique de Λητώ (Létô, la déesse) par ληθώ (l'oubli – 55, 1), de Κρόνος (Cronos) par Χρόνος (le temps – 41, 6). Si l'on ne recourt pas à la diachronie pour expliquer le glissement de l'un à l'autre, il faut inscrire le phénomène dans la synchronie, ce qui revient à dire qu'Homère fait un jeu de mots. Le Ps.-Héraclite se garde bien de le remarquer et d'utiliser le mot παρονομασία. La technique, c'est-à-dire le recours à une explication sans doute familière, sert de couverture ou d'alibi plus que de justification, car l'exégète spécule sur l'indistinction entre rhétorique et grammaire, ou plutôt sur la présence de la paronomase dans les deux domaines, et il s'en sert pour « faire passer » pour grammatical un procédé

1. *Cf.* par exemple Tryphon, p. 196, 16 *sq.* Spengel III.

dont l'emploi allégorique chez Homère ne peut réellement s'expliquer que comme un artifice poétique, sinon rhétorique.

En ce qui concerne l'euphémisme, le Ps.-Héraclite se tient moins sur ses gardes, sans doute parce que la figure est moralement et religieusement justifiée. Il se laisse entraîner à la fois à utiliser le mot technique (ἐπευφημεῖν – 68, 5) et à gloser le texte homérique par une anecdote. Il s'agit des amours d'Aurore et d'Orion (68), épisode mineur du chant V de l'*Odyssée*. Dans un premier temps, l'exégète y voit une simple consigne d'hygiène : il faut enterrer les cadavres au plus tôt, avant la chaleur du plein jour. Mais il enchaîne sur l'évocation d'un usage antique : Ἐπειδὰν οὖν εὐγενὴς νεανίας ἅμα καὶ κάλλει προέχων τελευτήσῃ, τὴν ὄρθριον ἐκκομιδὴν ἐπευφημοῦν Ἡμέρας ἁρπαγὴν ὡς οὐκ ἀποθανόντος, ἀλλὰ δι' ἐρωτικὴν ἐπιθυμίαν ἀνηρπασμένου. Καθ' Ὅμηρον δὲ τοῦτό φασιν. (Aussi, quand mourait un jeune homme à la fois noble et exceptionnellement beau, appelait-on par euphémisme « enlèvement par Aurore » le cortège funèbre du petit jour, comme si le jeune homme n'était pas mort mais avait été victime d'un enlèvement causé par la passion amoureuse. C'est d'après Homère qu'on dit cela. – 68, 5-6). La démarche est bien moins réductrice. Grâce à ce détour par le folklore, le Ps.-Héraclite semble presque admettre qu'Homère puisse parler d'amour.

Le mot ὑπερβολή est employé deux fois par le Ps.-Héraclite, mais au sens courant d'excès (12, 5 ; 50, 4), jamais au sens rhétorique d'hyperbole. Un tel silence s'explique aisément, car ce trope fut un procédé typique de l'amplification sophistique et, plus tard, des excès asianistes. Tous les traités de rhétorique n'en parlent pas, loin s'en faut, et ceux qui en parlent essayent de la « sauver » en lui prêtant une vertu comique ou un charme au second degré[1]. Le Ps.-Héraclite la connaît et s'en sert. Il n'y a pas d'abus, nous semble-t-il, à en deviner la présence en filigrane dans le commentaire (29) de l'évocation d'Éris, la discorde, qu'Homère décrit (*Il.* IV 442 *sq.*) comme s'enflant au point que sa tête s'en va heurter le ciel. L'exégète a un alibi. Le passage de l'un à l'autre des niveaux de sens correspond à un type particulier d'im-pertinence du premier niveau, non pas l'incohérence (*cf. infra*), mais une impossibilité, une invraisemblance liée à l'excès. La première lecture donne un sens tellement « énorme » que le « saut » dans l'allégorie est automatique. D'où le caractère direct, ouvert (ἐκ τοῦ φανεροῦ – 29, 4) de la véritable signification. L'exégète tient là une preuve de la pertinence de sa lecture. Mais il faut signaler que le passage d'Homère est un exemple traditionnel de l'hyperbole chez les rhéteurs et commentateurs (Démétrios, Eustathe, etc.). L'hyperbole « par impossibilité » constitue chez Démétrios (*Du Style*, § 124) une subdivision de la figure. C'est le vers sur Éris qui l'illustre. D'autres soulignent la lisibilité *immédiate* que confère l'exagération du premier niveau de sens chez Homère (Aelius Aristide, *Aux villes sur la concorde* [*Or.* XXIII, p. 532, 13 Jebb]). Bref, le Ps.-Héraclite connaît l'hyper-

1. *Cf.* par exemple Démétrios, *Du Style*, § 126-127.

bole rhétorique et l'exploite, mais se garde bien de prendre en compte son aspect littéraire.

Il est plusieurs autres passages qui, pourvu qu'on les «ausculte» un peu, «sentent» son rhéteur et bien autre chose que la stricte orthodoxie stoïcienne. L'un d'eux est particulièrement significatif. Commentant l'apparition d'Athéna à Achille, au chant I de l'*Iliade* (194-200) lorsque, à la demande d'Héra, la déesse veut empêcher le héros de frapper Agamemnon et pour cela le saisit aux cheveux, le Ps.-Héraclite se montre très sensible au caractère évocateur de l'écriture : ... ἐμποδὼν ἔστη τῇ μιαιφονίᾳ πάνυ γραφικῷ σχήματι τῆς κόμης ἀπρὶξ ὄπισθεν Ἀχιλλέως λαβομένη (...elle fait obstacle au meurtre en empoignant fermement, par derrière, dans une posture très picturale, la chevelure d'Achille – 17, 2). En dehors de toute entreprise exégétique, gratuitement en quelque sorte, c'est la capacité d'évocation visuelle de la poésie qu'apprécie ici le Ps.-Héraclite. D'autre part, avec la référence à la peinture (γραφικῷ), nous ne sommes pas éloignés du thème de la compétition entre les arts qui inspire les célèbres *ekphraseis* de la seconde sophistique. On subodore la présence sous-jacente d'un thème aristotélicien repris et développé par les stoïciens, celui de l'évidence (en grec ἐνάργεια), mais ce thème est ici détourné de son contexte philosophique et «recyclé» dans le domaine de la littérature et des arts plastiques. Ce n'est plus la véridicité du langage qui est ici en cause, et sa capacité de créer un *phantaston* qui soit l'instrument d'une représentation intellectuellement valide, mais sa capacité de créer un *phantasma* coupé de toute réalité[1]. Le Ps.-Héraclite n'emploie pas ἔκφρασις. Le substantif ἐνάργεια n'apparaît pas non plus dans les *Allégories* mais l'adjectif ou l'adverbe correspondants (ἐναργής, ἐναργῶς) apparaissent ailleurs, et en tout huit fois (5, 14 ; 9, 13 ; 14, 1 ; 31, 11 ; 48, 1 ; 53, 5 ; 59, 1 ; 72, 11), pour souligner l'évidence aveuglante d'une interprétation ou la force indiscutable d'un argument, ce qui fait penser que l'exégète connaît l'évidence stoïcienne. La raison pour laquelle ce lexique n'est pas utilisé dans le présent passage est sans doute la conscience du glissement qu'un tel emploi représenterait par rapport à l'orthodoxie.

Si le rhéteur rend compte parfois, par les moyens que nous avons analysés, du *lien* entre les deux niveaux de sens, s'intéresse-t-il au *passage* de l'un à l'autre, c'est-à-dire à ce qui déclenche le processus de compréhension et d'interprétation ? Il faut dire d'abord que ces justifications sont rarement données. La présentation de l'exégèse est le plus souvent dogmatique, ce qui correspond à ce que nous avons dit plus haut de son caractère révélé et de l'absence de distinction explicite entre allégorie et allégorisme, entre allégorie voulue et allégorie déchiffrée. Mais le souci d'argumenter et sa culture conduisent le Ps.-Héraclite, là encore, à élaborer une série d'explications qui rejoignent parfois celles des rhéteurs. Il arrive d'abord – et cela ne doit rien aux rhéteurs – que la «qualité»

1. Sur cette distinction stoïcienne célèbre, *cf. SVF* II 52, 54, 55 et le groupe de textes réunis par Long & Sedley, *op. cit.*, II, p. 174 *sq.* (notamment D.L. VII 49-51 ; Aetius IV 12, 1-5).

même de l'explication allégorique en impose la vérité avec évidence. Après avoir réuni en faisceau, assez laborieusement il faut bien le dire, les arguments qui font de la colère d'Apollon, au chant I de l'*Iliade*, la représentation de la peste, le Ps.-Héraclite claironne : τί λοιπὸν ἢ δοκεῖν κτλ. (comment ne pas penser… ? – 11, 1). Ce coup de pouce – parfaitement rhétorique, lui – permet de passer de la vraisemblance à la certitude. Les autres facteurs déclenchants sont eux, présents chez les rhéteurs[1] : le chapitre 5, déjà commenté, laisse entendre que l'allégorie homérique peut être initiée par un terme de comparaison, et donc partiellement explicite, à l'instar de l'allégorie mixte de Quintilien (VIII 6, 47). Il arrive également que l'interprétation soit fondée sur la tradition, celle des Mystères, par exemple, dans l'identification d'Apollon au soleil (6, 6), laquelle repose aussi sur la tradition populaire *(ibidem)* et sur l'autorité d'un historien reconnu (Métrodore – 7, 1). Mais le déclenchement de la lecture allégorique procède surtout du caractère inacceptable du premier niveau de sens : ce peut être l'incohérence, comme dans l'allégorie de la guerre faucheuse, déjà évoquée (5, 15) ; ce peut être aussi, dans l'esprit de Zoïle, l'invraisemblance, comme dans la monstrueuse croissance d'Éris ou dans le fait que les dieux se battent (7, 15) ou encore quand Apollon s'écarte des gens qu'il vise au lieu de s'approcher d'eux (13, 5), ce peut être l'injustice – comme quand Apollon massacre à l'aveugle les Grecs qui n'ont rien fait (6, 3-4), ou l'indécence. Mais, comme nous l'avons déjà dit, ce critère est particulièrement élastique et dépend beaucoup des *a priori* de l'herméneute.

La dernière question, celle de la hiérarchie entre les deux niveaux de sens, ne demande pas de longs développements. Le Ps.-Héraclite, bien évidemment, opte franchement pour la prépondérance du sens second (ἕτερα… σημαίνων – 5, 2 *cf. supra*). C'est un parti qui n'est pas sans exemple chez les rhéteurs mais assez rare. Chez eux, la hiérarchie est plutôt inverse, l'allégorisant servant à rehausser, assaisonner, revivifier le sens premier, mais lui restant soumis[2]. C'est donc là que les divergences entre les deux domaines, le domaine rhétorique et le domaine exégétique, sont le plus nettes. Le Ps.-Héraclite paraît complètement hermétique – si l'on ose dire – au charme poétique, à la variété, à l'imaginaire déployés au premier niveau de lecture. Il passe son temps à déclarer Homère indigne d'Homère. Sans l'exégèse, le Poète est un sacrilège, un fou délirant, un incontinent de la langue (*cf.* 1, 1-4).

Nous avons essayé de montrer que, chez le Ps.-Héraclite, l'exégèse allégorique d'Homère entretient avec la rhétorique et la grammaire des relations ambiguës. On constate l'existence d'un noyau doctrinal où la relation entre les deux univers, l'allégorisant et l'allégorisé, relève à la fois de la révélation et de la science. La seule analyse acceptable de l'*énoncé* allégorique est celle qui se fonde sur la catégorie grammaticale de trope dont les principes de substitution sont censés calquer les phénomènes naturels. Le Ps.-Héraclite est un bon témoin

1. *Cf.* P. Chiron, « Allégorie et langue », art. cité, p. 64 *sq.*
2. *Cf.* P. Chiron, « Allégorie et langue », art. cité, p. 64 *sq.*

de ce rêve. Son refus total du premier niveau de lecture équivaut au refus de la communication accessible à tout un chacun et de la séduction rhétoriques. Mais ce n'est qu'un fantasme. L'objet de l'analyse, Homère, et la perspective critique adoptée, ont semble-t-il partiellement libéré le Ps.-Héraclite des préventions qu'il nourrit contre l'analyse de l'énoncé et, de proche en proche, de certaines de celles qu'il a contre la rhétorique. Sa culture et son milieu lui communiquent une attitude moins rigide. C'est sans doute un rhéteur honteux, mais c'est sûrement un rhéteur[1] et l'on ne saurait blâmer F. Buffière de l'appeler ainsi de temps à autre, et d'évoquer le « ton déclamatoire qu'affectent les *Allégories* d'Héraclite »[2], même si ce dernier eût sans doute préféré être appelé philosophe. C'est aussi un rhéteur compétent. Une des qualités de son approche est qu'elle ne réduit pas l'allégorie à la notion de métaphore continuée[3]. On ne trouve pas chez lui cet affaiblissement de la notion d'allégorie dont témoigne Cassius Longin[4]. Le gain n'est pas négligeable : c'est une étude de l'allégorie d'où les aspects langagiers ne sont pas absents et où la théorie des tropes et des figures aide à structurer et à justifier partiellement une exégèse qui est, grâce à cela, un peu moins arbitraire.

Le texte intitulé *Vie et poésie d'Homère*[5] paraît contredire, mais confirme en fait cette vision. Le projet d'ensemble, d'esprit péripatéticien, est encyclopédique : il s'agit de tout dire sur Homère et de montrer qu'Homère dit tout. La première partie de l'ouvrage est, peut-on dire, littéraire, au sens large du terme, englobant, en termes antiques, grammaire, rhétorique et poétique. La seconde, plus « scientifique », vise à montrer qu'il y a chez Homère le germe de tous les savoirs. Cette thèse invite, bien sûr, à dépasser le premier niveau de sens, pour en découvrir un second, d'où la présence de l'exégèse allégorique. La conséquence de cette dichotomie est un double emploi du terme allégorie. Au début, l'allégorie est une figure localisée, ponctuelle. Traitée à la suite de l'ironie et du sarcasme, dont elle est voisine, et avant l'hyperbole, elle est un trope dans l'acception la plus restreinte du terme. Voici d'abord le contexte de la citation homérique. La scène intervient lors du massacre des prétendants. Mélanthios, le chevrier-traître, a ouvert à ces derniers l'accès aux réserves d'armes. Ulysse commande qu'on le mette hors d'état de nuire. Quand il est lié et suspendu le long d'une colonne, Eumée lui lance la phrase qui servira d'exemple d'allégorie :

1. On peut observer que le recours du Ps.-Héraclite à l'allégorie au sens fort (selon la formule d'A. A. Long, « Stoic readings », art. cité, p. 43), c'est-à-dire inscrite dans l'intention d'Homère, ne pouvait que le conduire à adopter un point de vue rhétorique, celui de la production d'un texte doté dès le départ d'un double sens.

2. *Les Mythes*, *op. cit.*, p. 71.

3. *Cf.* P. Chiron, « Allégorie et langue », art. cité, p. 62.

4. Au sens de variation, de renouvellement de la formulation, *cf.* le fr. 48, 258, p. 200 de la récente (2001) édition donnée dans la *CUF* par L. Brisson et M. Patillon.

5. [Plutarchus], *De Homero*, *op. cit. supra* (n. 7) ; la seconde traduction française, après celle d'E. Clavier (1820) et avant celle qui doit paraître dans la *CUF* parmi les *Moralia*, est de V. Bétolaud (Plutarque, *Œuvres complètes*, t. V, Paris [Hachette], 1870, p. 195-318).

Τούτοις παραπλησίως ἔχει καὶ ἡ ἀλληγορία, ἥπερ ἕτερον δι' ἑτέρου παρίστησιν, οἷόν ἐστι τοῦτο·

νῦν μὲν δὴ μάλα πάγχυ, Μελάνθιε, νύκτα φυλάξεις,
εὐνῇ ἔνι μαλακῇ καταλέγμενος, ὥς ἐπέοικε· (χ 195-196)

τὸν γὰρ ἐν δεσμοῖς ὄντα καὶ ἀνηρτημένον ἐν κοίτῃ ἁπαλῇ ὑπνώσειν λέγει. (L'allégorie a quelque rapport avec ces figures [*sc.* l'ironie et le sarcasme]. C'est lorsqu'en disant une chose on en donne à entendre une autre, comme dans ces vers :

Très bien ! couché dans ce lit moelleux tu monteras la garde, Mélanthios, comme de juste (*Od.* XXII 195-196).

Il était lié et suspendu ; c'est ce qu'Eumée appelle dormir dans un lit moelleux (*De Hom.* 2, 70, p. 36 Kindstrand, trad. Bétolaud modifiée).

Dire une chose autrement (dire l'un par l'autre), dans une antiphrase dont les liens avec l'ironie sont en effet évidents : on ne saurait limiter davantage la portée de l'allégorie rhétorique[1]. Des trois modalités de la *permutatio* dans la *Rh. à Herennius* (*similitudo*, *argumentum* et *contrarium* – IV 46), seule la dernière paraît subsister. On trouve des échos de ce type de restriction à date tardive[2] et il n'est peut-être pas sans lien, par spécialisation en quelque sorte, avec l'application du terme à l'exégèse philosophique. Ce qui est sûr, c'est que, chez le Ps.-Plutarque, le mot « allégorie » revient dans la partie « philosophique »[3], avec un sens à la fois plus large et plus flou, pour désigner en même temps l'exégèse et l'expression allégorique, d'une manière voisine de ce que l'on observe chez le Ps.-Héraclite même si le matériau philosophique est plus éclectique encore.

Ce double mouvement, de spécialisation et d'élargissement traduit nettement une bivalence de l'allégorie. À la différence du Ps.-Héraclite, le Ps.-Plutarque accorde toute leur importance aux séductions du premier niveau, qu'il étudie en s'aidant de toutes les notions techniques que lui a léguées la rhétorique traditionnelle. Mais l'analyse « philosophique », allégorique, reste chez lui à part, dans un développement distinct où se retrouvent un certain nombre des méthodes utilisées par le Ps.-Héraclite et certains des résultats obtenus par lui et ses prédécesseurs. L'exégèse allégorique d'Homère demeure une entité autonome. Ce qui était méfiance philosophique à l'égard du langage comme instrument d'ornement et d'illusion a donc abouti à une sorte de partage disciplinaire – dans les repré-

1. Comme le souligne R. Goulet (art. cité, p. 97), la lisibilité est immédiate et l'on ne peut guère parler de cohabitation de deux niveaux de sens, donc d'allégorie *stricto sensu*. Mais nous n'irions pas jusqu'à dire que « la portée figurative du langage n'a rien à voir avec l'allégorie » (*ib.*). Le caractère indirect de l'expression dessine un espace, ou plutôt un temps, de la figure, dont les potentialités expressives et même argumentatives sont immenses. L'un des meilleurs analystes antiques de l'allégorie littéraire, Démétrios (*Du Style*, § 99-100 ; 159), évoque à son propos le pouvoir de l'obscurité transitoire (effroi, admiration) par rapport au mépris suscité par les énoncés obvies, aussi triviaux que « les gens qui vont tout nus », le plaisir de la frayeur apaisée, la subtile faculté de captation de la figure (« chacun l'interprète à sa façon »), etc.

2. *Cf.* H. Fuzier, *op. cit.*, p. 714 *sq.*

3. *De Hom.* 2, 96, 2 ; 102, 2, p. 46 ; 48 Kindstrand.

sentations, sinon dans la réalité. L'allégorie rhétorique peut avoir sa place dans l'exégèse, mais une place restreinte, occultée. Cornutus ne se réfère jamais à l'allégorie. Réciproquement, l'allégorie « philosophique » est une pratique trop diversifiée, trop arbitraire souvent, trop élitiste aussi[1], pour se laisser réduire à une méthode unique, *a fortiori* à un trope. C'est ce qu'atteste d'ailleurs le caractère instable, y compris à date tardive, de la terminologie.

1. Dans les *Allégories d'Homère*, l'adjectif λεπτός (fin, subtil), ou l'adverbe λεπτῶς, servent à l'auteur à qualifier l'art d'Homère (56, 5 ; 68, 1), la recherche de celui qui suit ses conseils (7, 4) ou… sa propre recherche (6, 2 ; 38, 5).

RICHARD GOULET

ALLÉGORISME ET ANTI-ALLÉGORISME CHEZ PHILON D'ALEXANDRIE

La méthode allégorique d'interprétation de la Bible est irrémédiablement liée au nom de Philon d'Alexandrie, et la tradition chrétienne, depuis Clément et Origène, lui est largement redevable d'un mode d'interprétation qui, au terme d'une longue évolution, a donné au Moyen Age la théorie des sens multiples de l'Écriture.

Si l'on se réfère au corpus des œuvres de Philon, on constate que l'allégorie est omniprésente dans les traités du grand *Commentaire allégorique* de Philon, elle apparaît régulièrement comme un complément dans les traités de l'*Exposition de la Loi*, elle est systématiquement juxtaposée à une interprétation littérale dans les *Questions sur la Genèse et sur l'Exode* et n'est pas totalement absente des traités philosophiques ou apologétiques.

Mais, en faisant de Philon le père et le modèle de l'allégorèse judéo-chrétienne, on oublie généralement de préciser que Philon n'acceptait qu'une espèce particulière d'allégorie et qu'il pouvait se montrer franchement hostile à l'égard de certaines exégèses allégoriques qu'il rapporte parfois. Une allégorie qui rejetterait totalement et systématiquement le sens littéral, qui nierait l'historicité des personnages et des faits rapportés dans la Bible, qui ne verrait dans les prescriptions légales ou rituelles du Pentateuque que des symboles moraux, qui réduirait les noms divins à des concepts philosophiques comme celui de Raison Droite, bref une allégorie trop radicale ne saurait, selon Philon, être acceptable pour un juif fidèle. Or, Philon attribue une telle approche à des devanciers juifs et il ne se gêne pas pour leur reprocher une méthode aussi excessive. Face à de tels allégoristes, il faut bien reconnaître que Philon apparaît comme anti-allégoriste ou, si l'on trouve cette formule trop provocante, comme un allégoriste modéré, de l'espèce de ceux qui ne le sont pas vraiment.

On présente généralement l'allégorie comme une pratique exégétique fort répandue, tant chez les Grecs que chez les juifs alexandrins ou les auteurs du Nouveau Testament. En vérité, si on parle bien de la méthode allégorique telle que conçue chez les philosophes grecs et si on ne confond pas l'allégorie avec le sens littéral figuré ou avec la valeur symbolique des personnages historiques de l'Ancien Testament, on doit reconnaître qu'il n'y a pas d'allégorie antérieure à Philon, du moins dans les documents conservés. Autrement dit, on ne saurait appeler allégorie les passages du *Livre de la Sagesse* ou d'Aristobule que l'on cite généralement en ce sens et d'autres allégories comme celles qui se trouvent dans la *Lettre d'Aristée* ou chez Flavius Josèphe sont vraisemblablement inspirées de Philon lui-même.

Cela ne veut pas dire que Philon est le premier à avoir appliqué à la Bible la méthode allégorique. La thèse que je voudrais défendre aujourd'hui est la suivante : l'allégorie modérée de Philon doit être conçue comme une réaction piétiste à l'égard d'une entreprise allégorique beaucoup plus audacieuse dont on peut retrouver les vestiges dans le propre commentaire de Philon.

Je vous parlerai donc simultanément de deux commentaires, le commentaire largement conservé de Philon et un commentaire perdu, mais sans lequel le commentaire de Philon ne serait pas ce qu'il est. Selon moi, ce commentaire allégorique qui a inspiré Philon et dont on retrouve des éléments caractéristiques dans ses propres commentaires a été composé par des juifs hellénisés d'Alexandrie, probablement au Ier siècle avant J.-C. C'était un commentaire cursif de tous les versets du Pentateuque qui présentait trois caractères principaux. Premièrement, il était radicalement allégoriste. C'est-à-dire que, sous l'influence de l'allégorie philosophique d'Homère et d'Hésiode, il ne dégageait un sens satisfaisant des Écritures qu'en renonçant au sens littéral. Deuxièmement, le contenu obtenu par cette allégorie était strictement philosophique. Des récits de la création jusqu'à l'entrée d'Israël en Terre promise, c'était une seule et même histoire de l'âme partagée entre le monde intelligible et le monde sensible ou entre le vice et la vertu, qui était racontée en toutes ses étapes. Troisièmement, cette entreprise risquée était inspirée par le souci de présenter Moïse comme la source de la sagesse des Grecs.

Je n'ai pas tiré ce commentaire préphilonien de mon chapeau. En de nombreux passages de son œuvre Philon mentionne de tels allégoristes dont il adopte ou réfute les interprétations. Dans un passage important (*Abr.* 99) il les appelle des « Physiciens » et de nombreux passages montrent que pour ces exégètes l'allégorie permettait de découvrir sous la lettre de la Torah « la Nature qui aime à se cacher » (une formule empruntée à Héraclite) ou la Loi de la Nature supérieure aux lois positives des cités. On a reconnu depuis longtemps l'existence de ces **traditions exégétiques préphiloniennes** auxquelles Philon dit emprunter de nombreuses exégèses, non sans parfois les critiquer. On a généralement conclu que Philon connaissait toute une palette d'exégèses se déployant de l'hyperlittéralisme à l'allégorisme le plus audacieux sur le plan cosmologique, physique, moral, métaphysique ou religieux, et provenant aussi bien de juifs que d'adversaires païens. L'analyse montre cependant que Philon donne souvent une présentation tendancieuse de ces exégèses et qu'il les adapte à son propre point de vue. Je considère pour ma part que l'ensemble de ces témoignages ne révèle qu'un seul commentaire allégorique et que les littéralistes païens ou juifs dont parle Philon proviennent d'une "personnalisation" ou d'une mise en scène de la critique propédeutique du sens littéral qui constituait un moment essentiel de la construction du sens allégorique.

Avant d'entrer dans le vif du sujet, il nous faut passer par deux préliminaires importants. Tout d'abord, il convient de circonscrire le **corpus** à étudier. En consultant la classification des traités de Philon empruntée à Cohn et Massebieau que j'ai présentée dans l'Annexe 1, on voit que le Commentaire allégorique qui couvre les vingt premiers chapitres de la Genèse s'inscrit dans le groupe des œuvres exégétiques et qu'il ne correspond qu'à l'une des trois grandes entreprises exégétiques de Philon, à côté de l'*Exposition de la Loi* et des *Questions et Réponses sur la Genèse et sur l'Exode*. Chacune de ces entreprises présente un point de vue différent. Les *Questions et Réponses* se bornent à juxtaposer une explication littéraliste et une explication allégoriste de chaque verset. On ne ressent plus du tout la tension qui, dans le Commentaire allégorique, amène Philon tantôt à démolir systématiquement le sens littéral, tantôt à le justifier. L'*Exposition de la Loi* comporte de nombreux développements allégoristes, mais la perspective de fond est littéraliste. Philon s'y propose d'exalter les figures historiques que sont Abraham et Joseph. Même lorsqu'il dégage un sens allégorique, en principe il ne met pas en cause l'historicité des événements dont il parle ou la nécessité de pratiquer les règles mosaïques qu'il commente. Les *Questions* et les traités de l'*Exposition de la Loi* ne sont pas sans intérêt pour une étude de l'allégorie, car ils conservent d'innombrables allégories, mais ils entrent moins directement en compte pour une étude de la structure du commentaire allégorique.

Un deuxième point doit être abordé dans ce préambule: l'**unité littéraire de ce commentaire**. On a pris l'habitude de publier les traités du Commentaire allégorique comme des traités distincts, confiés à différents éditeurs. Mais en fait, il s'agit simplement de sections d'un même commentaire. Philon parle habituellement de συντάξεις. Les titres qui ont été donnés correspondent au thème général des versets commentés et des témoignages antiques montrent que le commentaire a été divisé de différentes façons selon les époques et que les titres correspondants ont beaucoup varié. Je ne puis ici entrer dans les détails. J'ai indiqué dans un tableau reproduit dans l'Annexe 2 la correspondance entre les versets commentés et les traités conservés, perdus ou attestés par des renvois.

Il est très important de lire ces traités comme les parties d'un même ensemble et non comme des traités séparés. Lorsque certains commentateurs s'adonnent à de vastes analyses de la composition de tel ou tel traité en retrouvant des parallélismes en miroir entre le début et la fin du traité, ou en découvrant des correspondances structurales, numériques ou arithmologiques, entre les différentes parties de l'ouvrage, ils oublient qu'ils font porter leur reconstruction sur des découpages arbitraires qui n'étaient pas ceux que connaissaient des auteurs comme Eusèbe de Césarée ou Jean Damascène. Par exemple, les traités *De agricultura* et *De plantatione* étaient connus par Eusèbe comme les deux livres du Περὶ γεωργίας ou *De agricultura*. Jean Damascène connaissait neuf livres au moins d'*Allégories des Lois*, titre qui est maintenant donné aux trois premiers « traités » conservés. Comme les commentateurs oublient souvent cette unité littéraire du commentaire, ils ne savent plus bien interpréter certains renvois internes qui font référence à des livres aujourd'hui perdus.

Dans son état actuel, ce Commentaire ne couvre que les vingt premiers chapitres de la *Genèse*, avec des lacunes importantes. Jusqu'où allait-il à l'origine? *Gig.* 57 annonce une allégorie de l'âge de Moïse à sa mort. Elle n'est pas conservée et ne relève pas de la perspective exégétique de la *Vie de Moïse* où elle ne figure d'ailleurs pas. Rien ne prouve que Philon soit parvenu jusque là et qu'il ait beaucoup dépassé la section correspondant aux actuels traités *De somniis*. Je ne crois pas qu'il soit allé beaucoup plus loin. Nous verrons pour quelles raisons dans un instant.

Une fois qu'on a isolé le Commentaire allégorique du reste de la production philonienne et qu'on lui a redonné son unité et son extension originelle, on peut commencer à s'interroger sur sa **structure**. A première vue, c'est la jungle, le coq-à-l'âne, ou plus exactement une cascade de digressions qui s'engendrent l'une l'autre au hasard des associations de mots ou d'idées. Au mieux peut-on repérer çà et là de véritables dossiers bibliques accumulés autour d'un mot (lèvre, larme, berger, serpent, etc.). Les éditeurs se donnent généralement beaucoup de mal pour reconstruire le «plan» de chaque traité en tentant de rattacher les différents thèmes développés au titre général du traité, tandis que d'autres interprètes se lancent dans la recherche de structures cachées aussi savantes que peu convaincantes, surtout lorsqu'ils oublient que le «traité» qu'ils commentent ainsi ne correspond qu'à un découpage arbitraire et tardif d'un texte beaucoup plus vaste.

En vérité, ces digressions qui finissent par envahir des traités entiers ne doivent pas masquer une structure élémentaire beaucoup plus simple qui est celle d'un commentaire cursif tout à fait classique. On pourrait schématiser la progression du Commentaire de la façon suivante:

VERSET 1 CITATION
    COMMENTAIRE CURSIF
        DIGRESSION A
        DIGRESSION B (...)
VERSET 2 CITATION
    COMMENTAIRE CURSIF
ETC.

Il arrive en fait qu'un traité entier soit le développement d'une première digression originale. On peut donner comme exemple la série des traités *Agric.*, *Plant.* et *Ebr.*, sans doute aussi l'ensemble du *De somniis*. Engagé dans un tel processus, il est peu probable que Philon ait beaucoup dépassé les vingt premiers chapitres de la *Genèse*. En compensation, l'usage des digressions lui permettait d'examiner des versets que les limites étroites du commentaire cursif ne lui auraient que difficilement permis d'atteindre. Il en résulte paradoxalement que l'œuvre de Philon offre moins de développements en contexte cursif que de digressions.

Dans son principe, c'est là un genre littéraire d'une grande sobriété et d'une grande économie : tout ce qui est étranger au verset commenté n'y a pas sa place. Des contraintes matérielles pouvaient même être liées à ce genre littéraire, par exemple la nécessité d'écrire le texte sacré, éventuellement en caractères plus soignés, en haut de la page ou au début de la section. Ceci expliquerait que Philon cite parfois trop largement son lemme : une trop longue digression l'oblige ensuite à citer à nouveau le verset annoncé.

En y réfléchissant un peu, on peut se rendre compte qu'il y une incompatibilité formelle entre le commentaire cursif originel et les **digressions** que Philon ne peut s'empêcher d'y annexer. On sent bien que pour Philon le commentaire cursif est la figure imposée, tandis que la digression est le lieu des prouesses et des figures libres. Car l'idée même de commentaire cursif implique une certaine rigueur de l'exégèse, fût-elle allégorique. Si l'on se propose de rendre compte de chaque verset individuellement, on ne peut pas parler de n'importe quoi à propos de n'importe quel verset. En revanche, dans ses digressions, Philon pouvait laisser aller sa verve sans trop se soucier de la cohérence de ses exégèses.

Lorsqu'on a reconnu la structure originale, fondamentale, du Commentaire allégorique, il est tentant d'élaborer une **méthode de lecture** qui en tienne compte. Au lieu de lire le texte de Philon paragraphe par paragraphe, pourquoi ne suivrait-on pas les versets de la Bible en sautant à pieds-joints par-dessus les digressions, dans l'espoir de retrouver une *continuité* minimale dans l'exégèse, voire une *progression* dans la thématique allégorique au fil du récit biblique à commenter ? Et puisque Philon commente souvent un même verset non seulement dans le cadre du commentaire cursif, mais aussi dans ses digressions, de même que dans les traités de l'*Exposition de la Loi* et dans les *Questions et Réponses,* on pourra, en suivant une table des versets commentés (comme la *Biblia Philonica* de Strasbourg), regrouper pour chaque verset plusieurs parallèles qu'il sera intéressant de comparer. C'est un travail ardu, mais extrêmement profitable. Car que découvre-t-on alors ? On découvre pour chaque verset des *variantes* parfois très significatives, et même des *contradictions* des plus éclairantes. Philon qui développe en cinq ou six passages une allégorie religieuse du verset biblique, en laisse, lors d'un moment d'inattention, « passer » une interprétation résolument philosophique, qui invite à recadrer entièrement l'analyse de toute une section.

Pour prendre un exemple significatif, considérons **l'opposition de Caïn et d'Abel**, telle qu'elle est commentée à propos de *Gen.* 4, 2 (et dans des versets voisins). Sans entrer dans les détails de l'exégèse, disons seulement que d'après *Sacr.* 2-3, Caïn est le symbole de l'amour de soi et représente l'esprit qui attribue tout à l'intellect, tandis qu'Abel est celui qui rapporte tout à Dieu et reconnaît en lui son créateur. On peut toujours appeler allégorie une telle explication. Mais en son fond il s'agit d'une interprétation littéraliste, puisqu'en définitive le message dégagé du verset est exactement celui que l'auteur biblique a voulu nous transmettre : Abel est un symbole de piété, Caïn un symbole d'impiété. Or plus loin, on apprend qu'Abel représente la thèse de l'amour de la *vertu* et de l'amour de *Dieu* (48). C'est déjà là un dédoublement caractéristique du symbolisme qui met en jeu un double registre d'allégorie qu'on ne peut mieux caractériser que par les termes "philosophique" et "religieux". Or, dans au moins deux digressions (*Agric.* 21-22 et *Deter.* 104-109), Caïn devient pour sa part le symbole de « l'âme du méchant qui ne s'occupe de rien d'autre que de ce corps terrestre et de tous les plaisirs du corps ». Ce symbolisme est évidemment tout à fait incompatible avec le précédent qui voyait en Caïn la suffisance de l'intellect par rapport au Créateur. Ailleurs, en *Sacr.* 45, Abel est présenté comme le pilote des facultés irrationnelles de l'âme auxquelles il impose son contrôle.

On pourrait analyser de nombreux parallèles qui illustrent tous le même phénomène : Philon a retouché en une allégorie *religieuse* une allégorie *morale* plus ancienne, plus authentiquement allégorique, plus proche du texte à commenter et plus cohérente. La suprématie de l'intellect sur les facultés irrationnelles de l'âme apparaissait à Philon un bel enseignement de philosophie morale qu'il acceptait volontiers de faire sien ici et là, mais il avait un souci beaucoup plus vital : celui de ne pas laisser l'intellect se poser en mesure de toutes choses par rapport au Dieu de la tradition juive.

SYMBOLES	ALLÉGORISTES	PHILON
Abel (+)	Intellect dominant l'âme irrationnelle	Amour de Dieu
Caïn (-)	Âme soumise au plaisir corporel	Intellect impie

J'ai donné dans ma thèse des dizaines d'exemples de ce type de glissements ou de retouches d'un parallèle à l'autre. Cet exemple montre comment la méthode de lecture que j'ai proposée permet de distinguer dans le texte de Philon des éléments traditionnels, selon moi empruntés à un Commentaire allégorique philosophique, et des éléments personnels de caractère essentiellement religieux, piétistes et parfois même mystiques.

Lorsqu'on compare les différents parallèles pour un même verset, on constate que toutes ces exégèses n'ont pas la même qualité. On peut dégager un certain nombre de **critères** pour évaluer les allégories que l'on rencontre dans ces textes. Philon lui-même parle de « règles de l'allégorie » (*Somn.* I 102 ; *Abr.* 68 ; *Somn.* I 73 ; *Spec.* I 287 ; *Prov.* II 41 ; *Quaest. Gen.* IV 178), ce qui laisse entendre qu'il connaissait les principes, même s'il ne les appliquait pas.

(1) Un premier critère important est la permanence des symbolismes. Même en admettant toutes les nuances que l'on veut, il est peu logique d'attribuer à un personnage des symbolismes différents d'un verset à un autre. Une fois que l'on a dégagé, grâce notamment à l'étymologie de la forme hébraïque du nom, le symbolisme d'un personnage, il est préférable de filer l'allégorie en restant fidèle à ce symbolisme de base, plutôt que de suivre, comme Philon le

fait trop souvent, l'inspiration du moment. Caïn qui symbolise l'attachement pour le corps est peut-être ailleurs un symbole du plaisir, mais peut-il être vraiment le symbole de l'intellect autosuffisant qui s'oppose à Dieu ?

(2) Puisque l'ensemble du Pentateuque raconte une histoire répartie en étapes bien définies, une allégorie bien construite devrait élaborer une progression des thèmes successifs et non pas développer des allégories au coup par coup sans aucune perspective d'ensemble. Il serait bien difficile de dégager chez Philon une telle progression thématique. Et pourtant, on rencontre ici et là des déclarations qui relèvent d'une telle perspective. Lisons par exemple *Post.* 174 qui concerne la descendance de Seth, que Philon oppose à la descendance de Caïn. Face à la descendance du vice (qui est celle de Caïn), Seth représente la descendance de la vertu et peut-être conçu comme un nouvel Abel.

Mais vois les progrès que fait en s'améliorant l'âme qui n'est jamais repue, mais toujours insatiable de belles choses. Vois la richesse sans limite de Dieu qui a attribué aux uns comme commencement le terme atteint par les autres : la limite de la science selon **Seth**, la voici devenue commencement d'où part **Noé**, l'homme juste ; quant à la perfection de Noé, c'est par elle que commence l'éducation d'**Abraham** ; et la sagesse sublime atteinte par Abraham constitue pour **Moïse** un premier entraînement[1].

Post. 174 est une des clefs de l'interprétation allégorique du Pentateuque. De Seth à Moïse, c'est l'histoire morale de l'âme, du premier germe de la vertu à sa perfection, qui nous sera racontée. Les générations des patriarches marquent les progrès de l'âme, dont les grandes étapes ont pour nom Noé, Abraham ou Moïse, et correspondent à des vertus ou des caractères moraux identifiés.

(3) Un autre critère intéressant est la fidélité de l'allégorie aux structures du texte à commenter. Lorsqu'un verset dresse une opposition entre deux personnages, il est tout à fait anormal d'en dégager un symbolisme qui ne soit pas binaire. C'est pourtant ce que fait Philon régulièrement. Je prendrai deux exemples significatifs.

***Gig.* 58-64** commente *Gen.* 6, 4a: « Or les Géants étaient sur la terre en ces jours-là ». La présence de géants sur la terre suggère au commentateur l'existence d'êtres différents qui ne seraient pas sur la terre. Philon distingue trois sortes d'hommes : les hommes de la terre, les hommes du ciel et les hommes de Dieu.

[60] A la **terre** appartiennent ceux qui, pourchassant les plaisirs du corps, se préoccupent d'en tirer jouissance et profit, et cherchent à se procurer ce qui contribue à chacun d'eux.

Au **ciel** appartiennent artistes, savants et gens d'étude – car, parmi les facultés qui sont en nous, la faculté céleste, l'intellect (mais chacun des corps célestes est aussi intellect), s'occupe des disciplines encycliques et de tous les arts sans exception, puisqu'elle s'affine et s'aiguise, s'exerce et se forme au milieu des intelligibles.

[61] Les hommes de **Dieu**, ce sont les prêtres et les prophètes ; ils n'ont pas voulu se mêler à la République du cosmos et devenir citoyens du cosmos, mais, transcendant tout le sensible,

1. Toutes les traductions des textes de Philon sont empruntées aux différents volumes de la collection « Les Œuvres de Philon d'Alexandrie » publiée aux Éditions du Cerf. Elles ont été parfois retouchées.

ils ont émigré dans le monde intelligible et ont habité là, après avoir été inscrits dans la République des Idées incorruptibles < et > incorporelles.

Cette troisième catégorie d'hommes est assez inattendue dans le commentaire. D'abord parce qu'elle ne correspond à rien dans le verset commenté; ensuite parce qu'elle introduit un troisième terme, Dieu, hétérogène aux deux premiers, la terre et le ciel; enfin, parce qu'elle prend en considération des caractéristiques qui sont loin d'être exclues de la définition du second groupe. Les artistes et les savants dépassaient eux aussi le monde sensible, puisqu'ils vivaient non pour les plaisirs du corps, mais pour l'exercice de leur faculté céleste, l'intellect. En quoi donc diffèrent des citoyens de la République des Idées ces savants qui travaillent «parmi les intelligibles»?

Ce qui ne fait pas de doute, c'est que l'idéal des "hommes de Dieu" est typiquement philonien. Ils veulent dépasser le monde pour se consacrer à Dieu comme prêtres et prophètes. En revanche, les deux premières catégories s'inscrivent parfaitement dans le cadre d'une opposition philosophique entre la science et le plaisir sensible. Cette opposition entre le corps et l'intellect, le vice et la vertu, l'injuste et le juste, constitue d'ailleurs le moule exégétique qui orientait le commentaire des versets précédents.

Dans ce contexte, on n'envisage jamais un au-delà de l'idéal philosophique et on ne prend en compte qu'une opposition binaire entre le ciel et la terre. On peut donc penser que c'est Philon qui a voulu corriger l'exégèse traditionnelle des Allégoristes en dénonçant implicitement l'immanentisme de leur enseignement et en exprimant son propre sens de la transcendance divine. En dédoublant la seconde catégorie de sa source, il a appliqué aux hommes de Dieu cet attachement à la République des Idées «incorruptibles et incorporelles», qualificatifs qui caractérisaient l'idéal des philosophes ailleurs dans le traité (§§ 14-15). Nous pouvons donc résumer notre analyse dans le schéma suivant:

SYMBOLES	**ALLÉGORISTES**	**PHILON**
Géants sur la terre	Hédonistes (plaisir corporel)	Hédonistes
Hommes du ciel	Savants (monde intelligible)	Savants
<Hommes de Dieu>		Prêtres et prophètes (République des Idées)

Mon second exemple est tiré de **Congr. 79-80** et commente *Gen.* 16, 3, sur les rapports entre Sarah et Agar, respectivement épouse et servante d'Abraham. Je l'ai choisi parce qu'il constitue le point de départ du thème médiéval de la philosophie comme servante de la théologie. En sautant par-dessus de nombreuses digressions, il est possible de dégager une allégorie cohérente des rapports d'Abraham, la vertu acquise par l'enseignement, avec Sarah, la sagesse, et Agar, le cycle des disciplines préparatoires à l'étude de la philosophie. Agar, dont le nom signifie "étranger résident", symbolise l'éducation moyenne, les ἐγκύκλια.

[22] La science, la sagesse (σοφία) et toute vertu, est absolument seule à être indigène, autochtone et véritablement citoyenne de l'univers. Les disciplines scolaires qui obtiennent les deuxièmes, troisièmes ou dernières récompenses, tiennent le milieu entre étrangers et citoyens ; elles n'entrent en effet totalement dans aucune de ces deux catégories pures (...). [23] Ainsi le rapport de la *maîtresse* à la *servante*, de la femme légitime à la concubine, c'est celui qui existera entre la *vertu*, Sarah, et l'*éducation*, Agar. Aussi est-il bien normal que l'homme ardemment épris de spéculation (θεωρία) et de science (ἐπιστήμη) – son nom est Abraham – ait pour femme la vertu, Sarah, pour concubine Agar, la culture obtenue en parcourant tout le cycle de l'éducation. [24] Quiconque accède à la sagesse (φρόνησις) par les voies de l'enseignement ne saurait donc rejeter Agar. C'est qu'il est absolument indispensable d'acquérir les connaissances préparatoires.

Brusquement, en § 79, cette opposition entre la sagesse et la formation préparatoire fait place à une trilogie...

[79] Comme les *disciplines encycliques* aident à saisir la *philosophie*, de même la philosophie aide à acquérir la *sagesse*. Car la philosophie, c'est l'étude de la sagesse ; la sagesse, c'est la science des choses divines et humaines, ainsi que de leurs causes. Donc, de même que la culture obtenue en parcourant le cycle des études est l'esclave de la philosophie, de même *la philosophie est l'esclave de la sagesse*. [80] La philosophie enseigne à maîtriser le ventre, le bas-ventre, à maîtriser aussi la langue. Cette maîtrise, on le dit[1], mérite d'être choisie pour elle-même, mais elle aurait un caractère plus auguste, si elle était recherchée *pour honorer Dieu* et lui complaire.

Voilà un point de vue qui ne se rattache en aucune façon au texte biblique commenté (Sarah n'est l'esclave de personne !) et qui contredit des passages du traité où le cycle des connaissances préparatoires est directement présenté comme servante de la sagesse (ainsi § 9 et § 22) et où la philosophie constitue un sommet au-delà duquel on ne saurait concevoir autre chose (ainsi § 74, §§ 142-150). On constate d'ailleurs qu'immédiatement après les lignes que je viens de citer, Philon revient à la dualité familière de la maîtresse et des servantes, sans qu'une distinction entre la sagesse et la philosophie ne joue plus aucun rôle :

Il faut donc que nous gardions le souvenir de la maîtresse, quand nous voulons courtiser ses servantes ; qu'on nous tienne pour leurs amants (ἄνδρες), passe, à condition que l'autre soit notre véritable femme et n'en aie pas seulement le nom.

Dans ce gauchissement de l'allégorie traditionnelle, Philon pouvait évidemment s'appuyer sur la définition de la philosophie comme amour et recherche de la sagesse. Mais il faut bien comprendre qu'en opposition aux disciplines préparatoires cette distinction entre philosophie et sagesse n'a guère de sens. Et la sagesse dont parle Philon n'est pas le simple objet de la quête philosophique traditionnelle. Elle s'identifie plutôt à la *piété* qui seule peut fonder en valeur les vertus philosophiques (« honorer Dieu »).

On voit par ces exemples, qu'il serait facile de multiplier, que l'allégorie philonienne n'est pas homogène. Derrière ou à côté de développements qui peuvent sembler déstructurés et trop distants par rapport au texte à commenter,

1. Sans doute une allusion à la thèse stoïcienne selon laquelle la vertu doit être choisie pour elle-même : *SVF* III 38 *sqq*.

on peut lire des exégèses beaucoup plus cohérentes qui avaient le tort de ne pas exprimer parfaitement les idées que Philon souhaitait faire passer dans son commentaire.

(4) Un quatrième critère est l'exhaustivité de l'explication allégorique. Dans un texte que l'on aborde comme une allégorie, le moindre élément est symbolique. Face au dilettantisme de tant de passages de Philon, la densité allégorique du commentaire de la condamnation d'Adam et d'Ève, ainsi que du Serpent, au chapitre 3 de la *Genèse* offre un bel exemple de ce que pouvait être une allégorie homogène et courageuse. Le moindre détail du texte est expliqué dans une perspective d'ensemble que pour une fois Philon semble avoir respectée. Je suis malheureusement obligé de vous renvoyer aux pages de ma thèse que j'ai consacrées à ces versets.

(5) Je terminerai par un dernier critère. L'allégorie doit respecter les jugements de valeur que l'Écriture porte explicitement ou implicitement sur les héros de l'histoire sainte. Cette règle peut sembler évidente, mais Philon l'enfreint souvent sans que ses commentateurs s'en offusquent. Il est des plus étrange qu'un allégoriste dégage un symbolisme *négatif* d'une figure biblique *positive*. Or, des personnages comme Jacob, Joseph, Jéthro, Aaron, donc des personnages qui sont manifestement dans la Bible du côté des «bons», sont parfois chez Philon les symboles de dispositions inférieures, voire carrément mauvaises. Je ne prendrai que l'exemple de Joseph.

D'une façon générale, **Joseph** est, chez Philon, le symbole de dispositions morales très négatives. Les passages les plus critiques se lisent au second livre du *De somniis* qui commente plusieurs songes de la geste de Joseph – les deux rêves du jeune Joseph, celui des gerbes de blé et celui des étoiles ; les rêves du grand-échanson, du grand-panetier et du Pharaon. Dans le premier rêve, par exemple, qui raconte comment les gerbes de blés de ses frères se prosternaient devant celle de Joseph, Philon ne voit qu'un symbole de la vaine gloire qui peut conduire à la tyrannie (*Somn.* II 78-79), et il prend clairement parti pour les frères de Joseph : «Que personne n'ose mépriser des hommes d'une telle vertu sous prétexte qu'ils donnent des marques de misanthropie et de haine fraternelle... Qu'on donne son approbation aux gens qui vouent à cet individu une haine inexpiable et une détestation implacable» (II 98). Philon modèle ses sentiments sur ceux des frères : «L'homme au rêve, je le repousse et je le haïrai puisqu'eux aussi l'ont haï ...» (II 104). Une telle condamnation de Joseph est probablement sans parallèle dans la tradition juive. Je pourrais montrer qu'en fait les allégoristes tiraient un symbolisme positif tout à fait différent de ce patriarche et expliquer comment Philon en est venu à dévaloriser de la sorte Joseph parce qu'il considérait comme trop terre à terre les valeurs que ses devanciers lui avaient fait porter.

Avec plus ou moins de finesse, Philon a ainsi constamment retouché une allégorie philosophique dans un sens religieux. Pour prendre un dernier exemple, je citerai un passage représentatif des préoccupations des Allégoristes. Il se lit en *Deter.* 52-54[a] et porte sur ***Exode* 20, 12**:

"Honore ton père et ta mère, afin de t'en trouver bien" (Ex. 20, 12) – non pas ceux que tu honores, mais "toi", dit le texte ; et en effet, si nous honorons, dans cet être composé que nous sommes, à titre de père, l'intellect, et à titre de mère, la sensation, nous serons nous-mêmes bien traités par eux. [53] *Honorer l'intellect, c'est le servir en lui donnant ce qui lui fait du bien et non ce qui lui est agréable – or, tout ce qui vient de la vertu lui fait du bien. Honorer la sensation, c'est ne pas la laisser se précipiter d'un seul coup vers les sensibles extérieurs, mais lui faire tenir la bride haute par l'intellect, qui sait gouverner et conduire les puissances irrationnelles qui sont en nous.* [54] Si donc sensation et intellect reçoivent les honneurs que j'ai dits, il faut nécessairement que moi, qui dispose des deux, j'en retire un bienfait.

Peu de passages portent autant que celui-ci la marque des Allégoristes. Veut-on la preuve qu'une telle exégèse ne peut pas avoir été produite par Philon lui-même ? Elle ne lui plaisait pas du tout et avait à ses yeux un relent trop philosophique ! Aussi la complète-t-il par des vues plus personnelles :

[54] (...) Mais si, *cessant de considérer l'intellect et la sensation,* tu honores comme un père Celui qui a engendré le monde, et comme une mère la Sagesse par qui a été achevé l'univers, c'est toi qui t'en trouveras bien. Car ni le Dieu de plénitude, ni la science parfaite et souveraine n'ont besoin de rien, si bien que les servir, ce n'est pas tellement leur rendre un service, puisqu'ils n'ont aucun besoin, qu'être utile à soi-même.

Si la formule **«règles de l'allégorie»** que reprend Philon à plusieurs reprises a jamais voulu dire quelque chose, je crois qu'elle recouvrait un certain nombre de principes comme ceux que je viens d'évoquer. Même si pour nous l'allégorie est un processus gratuit et arbitraire, elle était aux yeux de ses adeptes méthodique et en principe vérifiable.

Il me reste deux techniques essentielles de la méthode allégorique à traiter dans cette étude : le rôle des **explications étymologiques** des noms bibliques et la critique du sens littéral.

Pour l'allégoriste, les noms propres ont un statut privilégié à l'intérieur du texte à commenter. Puisque ces noms ne se rapportent pas à des figures historiques et qu'ils sont de pures inventions littéraires, ils se réduisent à leur symbolisme. Je pourrais citer des passages de Philon qui illustrent cette perspective[1].

Les noms propres contiennent *in nuce* l'essence symbolique que l'auteur biblique souhaitait rattacher à la figure du personnage. Je ne discuterai pas ici de

1. Voir par exemple *Congr.* 44 : «Ce qu'écrivit le sage Législateur, ce n'est pas une généalogie à la manière des historiens. Que nul homme sensé n'aille croire cela ! Ce qu'il nous révèle à travers des symboles, ce sont des réalités qui peuvent faire du bien à l'âme. Et il nous suffira de traduire les noms en notre langue [c'est-à-dire le grec pour un juif d'Alexandrie et non l'hébreu !], pour connaître la vérité de ce qu'il a déclaré.» Voir aussi *Cher.* 56 : «En général, la communauté des hommes dans sa totalité donne aux choses des noms qui diffèrent de ces réalités, si bien qu'autres sont les choses et autres les appellations. Dans le cas de Moïse cependant, les dénominations sont des évidences (ἐνάργειαι [*codd. :* ἐνέργειαι]) exprimant parfaitement les choses, si bien que le nom est nécessairement la chose de façon immédiate et il ne diffère en rien de ce à quoi il a été donné.»

l'origine des innombrables étymologies que l'on rencontre dans Philon. Je rappellerai simplement (a) que Philon ne connaissait pas l'hébreu et qu'il était donc incapable de retrouver sous les noms grecs de la LXX les racines trilitères hébraïques qui servaient à reconstituer ces étymologies, et (b) qu'il reconnaît explicitement que les Physiciens allégoristes s'intéressaient aux étymologies des noms de la Bible[1].

A propos des étymologies, je voudrais souligner trois points importants : (a) **la structure des explications étymologiques,** (b) l'homogénéité des symbolismes, (c) le contexte exégétique de la production de ce matériel.

Lorsqu'on étudie dans leur ensemble les étymologies philoniennes des noms bibliques, on est tout d'abord frappé par le caractère schématique et systématique de leur présentation. Avec des variations de nature purement stylistique, on retrouve généralement les quatre éléments suivants :

(1) le nom hébreu sous sa forme grecque, telle que donnée dans la LXX,

(2) la traduction grecque littérale correspondant aux racines hébraïques qui constituent ce nom,

(3) le symbolisme du nom, conçu comme le référent de la valeur étymologique,

(4) la justification de ce symbolisme.

A titre d'exemple, je citerai l'étymologie proposée pour Shittim ou Shattim (*Nb* 25, 4) en *Somn.* I 89 : « Il est dit : “Et le peuple s'établit à Shittim” – ce *mot se traduit* “épines” (ἄκανθαι), – *c'est le symbole* des passions qui piquent et qui blessent l'âme ». Autrement dit : le symbolisme du nom ainsi traduit est expliqué par le fait que les passions, comme les épines, piquent et blessent l'âme.

Cette structure des étymologies est à peu près constante dans l'œuvre de Philon. Il lui arrive cependant de confondre traduction et symbolisme. Ce qui dans l'étymologie intéresse l'allégoriste, ce n'est pas la traduction comme telle, mais **le symbolisme** que la traduction permet d'établir. On trouve toujours à côté de la traduction le symbole et sa justification, sous la forme « Le nom A signifie en grec B et est le symbole du référent C, car C implique B (ou B implique C) ». Le message véritable de l'étymologie est donc exprimé dans le symbolisme que l'on rattache au nom et non dans sa traduction. Lorsqu'un même nom s'applique à deux figures, l'une bonne et l'autre mauvaise, il pourra recevoir une même traduction, mais se rapporter à deux symbolismes différents. Ainsi en est-il des noms d'Hénoch, de Mathusalem et de Lamech qui figurent à la fois dans la généalogie de Caïn et dans celle de Seth (*Post.* 40-48). Une des lois implicites de l'allégorie est en effet que les jugements de valeur véhiculés par le récit biblique à propos de tel ou tel personnage doivent être reproduits sur le plan des référents dont ces figures constituent les symboles. Dans cette perspective, un relevé des référents, des symbolismes rattachés à chacun des noms expliqués dans l'œuvre

1. Sur ce matériel étymologique, voir l'étude de Lester L. Grabbe, *Etymology in Early Jewish Interpretation : The Hebrew Names in Philo,* Atlanta, 1988, et le compte rendu développé que j'ai donné de l'ouvrage dans *The Studia Philonica Annual* 2, 1990, p. 187-194.

de Philon peut fournir un échantillon représentatif des thèmes que les exégètes entendaient développer grâce à la méthode allégorique. Car l'étymologie dégage du nom un symbolisme qui sera étendu à l'ensemble du récit consacré à ce personnage.

En ce qui concerne **l'homogénéité des symbolismes** dégagés par Philon, le tableau reproduit dans l'Annexe 3 comprend plus de 80 noms dont le symbolisme s'inscrit invariablement dans la problématique philosophique de la vie morale : l'intellect et la sensation, l'âme et le corps, le plaisir et les passions, l'insensé, le commençant, le progressant et le parfait, l'éducation, les disciplines encycliques, la rhétorique, l'astronomie, etc. Dans la liste plus riche de Grabbe qui comprend 166 étymologies, on pourrait relever encore : la mémoire, le sage, les biens extérieurs, la raison, la sagesse, la vertu générique et les vertus cardinales, le langage, les passions, le plaisir, la réputation, la vaine-gloire, etc. Voilà les entités qui reviennent constamment sous divers avatars bibliques. Lorsque Dieu apparaît dans une étymologie, c'est comme symbole de l'Orthos Logos, principe objectif de la vie morale du sage. On peut citer comme exemple Maïèl, "loin de la vie de Dieu", qui symbolise la vie coupée de la Raison.

Face à cette masse de référents que l'on peut dire philosophiques, on trouve quelques symbolismes nettement religieux : ceux de Juda, Lévi, Anne. Or, le symbolisme philonien du nom de Juda (l'action de grâces) n'est rien d'autre que la signification ou la traduction du nom biblique. On peut donc estimer que Philon trouvait que la *traduction* du nom était bien assez riche d'enseignement religieux et qu'il n'était pas nécessaire de prendre en compte le *symbolisme* que l'on pouvait en tirer. Par conséquent ces exceptions n'infirment en rien la règle. C'est pourquoi j'ai rejeté ces étymologies douteuses de mon tableau.

Enfin, même si ce matériel présuppose une sorte de répertoire où les noms bibliques étaient traduits et interprétés symboliquement, on imagine mal un autre **contexte de production** de telles étymologies que celui d'un commentaire allégorique de l'Écriture. De tels répertoires ont ensuite existé de façon autonome et certains ont été conservés, mais je ne crois pas qu'ils furent à l'origine le résultat d'une érudition gratuite : ces étymologies avaient leur place dans le cadre d'un commentaire allégorique.

J'en arrive à l'une des composantes les plus essentielles de la méthode allégorique : **la critique du sens littéral.** Comme je l'ai dit plus haut, les Allégoristes ne considéraient pas qu'on pouvait faire dire à un texte n'importe quoi. De leur point de vue, la lecture allégorique était la seule façon de lire correctement un texte que son auteur avait voulu allégorique. Or, la meilleure preuve qu'un texte relève d'une intention allégorique, c'est que son sens littéral ne tient pas debout. Comme le dit Philon, « le Législateur fournit des motifs (ἀφορμαί) à ce genre d'explication pour ceux qui ne sont pas aveugles d'esprit » (*Conf.* 191, comp. *Plant.* 36). D'où la précaution constante des Allégoristes de dénoncer l'irrecevabilité du sens littéral.

Chez Philon, on ne trouve qu'une version édulcorée de cette condamnation du sens littéral. Il lui arrive souvent lui aussi de dénoncer le sens littéral, parce que cela fait partie du jeu, mais il ne le fait qu'avec deux réserves de taille. Tout d'abord, il ne dit jamais que par principe le sens littéral doit être rejeté partout dans l'Écriture. Il a beau le rejeter dans des dizaines de passages, son sentiment propre est qu'il s'agit d'exceptions ou de détails : c'est dans l'*Exposition de la Loi* ou les *Questions et Réponses* que son propre point de vue est clairement exprimé : il faut commenter *à la fois* au sens littéral et au sens allégorique tout passage de l'Écriture. L'allégorie apporte un supplément de sens à un texte que l'on peut, disons dans la majorité des cas, justifier au sens littéral. Habitués que nous sommes aux théories patristiques et médiévales sur la polysémie scripturaire et les fameux quatre sens de l'Écriture, cette approche nous semble naturelle. Mais si on y réfléchit un peu, on s'aperçoit que dans son inspiration première, et son étymologie d'ailleurs, l'allégorie est incompatible avec le sens littéral. Pour un philosophe stoïcien, les textes d'Homère, malgré toute leur beauté, ne peuvent pas se prêter à une lecture théologique acceptable si on les prend au pied de la lettre. Tenter de le faire serait verser dans la mythologie la plus primitive. Seule l'allégorie peut dégager un sens et elle ne peut le construire que sur les ruines du sens littéral.

La seconde réserve évidente de Philon à l'égard de la critique du sens littéral, c'est qu'il serait impie d'allégoriser l'essentiel du message biblique. Que Dieu soit le symbole de la Raison droite ou du Logos qui préside à l'organisation du cosmos, que les sacrifices n'aient de sens qu'en tant que symboles des vertus, que la Pâque ne doive pas tant être célébrée qu'interprétée allégoriquement pour qu'on y découvre le symbole de la joie de l'âme vertueuse, que l'histoire d'Israël soit elle aussi dénoncée comme mythique, voilà des limites que Philon se refuse à franchir, bien qu'il ne puisse s'empêcher ici et là de laisser filtrer de tels symbolismes qui avaient certainement été proposés par ses prédécesseurs. Il le dit lui-même d'ailleurs lorsqu'il s'en prend à des Allégoristes qui rejetaient ouvertement l'histoire et la loi d'Israël pour mieux promouvoir un enseignement philosophique universel dont Moïse serait la source.

Philon s'en prend en *Migr.* 89-93 à des **exégètes juifs radicaux** chez qui l'interprétation allégorique des Écritures n'impliquait rien de moins qu'un rejet pur et simple de la portée littérale des prescriptions mosaïques :

> [89] Certains interprètes qui considéraient les Lois dans leur énoncé (τοὺς ῥητοὺς νόμους) comme les symboles de réalités intelligibles, ont examiné avec une minutie extrême ces symboles, mais se sont permis de négliger les lois. Pour ma part, je leur reprocherais cette facilité. Car il leur aurait fallu s'appliquer à la fois à la recherche très minutieuse des contenus invisibles et au respect irréprochable des contenus visibles.

Philon n'accepte donc en principe qu'une allégorie respectueuse de la valeur littérale des lois. Mais les exégètes dont il parle voyaient dans l'allégorie un moyen pour passer des lois positives contenues dans la Torah à l'universalité de l'ordre de la nature.

[90] En réalité, comme s'ils vivaient tout seuls au désert ou comme s'ils étaient des âmes sans corps et comme s'ils ne connaissaient plus aucune cité, aucun village, aucune maison et finalement aucun groupement humain, ils dépassent les idées admises par la multitude et ils recherchent la Vérité nue en elle-même.

Pour ces allégoristes, la Loi mosaïque était assimilée sans plus aux lois positives des cités, du moins dans sa lettre. Philon, lui, milite pour la conciliation :

A ces gens la Parole sainte enseigne de prêter attention à la bonne compréhension [du texte, c'est-à-dire à son sens allégorique] et de ne rien abolir des usages définis par des hommes qui étaient inspirés et supérieurs à nos contemporains.

Philon expose ensuite son attitude personnelle d'interprète fidèle face à trois points essentiels de la Loi. A propos du Sabbat, des fêtes juives et de la circoncision, il dégage un double symbolisme que l'on peut caractériser comme moral et allégorique d'une part, religieux et principalement littéraliste d'autre part. Mais pour Philon, ces symbolismes ne doivent pas dispenser de la pratique des prescriptions légales ou rituelles qui les soutendent. Il conclut :

[91] **1.** Ce n'est pas en effet parce que le Septième jour nous livre un enseignement **(b)** sur la puissance de l'Inengendré et l'inactivité de l'engendré, qu'il nous faut abolir les interdits relatifs à ce jour, par exemple d'allumer du feu, de travailler la terre, de porter des fardeaux, d'intenter un procès, de (juger ou) de plaider une cause, de réclamer un dépôt, de recouvrer un emprunt ou de faire n'importe laquelle des autres activités qui sont licites en dehors des jours fériés.

[92] **2.** Ce n'est pas non plus parce que la fête est le symbole **(a)** de la joie de l'âme et **(b)** de l'action de grâces rendue à Dieu, que nous rejetterons les célébrations qui jalonnent les saisons de l'année.

3. Ce n'est pas enfin parce que la circoncision signifie **(a)** le retranchement du plaisir et de toutes les passions, **(b)** ainsi que la suppression de l'opinion impie qui amène l'intellect à considérer qu'il est lui-même capable d'engendrer, que nous supprimerons la loi établie sur la circoncision, car nous négligerons aussi le service rituel du Temple et mille autres prescriptions si nous ne portons attention qu'aux seules vérités manifestées par des sous-entendus.

[93] En vérité, il faut considérer que la lettre de la Loi ressemble au corps, son symbolisme à l'âme. Tout comme, par conséquent, il faut prendre soin du corps parce qu'il est la maison de l'âme, il faut également se soucier des lois dans leur sens littéral. C'est en effet grâce à l'observance des lois que les vérités mêmes dont elles sont les symboles nous seront connues avec plus de clarté, et qu'en outre nous échapperons aux reproches et aux accusations de la multitude.

On remarquera que dans ce texte les symbolismes que Philon assigne aux fêtes juives **(2)** et à la circoncision **(3)** sont doubles, un premier de caractère moral et profane **(a)**, un second de caractère religieux **(b)**. Nous avons analysé plus haut d'autres exemples d'un tel dédoublement de l'allégorie.

Objet	Symbolisme A (moral)	Symbolisme B (religieux)
1. Sabbat		Puissance de l'Inengendré
2. Fête	Joie de l'âme	Action de grâce rendue à Dieu
3. Circoncision	Retranchement du plaisir et des passions	Suppression de la suffisance intellectuelle

Ces paroles d'un juif éclairé, mais fidèle, ont valeur de programme pour l'ensemble de l'œuvre exégétique de Philon. L'allégorie philonienne que l'on présente généralement comme la limite de toute "déshistorisation" du texte biblique, est en fait, du moins en son principe, une réaction contre une entreprise exégétique beaucoup plus radicale qui réduisait la Loi mosaïque à un enseignement sur la Vérité nue, c'est-à-dire sur l'ordre universel de la nature qui doit régler le comportement du Grec et du Barbare.

Par conséquent, lorsque Philon se recommande d'exégètes « qui voient dans *la plupart* des textes de la Législation des symboles de réalités invisibles, des symboles exprimables de réalités inexprimables » (*Spec.* III 178), ou lorsqu'il rappelle que «*presque tous* les textes ou du moins la plupart, dans l'exposition de la Loi, ont valeur allégorique» (*Jos.* 28), il faut sans doute voir dans ces déclarations un aménagement philonien de la thèse des Physiciens, selon lesquels le sens de la Loi est allégorique ou bien n'est pas. L'absurdité de la lettre d'un passage comme *Gen.* 6, 16 («Caïn se retira loin de la face de Dieu») amène à établir à son propos une règle qui est valable pour la totalité de l'Écriture : il faut reconnaître que rien dans ce passage n'est dit au sens propre (κυριολογεῖται) et «adopter la voie qui est <chère> aux Physiciens» (*Post.* 7).

L'hostilité de Philon à l'égard de l'allégorie radicale des Physiciens se manifeste notamment dans sa répugnance à allégoriser les occurrences bibliques du mot «Dieu». Pour les Allégoristes «Dieu» était la désignation symbolique du **Logos**, entendu, selon les cas, comme Raison universelle, Âme invisible du monde, ou comme Orthos Logos, règle du comportement moral. Selon les passages, le Logos pouvait également être perçu comme monde intelligible, monde des Idées, Nature, peut-être également comme Destin, Providence, Être, etc. Tout en conservant cette identification de Dieu et du Logos qui était à la base de tout le commentaire allégorique, Philon trouvait inacceptable cette réduction du Dieu de la foi juive à un concept philosophique à ses yeux fort peu transcendant. On peut considérer que la théologie philonienne d'un Logos subordonné à Dieu est une réponse à ce problème : elle permet de reconnaître une valeur à la théologie des philosophes et donc de récupérer un pan entier de l'exégèse des Allégoristes, tout en maintenant la transcendance du Dieu d'Israël.

Que des antécédents dans le judaïsme hellénistique aient facilité cette élaboration théologique est possible – on y chercherait cependant en vain une réflexion semblable sur le Logos et on a trop vite fait de traiter la question en citant des passages de l'Ancien Testament qui font mention de la Sagesse ou de la Parole de Dieu –, mais c'est directement du Logos des Physiciens que Philon a reçu son propre concept du Logos. Ici encore, il faut donner à l'analyse des passages exégétiques de Philon où sont développées ces représentations plus ou moins cohérentes du Logos la priorité sur les spéculations doctrinales. Si le Logos johannique entretient, comme nous le pensons, quelque rapport littéraire avec le Logos de Philon, on voit quelle influence a pu exercer, de façon inattendue, notre commentaire perdu sur toute la tradition christologique chrétienne[1].

TERME BIBLIQUE	SYMBOLE « TRADITIONNEL »	INTERPRÉTATION PHILONIENNE
Dieu	Logos	Dieu
		Logos

Mais revenons à la critique du sens littéral. On trouvera dans ma thèse ou dans les études de Jean Pépin, des dizaines de passages représentatifs de cette **critique préalable du sens littéral** à travers tous les livres du Pentateuque. Je ne puis que fournir un certain nombre d'exemples qui nous permettront de relever les divers types de reproches que l'on peut adresser à la lettre des Écritures.

Parmi les critiques les plus fréquentes mentionnons:

l'impossibilité physique ou matérielle :

– *Post.* 49-51 à propos de la construction d'une ville par Caïn en *Gen.* 4, 17 : « Il y aurait après cela à examiner pourquoi Caïn est présenté comme fondant et construisant une ville, lui qui est seul. » Comme il a tué son frère Abel, il ne reste plus grand monde sur la terre. Et on peut se demander si Adam et Ève auraient accepté de vivre dans la même ville que ce fils fratricide. D'autre part, comment un seul homme pourrait-il construire une ville, alors qu'on ne saurait construire une seule maison sans le concours de plusieurs corps de métiers ? « Et puisque tout cela jure avec la vérité, ne vaut-il pas mieux dire, en usant de l'allégorie, que Caïn a résolu de construire sa propre doctrine comme une ville. »

l'anthropomorphisme :

– *Leg.* I 36 : « Ne soyons pas sots au point de croire que Dieu emploie pour souffler les organes de la bouche et des narines ».

le caractère mythique du récit :

– *Leg.* I 43-44 : « Puisse la pensée humaine ne pas être envahie par une assez grande impiété pour croire que Dieu travaille la terre et plante des jardins... Puisse une telle mythologie ne jamais nous venir même à l'esprit ! »

– *Gig.* 7 : les anges de Dieu qui épousent les filles des hommes [*Gen.* 6, 4].

– *Gig.* 58-59, à propos de *Gen.* 6, 4a (« Or les géants étaient sur la terre en ces jours-là ») : « Peut-être quelqu'un pense-t-il que le Législateur fait allusion aux fables des poètes sur les géants, alors que la fabulation lui est tout à fait étrangère et qu'il entend marcher sur les traces de la vérité en soi. »

– *Post.* 1-4, à propos de *Gen.* 4, 16 (« Caïn sortit de la face de Dieu et habita dans la terre de Naïd à l'opposé d'Éden »). « Soulevons ici une difficulté : faut-il entendre le contenu des livres dont Moïse est l'auteur en un sens figuré, dès lors que la représentation immédiatement attachée aux mots est très loin de s'accorder avec la réalité ? [2] En effet, si l'Être a une face, si l'homme qui veut le quitter peut très facilement changer de lieu et s'établir ailleurs, pourquoi refusons-nous l'impiété épicurienne ou l'athéisme des Égyptiens ou les thèmes mytholo-

1. Si le Logos johannique ne se réduit pas au Logos de Philon, il n'y a, croyons-nous, que dans l'œuvre de ce dernier qu'un auteur du Ier s. pouvait emprunter le nom et la figure de cet être intermédiaire entre Dieu et la création, instrument de la Création, qui apparaît déjà toute constituée dans le Prologue de l'Évangile. Voir C.H. Dodd, *L'interprétation du Quatrième Évangile,* coll. « Lectio Divina », 82, Paris, 1975, notamment p. 101 et 358.

giques dont notre vie est pleine ? » Si Dieu a une face, a-t-il également les autres parties de l'être vivant ? S'il n'a pas besoin de ces parties nécessaires à la nature humaine, faut-il qu'il les possède ?

la contradiction ou l'incohérence du récit :

– *Leg.* I 105 : malgré *Gen.* 2, 17 (« Le jour où vous en mangerez, vous mourrez de mort »), Adam et Ève ne meurent pas après la chute ... : « Bien qu'ils aient mangé, non seulement ils ne mourront pas, mais ils engendreront des enfants et seront pour d'autres les auteurs de leur vie. »

– *Leg.* III 54 : Adam et Ève ne sont pas nus [*Gen.* 3, 10], puisqu'ils s'étaient fait des ceintures [Gen. 3, 7].

– *Sobr.* 6 : Cham est le deuxième fils et non le fils cadet de Noé [*Gen.* 9, 24].

– *Post.* 33-34 à propos de *Gen.* 4, 17 : « Et Caïn connut sa femme et après avoir conçu elle enfanta Énoch. Et (Caïn) construisait une cité et il donna à la ville le nom de son fils Énoch ». « N'est-il pas normal de se demander quelle est la femme que connut Caïn ? Car il n'a été jusqu'ici indiqué de naissance d'aucune autre femme après Ève formée du côté d'Adam. Si on dit que Caïn a épousé une sœur, outre que c'est contraire aux lois divines, on se trompera, car Moïse introduit les filles d'Adam comme étant nées longtemps après. Que faut-il donc dire ? »

– En *Quaest. Gen.* I 74, à propos de *Gen.* 4, 14c-15a : « "Et il se produira que tout homme qui me trouvera me tuera". Et le Seigneur Dieu lui dit : "C'est faux" : la déclaration de Caïn ne semble pas tenir compte du fait que depuis la mort d'Abel il n'y a plus sur la terre que son père et sa mère...

le truisme :

– *Heres* 81 : sortir dehors en *Gen.* 15, 5 : « Les mots "Il le fit sortir au-dehors" ont également une portée morale ; bien des gens, par manque de culture, ont coutume de rire en disant : Quelqu'un peut-il sortir au-dedans ou inversement rentrer au-dehors ? »

l'incorrection grammaticale :

– *Leg.* I 101 : passage subit du singulier au pluriel.

– *Deus* 140-143 : un masculin à la place d'un féminin

l'obscurité du récit :

– *Sobr.* 31-33 porte sur la malédiction de *Gen.* 9, 25 (« [Et il dit :] Maudit soit Chanaan, il sera un enfant serviteur pour ses frères ») : C'est Cham qui a péché et c'est son fils Chanaan qui est maudit, alors qu'il n'a rien fait ! « Mais peut-être ceux dont c'est l'habitude d'étudier la lettre du texte et le sens immédiat des Lois ont-ils déjà examiné ces points pour leur propre compte. Quant à nous, obéissant aux suggestions de la Raison droite, interprétons le sens caché ... »

l'inconvenance :

– *Opif.* 149 et *Quaest. Gen.* I 21 : Dieu a-t-il besoin de demander à l'homme le nom qu'il faut donner aux animaux ?

– *Deter.* 57 : pourquoi Dieu interroge-t-il Caïn [*Gen.* 4, 9] comme s'il ignorait la réponse ?

– *Conf.* 162, à propos du châtiment prononcé en *Gen.* 11, 6b : « Et maintenant, il ne leur manquera rien de tout ce qu'ils pourront entreprendre de faire ». En guise de châtiment, Dieu promet aux insensés qu'ils pourront réussir dans tous leurs projets !

Une fois que l'on a compris la fonction de cette critique du sens littéral, on peut deviner l'origine de nombreux autres passages où Philon prête à d'obscurs **exégètes littéralistes** des interprétations qu'il rejette, ou bien à des **adversaires**

païens des attaques qu'ils auraient formulées contre l'Écriture. Une analyse de ces passages montrerait qu'il s'agit la plupart du temps, sinon toujours, d'une simple mise en scène de la critique préalable du sens littéral qui paraissait indispensable à la construction d'un sens allégorique.

Quaest. Gen. IV 60-61 cite les critiques de certains (adversaires ?) qui reprochent à Abraham d'avoir fait passer Sarah pour sa sœur (*Gen.* 20, 2) et de l'avoir ainsi poussée dans les bras d'Abimélek. Le patriarche aurait par là trahi les lois du mariage. Si c'est un païen qui a formulé l'objection, il avait une connaissance approfondie de l'Écriture. Qui pouvait se complaire ainsi dans les difficultés de la lettre, sinon celui qui voulait la dépasser par l'allégorie ?

En *Quaest. Gen.* IV 206, les calomniateurs qui reprochent à Jacob sa fourberie quand il se fait passer pour son frère Ésaü devant Isaac (*Gen.* 27, 18-19) épousent exactement la même attitude exégétique : littéralisme et critique du sens littéral. S'agit-il d'adversaires du judaïsme ou d'allégoristes ?

D'autres littéralistes ne sont pas présentés comme des adversaires, mais voient essentiellement dans le texte commenté les difficultés qu'il soulève.

Leg. III 236 commente *Gen.* 39, 1 qui parle de « Pentéphré, l'épouse du chef des cuisines du Pharaon ». Comme le dit Philon, « pour ceux qui s'occupent de la lettre de la Loi plus que de son sens allégorique, il va se présenter une apparence de problème ». En effet, comment étant eunuque, ce fonctionnaire peut-il avoir une femme ?

Ce sont encore des littéralistes apparemment qui se demandent, à propos de *Gen.* 17, 16, « si la femme stérile peut enfanter – car les oracles qui présentent Sarah comme une femme autrefois stérile avouent maintenant qu'elle deviendra mère » (*Mutat.* 143).

Même lorsque Philon ne le dit pas ouvertement, c'était dans le contexte d'une critique du sens littéral qu'étaient envisagées les exégèses littéralistes qui sont attribuées à des devanciers.

Ainsi *Fuga* 178-181 attribue à des exégètes « qui ne sont pas initiés à l'allégorie et à la Nature qui aime à se cacher » une identification de la source qui arrosait toute la face de la terre en *Gen.* 2, 6 avec le Nil. Si un littéraliste a soutenu cette exégèse, il se contentait de peu. De quel fleuve, fût-ce le Nil, pourrait-on dire qu'il arrose la terre entière ? Poser la question, c'est découvrir immédiatement l'origine de cette exégèse : c'est dans le cadre d'une critique du sens littéral qu'on envisageait l'identification de la source au Nil, le plus long fleuve connu. Si notre littéraliste voulait rendre compte de la lettre du verset, il s'y est fort mal pris !

Toutes ces exégèses témoignent d'un même esprit : qu'elles soient attribuées à des littéralistes ou à des adversaires imprécis qui calomnient les Écritures en s'arrêtant au sens littéral, elles répondent à un objectif similaire qui est de dénoncer l'absurdité, l'inconvenance, l'inélégance littéraire du sens littéral. Il est fort significatif qu'en rapportant ces lectures littéralistes, Philon ne précise jamais où ces exégèses voulaient en venir. En réalité, ces morceaux ne constituent qu'un moment propédeutique dans une démarche plus vaste qui n'est pas évoquée ici, mais se laisse pleinement percevoir dans les innombrables développements où il formule lui-même de semblables critiques du sens littéral : la construction du sens allégorique sur les ruines du sens littéral !

Même lorsqu'il rapporte les critiques d'adversaires qui s'en prennent aux récits bibliques, Philon ne réussit pas à nous convaincre que ces adversaires sont des païens et des impies. S'il s'agissait de païens, il faudrait leur prêter une position intellectuelle assez inconfortable. Ainsi, pour critiquer le récit de la Tour de Babel en *Gen.* 11, 19, ils n'hésitent pas à le classer avec les poèmes homériques dans la catégorie de mythes incroyables ! (*Conf.* 3) On ne sent aucun souci de manifester la supériorité des Grecs sur les juifs. En vérité, ces adversaires, comme les littéralistes ou les calomniateurs de l'Écriture que cite ailleurs Philon, n'ont d'existence que littéraire. Ils personnifient un moment de la construction allégoriste qui est la critique du sens littéral des passages à commenter.

Cette constatation est importante, car on parle volontiers des sources de Philon comme d'une vaste constellation d'exégètes tantôt littéralistes, tantôt allégoristes et, parmi ceux-ci, certains auraient proposé des interprétations physiques, morales ou religieuses. Autrement dit, la tradition aurait présenté la même diversité que l'œuvre de Philon lui-même. Sans nier à priori l'existence de sources exégétiques diverses, je crois qu'on découvre derrière Philon un seul commentaire allégorique bien identifiable. Les témoignages de Philon sur des adversaires de l'Écriture, des littéralistes bornés, des allégoristes tout aussi religieux qu'il l'était lui-même, peuvent à mon avis s'expliquer par l'activité littéraire de Philon qui retouchait ce commentaire qui le fascinait et l'agaçait, tantôt en s'y opposant, tantôt en le remettant en perspective, tantôt en s'appropriant purement et simplement ses matériaux exégétiques.

Je ne prétends pas vous avoir démontré l'existence d'un commentaire allégorique préphilonien et encore moins vous avoir exposé correctement sa perspective philosophique et son contenu doctrinal. J'ai voulu simplement montrer qu'on ne peut pas lire Philon de façon naïve comme s'il avait appliqué dans son Commentaire une méthode personnelle pour exposer une philosophie originale. Il faut déconstruire son commentaire pour en retrouver les composantes traditionnelles, c'est-à-dire héritées d'entreprises exégétiques antérieures, et identifier ainsi les apports, les gauchissements, les corrections propres à Philon. Et au terme d'un tel travail, on découvre un Commentaire techniquement et formellement beaucoup plus riche et plus intéressant que celui de Philon. Quant à Philon, on est ainsi amené à se faire de lui une image beaucoup plus unifiée, celle d'un juif pieux, peut-être un temps séduit par la valorisation philosophique du judaïsme proposée par les Physiciens allégoristes, mais foncièrement respectueux de la tradition, soucieux de ne pas se couper de son peuple et qui était loin d'être un partisan inconditionnel de l'allégorie.

Bibliographie

BOUSSET W., *Jüdisch-christlicher Schulbetrieb in Alexandria und Rom. Literarische Untersuchungen zu Philo und Clemens von Alexandria, Justin und Irenäus,* coll. « Forschungen zur Religion und Literatur des Alten und Neuen Testaments », Neue Folge, 6 [der ganzen Reibe 23. Heft], Göttingen, 1915 [reprint Hildesheim/New York, 1975].

BRÉHIER É., *Les idées philosophiques et religieuses de Philon d'Alexandrie,* coll. « Études de philosophie médiévale », 8, Paris, [3e édition], 1950.

COHN L., « Einteilung und Chronologie der Schriften Philos », *Philologus Supplementband* 7, 1899, p. 387-436.

FESTUGIÈRE A.-J., *La Révélation d'Hermès Trismégiste,* tome II : *Le Dieu cosmique,* coll. « Études bibliques », Paris, 1949, p. 519-585.

GOULET R., *La Philosophie de Moïse. Essai de reconstitution d'un commentaire philosophique préphilonien du Pentateuque,* coll. « Histoire des doctrines de l'Antiquité classique », 11, Paris, 1987.

ID., « La méthode allégorique chez les stoïciens », dans G. Romeyer Dherbey (dir.) et J.-B. Gourinat (édit.), *Les stoïciens,* Paris, 2005, p. 93-120.

GRABBE Lester L., *Etymology in Early Jewish Interpretation : The Hebrew Names in Philo,* Atlanta 1988. Compte rendu par R. Goulet, *Studia Philonica Annual* 2, 1990, p. 187-194.

HAY D. M., « Philo's references to other Allegorists », *Studia Philonica* 6, 1979-1980, p. 41-75.

MACK B. L., « Philo Judaeus and exegetical traditions in Alexandria », *ANRW* II 21, 1, 1984, p. 241-245.

MASSEBIEAU L., *Le classement des œuvres de Philon,* coll. « Bibliothèque de l'École des Hautes Études », sect. Sciences religieuses, 1, Paris, 1888.

NIKIPROWETZKY V., *Le commentaire de l'Écriture chez Philon d'Alexandrie,* Leiden, 1977.

PÉPIN J., « Remarques sur la théorie de l'exégèse allégorique chez Philon », dans *Philon d'Alexandrie,* Paris, 1967, repris dans *La tradition de l'allégorie de Philon d'Alexandrie à Dante,* t. II : *Études historiques,* Paris, 1987, p. 7-40.

ID., *Mythe et allégorie. Les origines grecques et les contestations chrétiennes,* 2e éd., Paris, 1976, p. 220-244.

RUNIA D. T., *Philo in Early Christian Literature. A Survey,* coll. « Compendia Rerum Iudaicarum ad Novum Testamentum » 3, Assen/Minneapolis, 1993.

SCHROYER M. J., « Alexandrian Jewish Literalists », *JBL* 55, 1936, p. 261-284.

ANNEXE 1 : LE CORPUS PHILONIEN

I. Les écrits philosophiques

– le *De aeternitate mundi* (OPA 30), dont la conclusion annonce une suite aujourd'hui perdue, si tant est qu'elle ait été rédigée ;
– le *Quod omnis probus liber sit* (OPA 28) qui se présente comme la suite d'un Περὶ τοῦ δοῦλον εἶναι πάντα φαῦλον (§ 1) aujourd'hui perdu, mais connu d'Eusèbe ;
– le *De Providentia* (OPA 35) dont on ne possède plus qu'une version arménienne (divisée en deux livres) et quelques fragments grecs conservés par Eusèbe ;
– l'*Alexander de animalibus* (OPA 36), connu par une version arménienne et des fragments grecs.

II. Les écrits missionnaires et apologétiques

– le *De vita Mosis* (OPA 22) en deux livres ;
– l'*In Flaccum* (OPA 31) ;
– la *Legatio ad Caium* (OPA 32) ;
– les *Hypothetica* dont on ne possède que deux fragments grecs conservés par Eusèbe, ouvrage qu'il faut peut-être identifier à
– l'*Apologia pro Judaeis* connue d'Eusèbe (fragment grec dans la *Préparation évangélique* VIII 11), dont
– le *De vita contemplativa* (OPA 29) était sans doute la suite.
La présente recherche ne s'intéresse qu'exceptionnellement à ces deux premières classes d'écrits.

III. Les traités exégétiques.

On y distingue à nouveau trois groupes ou plutôt trois séries de traités.

A. Le Commentaire allégorique dont sont aujourd'hui conservés les traités suivants :

– les trois livres de *Legum Allegoriae* (OPA 2) ;
– *De cherubim* (OPA 3) ;
– *De sacrificiis Abelis et Caini* (OPA 4) ;
– *Quod deterius potiori insidiari soleat* (OPA 5) ;
– *De posteritate Caini* (OPA 6) ;
– *De gigantibus* (OPA 7) ;
– *Quod Deus immutabilis sit* (OPA 8) ;
– *De agricultura* (OPA 9) ;
– *De plantatione* (OPA 10) ;
– *De ebrietate* (OPA 11) ;
– *De sobrietate* (OPA 12) ;
– *De confusione linguarum* (OPA 13) ;
– *De migratione Abrahami* (OPA 14) ;
– *Quis rerum divinarum heres sit* (OPA 15) ;
– *De congressu eruditionis gratia* (OPA 16) ;

– *De fuga et inventione* (OPA 17) ;
– *De mutatione nominum* (OPA 18).
– *De somniis* (OPA 19).

B. L'Exposition de la Loi, dont sont conservés :

– *De opificio mundi* (OPA 1) ;
– *De Abrahamo* (OPA 20) ;
– *De Josepho* (OPA 21) ;
– *De Decalogo* (OPA 23) ;
– *De specialibus legibus* (OPA 24–25) en quatre livres ;
– *De virtutibus* (OPA 26) ;
– *De praemiis et poenis* (OPA 27) ;

C. Les Questions et réponses sur la Genèse *et sur l'*Exode *:*

Les *Quaestiones in Genesim* commentent

I		*Gen.* 2, 4 – 6, 13 ;
II		*Gen.* 6, 14 – 10, 9 ; 11, 8b – 15, 6 ;
III		*Gen.* 15, 7 – 17, 27 ;
IV	1-70	*Gen.* 18, 1 – 20, 18 ;
IV	71-153	*Gen.* 23, 1 – 25, 8 ;
IV	154-245	*Gen.* 25, 20 – 28, 9.

Quelques lacunes de la version arménienne peuvent être comblées par l'ancienne version latine : *Gen.* 26, 19–35 ; 27, 15.22.38.

Les *Quaestiones in Exodum,* dont Eusèbe connaissait cinq livres, commentent

I	*Ex.* 12, 2-23 ;
II	*Ex.* 20, 25 ; 22, 21 – 28, 34, avec un certain nombre d'omissions.

ANNEXE 2 : STRUCTURE DU COMMENTAIRE ALLÉGORIQUE

GENÈSE	TRAITÉS	REMARQUES
1, 1-31	*vacat*	Un *Hexaméron* perdu est attesté par le titre complet de *Leg.* et par des renvois internes dans ce même commentaire.
2, 1-17^{b}	*Leg.* I	
		Leg. I et II formaient à l'origine un seul tome comme dans l'Arménien (Cohn, p. 393 et 395).
2, 18^{a} - 3, 1^{a}	*Leg.* II	
3, 1^{b}-8^{a}	*vacat*	Anciennement *Leg.* II, perdu (Cohn, p. 393-394).
3, 8^{b}-19^{c}	*Leg.* III	*Leg.* III dans les florilèges. *Gen.* 3, 11 est absent du Commentaire, des *Quaest.* et des digressions.
3, 20-23	*vacat*	*Leg.* IV dans les florilèges (p. 7-8 Harris).
3, 24 - 4, 2^{a}	*Cher.*	Le titre complet est une description du contenu du traité.
4, 2^{a}-4^{a}	*Sacr.*	
4, 4^{b}-7	*vacat*	
4, 8-15^{b}	*Deter.*	Même titre chez Origène et Eusèbe.
		Leg. VII et VIII chez Jean Damascène. Le traité actuel recouvre les anciens tomes VII et VIII de *Leg.* (Cohn, p. 395).
4, 16-25^{b}	*Post.*	*Leg.* VIII et IX chez J. Dam. Le traité actuel recouvre les anciens tomes VIII et IX du Commentaire.
4, 26 - 5, 32	*vacat*	Cohn, p. 397 croit que la généalogie n'était pas systématiquement commentée. Voir pourtant *Sobr.* 52 et nos remarques plus loin. On tiendra compte également de passages de Didyme l'Aveugle, *Comm. sur la Genèse,* p. 118, 25 et 147, 17 Nautin-Doutreleau (*SC* 233-244, Paris, 1976 et 1978) attestant d'une exégèse philonienne sur *Gen.* 4, 2 et 5, 5.
6, 1-4^{a}	*Gig.*	
6, 4^{b}-12	*Deus*	*Gig.* et *Deus* se suivent sans discontinuité. Eusèbe cite un même *Sur les Géants ou sur l'immutabilité divine*. Des passages de *Deus* sont attribués dans les florilèges à *Gig.*, preuve qu'ils appartenaient au même ensemble littéraire (Harris, p. 9).
6, 13 - 9	*vacat*	*Mutat.* 53 et *Quaest. Ex.* II 34, ainsi qu'Eusèbe, signalent un traité Περὶ διαθηκῶν en deux livres qui pourrait s'insérer ici (Cohn, p. 397).
9, 20(-21)	*Agric.*	
9, 20-21	*Plant.*	*Agric.* + *Plant.* formaient le Περὶ γεωργίας en deux livres connu par Eusèbe (Cohn, p. 398). La fin de *Plant.* est perdue.
9, 21	*Ebr.*	En deux livres selon Eus. J. Dam. cite le livre II.

9, 22-23	*vacat*	Traitait des thèmes εὐφροσύνη et γυμνότης annoncés en Ebr. 4.
9, 24-27	*Sobr.*	Titre fautif chez Eusèbe.
9, 28 - 10, 32	*vacat*	Il n'est pas sûr que Philon ait omis de commenter cette généalogie comme le pensait Cohn, p. 399.
11, 1-8[a]	*Conf.*	Sobr. chez J. Dam. Sobr. devait donc s'étendre jusqu'à l'actuel *Conf.* à une certaine époque.
11, 8[b]-32	*vacat*	A nouveau une généalogie.
12, 1-6[a]	*Migr.*	Noter l'omission du v. 5. Un ms. signale au § 148 le début d'un second Περὶ μισθῶν.
15, 2-18	*Heres*	
15, 19-20	*vacat*	
16, 1-6	*Congr.*	
16, 6-14	*Fuga*	
16, 15-16	*vacat*	
17, 1-22	*Mutat.*	
17, 23 - 20, 1	*vacat*	Un fragment arménien *(Deo)* porte sur 18, 2.
20, 3 (?)	*Somn.* I, II (= IV, V)	Les trois premiers livres sont perdus ; ils abordaient le commentaire à *Gen.* 20, 3 et s'engageaient dans d'infinies digressions sur les songes. Eusèbe connaissait cinq livres. La suite du commentaire, si elle a été écrite, est disparue sans laisser de traces.

ANNEXE 3 : ÉTYMOLOGIES ET SYMBOLISMES

NOM	ÉTYMOLOGIE	[TRADUCTION]	SYMBOLISME
Ἀϐραάμ	πατὴρ ἐκλεκτὸς ἤχοῦς	père élu du son[1]	le sage
Ἀϐράμ	πατὴρ μετέωρος	père élevé[2]	l'astronome
Ἄγαρ	παροίκησις	séjour en terre étrangère	le cycle des disciplines préparatoires à la philosophie
Ἀδά	μαρτυρία	témoignage	[terme du vocabulaire épicurien du plaisir]
Ἀδάμ	γῆ	terre	l'intellect corruptible
Αἴγυπτος	θλίϐων ?	"oppressing"	le domaine du corps (qui opprime l'âme)
Αἰθιοπία	ταπείνωσις	bassesse	la couardise (vice opposé au courage)
Αἰλ(ε)ίμ	πυλῶνες	portails	le cycle des disciplines préparatoires qui introduisent à la vertu
Ἀμαλήλ	λαὸς ἐκλείχων	peuple qui lèche	le peuple des passions qui lèchent et dévorent l'âme
Ἀμορραῖοι	λαλοῦντες	ceux qui parlent	les sophistes
Ἀρνών	φῶς αὐτῶν	leur lumière	la lumière de la pensée, dont les ἐνθυμήματα sont les parties
Ἀρφαξάτ	συνετάραξε ταλαιπωρίαν	il a bouleversé la misère	le bien qui bouleverse l'injustice
Ἀσήρ	μακαρισμός	béatitude	la richesse (un bonheur, aux yeux du vulgaire)
Ἀσσύριοι	εὐθύνοντες	ceux qui dirigent	le(s) plaisir(s) qui semble(nt) diriger la nature humaine
Ἀχειμάν	ἀδελφός μου	mon frère	le corps que l'âme considère comme un frère
Βαϐυλών	μετάθεσις	changement	le principe de la dépravation morale
Βαθουήλ	θυγάτηρ θεοῦ	fille de Dieu	la sagesse (morale), fille de la Raison Droite
Βάλλα	(ἐγ)κατάποσις	déglutition	le goût, principe de la vie corporelle
Βαράδ	ἐν κακοῖς	dans les maux	le progressant, encore dans le mal, en marche vers le bien

1. אַבְרָהָם se décomposerait en אַב, « père », בָּרֹה, « choisir », « élire », et הֲמִיָּה, « son ».

2. אַבְרָם se décomposerait en אַב, « père », et רָם, « élevé ». Je ne donne que deux exemples. On trouvera dans ma *Philosophie de Moïse*, p. 616-617, un index de 117 étymologies expliquées dans les notes. J'ai proposé quelques nouvelles explications dans mon compte rendu de l'ouvrage de Grabbe.

Βεελφεγώρ	ἀνωτέρω στόμα δέρματος	bouche au-dessus de la peau	l'engloutissement de l'intellect, à cause de la trop grande ouverture des sens aux flots du monde extérieur
Γηών	στῆθος ἢ κερατίζων	poitrine *ou* celui qui frappe de la corne	le courage
Γαϊδάδ	ποίμνιον	troupeau	le troupeau des puissances irrationnelles de l'âme
Δαμασκός	αἷμα σάκκου	sang du sac	le corps et la vie liée au sang
Δωθαείμ	ἔκλειψις ἱκανή	disparition suffisante	l'âme qui supprime de façon radicale tout ce qui ne concourt pas à la vertu
Ἑϐραῖος	περάτης	transgresseur	celui qui passe du sensible à l'intelligible
Ἐδέμ	τρυφή	délice	la vertu qui procure à l'âme l'εὐπάθεια
Εἴρ	δερμάτινος	... de peau	le corps
Εὕα	ζωή	vie	la sensation
Εὐιλάτ	ὠδίνουσα	celle qui est dans les douleurs de l'enfantement	le désir jamais assouvi de l'insensé
Εὐφράτης	καρποφορία	production de fruits	la justice
Ἐφραΐμ	καρποφορία	production de fruits	la mémoire
Ζέλφα	πορευόμενον στόμα	bouche qui marche	la faculté de bien s'exprimer
Ἠσαῦ	δρῦς ἢ ποίημα	chêne *ou* objet fabriqué	l'inculte
Θαλαμείν	κρεμάμενός τις	quelqu'un de suspendu	l'âme suspendue au corps
Θάμαρ	φοῖνιξ	palme	la victoire de la vertu
Θαμνά	ἔκλειψις σαλευομένη	disparition troublée	la passion fait disparaître les forces de l'âme ; le corps la plonge dans l'agitation
Θάρρα	κατασκοπὴ ὀσμῆς	espionnage d'une odeur	il hume le parfum de la vertu, mais ne peut résider dans cette contrée
Ἰακώϐ	πτερνιστής	celui qui saisit le talon	[l'athlète, l'ascète] l'effort nécessaire à la vertu
Ἰάφητ	πλάτος	largeur	les biens du corps et ceux qui sont liés au monde extérieur
Ἱεροσόλυμα	ὅρασις εἰρήνης	vision de paix	l'âme paisible qui recherche la contemplation
Ἰοθόρ	περισσός	superflu	l'enflure (τῦφος) ?
Ἰορδάνης	κατάϐασις	descente	chute de l'âme dans le vice et la passion
Ἰουϐάλ	μετακλίνων	qui penche de-ci de-là	le langage exprimé qui chez l'insensé manque de fermeté et de constance

Ἰσαάκ	γέλως	le rire	la joie caractéristique de la vertu parfaite
Ἰσμαήλ	ἀκοὴ θεοῦ	écoute de Dieu	la formation rhétorique
Ἰσραήλ	ὁρῶν τὸν θεόν	celui qui voit Dieu	celui qui contemple les merveilles du cosmos (?)
Ἰσσάχαρ	μισθός	salaire	le progrès moral assuré par l'effort
Ἰωβήλ	μεταλλοιῶν	celui qui transforme	la transgression des bornes de la nature
Κάδης	ἁγία	sainte	la sagesse, la vertu
Λάβαν	λευκός	blanc	l'attachement aux réalités sensibles
Λεία	κοπιῶσα	fatiguée	la vertu considérée comme pénible
Λώτ	ἀπόκλισις	inclinaison	le ballottement de l'intellect imparfait entre le vice et la vertu
Μαθουσάλα	ἐξαποστολὴ θανάτου	envoi d'une mort	double valeur : la mort spirituelle envoyée à celui qui abandonne la vertu ou bien la mort qui est chassée loin du sage
Μαίηλ	ἀπὸ ζωῆς θεοῦ	loin de la vie de Dieu	celui qui mène une vie coupée de la Raison
Μαμβρῆ	ἀπὸ ὁράσεως	de la vue	la vie contemplative
Μάννα	τί	quelque chose	la Sagesse
Μανασσῆς	ἐκ λήθης	depuis l'oubli	le souvenir
Μασέκ	ἐκ φιλήματος	d'un baiser	la vie sensible qui mérite un baiser, mais non pas notre affection
Μελχά	βασίλισσα	reine	l'astronomie, reine des sciences
Μέρρα	πικρία	amertume	celle de la vertu quand on quitte les passions de l'Égypte
Μωάβ	ἐκ πατρός	du père	les sens, filles de l'intellect
Ναίδ	σάλος	agitation	l'âme troublée par le vice
Ναχώρ	φωτὸς ἀνάπαυσις	repos de la lumière	l'astronomie qui ne "débouche" pas sur la physiologie
Πάσχα	διάβασις	passage	le passage des passions à la vertu
Ῥαμεσσῆ	σεισμὸς σητός	ébranlement par le ver	l'intellect dévoré par les sensations (ou bien : le plaisir ?)
Ῥουμά	ὁρῶσά τι	celle qui a vu quelque chose	le scepticisme (?)
Σάρα	ἄρχή μου	la souveraineté sur moi	la vertu particulière
Σάρρα	ἄρχουσα	celle qui règne	la vertu générique
Σαττίμ	ἄκανθαι	épines	les tourments de l'âme que provoquent les passions
Σελλά	σκία	ombre	les biens du corps et ceux qui sont liés au monde extérieur
Σενναάρ	ἐκτιναγμός	secousse	les convulsions de la vie de l'insensé
Σεπφώρα	ὀρνίθιον	petit oiseau	l'élévation de la science
Σεσείν	ἐκτός μου	en dehors de moi	les biens extérieurs

Σήθ	ποτισμός	action d'abreuver	assouvissement de l'âme par la sagesse
Σήμ	<ὄνομα>	<nom>	le bien qui seul mérite un nom
Σίκιμα	ὠμίασις	épaulement	l'effort moral
Σούρ	τεῖχος ἢ εὐθυσμός	muraille ou ligne droite	la route de l'éducation, droite et bien fortifiée
Συμεών	εἰσακοή	audition	l'enseignement et l'étude
Συρία	μετέωρα	élevée	la passion élevée en l'air
Φαραώ	σκεδαστής	disperseur	l'intellect amoureux du corps
Φεισών	στόματος ἀλλοίωσις	modification de la bouche	la prudence : de la parole à l'acte
Φινεές	στόματος φιμός	muselière de la bouche	surveillance des sens (ouvertures du corps)
Φουά	ἐρυθρόν	rouge	la science qui fait naître dans l'âme la pudeur et la modération
Χαλδαῖοι	ὁμαλότης	uniformité	l'astrologie
Χάλεϐ	πᾶσα καρδία	cœur entier	purification totale de l'âme
Χάμ	θέρμη	chaleur	le vice
Χαμώς	ὡς ψηλάφημα	comme un tâtonnement	l'attitude de celui qui se meut dans les conjectures
Χαρράν	τρώγλη ἢ ὀρυκτή	trou *ou* creux	les ouvertures des sens
Χεϐρών	συζυγή	union	l'union de l'âme avec le corps ou de l'âme avec la vertu
Χέτ	ἐξιστάντες	ceux qui sont hors d'eux-mêmes	les sophistes
Χεττοῦρα	θυμιῶσα	brûleuse de parfums	l'état du progressant qui sent la sagesse, sans pouvoir s'en nourrir
Ὦρ	φῶς	lumière	la lumière de la vérité sur laquelle s'appuie le sage
Ὠσηέ	ποιὸς οὗτος ou : <σώζεται> ποιὸς οὗτος	celui-ci est sauvé	le progressant et non le parfait

MICHAEL FISHBANE

L'ALLÉGORIE DANS LA PENSÉE, LA LITTÉRATURE ET LA MENTALITÉ JUIVES

Telle que je la présente ici, en me fondant sur des matériaux issus de la très vaste tradition littéraire juive, l'allégorie implique en quelque sorte une pensée de l'ambivalence : il s'agit de penser au-delà, à travers ou même *en dépit* du signifié proposé initialement au lecteur, de telle façon qu'un autre ou d'autres niveaux de signification viennent à son esprit. De la sorte, la configuration du texte, telle qu'elle se présente en premier lieu, apparaît comme un prisme ou comme un kaléidoscope de nouvelles significations, qui possèdent un caractère cognitif entièrement différent[1]. Le lecteur d'allégories est ainsi appelé à substituer un sens à un autre, qui est en quelque sorte *comme* le premier, du fait qu'il en constitue l'extension herméneutique[2]. Cependant, en termes de contenu, les deux plans de signification peuvent différer totalement.

La source première du judaïsme est l'Écriture, et la vérité est censée résider dans ses témoignages textuels. C'est pourquoi le décodage allégorique de l'Écriture a joué un rôle primordial dans la pensée et la culture juives, et je lui accorderai donc une place privilégiée dans les considérations qui suivent. En même temps, dans d'autres genres littéraires, l'allégorie n'appartient pas à un commentaire exégétique, qui serait second par rapport au texte : c'est plutôt une composition créatrice à part entière, et qui participe du caractère premier, pour ainsi dire, d'un texte donné. Nous prendrons en compte aussi bien quelques exemples de ce type. Mais, pour que l'on ne conclue pas que ces deux formes s'excluent mutuellement, nous devons aussitôt mettre l'accent sur l'idée contraire. Si l'Écriture exige d'être commentée pour être bien comprise, c'est parce que l'on présuppose que son Auteur divin a fait dès le début usage d'une stratégie stylistique ayant pour but de voiler le message ; et, si la composition humaine prend la voie de l'allégorie créatrice, le résultat est que les figures littéraires ne s'expliquent pas d'elles-mêmes mais requièrent elles aussi une procé-

1. Morton Bloomfield, « Allegory as Interpretation », *New Literary History* 3, 1972, p. 312-315, montre l'enracinement de tous les autres niveaux de signification dans ce que l'on appelle le niveau littéral.

2. D'une manière remarquable, Rashi, le grand représentant du *peshat* ou sens obvie, cite la première de ces expressions dans la description qu'il donne de son programme exégétique (Gn 3, 8), tandis que le grand représentant de l'allégorie philosophique, Moïse Maïmonide, met l'accent sur la seconde dans l'établissement de sa réflexion herméneutique (*Guide des égarés*, introduction).

dure exégétique pour être correctement comprises. Il y a donc une possibilité d'erreur de lecture aux deux extrémités du spectre : l'exégèse s'avère alors indispensable pour que le lecteur échappe à ses premières impressions. Nous pouvons dire paradoxalement que le sens de l'allégorie subvertit un texte qui semble se suffire à lui-même et, par là, met en question le caractère satisfaisant des apparences. Pour les tenants de l'allégorie, cette subversion est le début de la sagesse.

I

La littérature rabbinique classique vise essentiellement une théologie et une pratique du judaïsme qui s'adressent à un public, et cette perspective a déterminé les projets majeurs, les thèmes archétypaux et le cours de la culture rabbinique à travers les âges. Ces thèmes archétypaux constituent une constellation d'éléments qui tournent en orbite autour de l'axe premier de l'Écriture et de sa réinterprétation dans l'exégèse midrashique. Pareillement, cette constellation de thèmes donne sa forme à la mentalité des sages qui ont produit les lectures allégoriques parvenues jusqu'à nous.

A mes yeux, une triade fondamentale domine les sources rabbiniques classiques : Dieu, *nomos* et *eros*. "Dieu" est le créateur unique du ciel et de la terre, qui a choisi le peuple d'Israël parmi les nations, qui lui a révélé Sa volonté de constituer une communauté de l'alliance, qui est son seul sauveur, depuis la servitude d'Égypte jusqu'au joug des nations dans le futur. *Nomos*, la "Loi", est la Torah révélée – mais aussi la totalité des enseignements consignés dans l'Écriture (dans tous ses genres) et produits par la tradition rabbinique ; ce *nomos* constitue la base à la fois pratique et théorique des actes et de la vie selon l'alliance. Enfin, par *eros* j'entends l'amour réciproque qui unit Dieu à Israël, tel qu'il s'exprime dans la providence divine et l'obéissance humaine ; le désir profond de conserver cette relation, aussi bien que l'aspiration brûlante à la réconciliation après les périodes pendant lesquelles l'homme a péché et Dieu a puni. La domination des nations et l'exil du peuple loin de sa patrie sont considérés comme les expressions les plus remarquables de ce déplaisir divin ; l'attente exaltée de la réunification nationale et de la restauration du véritable service de Dieu constituent l'*eros* du peuple.

Tel est le schéma théologique qui revient d'une manière récurrente dans l'exégèse rabbinique, notamment dans son expression allégorique. Quelques exemples caractéristiques indiqueront comment l'Écriture a servi de base herméneutique à ces enseignements, en fournissant le lieu d'innovations inattendues et de transformation de sa surface textuelle – ses *signata* externes.

Innovations allégoriques

Un premier groupe d'exemples présente un intérêt général pour illustrer notre propos. On y trouvera une série d'expressions re-codées en un matériau qui possède une cohérence interne. Caractéristique est le cas présenté par le *Midrash Rabba* sur la Genèse III 8, où l'on voit R. Yannai établir le principe théologique que « Depuis le commencement de la création du monde, le Saint, béni soit-Il, a eu connaissance des actions des bons et des méchants » ; le texte donne alors des détails textuels, de telle manière que les expressions qui se succèdent en Genèse 1, 2-5 (le premier jour) sont réinterprétées par rapport aux actes humains (par exemple, *la terre était vide et déserte* est référé aux actes des méchants ; *que la lumière soit* aux actes des vertueux etc.) ; ce schéma est appliqué jusqu'à la mention *un jour*, censé se référer au jour du Jugement à venir, qui sera prononcé par Dieu sur ces individus. Assurément, aucun marqueur ne vient formellement caractériser cette exégèse comme allégorique ; mais d'une manière tout aussi claire, cette réinterprétation du récit du commencement ajoute à la description des origines une allégorie de la Providence divine, déterminant deux types de comportements dans le cours de l'histoire, jusqu'à son terme, le Jugement final. De plus, cette lecture allégorique ne remplace pas l'autre exégèse des versets pris en considération ni ne la disqualifie ; elle apparaît plutôt comme un autre aspect de la signification de l'Écriture. De la sorte, sa relation au sens premier du texte n'est pas différente de celle des autres sens produits par d'autres Sages, dont le but est d'enseigner au moyen du langage du texte sacré la théologie rabbinique et la pratique du judaïsme.

On trouve souvent dans le *midrash* cette technique qui consiste à décoder une phrase et à lui redonner un sens avec différentes significations. Une autre utilisation de cette procédure apparaît dans le Talmud de Babylone (*Soṭah* 11a) et a un intérêt supplémentaire, puisque non seulement on y voit une réinterprétation du personnage de Myriam, la sœur de Moïse, comme la *Shekhinah* (on a ainsi un exemple d'allégorie par personnification, puisque la Présence divine est mise en relation avec un personnage humain féminin), mais aussi l'interprétation se fait au moyen d'une série de preuves scripturaires qui fournissent la base intertextuelle de l'intention herméneutique énoncée. Dans cet exemple, R. Isaac affirme que tout ce qui est dit en Exode 2, 4 (« Et sa sœur [de Moïse] se tint à distance pour savoir ce qu'il adviendrait de lui ») « est énoncé en référence à la *Shekhinah* ». Il entreprend alors de relier les diverses expressions du verset à une série d'autres passages de l'Écriture (au moyen d'une stratégie de concordances verbales) dans lesquels il est question de Dieu :

> Et elle se tint *(va-tetatzev)*, comme il est écrit : "Et le Seigneur vint et se tint *(va-yityatzev)*" etc. [1 Sm 3, 10]. Sa sœur *(aḥoto)*, comme il est écrit : "Dis à la Sagesse : tu es ma sœur *(aḥoti)*" [Prov 7, 4]. A distance *(me-raḥoq)*, comme il est écrit : "Le Seigneur m'apparut à distance *(me-raḥoq)*" [Jr 31, 3]. Pour savoir *(le-de'ah)*, comme il est écrit : "Car le Seigneur est un Dieu de connaissance *(de'ot)*" [1 Sm 2, 3]. Ce que *(mah)*, comme il est écrit : "Ce que *(mah)* le Seigneur exige de toi" [Dt 10, 12]. Il adviendrait *(ye'aseh)*, comme il est écrit : "Ainsi, le Seigneur n'accomplit *(ya'aseh)* rien [qu'il n'ait révélé ses desseins à ses serviteurs, les prophètes]" [Am 3, 7]. Lui *(lo)*, comme il est écrit : "[Gédéon bâtit là un autel au Seigneur] et lui *(lo)* donna pour nom Le Seigneur est paix" [Jg 6, 24].

J'ai cité ce passage dans sa totalité parce qu'il montre, tout d'abord, que la lecture allégorique n'est pas simplement énoncée mais s'appuie sur un réseau de citations textuelles, dont aucune n'aurait pu séparément constituer un argument probant. De plus, cette exégèse donne une signification nouvelle d'une audace remarquable et témoigne du pouvoir de transformation de l'allégorie ; dans ce cas, le résultat rapprocherait considérablement la modalité de l'allégorie de celle du mythe, bien que la dynamique exégétique à l'œuvre ici (une série d'explications) empêche que la limite soit complètement franchie. Finalement, on notera que cet enseignement illustre une autre composante de l'allégorie juive : son caractère arbitraire – et pas seulement en raison du *patchwork* constitué par les preuves scripturaires qui l'étayent. Une comparaison de cette interprétation avec d'autres dans le corpus rabbinique montre que le verset peut être appliqué en outre à l'Esprit saint (*Midrash Rabba* sur l'Exode I 22) ou à la prophétie elle-même *(Midrash ha-Gadol).* Ainsi, pour les exégètes anciens, n'apparaissait aucun lien nécessaire entre le lemme scripturaire et sa réinterprétation allégorique ; je suggérerais que cette diversité montre que les enseignements exégétiques présentés ont un caractère rhétorique ou constituent des propositions de lecture et ne renvoient pas à quelque vérité cachée de l'Écriture, que l'herméneutique allégorique aurait pour seul objet ou but de décrypter.

La même chose est vraie pour beaucoup des enseignements présentés par un groupe d'exégètes connu sous le nom de *dorshei reshumot*, ou « interprètes des allusions » ou des difficultés de l'Écriture. Assez souvent, ces "allusions" n'indiquent pas des problèmes inhérents au texte pris au sens littéral mais plutôt des difficultés nées de l'opposition avec d'autres données ou d'autres valeurs. C'est précisément cela qui conduit à la lecture métaphorique d'un mot spécifique ou d'une expression et qui, en fin de compte, aboutit à l'interprétation allégorique de tout le passage. Prenons le cas d'Ex 15, 25 : nous sommes dans le récit des eaux amères de Marah. Le peuple s'est plaint à Moïse et Moïse s'est adressé au Seigneur ; nous lisons alors *va-yorehu YHWH 'etz*, traduit habituellement « Dieu lui indiqua un bois ». Le sens obvie de la phrase paraît suggérer quelque acte magique de Dieu, pour autant que le verbe semble signifier soit que le Seigneur a "donné un enseignement" à Moïse à propos d'un morceau de bois, soit qu'il l'a "jeté" devant lui. Sans doute ce schème narratif a-t-il causé quelque perplexité théologique : beaucoup de lecteurs anciens et modernes ont construit la proposition en lui faisant dire que « le Seigneur a montré » à Moïse « le bois », comme si le verbe était une variante de *va-yar'ehu*. En suivant cette ligne d'interprétation, les anciens *dorshei reshumot* ont encore modifié le passage dans leur bref commentaire conservé dans la *Mekhilta de-Rabbi Ishma'el, Va-yissa'* 1 : « Il (Dieu) lui montra les mots de la Torah, qui sont comparés *(she-nimshelu)* à un arbre, comme il est dit : "C'est un arbre *('etz)* de vie pour ceux qui s'en saisissent" [Prov 3, 18] ».

Le résultat de cette relecture est une transformation complète de l'épisode de Marah, d'un acte particulier de purification magique en un acte d'enseignement de la Torah. D'une manière significative, cette nouvelle dimension allégorique se suffit à elle-même et ne saurait être réinsérée dans le contexte plus large. En effet, tandis que cette relecture allégorique de l'épisode de Marah se rattache aux fermes valeurs rabbiniques du *nomos*, elle est à la fois déconnectée du contexte originel et n'est pas mise en relation avec une autre construction allégorique. Ce phénomène d'une assertion allégorique isolée est caractéristique de l'exégèse rabbinique ancienne ; l'interprétation que nous venons d'analyser ne diffère pas en son essence d'autres interprétations rassemblées dans la *Mekhilta* sur ce passage. Ainsi, ce qui ressort de cet enseignement allégorique sur le caractère central de la Torah est une certaine ingénuité exégétique, et non la volonté de décrypter quelque sens ésotérique ou secret.

Comme nous l'avons observé, l'allégorie exégétique des Sages anciens exprime des thèmes et des valeurs rabbiniques et appuie ses affirmations diverses au moyen de preuves scripturaires qui donnent plus d'épaisseur à la texture des enseignements. De ce point de vue, l'allégorèse rabbinique ancienne est un corollaire de l'ancienne imagination midrashique considérée plus largement et repose sur une transformation consciente de l'Écriture[1]. Mais tous les textes du canon ne rencontrèrent pas une franche adhésion de la part des rabbins et certains pouvaient faire naître de la consternation à divers degrés. Pourtant, c'est une chose que d'amplifier les significations du texte premier par une exégèse créatrice, voire d'arrondir les angles de certaines formulations scripturaires, entendues comme problématiques par certains lecteurs. C'en est une autre quand les textes de l'Écriture semblent flotter au-delà des valeurs ou des vertus évidentes du canon pris comme un tout, de telle sorte que l'on considère ces textes comme peu dignes d'être étudiés ou même conservés comme Écriture sainte (comme ils le sont maintenant) et que seule une exégèse volontariste leur confère cette dignité.

Nul passage n'est plus instructif à cet égard qu'une section des *Aboth de-Rabbi Nathan* (A, 1), qui a trait aux textes difficiles[2]. Le commentaire commence assez naïvement et tente de fournir une preuve scripturaire au *dictum* rabbinique que l'on doit être circonspect dans son jugement. La citation produite est tirée des Proverbes (Prov 25, 1) : « Voici encore les proverbes *(mishlei)* de Salomon que les hommes d'Ezéchias ont copiés *(he-'etiqu)* ». Le but de la citation devient évident quand on construit ce dernier verbe de manière à signifier que les sages « ont pris leur temps » (on comprend alors le verbe *ha-'etiqu* dans son sens dérivé de "étendre" ou "prolonger"). Dans cette approche transformative du verset, Abba Saül pose que le verbe en question ne signifie pas "prendre son temps" « mais qu'ils se sont livrés à un travail d'interprétation *(peirshu)* ». C'est là une observation frappante, car pour arriver à une telle signification, le Sage a dû comprendre le verbe *ha-'etiqu* comme signifiant "remplacer un sens par un autre" ou même "effectuer un transfert" ou une

1. [Voir M. Fishbane (édit.), *The Midrashic Imagination. Jewish Exegesis, Thought and History*, Albany, 1993. — *NdT*]

2. Voir l'éd. de S. Schechter, Vienne, 1887 (éd. corrigée, New York, 1967), p. 2.

substitution de sens. Sa justification permet de comprendre le processus. En effet, Abba Saül affirme qu'«à l'origine, à ce qu'on dit, les Proverbes, le Cantique des Cantiques et l'Ecclésiaste étaient tenus cachés (ou: supprimés): puisqu'on les considérait comme de simples paraboles *(mishalot)* et non comme des parties des Écrits saints, [les autorités anciennes] les supprimèrent, jusqu'à ce que les hommes d'Ezéchias viennent et les interprètent». D'une manière significative, il cite des passages de chacun de ces trois livres possédant de fortes connotations sensuelles et sexuelles et décrivant ou exaltant des plaisirs charnels (Prov 7, 7-20; Ct 7, 11 et 12-13; Eccl 11, 9). Et, bien qu'il ne développe pas ce sujet, la seule citation de ces passages lui suffit pour qu'il conclue que «cela prouve qu'ils n'ont pas "pris leur temps" mais qu'ils se sont livrés à un travail d'interprétation». On observera que, plus tard, Maïmonide utilisera la même citation des Proverbes pour expliquer une catégorie d'exégèse allégorique, interprétant l'invitation à des relations sexuelles illicites que comporte le passage cité comme une sévère mise en garde destinée au sage (*Guide des égarés* I, introduction).

Abba Saül projette adroitement sur le passé un problème scripturaire de son temps. Le *Midrash Rabba* sur le Cantique des Cantiques montre avec clarté les difficultés que les rabbins rencontraient avec l'imagerie érotique du Cantique; ils réinterprètent avec application cette œuvre, phrase par phrase, en en faisant une série de références à l'*eros* de l'Alliance, c'est-à-dire l'expression mutuelle de l'amour de Dieu pour Israël et du désir et de l'amour de la nation pour son maître divin. Certes, ce qui au premier regard semble être une série de poèmes décrivant la relation sensuelle entre un jeune homme et une jeune fille, située dans un décor champêtre et pastoral et dans le cadre d'un harem royal, est transformé par l'exégèse en un récit des relations historiques d'Israël avec Dieu – commençant avec les Patriarches, puis mettant en relief l'Alliance du Sinaï, l'obéissance, le péché, l'exil, l'aspiration à la restauration nationale.

L'exclamation initiale, exprimant le désir, «Qu'il me baise des baisers de sa bouche» (Ct 1, 2), fournit le thème qui sera maintes fois varié dans les nombreuses modalités de l'*eros* religieux: volonté de la nation de voir sceller l'Alliance du Sinaï; acharnement des savants qui mettent leurs efforts dans l'interprétation de la Torah; aspiration au renouveau d'une perfection spirituelle après la tache du péché; et, même, désir d'une union mystique et du retour de l'esprit saint de la prophétie[1]. De même, l'antinomie des paroles de la jeune fille, «Je suis noire et belle» (Ct 1, 5), fournit l'occasion de nombreuses références aux ténèbres du péché et de l'exil et à la beauté de la Loi et des commandements. Même la description des joues de la jeune fille, joliment «encadrées de pendentifs *(torim)*» (Ct 1, 10), est l'occasion de faire l'éloge des deux Torah, la Torah écrite et la Torah orale, qui, ensemble, constituent la totalité de l'enseignement

1. Sur cette péricope, voir mon étude «Anthological Midrash and Cultural Paideia: the Case of the *Songs Rabba* 1.2», dans P. Ochs et N. Levene (édit.), *Textual Reasonings*, Londres, 2002, p. 32-51.

divin. D'une manière très remarquable, une description visuelle qui se situe dans la sphère de l'*eros* est transmuée en une affirmation de la réalité du *nomos*, véhiculée par la fiancée ; tout comme, dans d'autres passages, la comparaison de ses deux seins à deux faons jumeaux renvoie à ces deux Torah (Ct 4, 5). Le roi lui-même, tout décrit qu'il soit comme un jeune homme mal dégrossi, n'échappe pas à ces transformations remarquables, puisque les boucles de ses cheveux *(taltalim)* (Ct 5, 11) deviennent alors la représentation allégorique des « masses » *(talei tilim)* d'obligations et de devoirs religieux auxquels le fidèle juif est soumis de tout temps. Et quand, à la fin du livre, il est invité à se hâter et à être aussi rapide qu'une gazelle (Ct 8, 14), nous ne sommes pas étonnés d'apprendre que la bien-aimée Israël supplie son Seigneur de la sauver vite de son exil.

Nous pourrions nous étendre davantage, étant donnée la manière significative dont est traité le Cantique des Cantiques dans le *Midrash*, mais ce qui précède est suffisant pour nous permettre deux considérations paradoxales.

Premier paradoxe. Tandis qu'une structure thématique commune sous-tend les allégories dans le *midrash*, il n'y a ni cohérence ni continuité dans les différentes séquences de l'exégèse allégorique. Elles sont traitées sujet par sujet, selon la manière dont les images du Cantique suggèrent aux Sages un lien avec l'histoire nationale et la théologie. Ainsi, considérées comme des phases distinctes du travail d'interprétation produit par divers Sages dans une durée de plusieurs siècles, ces occurrences fonctionnent comme une série de relectures ou d'applications indépendantes d'expressions et de passages du Cantique à l'histoire nationale. C'est seulement quand ces pièces sont considérées ensemble que l'effort allégorique prend pleinement effet. De la sorte, d'un certain point de vue, le caractère allégorique du Cantique des Cantiques prend corps du fait du travail d'exégèse et d'édition. On doit même reconnaître que c'est précisément ce caractère composite et ponctuel qui donne à chaque interprétation allégorique une impression de fraîcheur et de nouveauté, loin des redondances routinières qui s'attachent souvent au genre de l'allégorie.

Second paradoxe. L'assemblage des lectures allégoriques procurées par le *Midrash* sur le Cantique des Cantiques porte à son comble l'ambivalence, qui est l'une des marques de l'allégorie. C'est précisément parce que Abba Saül éprouva la nécessité d'interpréter le Cantique des Cantiques et de substituer un autre sens à sa signification littérale que l'allégorie nationale n'est pas simplement un second sens en tension avec le sens premier. Bien que tout acte herméneutique prenne son origine dans la raideur du sens littéral, je soutiendrai que l'objet véritable de la re-signification est finalement de permettre au lecteur rabbinique de neutraliser le sens littéral, de telle sorte que le sens second (la révision allégorique) soit perçu comme le sens premier. Dans la mesure où l'on adhère à une telle perspective (qui est la manière, je crois, dont les Sages pouvaient « sauver les apparences » du Cantique, mais non son sens), le Cantique des Cantiques apparaît comme une composition allégorique. On observera que cette perspective est paradoxalement à l'opposé de celle d'Abba Saül, et rejoint au contraire la position de Rabbi Akiba, qui rejetait vigoureusement l'idée que le Cantique ne soit pas digne de figurer dans le canon sacré de l'Écriture. «Dieu nous en préserve ! », s'exclamait-il, «car le monde entier ne vaut pas le jour où le Cantique des Cantiques fut donné à Israël : si tous les écrits sont saints, le Cantique des Cantiques est le saint des saints» (*Mishnah Yadayim* III, 5). Il est sacré au-delà de toute comparaison et très saint : il s'agit d'un ouvrage «donné *(nitan)* à Israël» – est utilisée une expression qui rappelle le "don" de la Torah au Sinaï. Aux yeux de Rabbi Akiba, le texte du Cantique n'a pas besoin d'une réhabilitation exégétique, puisqu'à son origine même il est une composition sacrée exprimant un amour religieux.

II

L'exégèse allégorique des Sages n'a jamais été écartée des procédures normatives du judaïsme et a toujours été considérée comme une partie fondamentale de la littérature rabbinique, propre à véhiculer dans la nation les principes, les valeurs et les idéaux du judaïsme. Parfois, d'autres juifs, moins représentatifs de l'ensemble du peuple et reflétant des intérêts intellectuels plus élitistes, recevaient les mêmes textes sacrés mais ne parvenaient pas toujours à harmoniser leur contenu ou leurs diverses expressions avec les exigences de la raison et l'essence de la piété philosophique ; ce fut particulièrement le cas quand les juifs reçurent la révision par les penseurs de l'Islam d'une certaine philosophie païenne de l'antiquité grecque. Pour eux, l'Écriture n'était pas seulement la base de pratiques légales mais une provocation stimulante conduisant à une certaine perplexité dans la pensée et dans la croyance.

Ainsi, dans certains milieux, non seulement le langage de l'Écriture posait problème du fait de ses représentations concrètes de Dieu, mais certains récits faisaient naître l'interrogation par leur contenu même. La raison de la présence dans l'Écriture de certaines références ou de certains épisodes historiques n'apparaissait pas toujours avec clarté, ni quel était l'objet de descriptions qui semblaient avoir un caractère mythique, tandis que d'autres mettaient en scène des types de sensualité qui offensaient la pudeur. De la sorte, ce n'était pas une mince affaire que de considérer dans quel sens l'Écriture pouvait être comprise comme fournissant un enseignement religieux cohérent et dans quel sens elle pouvait être la base d'une piété philosophique, dont l'objectif principal était d'échapper aux tentations des sens et de raffiner la pensée, de manière à stimuler les plus hautes facultés de l'âme et à unir l'intellect humain à sa source divine.

En apparence, la Bible ne semble pas se prêter à ces fins – mais les apparences peuvent être trompeuses, si l'on brandit la baguette magique de l'allégorie et si l'on sait ce que l'on recherche. Une telle tradition herméneutique d'allégorèse a pu se développer à l'occasion, prenant diverses formes d'expression, de l'exégèse biblique elle-même au discours philosophique (traités, homélies et même prosodie), le tout se fondant sur certains présupposés intellectuels.

Guidé par ceux-ci, on pouvait entreprendre de découvrir les vérités cachées du texte (grâce à une herméneutique de substitution) ou son contenu énigmatique ou allusif (pour autant que la signification d'un texte puisse être mal comprise de ceux qui se consacrent aux valeurs de la tradition). De la sorte, pour ceux qui connaissent la vérité, "énigme et mystère" donne le ton. Dieu a caché des signes et des traces de cet or philosophique dans le tissu d'argent du discours scripturaire, donné au peuple par l'intermédiaire de Moïse, l'archi-pédagogue, peuple qui n'avait pas encore été éduqué dans la voie pure de la raison; les imitateurs de Moïse pouvaient eux aussi composer des textes qui voilaient leurs desseins pédagogiques, même quand ils faisaient naître une certaine aspiration dans ce sens. Dans les deux cas, les énigmes étaient résolues par une exégèse patiente. Néanmoins, il y a là encore un paradoxe frappant. On doit d'abord connaître cette vérité avec ses yeux internes *avant* de la percevoir à travers les apparences. Il s'agit bien d'un cercle herméneutique: une confirmation récurrente de ce que l'on savait auparavant, sur la base d'une déduction rationnelle ou d'une connaissance mystique. L'exégèse allégorique sert alors uniquement à révéler la vérité, non à la prouver; certes, le processus exégétique enclenché joue un rôle d'exercice spirituel qui aide l'âme à se concentrer sur la Réalité ultime qui est visée, et non à établir ou à justifier ce but.

A. L'exégèse de l'Écriture

L'objectif premier de l'interprétation est de démêler l'écheveau de l'Écriture, et ainsi d'identifier les stratégies de composition qui produisent un discours multi-dimensionnel: un niveau extérieur de signification concrète, un niveau intérieur de vérités abstraites. Cette conception s'exprime tout d'abord dans les écrits philosophiques de Saadia Gaon (842-942) et d'Isaac Israeli (c. 855-c. 955), puis dans le célèbre *Guide des égarés* de Moïse Maïmonide (1135-1204): les différents niveaux de sens sont dus aux mentalités différentes des hommes qui reçurent l'Écriture au Sinaï et qui continuent à la recevoir, de génération en génération. Si la signification première du texte était constituée d'abstractions philosophiques ou de vérités spirituelles, l'Écriture n'aurait jamais joué son rôle d'enseignement public destiné à corriger tous les hommes et leur comportement en société. Ainsi, beaucoup de textes sont rédigés dans un style mythique et concret, avec une audace et un sens du drame qui leur permettent d'atteindre auprès de la foule leur objectif pédagogique. Mais, si Moïse lui-même connaissait le fond caché et l'avait habilement entrelacé d'une trame d'images, le paradoxe est que, plus tard, les juifs qui avaient étudié la philosophie étaient à la fois intrigués et perplexes devant cette Écriture divine et trébuchaient sur sa signification superficielle. Assurément les significations allégoriques les plus profondes n'étaient-elles guère claires et perceptibles par la seule sagesse philosophique. De la sorte, un second paradoxe se développa, par lequel les stratégies herméneutiques étaient censées purifier les images et les instructions grossières à l'aide d'un alambic d'abstractions intellectuelles, et l'on en vint à affirmer ou à suggérer que ces mêmes procédures herméneutiques sont une partie et une parcelle de la voie philosophique du développement intellectuel. Prises ainsi, elles servent à aiguiser l'esprit du disciple sur les principes de la vérité, même si ces principes sont révélés allégoriquement et confirmés dans le processus de la pensée interprétative.

Le raisonnement correct commence avec la métaphore, qui, en un sens, est une allégorie en miniature. Car c'est seulement par la métaphore que l'on peut "sauver les apparences" de beaucoup de figures de l'Écriture – notamment celles qui énoncent les caractères physiques du corps de Dieu (Son bras, Son visage, Ses yeux ou Sa bouche), sans parler de ce qui concerne Ses émotions et Sa volonté (Son amour, Sa colère, Ses choix) – sans recourir au sens dénotatif, qui offense et contredit la raison philosophique. Se fondant sur une approche décrite une première fois par Saadia et par les penseurs du *kalam* islamique, Maïmonide, par exemple, prouve, cas après cas, que de telles figures ont en réalité une signification dénotative très différente (*Guide* I 1-70). Certes, cette agressive réattribution de sens aux signes de l'Écriture implique que l'interprétation métaphorique correspond au sens premier, quand il est compris correctement. Mais, puisqu'il n'est pas possible d'arriver à cette nouvelle signification sur la base du contexte et du sens obvie, un dictionnaire de grande envergure donne le code du langage du texte. Aux yeux des philosophes, les écailles de la matière tombent des mots et l'intellect du lecteur s'élève vers les vérités transcendantes.

Pourtant, au-delà des mots de l'Écriture pris isolément, il y a aussi des séquences narratives qui présentent des difficultés, comme celles qui semblent enseigner ou décrire des sujets qui choquent les convenances (comme en Prov 7, 7-20, la description des artifices de la fausse sagesse sous les traits d'une courtisane) ou bien le drame de la tentation et du péché dans le jardin d'Éden (où l'on voit un serpent qui parle et un dieu qui se promène à l'extérieur et qui recherche Adam, lequel se cache de lui). Pour échapper à ces irritantes difficultés, la lecture de chaque figure de style spécifique comme une métaphore s'avère de peu de secours, car les textes sont structurés, tant dans la narration que dans les relations entre les acteurs du drame, par des images qui posent problème. La corrélation entre les mots séparés des textes donne à l'ensemble de l'unité narrative un caractère allégorique – pour autant que l'on considère que l'allégorie est une métaphore développée (dans la mesure où l'allégorie serait à la fois une métaphore complexe et polyvalente et la mise en relation spectaculaire de mots et de métaphores séparés). Dans le premier cas, par exemple, Maïmonide propose le principe que l'on doit interpréter parfois le texte comme un ensemble allégorique (et non séquence après séquence) de sorte qu'une allégorie (une mise en garde abstraite contre les fausses séductions) se substitue à une autre allégorie (le trope biblique concret contre les artifices de la fausse sagesse). Pareillement, dans le second exemple, les événements qui se déroulent dans le paradis sont tous reconfigurés comme une allégorie montrant comment Adam et Ève sont devenus semblables à des animaux par la perte de leur contemplation intellectuelle de Dieu (*Guide* I 1-2)[1]. Puisqu'une lecture littérale de cet épisode serait préjudiciable au caractère « raisonnable » de l'Écriture, l'interprétation allégorique doit être considérée comme l'« intention première du texte » (*qaṣd al naṣṣ*; *cf.* II 25). Le texte confirme ce que l'on doit savoir et croire. L'allégoriste n'éprouve pas de surprise en termes de contenu ; il a, au mieux, la seule joie de découvrir les vérités anciennes dans de nouveaux lieux et sous de nouvelles formes.

Pour les allégoristes juifs du moyen âge, ces vérités anciennes comprennent les éléments sublunaires du monde (la terre, l'air, le feu, l'eau) ; les éléments psychologiques de l'humanité (les différents degrés de l'âme humaine et ses différents types), ainsi que les composantes du désir (physiques et spirituelles), et, bien sûr, les divers types d'intellects (divin et humain) et leurs pouvoirs. De telles vérités constituaient ainsi un réseau de présupposés dans l'esprit des lecteurs enclins à décoder l'« allusion » allégorique *(remez)* à un contenu « intellectuel » *(sikhli)* de la sorte, « caché » *(nistar)* sous les schémas stylistiques « révélés » *(nigleh)* de l'Écriture. Quand le contenu philosophique était condensé dans un mot ou une expression particulière, on pouvait le décrire comme épithète *(kinnui)* ou comme « figure rhétorique » *(melitzah)* ; quand le contenu appartenait à un plus large complexe littéraire, on parlait habituellement de « similitude » ou « parabole » *(mashal)*. Le contenu allégorique impliqué par de telles figures est considéré comme leur « application » parabolique *(nimshal)*. Ce sont là quelques-uns des termes standard de l'hébreu. Pour ceux qui écrivaient en judéo-arabe (comme Maïmonide), les termes techniques de cette science correspondent au vocabulaire spécifique reçu en arabe : le sens superficiel est la signification « apparente » *(ẓāhir)* ; le contenu plus profond ainsi connoté est la signification « cachée » *(bāṭin)* et ce niveau allégorique est connu sous le nom de *ta'wīl*. Parfois, l'allusion est une clé facile à saisir, et elle permet d'ouvrir rapidement les portes de l'allégorie ; mais parfois le décodage requiert un effort intellectuel plus poussé. Maïmonide fait preuve d'un optimisme assuré quand il affirme que, pour l'exégète sérieux, « les portes du *ta'wil* ne sont pas closes à nos regards » (*Guide* II 25).

En vue de donner une idée de l'étendue des possibilités, je commencerai par la réinterprétation de mots ou d'expressions, puis considérerai celle des figures et des épisodes et noterai pour terminer l'allégorisation de livres dans leur ensemble.

1. *Mots et expressions.* Il est important de noter que, tandis que la réinterprétation allégorique de mots donnés possède une cohérence interne et est expliquée ou justifiée par ses propres termes, cette unité atomisée fait partie d'une phrase

1. Sur ce sujet, voir L. V. Berman, « Maimonides and the Fall of Man », *Association for Jewish Studies Annual* 5, 1980, p. 1-15. Salomon ibn Gabirol donnait une lecture allégorique assez différente du jardin d'Éden ; *cf.* J. Guttman, « Zu Gabirols allegorischer Deutung der Erzählung vom Paradies », *Monatschrift für die Geschichte und Wissenschaft des Judentums* 80, 1936, p. 180-184.

ou d'une proposition plus longue, et cette séquence d'unités (dont chacune reçoit une signification nouvelle) devient un réseau dans la nouvelle hyper-signification ainsi assumée. En fait, c'est précisément la corrélation des significations qui transforme ce qui était un groupe d'éléments statiques en un ensemble dynamique ou cohérent. Corrélativement, c'est la perception intuitive de ce tout qui engage le maître à découvrir une signification allégorique.

a. Un exemple caractéristique est fourni par la manière dont Joseph Qimhi (1105 ?-1170 ?) analyse Prov 22, 16: «Celui qui opprime *('osheq)* le pauvre *(dal)* de telle manière qu'il en tire profit pour lui-même *(le-harbot lo)* est semblable à celui qui donne à un riche – c'est en pure perte». Après avoir proposé deux explications alternatives pour le sens littéral du passage, le commentateur affirme alors que «l'on peut le comprendre par référence à l'intellect et au désir». Il justifie alors cette affirmation en établissant que «le pauvre» est «l'intellect»; car, bien qu'il soit enclin à la sagesse, «si on l'opprime» (l'intellect est alors appauvri), «de telle sorte qu'il ajoute *(le-harbot)* le désir à son corps», il «donne» au désir (qui est déjà riche) mais subit une perte dans la faculté intellective. L'intellect nourrit sa folie mais en est affaibli[1].

Assurément, on ne peut avoir une intuition de cette signification que si l'on est déjà prédisposé à percevoir des possibilités métaphoriques latentes dans les termes "pauvre", "opprimer" et "perte". Cela étant, il est important de noter qu'une telle allégorie ne peut être acceptée que sur la base de sa cohérence interne – c'est-à-dire la manière dont l'exégète restructure les nouvelles significations pour qu'elles constituent un enseignement auto-suffisant. Paradoxalement, une telle cohérence du signifié donne l'illusion d'une nécessité herméneutique, ce qui est l'objectif idéal de l'allégoriste.

b. On peut voir un cas plus complexe de construction circulaire d'une cohérence de ce type dans la manière dont R. Bahya ben Asher (XIIIe s.) réinterprète Gn 1, 31, «Et Dieu vit tout ce qu'Il avait fait, et voici, cela était très bon»[2]. Littéralement, ce verset paraît très clair et aucun de ses éléments ne semble suggérer que nous soyons en présence d'une énigme ésotérique, pas même les quelques anthropomorphismes criants qui le parcourent.

Le commentateur se livre à une démarche consciente, contrôlant totalement le déroulement et les procédures d'interprétation. Il commence d'une manière assez anodine, en disant que sur le plan de l'allégorie philosophique *(derekh ha-sekhel)*, le terme "faire" appliqué aux actes divins se réfère à la totalité de l'œuvre de la nature – «comme, par exemple, la création des sphères et de tout ce qui leur est inférieur, qui comprend la nature tout entière». C'est pour cette raison donc que cette version résumée de l'«Œuvre de la création» dans son

1. Pour le texte, voir ***Peirushim le-Sefer Mishlei le-Beit Qimḥi***, éd. F. Talmage, Jérusalem, 1990, p. 114.

2. Pour le commentaire qui suit, voir ***Rabbeinu Baḥye 'al ha-Torah***, éd. H. Chavel, Jérusalem, 1983, t. I, p. 50 *sq*.

ensemble affirme que Dieu «voit» ce qu'Il «a fait»; la conjonction de ces termes enseigne que Dieu possède une «vision providentielle» *(hashgaḥah)* sur la totalité de l'ordre créé. Ce choix allégorique neutralise la référence concrète au sens physique de la vue et lui donne un caractère plus abstrait et intérieur, dans un mode qui rappelle l'usage que fait Maïmonide de ce verset, qui, pour lui, connote le gouvernement de Dieu sur l'univers tout entier, «en général et en particulier» (*Guide* I 54); de fait, plus loin dans le *Guide*, une discussion sur ce sujet parle bien de la «Providence» divine (*hashgaḥah*, ainsi que le donne la traduction hébraïque sur l'arabe de Samuel ibn Tibbon; *cf. Guide* III 17).

Mais l'exégèse prend un tour plus ésotérique, car Bahya affirme qu'il y a une «allusion cachée» dans le fait que le total des valeurs numériques des lettres composant le mot *ve-hinneh* («et voici») est le même que celui du substantif *galgal*, «sphère», qui désigne une sphère au singulier, soit 66. Il s'ensuit que cette sphère particulière est supérieure aux neuf autres (nombre établi par la philosophie), qui sont situées au-dessous d'elle: il s'agit de l'«intellect», qui met en mouvement la sphère qui lui est immédiatement inférieure et ainsi de suite. Or même ce dernier point est donné d'une manière codée dans les lettres du mot *ṭov*, «bon» *(ṭwb)*: la valeur numérique de la lettre *ṭeṭ* est de 9 (référence aux neuf sphères), celle de *vav* + *bet* = 8 (référence à la huitième sphère). Ainsi, Dieu achève le récit de la création par une affirmation que sa Providence s'étend sur tout l'ordre de la nature (représenté par les sphères). Et, pour faire bonne mesure, nous apprenons aussi que le mot *me'od*, «très», qui, en hébreu, termine la phrase, a pour total numérique 45, ce qui est une allusion à la «hauteur cosmique» *(shi'ur qomah)* totale des neuf sphères inférieures. Une vieille tradition rabbinique enseigne en effet que l'espace entre chaque sphère est de 500 parasanges; or la philosophie décrit un ordre de neuf sphères inférieures: le produit de la multiplication 500 x 9 donne 4 500, nombre qui est en relation avec le total numérique de *me'od* (45) multiplié par 100[1].

Si les moyens utilisés pour décoder ce verset ne semblent être, aux yeux de l'observateur extérieur, que de fièvreuses élucubrations, on doit toujours se rappeler que ces efforts assidus partent du présupposé que l'Écriture possède des niveaux ésotériques cachés et constitue une réserve d'allusions divines pour ceux qui savent. Il suffira de noter ici que de tels secrets ne sont pas simplement indiqués par la lecture allégorique qui voit dans ce verset 31 décrite la hiérarchie entre les sphères et la Providence divine; l'exégèse est également très marquée par l'utilisation de l'expression *shi'ur qomah* pour nommer la hauteur cosmique des sphères, mots qui figurent dans la plus ancienne tradition mystique juive, en référence aux dimensions cosmiques de l'Anthropos divin. Une tradition extrêmement audacieuse, qui décrivait Dieu sous la forme d'un homme mais possédant des dimensions cosmiques, a été vidée de sa substance et transformée, par une interprétation allégorique, en un enseignement sur la physique et la cosmo-

1. Pour la tradition rabbinique, voir Talmud de Jérusalem, *Berakhot* I 1. Pour la tradition philosophique, Salomon ibn Gabirol, *Kether Malkhut*, n° 24 (éd. Zeidman).

logie. On ne retrouve un vestige d'anthropomorphisme qu'à propos de la dixième sphère, celle de l'Intellect, premier moteur des espaces inférieurs.

Il est possible que ce soit le mot « tout » *(kol)* dans ce verset de la Genèse qui ait enclenché cette spéculation générale, puisque ce terme possède un long passé philosophique. Mais, même si cela était le facteur initial, il ne met pas en cause le traitement allégorique de ce passage, qui doit être considéré en lui-même et qui apparaît comme le produit d'une extravagante dépense d'énergies exégétiques, spectaculairement rassemblées pour aboutir à une lecture nouvelle du verset. Mais il faut bien observer ceci : dans la procédure de substitution allégorique, le caractère strictement littéral du sens obvie de l'Écriture est clairement bousculé et laisse la place à une série d'idéogrammes philosophiques distincts. C'est seulement dans un second temps, dans le travail de reprise des éléments séparés (qui sont les composantes d'une perspective philosophique), que le commentateur leur donne la cohérence narrative à laquelle ils peuvent aboutir.

2. *Scènes et séquences.* En dehors des cas dans lesquels « la parabole, dans son ensemble, indique l'ensemble de la signification visée » (Maïmonide, *Guide*, introduction, avec l'exemple des artifices de la prostituée de Prov 7, 6-21), on trouve des cas où c'est la scène ou la séquence narrative dans son ensemble qui structure le schéma des significations allégoriques isolées identifiées dans le passage. Les deux exemples qui vont suivre montreront comment fonctionne cette modalité de « fond et forme », où la cohérence obtenue entre les procédures littéraires et le schème narratif, selon le sens littéral du passage, est transférée au plan allégorique, de telle sorte que ses nouveaux éléments acquièrent une unité de sens à travers la chaîne syntagmatique qui, après avoir neutralisé les mots, leur fournit une nouvelle base lexicale.

a. Dans une œuvre dans laquelle on peut admirer la profondeur de la pensée et l'acuité de l'analyse, Zerakhiah ben Yitzḥaq (de Barcelone, XIVᵉ s.) fournit un commentaire allégorique du livre de Job[1]. Il connaît bien la manière dont Maïmonide a traité ce livre biblique (*Guide* III 25) et commente même certains points demeurés obscurs chez le maître[2]. Néanmoins, sa propre approche est indépendante et se fonde sur la dynamique ou la structure d'une scène donnée. Ses réflexions sur le chapitre 1 de Job sont remarquables. Zerakhiah réinterprète toute la scène mythique du panthéon céleste comme une description de la structure psychologique de l'être humain, avec ses éléments supérieurs et inférieurs. Ainsi les « fils de Dieu » sont-ils les formes et Satan la matière ; et quand ces membres de la Cour céleste (y compris Satan) se tiennent devant YHWH (v. 6), on nous dit que cela nous enseigne que la matière vient en dernière analyse de Dieu, et qu'il y a conjonction avec les formes divines. Les méfaits et les

1. *Peirush 'Iyyob*, dans *Tikwath Enosch*, éd. I. Schwartz, Berlin, 1868 (impression privée).

2. Sur l'interprétation du livre de Job par Maïmonide, voir L. S. Kravitz, « Maimonides and Job : An Inquiry into the Method of the *Moreh* », *Hebrew Union College Annual* 38, 1967, p. 149-158.

catastrophes du monde matériel sont un test qui met à l'epreuve la nature divine de chaque individu, et les configurations complexes de ce fait se reflètent allégoriquement dans une série de représentations concrètes. Le texte procure ainsi des détails pédagogiques et des conseils à celui qui comprend la véritable intention de l'œuvre, dans ses détails et ses développements dramatiques, et voudrait prendre en compte la sagesse de celle-ci.

b. Le récit mettant en scène le prophète Jonas, qui descend dans les profondeurs du navire, chevauche les mers agitées par la tempête, répond aux questions du capitaine, est jeté dans les abîmes et avalé par un monstre marin pour être rejeté au sec sur le rivage, tout cela devient une allégorie dramatique de l'itinéraire de l'âme dans un commentaire exceptionnel sur le chapitre 2, que l'on trouve dans une œuvre connue sous le nom de *Midrash Yonah* (ce morceau étant en réalité la traduction hébraïque d'une allégorie en araméen fournie par le *Zohar* II, 199a-b)[1]. Dans cette version, l'âme (Jonas) entre dans le corps matériel (le navire) et pèche ; bien que Dieu incite l'âme au repentir en apportant la souffrance (la tempête), la personne ne tient pas compte de ses propres penchants au bien (le capitaine) ni des questions qui concernent l'origine et la destinée ultime de l'âme, jusqu'à ce qu'enfin l'âme soit soumise au jugement de la tombe (la mer) et conduite dans le domaine du *she'ol* (le poisson), où elle demeure jusqu'à ce que les tombes s'ouvrent et que quelques âmes soient projetées sur la terre (Jonas rejeté sur le rivage), sauvées et ressuscitées sous une forme corporelle.

C'est un schéma bien connu, et notre auteur contrôle de bout en bout l'allégorie. Les lemmes et leur réinterprétation sont tissés en une séquence sans couture. Un modèle ancien de descente et d'ascension structure la narration, et c'est clairement la grille d'interprétation qui est appliquée au texte biblique. Le résultat est un mythe allégorique autonome.

3. *Textes complets*. Non contents de traiter des termes isolés de la Bible, des expressions ou des scènes, les allégoristes envisagent aussi des livres entiers. Bien connus sont les traitements du Cantique des Cantiques ; nous en décrirons ces deux exemples significatifs.

a. Le commentaire en judéo-arabe dû à un disciple de Maïmonide, Joseph ibn ʿAqnin (Fès, XIIIᵉ s.), a une grande importance dans la discussion présente, du fait de la diversité de son analyse textuelle et des réflexions concernant la méthode et la technique[2]. Pour lui, Salomon le Sage a donné dans le texte biblique des secrets codés, afin d'inciter les lecteurs qui en seraient dignes à découvrir le sens interne des mots, ou, comme il le dit lui-même, « de rendre apparent ce qui est plus caché grâce à ce qui est le plus évident ». Ainsi le livre est-il tout entier constitué d'une série d'énigmes, sous une forme dialoguée, selon deux

1. Éd. Ad. Jellinek, *Bet ha-Midrasch*, t. I, Vienne, 1853 (3ᵉ éd., Jérusalem, 1967), p. XIX-XX (notice introductive ; mais il faut corriger la référence), et p. 96-105 (texte hébreu).

2. R. Yosef ben Yehudah ben Yaʿaqob ibn ʿAqnin, *Hitgalut ha-sodot ve-hofaʿat ha-me'orot. Peirush Shir ha-shirim*, éd. et trad. hébr. A. S. Halkin, Jérusalem, 1965.

axes : le désir de l'intellect et de l'âme de l'homme de s'unir et de se conjoindre à l'intellect agent divin ; et, inversement, la volonté de l'intellect divin que l'âme se purifie, exprimant également la préoccupation que ses caractères innés soient corrigés. D'une manière remarquable, alors, ce motif récurrent est lui-même la réinterprétation d'une réinterprétation : en effet, à un premier niveau l'Écriture donne un sens littéral ; à un deuxième niveau, elle présente l'allégorie rabbinique d'une histoire nationale et d'idéaux concernant l'Alliance ; à un troisième niveau, que Joseph ibn ʿAqnin décrit comme la voie allégorique du *tafsīr* (ou, dans un tour plus personnel en tant qu'auteur, comme « ma méthode »[1]). On se meut donc progressivement d'une imagerie et d'une rhétorique de l'*eros* au premier niveau, avec sa finalité de satisfaction de désirs physiques ou d'émotions, vers la sphère de l'*eros* de l'Alliance et ses idéaux de rédemption de l'exil et d'accomplissement des préceptes de la Torah, pour arriver au domaine plus profond (qui est le plus élevé) du développement et de l'accomplissement intellectuels, avec ses idéaux de purification et de perfection spirituelles sur un plan individuel.

L'objet de la lecture et de l'explication est donc pédagogique, car il demande que l'on soit attentif aux indices textuels fournis par Salomon et que l'on affine progressivement ses qualités intellectuelles pour parvenir à une concentration mentale plus ferme et plus sûre. Bien sûr, que les sujets reviennent d'une manière récurrente fait aussi partie de la stratégie de l'auteur, qui met en place une pédagogie progressive dans laquelle la variation et l'emphase ont leur rôle. Comme exégète, ibn ʿAqnin considère que l'objet de son travail peut contribuer à révéler les splendeurs cachées de l'œuvre, les « perles cachées » dans chaque passage – que ce soit par l'acharnement de son propre travail ou par une illumination de la grâce divine (on relèvera son commentaire de Ct 8, 4, qui contient cette exclamation remarquable : « Et je remercie Dieu, qu'Il soit exalté, pour la sagesse dont Il m'a illuminé et pour les secrets qu'Il m'a donnés »[2]).

b. Si ibn ʿAqnin voyait dans la thématique récurrente du Cantique une atténuation de la difficulté de percevoir les vérités de la voie philosophique et de les fixer dans l'esprit, un autre commentateur du même livre, à peu près contemporain, Lévi ben Gershom (connu sous le nom de Gersonide, 1288-1344), mettait l'accent sur la progression globale de l'ouvrage. Pour lui, l'objet profond du livre était de fournir un plan cohérent de développement intellectuel, dans lequel le lecteur fût amené à la perfection intellectuelle à travers les dialogues de l'œuvre[3]. Il décrit une progression en six parties :

(1) 1, 1-8, explicitation du but, le bonheur suprême, et résolution des doutes concernant son accomplissement ;

1. Littéralement : *shitati 'ani.*

2. Éd. citée, p. 422 et suiv.

3. Voir surtout l'introduction et les notes de M. Kellner, *Commentary on Song of Songs. Levi ben Gershom (Gersonides)*, New Haven, 1998.

(2) 1, 9-2, 7, affirmation de la nécessité de surmonter les obstacles à la perfection créés par les déficiences morales ;

(3) 2, 8-17, clarification des obstacles de l'imagination et importance de distinguer entre le bien et le mal ;

(4) 3, 1-4, 7, déclaration concernant la place et le rôle des sciences mathématiques ;

(5) 4, 8-8, 4, déclaration concernant l'acquisition de la physique selon son plan spécifique ;

(6) 8, 5-14, objet ultime de la métaphysique.

Aussi étonnant que cela puisse paraître après cette description schématique, Gersonide accomplit sa tâche d'allégoriste avec une habileté et un art consommés. Pour lui, les dialogues sont des codages progressifs et non réitératifs du même contenu général. De la sorte, le noyau de l'allégorie constitue une pédagogie tracée à grands traits, une thérapeutique globale pour l'âme malade, avec les objets nécessaires à sa propre acquisition. Si les autres allégoristes étaient guidés dans l'explication de leur sujet par la structure ou la séquence des éléments à l'intérieur d'un verset ou d'un chapitre, ce sage était guidé par l'œuvre dans sa totalité, «ce que le langage du livre et sa structure attestent pour nous» (sur 8, 14). Le génie de Salomon a donc enchâssé ce travail dans «le plus merveilleux et le plus beau» des chants, dont les images présentent «des choses profondes, qui sont difficiles à représenter» et qui sont «élaborées de façon à amener à aimer ce qui doit être aimé et à rejeter ce qui doit être rejeté» (sur 1, 1). Il y a ainsi une intégration complexe des éléments pédagogiques, lesquels sont adéquatement formulés pour que soit entretenu le juste désir, même si ce sont les vérités les plus abstraites qu'ils enseignent, mais en situant toujours le sujet dans une perspective d'enseignement.

B. Compositions créatrices

Un ensemble structurel plus restreint, mais d'un intérêt particulier, est la présence de compositions allégoriques créatrices, dans lesquelles les connotations des figures littéraires (les images elles-mêmes et leurs formes) semblent dénoter une signification autre. Comparées aux cas d'allégorie exégétique qui ont été recensés ci-dessus, dans lesquels le sens allégorique est identifié par un terme technique, les compositions allégoriques libres ou non identifiées comme telles ne sont pas toujours faciles à percevoir ou à interpréter. On proposera une typologie tripartite.

1. Le traité connu sous le nom de *Ḥay ben Meqitz* d'Abraham ibn Ezra fournit un premier type[1]. Ce texte est une présentation détaillée des mondes matériel et spirituel qui constituent la réalité et, à l'intérieur de ce cadre, une présentation

1. *Ḥay ben Meqitz le-Avraham ibn Ezra*, éd. I. Levine, Tel Aviv, 1984. Pour l'influence majeure d'Avicenne sur cette composition, voir H. (J.) Schirmann, *Histoire de la poésie hébraïque en Espagne chrétienne et dans le midi de la France* [en hébreu], éd. mise à jour E. Fleisher, Jérusalem, 1997, t. II, p. 52 et suiv. Pour l'original arabe d'Avicenne et une ancienne traduction en hébreu, voir D. Kaufmann, dans *Qobetz 'al Yad* 2, 1887, p. 1 et suiv.

des obstacles que peut rencontrer sur la terre une âme d'essence divine qui s'efforce de retourner à sa source céleste. On devrait être immédiatement alerté par le caractère hyper-littéral du titre même (que l'on peut traduire par quelque chose comme «Le Vivant fils de l'Éveillé», épithète que l'on accole généralement à une personne qui s'est "éveillée" à la vie philosophique); et, bien sûr, l'impression ainsi suggérée se trouve confirmée par la révélation progressive de vérités métaphysiques par un guide (s'adressant au disciple potentiel, qui à la fois appartient à la narration, en tant que référent du locuteur, et lui est extérieur, puisqu'il s'agit de tout nouveau lecteur). Je voudrais même souligner que ce recours à un guide est le marqueur textuel de l'allégorie, fournissant au lecteur l'assurance qu'il s'agit bien de la révélation d'une connaissance secrète concernant une sagesse supérieure, même quand la relation entre le *mashal* (figure parabolique) et *nimshal* (référence parabolique) est allusive ou obscure. On pourrait même dire que la tension herméneutique ainsi créée est constitutive de ce type d'allégorèse.

2. Un second type est représenté par ces compositions qui ont un contenu figuratif très fort mais dans lesquelles aucun indicateur explicite n'aide à déterminer la possibilité d'un sens autre, allégorique. Deux exemples nous instruiront. Le premier est le *Ben Mishlei* de Samuel ha-Nagid (Espagne, Xe siècle). Cette collection de paraboles poétiques fait un usage important de figures et de discours érotiques, dont la connotation physique est très claire[1]. On pourrait être conduit à supposer qu'elle présente une dimension dénotative plus profonde, en se fondant sur le seul fait que l'auteur était une autorité talmudique et vraisemblablement pas quelqu'un qui exalterait l'homosexualité ou toute autre sensualité charnelle; mais aucun indice textuel ne vient dire que le véritable référent de cet *eros* est Dieu ou l'Intellect divin, et l'on pourrait tout aussi bien supposer que l'auteur use des conventions stylistiques sur l'amour et le corps familières à la littérature arabe contemporaine. Le fils de Samuel, qui édita et publia les paraboles, fait preuve de plus de pruderie que son père ou peut-être a-t-il été chagriné de ce que ces enseignements aient pu être mal interprétés, puisque dans sa courte introduction à cette œuvre il souligne la piété de son père et précise que les images doivent être comprises dans des termes religieux[2]. Mais il nous est difficile de savoir quelle était l'intention véritable du père: tout ce que nous savons est qu'une tradition dominante et faisant autorité a qualifié l'œuvre d'allégorique. Les critères internes nous laissent dans l'indétermination.

Un problème identique est posé par de nombreux poèmes médiévaux imprégnés d'une forte tonalité érotique provenant du Cantique des Cantiques, avec une inflexion personnelle exprimant l'attente de la venue du bien-aimé et le tourment lancinant dû au retard. De tels poèmes peuvent certes être lus superficiellement comme des poèmes d'amour disant les sentiments d'une femme attendant la

1. *Diwan Shmu'el ha-Nagid*, éd. D. S. Sassoon, Londres, 1934, p. 119-256.

2. *Ibid.*, p. 117 et suiv. L'introduction est en arabe. Il désigne son père par le titre *Rabbana*.

réalisation de ses désirs ; on en trouve un grand nombre dans l'œuvre des poètes juifs d'Espagne. Bien caractéristique de ce genre est le poème de Salomon ibn Gabirol intitulé *Petaḥ sha'ar dodi*, « Ouvre la porte, mon bien-aimé », qui exprime une angoisse et des désirs individuels[1]. Mais une autre possibilité d'interprétation nous est offerte, stimulée par le fait que l'auteur du poème est un poète liturgique et que le Cantique des Cantiques est utilisé dans la littérature midrashique classique pour exprimer (entre autres motifs) l'aspiration d'Israël en exil vers Dieu et sa rédemption. Ayant ces deux facteurs à l'esprit, on a l'attention attirée par le réseau spécifique d'images du poème, notamment par les figures animales (un "âne sauvage" et un "sanglier") qui pourchassent et piétinent le locuteur, par l'indication d'une "fin" et par des références au "milieu de la nuit". Puisque ces rudes images d'animaux et de leurs ravages rejettent les références au désir personnel vers un niveau inattendu de persécutions physiques, puisque ces images sont aussi des figures standard de l'Islam et de la chrétienté dans la littérature rabbinique, on entrevoit la possibilité que ce poème soit l'expression d'une détresse nationale et d'un appel à Dieu pour la rédemption. Cette interprétation allégorique est encore confirmée par le fait que les images de la "fin" et du "milieu de la nuit" sont aussi, dans la littérature rabbinique, des figures classiques du temps du salut divin, images que des lecteurs religieux comprenaient facilement[2]. Selon toute vraisemblance donc, Ibn Gabirol nous donne ici une prière nationale pour le salut, prononcée par Israël en tant que fiancée de Dieu. Mais nous devons garder en tête que le pouvoir poétique de cette pièce vient précisément de la modalité indirecte de sa présentation, de telle sorte que les images conservent leur propre signification et leur propre valeur émotionnelle, sans être réduites à un morceau convenu d'enseignement allégorique. Bien sûr, dans ce cas, c'est précisément le pressentiment de l'allégorie (qui est seulement suggérée et allusive sur le plan technique) qui donne au poème sa résonance cachée et sa force symbolique.

3. Un troisième type de composition est complètement dépourvu de tout marqueur allégorique, interne ou externe, simultané à l'écriture du texte ou subséquent, le lecteur étant livré à lui-même. A titre d'exemple, on peut citer une collection de poèmes fortement érotiques, connue maintenant sous le nom de *Maḥberet Temimah.* Il s'agit d'une collection de strophes dues à Abraham bar Samuel (ben Ḥasdai ?), qui exaltent l'amour et ses désirs dans le langage du Cantique des Cantiques mais en le dépassant par la hardiesse et le caractère direct des images[3]. Le poème est centré sur l'amour passionné d'un jeune

1. *Shirei Shelomoh ben Yehudah ibn Gabirol*, éd. H. N. Bialik et Y. H. Ravnitzky, t. II, *Shirei ha-Qodesh* [Poèmes sacrés], Tel Aviv, 1925, p. 3.

2. Pour une explication de ce poème selon cette interprétation, voir A. Mirsky, « Shir hadod ve-ha-ra'ayah », *Sinai* 87, 1981, p. 42-47 [repris dans son recueil d'études *Ha-Piyyuṭ*, Jérusalem, 1991, p. 653-661].

3. Éd. I. Davidson, « Serid mi-Sefer Maḥbarot », dans A. Tzifroni (édit.), *Sefer Zikaron le-Yovel ha-Shiv'im shel Aleksander Ziskind Rabinovitz*, Tel Aviv, 1925, p. 86-93.

homme pour une créature ensorcelante, qui a été apparemment promise à un autre ; il décrit les diverses stratégies qu'emploie cet amoureux pour réaliser ses désirs. La sensualité frémit de strophe en strophe, dans une langue dans laquelle les images ne cessent de s'entrecroiser. Comment comprendre la présence d'une telle composition dans la culture juive médiévale ? C'est là une question digne d'être posée, et l'on pourrait supposer que les modes de la lyrique courtoise d'Espagne ont eu une influence. Or, il n'y a aucune raison interne de soupçonner que nous avons ici une allégorie de la vie religieuse. C'est seulement une hypothèse de l'éditeur, fondée avec justesse sur le sentiment qu'une telle poésie érotique n'aurait pu avoir sa place dans la culture rabbinique[1]. Une telle impression est partagée aujourd'hui par d'autres spécialistes du sujet. Assurément, il n'est pas évident de se déterminer sur la signification d'une allégorie originale, et il n'est pas hors de propos qu'une culture religieuse telle que celle des juifs d'Espagne médiévale ait pu prendre plaisir à une littérature joyeusement profane, du moins dans certains milieux. La présence d'une poésie érotique en même temps que d'une poésie religieuse dans l'œuvre d'auteurs aussi importants que Moïse ibn Ezra et Judah Halevi doit nous faire réfléchir. Le recours à l'allégorie chez des moralistes et des philosophes est ainsi souvent une tentative de briser une image, non de la préserver en vue d'une réflexion plus approfondie ou d'une imagination plus pure.

Bien que l'analyse qui précède donne des résultats variés, une chose semble sûre, c'est que le sens allégorique d'un passage donné n'est pas de soi évident mais dépend de l'ensemble des présupposés dans l'esprit de l'exégète ou du lecteur. Et cela vaut, que l'on considère ou non que le texte contient des indices externes mettant sur la voie d'un niveau de signification plus profond ou caché – indices qui sont diversement identifiés dans les images qui offensent la vérité philosophique (à propos de Dieu) ; qui sont maladroites ou prolixes ; ou qui véhiculent certaines structures narratives ou certaines tonalités affectives. Certes, ce trait propre à l'allégorie de ne pas être évidente par elle-même par rapport au texte ou aux vers qui la soutiennent est ce qui donne à l'interprétation allégorique l'impression de découverte inopinée, même quand on s'attend à un contenu idéologique ou philosophique du fait de la personnalité de l'auteur ou du genre du texte. Ainsi, sur le plan atomisé de l'allégorisation de mots isolés, les nouvelles explications possèdent un caractère assez arbitraire. Les commentateurs tentent de surmonter ce malaise herméneutique soit en faisant entrer un cas précis dans un plus large schéma d'utilisation (c'est la stratégie de Maïmonide), soit en essayant de montrer qu'une séquence de mots ou d'images (dans des propositions ou des phrases) possède une relation d'homologie avec le contenu allégorique (procédé récurrent dans le commentaire d'Ibn ʿAqnin). Par ce procédé, les nouvelles interprétations paraissent nécessaires et inhérentes au texte – même en tant qu'éléments codés, stratégiquement dissimulés dans les structures profondes du texte.

1. *Cf. ibid.*, p. 84-86.

CONCLUSIONS

Les matériaux examinés ci-dessus sont à la fois abondants et variés ; ils reflètent tout un éventail de mentalités juives dans le temps et l'espace. Bien plus, les thèmes cachés et révélés à travers l'allégorèse (à la fois exégétique et créative) sont également abondants et variés, et reflètent tout un éventail de perceptions juives à propos des vérités polyvalentes de l'Écriture et de la nature de la vérité théologique ou métaphysique. Font l'objet d'un codage la sagesse théiste et éthique, les secrets philosophiques et kabbalistiques, les hiérarchies transcendantes et anthropologiques. Ce serait folie que de vouloir réduire tout cela à une seule forme ; mais ce serait aussi manquer une occasion que de renoncer à prendre en compte quelques schémas significatifs. Nous les proposons ici en vue d'une réflexion critique et comparative, et non dans le but de circonscrire ou de délimiter ce sujet vaste et protéen.

1. Le premier point à souligner est que l'allégorie juive est une forme de raisonnement et de pensée textuels où les apparences premières doivent être dépassées. Ce que l'on peut percevoir dans un premier temps comme le sens suffisant et le produit d'une communication connotative sans ambigüité, se révèle par la suite insuffisant ou même trompeur, et apparaît simplement comme la base verbale d'une dimension dénotative plus profonde. On doit donc mettre l'accent sur le fait que les interprétations allégoriques sont nécessairement l'objet d'un enseignement ; car elles ne sont pas tant des objets naturels et des actes de communication au premier degré, que la composante d'une culture et des modalités au second degré de significations cachées et codées. De la sorte, l'allégorie prend régulièrement la forme d'une instruction dans laquelle le sens caché est révélé, ou présuppose à divers titres une mentalité familiarisée avec la communication indirecte, qui incite le lecteur à donner du poids à la possibilité que ce que l'on voit n'est pas tout ce qui est donné à connaître dans le texte. Dans cette dernière modalité, le lecteur reprend à son compte l'acte de son maître en exégèse, en essayant de décoder l'intention de l'auteur divin ou humain. Ainsi, il y a toujours une structure bipartite : la stratégie créatrice de l'auteur et le raisonnement exégétique du lecteur ; et, pour cette raison, la validité de toute interprétation donnée dépend idéalement de la conformité de leurs mentalités, pour ainsi dire. Dans cette configuration, l'interprète tente de récupérer le corps de la vérité du texte ou la sagesse censée se cacher dans la composition et visée par l'auteur original.

2. En tant que phénomène de raisonnement textuel, l'allégorie juive est ainsi une forme de *paideia* dont la procédure même est un *exercice religieux et spirituel*. Pour les anciens Sages, ce type particulier d'exégèse est une forme d'une quête plus large du sens, à l'intérieur de l'Écriture ; pour cela, c'est une forme d'herméneutique rabbinique qui tente de réutiliser le langage reçu pour établir et confirmer les vérités et les valeurs religieuses juives. De nombreuses sources soulignent que cet « exercice exégétique » est un mode de piété religieuse et de culte ; et comme il est aussi un moyen de développement religieux, il est établi

de différentes manières que la dévotion à l'étude de la Torah peut purifier les désirs du corps et ses pulsions, de telle sorte que l'individu puisse progresser sur la voie des vertus morales et spirituelles (et par rapport à Dieu et par rapport à son prochain). Ainsi l'exégèse allégorique n'est-elle qu'une facette d'un projet religieux plus large ; et son contenu ne donne accès à aucune information privilégiée, qui serait inconnue du domaine public.

Par contraste, l'allégorie philosophique fait pénétrer dans des secrets d'un type particulier et s'adresse à des adeptes concernés par ce mode de perfection – puisque l'on transcende le caractère physique du monde matériel et ses émotions pour le domaine plus rare et plus pur de l'intellect. A cet égard, l'allégorie est un type particulièrement raffiné d'exercice spirituel, qui reprend à son compte l'objectif plus large d'affiner la connaissance que l'on a de ce monde et le flux des formes extérieures en vue de percevoir les vérités éternelles. Ainsi, par le moyen de l'interprétation des textes, la personne qui a des inclinations philosophiques pénètre, à travers le jeu des images d'un texte donné, jusqu'aux enseignements qui lui sont sous-jacents. Le processus qui vise à déterminer et à éclaircir le vrai sens d'une image scripturaire est un exercice intellectuel et même spirituel, qui a en soi sa propre valeur. On pourrait même affirmer que les actes d'allégorèse font partie d'une procédure de dévoilement du monde et même, si l'on peut dire, de retournement de la création. Pour les philosophes, le monde physique est la manifestation matérielle de vérités plus abstraites, reflétant la sagesse éternelle de la divinité dans des formes évanescentes et corporelles. Et tout comme le but de la raison philosophique est de percevoir en toute chose la sagesse divine, et de se fixer seulement d'une manière graduelle sur ses formes pures, de même la pratique de l'allégorie est un exercice de purification de l'intellect par le dévoilement de vérités philosophiques cachées dans les récits et les paroles de l'Écriture. Ainsi l'exégèse philosophique est-elle un autre mode qui mène à une connaissance et à un amour intellectuel de Dieu.

L'allégorie de la Kabbale vise plusieurs buts, guidant l'initié sur le chemin de l'accomplissement mystique, soit en soulignant dans certains cas en quoi consiste ce chemin, soit en révélant comment tout enseignement ou toute narration dans le texte biblique fait partie de ce chemin. Puisque le monde extérieur aussi bien que les mots de l'Écriture sont des modalités de la réalité divine, l'objet de l'interprétation n'est pas de neutraliser ou de nier les formes extérieures mais de voir comment elles contiennent des vérités cachées et comment elles y participent. L'exégèse allégorique est ainsi un exercice, fondé sur une perception épistémologique particulière, qui mène aux modes propres de la conscience et de l'action religieuses. On doit aussi noter que cette allégorèse mystique (que l'on trouve dans le *Zohar*, par exemple) est considérée comme une procédure qui va au-delà de l'intellection philosophique et est au service d'une orientation épistémologique qui, à travers une série de structures symboliques, se meut vers un apophatisme transcendant et l'infinie surabondance de Dieu, au-delà de toutes les catégories intellectuelles, de toutes interprétations, de toutes les intuitions. L'exercice spirituel d'interprétation entraîne chacun à participer aux vérités divines elles-mêmes, en donnant accès aux structures cachées de l'Écriture, qui ne font qu'un avec les structures suprêmes de la divinité.

3. Un dernier point mérite qu'on s'y attarde, que la *procédure allégorique* d'un raisonnement textuel est un exercice spirituel en vertu du fait qu'elle a une *place reconnue dans l'ordre du développement religieux* auquel on adhère. Dans la tradition rabbinique ancienne, l'exégèse allégorique est un aspect de la fonction propédeutique plus large d'étude de la Torah ; sa place dans une économie d'actes particularisés est ainsi capitale, car sans connaissance de la Loi et de sa tradition, il n'est pas possible de l'accomplir. L'allégorie est ainsi l'un des quelques modes herméneutiques par lesquels le juif en tant qu'étudiant de la Torah peut parvenir à connaître et à affirmer la volonté de Dieu. Pour la tradition philosophique, d'autre part, l'exégèse allégorique est la méthode herméneutique la plus élevée, puisqu'elle coïncide avec l'idéal d'une appréhension intellectuelle de Dieu – à travers et au-delà de la Torah. La grande allégorie du palais chez Maïmonide (*Guide* III 51) décrit la hiérarchie de la connaissance dans des termes précis. Le peuple qui vit dans les sphères et les royaumes extérieurs, loin du palais et bien sûr à l'extérieur de la cité, représente ceux qui n'ont pas de croyance doctrinale, dont il est dit qu'ils ont le statut d'« animaux dépourvus de raison » ; ceux qui se trouvent à l'intérieur de la cité mais tournent le dos au palais du roi sont les hommes qui pensent mais ont des opinions fausses, ainsi plus ils pensent plus ils s'éloignent du Maître ; d'autres atteignent le palais mais ils ne le voient pas ou n'y pénètrent pas, ce sont les hommes qui ne font qu'adhérer pieusement à la Loi. A un niveau plus élevé, on trouve ceux qui s'élèvent jusqu'au palais et tournent autour : il s'agit de personnes qui ont des opinions sûres, fondées sur la tradition, mais qui n'ont pas cultivé la raison philosophique ou n'ont pas approfondi les vraies croyances. Tout au sommet sont ceux qui sont engagés dans la spéculation et, en fonction du niveau qu'ils y ont atteint, « se trouvent avec le Maître dans la partie intérieure du bâtiment ». L'allégorie est ainsi la servante de la philosophie, car elle enseigne ses idéaux dans et par le langage de l'Écriture.

Dans le *Zohar* (I, 99a-b), une parabole fameuse présente une hiérarchie du savoir différente, dans laquelle les secrets surnaturels de l'Écriture occupent le sommet. Ce texte décrit une belle princesse, cachée au fond de son palais, et son amoureux qui tourne autour de la porte du palais. Pleine d'amour pour lui, et pour stimuler son désir, tour à tour elle se montre furtivement et brusquement disparaît. Cela représente le déroulement de l'étude de la Torah, quand on s'écarte peu à peu du sens extérieur de l'Écriture, avec ses indices variés et ses messages, pour pénétrer plus profondément ses significations. En passant par par le *midrash* rabbinique, on va progressivement vers le discours énigmatique de l'allégorie, et ensuite vers le niveau le plus élevé de la connaissance surnaturelle, où la princesse est perçue directement et absolument. Au sommet de la signification spirituelle, on connaît le sens de chaque niveau et leur résolution mystique, pour ainsi dire. L'allégorie ou la parabole de la jeune fille, et la transparence ultime de la vérité, est ainsi une parabole de paraboles – l'affirmation d'une hiérarchie et une orientation sur la voie de l'illumination.

Mais l'homme moderne a perdu sa confiance en les possibilités qu'a l'allégorie d'enseigner la vérité d'une certaine manière autoritative. Emblématique est la parabole de Franz Kafka intitulée *Eine kaiserliche Botschaft*[1]. Il y parle d'un roi qui envoie un message à un humble serviteur, qui se trouve loin en dehors du domaine impérial; il demande à son messager d'entreprendre un voyage périlleux et de transmettre ses paroles fidèlement. Le messager s'élance, déterminé à franchir la distance incalculable qui le sépare du destinataire, mais sa tentative est vaine, car les distances sont infinies et il est déjà épuisé par l'immensité des lieux à traverser, même dans les chambres intérieures du palais, et «et s'il surgissait enfin de l'ultime portail – mais jamais, non jamais il n'y parviendra – c'est alors qu'il trouverait devant lui la ville impériale, le milieu du monde, tout encombrée de sa propre lie». Mais ces efforts sont le moindre des problèmes, apprenons-nous; car, nous dit-on à la fin, le destinataire, qui attend le message, est assis devant sa fenêtre et rêve tout cela. Ainsi, comme une inversion parodique de l'invention frappante de Maïmonide, nous sommes maintenant plongés dans le royaume onirique de l'imagination. Bien sûr, la création de Kafka est une authentique parabole sur la fin des paraboles et sur les rêveries artistiques qui implosent du fait de leur propre poids. Se balançant dans la pensée sans aucune référence dénotative, cette allégorie ne comporte aucune *paideia* visible. Ainsi, elle ne fournit pas de thérapeutique à l'âme malade – exceptée peut-être une consolation pour l'imagination créatrice. Mais la puissante allégorie de Kafka défait également cela, car la parabole du *Message impérial* est elle-même un produit qui se consume par lui-même. Et ce qui reste n'est que fantasme.

(Traduit de l'américain par Gilbert Dahan)

1. Publiée originellement à Berlin en 1935 [voir trad. fr. C. David, *Un artiste de la faim. A la colonie pénitentiaire et autres récits*, Paris, 1990, p. 137-138].

ALAIN LE BOULLUEC

DE PAUL À ORIGÈNE : CONTINUITÉ OU DIVERGENCE ?

Dans l'histoire de l'allégorie chrétienne, Paul et Origène ont l'un et l'autre un rôle fondateur ; le premier, à l'aube du christianisme, alors que celui-ci est encore un mouvement religieux à l'intérieur du judaïsme, introduit le terme en construisant une exégèse de la Bible qui prétend enraciner l'innovation dans la tradition sacrée ; le second, dans la première moitié du IIIe siècle, à une époque où l'Église s'est définitivement séparée de la Synagogue, inaugure un système d'interprétation dans lequel l'allégorie a une fonction majeure, à tel point qu'il devient désormais l'auteur emblématique de la lecture allégorisante. Paul fournit un exemple, sans le théoriser explicitement. Origène conceptualise sa propre pratique, la dote d'une structure méthodique et la justifie par la foi et par la raison. L'une des normes principales qui régissent son système est le rapport postulé, à l'intérieur des Écritures dont la canonisation s'institue progressivement, entre un Nouveau Testament et un Ancien Testament ; ce rapport subordonne fortement la compréhension de l'Ancien à la proclamation du Nouveau. Ainsi la dualité devient-elle inhérente à l'exégèse et un autre sens est imposé comme sous-jacent aux textes hérités par les procédures mêmes qui sont censées codifier l'unité des Écritures. Déchiffré selon la grille néotestamentaire, l'Ancien Testament parle d'autres choses que des réalités désignées par la lettre des textes ; sa diction apparaît comme caractérisée par le trope de l'allégorie, au sens premier, étymologique, du terme, et ses lecteurs doivent percevoir tous les effets de ce trope. Le même geste, ἀλληγορεῖν, est rendu commun à l'auteur sacré et aux récepteurs.

Pour un chrétien du IIIe siècle qui, comme Origène, connaît l'usage grec, rhétorique, poétique et philosophique, de l'allégorie, la référence obligée, pour légitimer le recours à une telle méthode, est le seul emploi néotestamentaire du verbe ἀλληγορεῖν, qui se trouve, au passif, au verset 24 de la péricope 4, 21-31 de l'épître aux Galates de Paul. Dans ce passage l'allégorisation des énoncés de la Genèse consiste précisément à y découvrir les « deux alliances », l'assujettissement de l'une à l'autre des deux figures qui les représentent, Hagar et Sara, étant interprété dans le sens d'une substitution. Quant au mot employé pour désigner les « alliances », διαθήκη, il a fini par désigner aussi, au temps d'Origène, les deux ensembles qui constituent les Écritures chrétiennes, l'Ancien et le Nouveau « Testament ». L'allégorie paulinienne contient en germe le rapport de subordination déjà évoqué, mais l'écart reste grand entre Paul et Origène : l'Apôtre n'emploie « Écriture » qu'au singulier, dans la même péricope (Ga 4, 30), à propos seulement de ce qui est devenu plus tard « l'Ancien Testament ».

Compte tenu de l'importance inaugurale des deux auteurs en la matière (comme en d'autres), il est utile de comparer l'usage de Paul à celui d'Origène, en se demandant si l'un et l'autre entendent sous le terme d'allégorie la même démarche herméneutique.

Paul, adepte de l'allégorie ?

Citons tout d'abord la péricope de l'épître aux Galates 4, 21-31 :

21. Dites-moi, vous qui voulez être soumis à la loi, n'entendez-vous pas ce que dit la loi ? 22. Il est écrit, en effet, qu'Abraham eut deux fils, un de la servante, un de la femme libre ; 23. mais le fils de la servante était né selon la chair, tandis que le fils de la femme libre l'était par l'effet de la promesse ; 24. ces choses-là sont dites en parlant d'autres choses (ἅτινά ἐστιν ἀλληγορούμενα) : ces femmes sont, en effet, les deux alliances. L'une, celle qui vient du mont Sina, engendre pour la servitude : c'est Hagar. 25. Or Hagar est la montagne du Sina en Arabie. Et elle correspond à la Jérusalem actuelle, puisqu'elle est esclave avec ses enfants. 26. Mais la Jérusalem d'en haut est libre, et c'est elle notre mère ; 27. car il est écrit : *Réjouis-toi, stérile, toi qui n'enfantais pas ; éclate en cris de joie, toi qui n'as pas connu les douleurs ; car plus nombreux sont les enfants de la délaissée que les enfants de celle qui a un époux* (Is 54, 1). 28. Et vous, frères, comme Isaac, vous êtes les enfants de la promesse. 29. Mais, de même que celui qui était né selon la chair persécutait alors celui qui était né selon l'esprit, ainsi en est-il encore maintenant. 30. Eh bien ! que dit l'Écriture ? *Chasse la servante et son fils, car il ne faut pas que le fils de la servante hérite avec le fils* de la femme libre (Gn 21, 10). 31. Ainsi donc, frères, nous ne sommes pas les enfants d'une esclave, mais ceux de la femme libre[1].

Ce passage reste surprenant à maints égards. « Bien que Ga 4, 21-31 ait fait l'objet de nombreuses études, plusieurs incertitudes subsistent au sujet de l'exacte définition de la méthode mise en œuvre par l'apôtre en ces versets.[2] » On se demande en particulier si l'emploi du verbe ἀλληγορεῖν au v. 24 doit être déterminant dans l'interprétation du procédé adopté. Le passage est au cœur du débat sur la distinction entre allégorie et typologie, en tant que moyens de compréhension d'un texte scripturaire, et certains tranchent en faveur d'un mélange où dominerait la typologie[3]. Jean Chrysostome déjà notait que Paul aurait employé abusivement « allégorie » au lieu de « typologie »[4]. D'après l'ouvrage de référence sur le sujet[5], la typologie est une lecture, une « manière de

1. Selon la TOB, sauf pour le verset 24, où l'on a cherché une traduction neutre, étymologisante, à laquelle on pourrait en substituer une autre, qui resterait littérale (« ces choses-là sont dites allégoriquement »), et pour le verset 25, où l'on suit les témoins comportant le nom « Hagar ».

2. D. Gerber, « Ga 4, 21-31 ou l'indéfinissable méthode ? », dans R. Kuntzmann (édit.), *Typologie biblique. De quelques figures vives*, coll. « Lectio divina », Paris, 2002, p. 165-176 (ici, p. 165).

3. Ainsi J. Louis Martyn, *Galatians*, coll. « The Anchor Bible », New York, 1998, *ad loc.* : « Allegory is here tempered fundamentally by typology ».

4. *HomGa* 4, 24, *PG* 61, 662.

5. L. Goppelt, *Typos. Die typologische Deutung des Alten Testaments im Neuen*, Gütersloh, 1949 (Darmstadt, 1973).

voir» qui relève de la méditation (plutôt qu'une méthode), prenant en compte les correspondances positives et/ou négatives établies par la Bible elle-même entre deux personnages ou événements historiques, ou bien entre deux réalités d'un autre genre, de manière telle que l'élément ancien apparaît comme la figure ou l'annonce de l'élément nouveau, et que l'élément nouveau est vu comme l'accomplissement de l'élément ancien[1]. Les biblistes voient généralement d'un œil favorable la «typologie» et ne concèdent qu'à regret la présence d'une orientation allégorique dans les antitypes, qui serait d'ailleurs «leur talon d'Achille, leur point faible»[2]. Ils caractérisent l'allégorie par l'aléatoire ou l'arbitraire, par un défaut de la démarche herméneutique. En termes plus neutres, on pourrait dire que la démarche en cause revient à la valeur première de l'«allégorie», qui consiste à faire dire autre chose au texte source que son sens premier.

Avant d'analyser l'«allégorie» de Ga 4, 21-31, il convient de citer le passage paulinien le plus important[3] où l'apôtre a recours au concept de «type», 1 Co 10, 1-11:

1. Je ne veux pas vous le laisser ignorer, frères : nos pères étaient tous sous la nuée, tous ils passèrent à travers la mer 2. et tous furent baptisés en Moïse dans la nuée (*cf.* Ex 13, 21) et dans la mer (*cf.* Ex 14, 22). 3. Tous mangèrent la même nourriture spirituelle (*cf.* Ex 16, 4-35), 4. et tous burent le même breuvage spirituel (*cf.* Ex 17, 5-6 ; Nb 20, 7-11); car ils buvaient à un rocher (*cf.* Nb 20, 8) spirituel qui les suivait : ce rocher, c'était le Christ. 5. Cependant la plupart d'entre eux ne furent pas agréables à Dieu, puisque *leurs cadavres jonchèrent le désert* (Nb 14, 16). 6. Ces événements sont arrivés pour nous servir d'exemples [ou : de figures, τύποι], afin que nous ne convoitions pas le mal comme eux le convoitèrent. 7. Ne devenez pas idolâtres comme certains d'entre eux, ainsi qu'il est écrit : *le peuple s'assit pour manger et pour boire, puis ils se levèrent pour se divertir* (Ex 32, 6). 8. Ne nous livrons pas non plus à la débauche, comme le firent certains d'entre eux : en un seul jour il en tomba vingt-trois mille (*cf.* Nb 25, 9). 9. Ne tentons pas non plus le Seigneur, comme le firent certains d'entre eux : des serpents les firent périr (*cf.* Nb 21, 5-6). 10. Enfin ne murmurez pas comme murmurèrent certains d'entre eux (*cf.* Nb 17, 6-15) : l'exterminateur les fit périr. 11. Ces événements leur arrivaient pour servir d'exemple [ou : de façon figurée, τυπικῶς] et furent mis par écrit pour nous instruire, nous qui touchons à la fin des temps[4].

Ce n'est sans doute pas par hasard que Paul a parlé ici de «types», de «figures» et non d'«allégorie». Les événements, réels et historiques, de l'Exode et des Nombres préfigurent le culte chrétien, et les comportements du peuple dans le désert sont pris dans la parénèse et servent d'avertissements pour le présent. Seul le symbolisme du «rocher», v. 4, paraît à première vue étranger à cette typologie. Il s'agit cependant de l'application au Christ d'une épithète divine, attestée dans le monde sémitique et présente dans la Bible, pour désigner Yahvé comme protecteur, en particulier dans le cantique de David en 2 Sm 22, 2-3 (*cf.* Ps 18, 3). En Nb 20, 8, Moïse et Aaron reçoivent l'ordre de parler au

1. J. Schlosser, dans *Typologie biblique*..., p. 178-179.
2. D. Duval et R. Kuntzmann , «Synthèse finale», dans *Typologie biblique* ..., p. 270.
3. L'autre emploi exégétique du terme est Rm 5, 14 (typologie Adam-Christ).
4. Selon la TOB.

rocher, pour qu'il donne de l'eau[1]. D'autres relais textuels peuvent soutenir le motif «rocher = Christ», notamment Ps 39, 2 ; 60, 3 ; 77, 16 ; 80, 16 ou Is 48, 21. La lecture de Paul consiste à faire de l'action du Seigneur représenté par le rocher des récits de l'Exode et des Nombres la figure du rôle du Christ, la relation étant renforcée ici par le lien théologique.

Il y a donc probablement un élément différent en Ga 4, 21-31. Si l'intention du passage est claire, le parcours du raisonnement est étrange[2]. Contre ses adversaires, Paul présente les tard venus, les gentils convertis, comme des héritiers légitimes (Ga 4, 7). C'est la foi, antérieure à la circoncision d'Abraham, qui a fait de lui le dépositaire de la promesse (Ga 3, 6, citant Gn 15, 6). A l'élection transmise par la génération charnelle, Paul oppose le rattachement par la foi à Abraham, le père des croyants[3]. Ce qui est surprenant, et qui ne correspond pas aux données scripturaires de base, c'est la façon dont est utilisée l'opposition entre Sara et Hagar pour mettre Jérusalem du côté de la servitude et pour l'exclure de la promesse, alors que, typologiquement, Hagar est clairement séparée de la descendance qui, en commençant par Isaac, fils de Sara, devait être appelée du nom d'Abraham (Gn 21, 12), et qui devait en outre bénéficier de l'alliance du Sina. Le désaccord fondamental entre ce qui serait le «type» scripturaire et la signification actualisante donnée par Paul semble provenir d'un raisonnement d'une autre nature. Il faut d'abord que deux éléments de la référence-source, Hagar et Sara, soient allégorisés, sous la forme de la servitude et de la liberté, en lien avec un thème majeur de l'épître aux Galates, l'antithèse entre la servitude de la Loi et la liberté de l'Évangile (2, 4 ; 4, 7 ; 5, 1.13), et mis en rapport avec la Jérusalem actuelle, asservie, et la Jérusalem d'en haut, pour que l'interprétation typologique des deux histoires, celles d'Abraham, Sara et Hagar d'une part, la situation des Galates d'autre part, soit rendue possible. D. Gerber[4] voit là l'effet «d'un coup de force exégétique certainement plus imputable à la colère qu'à la raison»; pour lui, l'expression du v. 24a, ἅτινά ἐστιν ἀλληγορούμενα, avertirait «du caractère allégorique du premier degré de rapprochement effectué entre le récit de la Genèse et la crise secouant les églises de Galatie»[5]. Dans ces conditions, si l'on fait abstraction de la passion de l'apôtre, pour s'en tenir à son exégèse, le choix du terme ἀλληγορεῖν manifeste-

1. Voir M. C. A. Korpel, notice «Rock», dans *Dictionary of Deities and Demons in the Bible*, dir. K. van der Torn, B. Becking et P. W. van der Horst, Leiden, 1999, p. 709-710.

2. G. Wagner, «Les enfants d'Abraham ou les chemins de la promesse et de la liberté. Exégèse de Galates 4, 21 à 31», *RHPhR* 71, 1991, p. 285.

3. Voir C. K. Barrett, «The Allegory of Abraham, Sarah, and Hagar in the Argument of Galatians», dans J. Friedrich, W. Pohlmann et P. Stuhlmacher (édit.), *Rechtfertigung. Festschrift für E. Käsemann zum 70. Geburstag*, Tübingen, 1976, p. 1-16, et É. Cothenet, «À l'arrière-plan de l'allégorie d'Agar et de Sara (Ga 4, 21-31)», dans M. Carrez, J. Doré et P. Grelot (édit.), *De la Torah au Messie. Études d'exégèse et d'herméneutique bibliques offertes à Henri Cazelles*, Paris, 1981, p. 457-465.

4. Art. cité ci-dessus (p. 114 n. 2), p. 175.

5. *Ibid.*, p. 176.

rait la conscience qu'avait Paul d'aller à l'encontre de la tradition relative à Hagar et à sa descendance, en la mettant en relation avec Israël, et de brouiller le fonctionnement des « types ». Pour autant, il n'utiliserait pas effectivement le procédé herméneutique grec de l'« allégorie ». Sans doute connaissait-il la figure de rhétorique ainsi désignée, mais il a employé le verbe correspondant moins pour caractériser sa démarche interprétative que pour attirer l'attention sur la nouveauté de sa lecture, qui fait dire autre chose à l'histoire de Sara et de Hagar que le sens reçu communément.

En effet, l'allégorisation ainsi postulée passe par des procédés propres au judaïsme. Le lien entre Hagar et le mont Sina, qui contribue à placer la Loi du côté de la servitude, reste énigmatique. Le v. 25a est une *crux interpretum*[1]. On a tenté de trouver une explication dans un jeu de mots entre Hagar et Hagra, lieu du désert (où Hagar est chassée deux fois, d'après Gn 16, 7 et 21, 14) dans certains targums de la Genèse et de l'Exode[2]. D'autres ont voulu exploiter l'interprétation philonienne pour expliquer comment Hagar la païenne peut être associée à la Loi : l'étymologie du nom Hagar par la racine *gwr*, « résident étranger », faisant de Hagar l'esclave païenne qui, à la marge, aurait suivi le mode de vie hébraïque, et d'Ismaël un prosélyte, serait en accord avec le propos de Paul, pour qui les judaïsants copieraient Hagar[3].

Au v. 29, « persécutait » (ἐδίωκεν) correspond aux sens et aux gloses défavorables des targums à Gn 21, 9[4]. L'introduction de Is 54, 1 au v. 27 reflète l'usage synagogal de la lecture faisant de Is 54 la *haftarah* du *seder* Gn 16 et liant Sara à Jérusalem. Le v. 26 (« et c'est elle notre mère ») comporte peut-être une allusion de visée polémique à Ps 86, 5[5].

Sans entrer dans le détail des diverses solutions proposées, qui n'aboutissent pas à une explication définitivement satisfaisante, on peut ici remarquer que la part de l'allégorie dans ce passage paulinien est restreinte, qu'elle n'est guère plus qu'une allusion à la lecture interprétative que les Grecs appellent de ce nom, qu'elle est associée à des procédés d'exégèse proprement bibliques et rabbini-

1. H. D. Betz, *Galatians*, coll. « Hermeneia. A Critical and Historical Commentary on the Bible », Philadelphia, 1979, *ad loc.*

2. Voir M. G. Steinhauser, « Gal 4,25a : Evidence of Targumic Tradition in Gal 4, 21-31 ? », *Biblica* 70, 1989, p. 234-240, qui, par ailleurs, rejette l'hypothèse consistant à rapprocher le nom « Hagar » d'un mot arabe (*cf.* « en Arabie ») signifiant « rocher », et renvoyant en l'occurrence au Sina ; *cf.* G. I. Davies, « Hagar, El-Hegra and the location of Mount Sinai, with an Additional Note on Reqem », *Vetus Testamentum* 22, 1972, p. 152-163.

3. P. Borgen, « Some Hebrew and Pagan features in Philo's and Paul's interpretation of Hagar and Ishmael », dans P. Borgen et S. Giversen (édit.), *The New Testament and Hellenistic Judaism*, Aahrus, 1995, p. 151-164.

4. Voir R. Le Déaut, « Traditions targumiques dans le corpus paulinien ? », *Biblica* 42, 1961, p. 28-48 (ici, p. 37-43), et M. Harl, « Un groupe de mots grecs dans le judaïsme hellénistique : à propos d'ἐμπαιγμός dans le Psaume 37, 8 de la Septante », dans *Ead.*, *La langue de Japhet*, Paris, 1992, p. 46 n. 7.

5. É. Cothenet, art. cité ci-dessus (p. 116 n. 3), p. 459.

ques. Il reste cependant que le «coup de force» exégétique de l'apôtre se sépare quelque peu de ce que les biblistes appellent «typologie» et que Paul pratique en 1 Co 10, 1-11.

Qu'en est-il chez Origène ?

L'autorité de Ga 4, 24

Théodore de Mopsueste a fustigé les allégoristes, et Origène le premier, pour avoir «abusé de ce modèle de l'Apôtre, comme s'il leur conférait le pouvoir de bannir toute compréhension de l'Écriture divine, du moment qu'à la suite de l'Apôtre ils s'efforcent de parler de manière allégorique; ils ne comprennent pas eux-mêmes combien ce que l'Apôtre a dit dans ce passage diffère de leur propos. L'Apôtre, en effet, n'abolit pas l'histoire et il n'évacue pas les faits passés. Mais il les a présentés, comme ils se sont alors passés, et il s'est servi de l'histoire de ce qui s'était passé pour sa compréhension personnelle... Ceux-ci font tout le contraire, assurant que toute histoire de l'Écriture divine ne diffère en rien des songes nocturnes»[1]. La violence polémique du propos dénature, certes, l'intention et la pratique d'Origène. Elle n'est introduite ici que pour rappeler que très tôt a été affirmée la divergence entre lui et Paul.

Ce qui chez Paul est un instrument mis une fois au service d'une preuve scripturaire destinée à conforter l'autorité de l'apôtre et de sa doctrine à l'occasion d'un conflit précis est devenu chez Origène un système d'interprétation. Pour en rappeler les traits caractéristiques, il peut être utile tout d'abord de se référer aux passages nombreux où Origène a recours à Ga 4, 21-24 pour justifier sa propre pratique, parmi tous ceux où il fait de Paul le maître de l'explication chrétienne de l'Écriture[2].

Ainsi, «à l'exemple du lecteur de la Loi, qui entend et expose *ce qui est allégorique* (*cf.* Ga 4, 24), celui qui lit l'Évangile sait, tout en conservant l'histoire fondée sur les événements, monter sans faux-pas jusqu'aux réalités spirituelles»[3]. Commencer par cette mention, ce n'est pas trahir la pensée d'Origène, comme le montre un passage des *Homélies sur Josué* (IX 8), qui soumet aussi l'interprétation à la parole évangélique: si Josué lit toute la Loi en présence de toute l'assemblée des fils d'Israël (Jos 9, 2ef selon la Septante), ceux qui sont de l'Église n'adoptent la loi de Moïse qu'à condition que Jésus la leur ait lue, c'est-à-dire qu'elle soit comprise spirituellement (*cf.* Rm 7, 14), comme elle l'est par Paul en Ga 4, 22-24, le Seigneur ôtant le voile de la lettre (*cf.* 2 Co 3, 15).

1. Théodore de Mopsueste, *Commentaire sur l'Épître aux Galates*, 4, 24, traduction de G. Poupon, dans M. Fiedrowicz, *Principes de l'interprétation de l'Écriture dans l'Église ancienne*, coll. «Traditio Christiana», 10, Berne, 1998, p. 59 *sq.*; d'autres extraits de Théodore complètent ce jugement, p. 57-59.

2. Voir Francesca Cocchini, *Il Paolo di Origene*, Rome, 1992, p. 117-148.

3. *ComMt* X 14, l. 42-45 Girod (*SC* 162 [1970]).

La portée programmatique de la formule paulinienne est illustrée par des applications particulières. Ainsi est-elle censée permettre de comprendre ce qu'est la circoncision « selon les lois allégoriques » : il s'agit d'amputer l'âme de toute impureté provenant de son union à la chair ; cette interprétation morale, proche de celle de Philon[1], est complétée par le « mystère » désigné par le huitième jour, symbole de l'âge à venir, la circoncision spirituelle étant faite pour le temps où il n'y aura plus de mariage et où les circoncis seront comme les anges de Dieu (*cf.* Mt 22, 30). La doctrine des trois sens de l'Écriture (littéral, moral, mystique ou allégorique) est bien présente dans ce passage du *Commentaire sur l'épître aux Romains*[2]. Ailleurs, après avoir distingué parmi les prescriptions de la Loi celles que les disciples de l'Évangile doivent écarter et celles qu'il faut exécuter scrupuleusement, telles qu'elles sont rédigées, Origène utilise Ga 4, 24 pour éclairer une troisième catégorie, les prescriptions qui ont leur vérité selon la lettre mais auxquelles il est utile d'attribuer aussi un sens « allégorique », comme le devoir d'offrir les prémices aux prêtres[3]. Ga 4, 24 intervient encore, avec 1 Co 9, 9-10, pour fonder une distinction du même genre dans un fragment sur Ps 118, 2 : « dans les textes des Écritures sacrées, les passages qui ont besoin d'explication pour apparaître comme spirituels sont "la loi" ; ceux, au contraire, qui d'eux-mêmes sont clairs, ceux auxquels il ne faut rien changer, qu'il faut observer comme évidents et utiles, ceux-là ne sont pas la "loi", mais les "commandements". C'est pourquoi il est écrit dans les Psaumes : *Le commandement du Seigneur, brillant au loin, illumine les yeux* (Ps 18, 9b) ; mais cela n'aurait pas été dit de "la loi", car un voile (*cf.* 2 Co 3, 14. 15) est posé sur la loi ». Dans le traité d'herméneutique du *Traité des principes* (IV 2, 6), Ga 4, 21-24 fait partie des témoignages pauliniens invoqués pour étayer l'interprétation spirituelle de la législation scripturaire[4].

Origène trouve aussi en Ga 4, 21-31 le modèle de cette interprétation spirituelle. Dès le *Commentaire sur l'Évangile de Jean* (XX 67), il en tire l'invitation à allégoriser toute l'histoire d'Abraham, pour accomplir spirituellement chacune de ses actions, et il précise : « Mais l'explication de chacun de ces événements serait l'affaire d'un sage, capable de pénétrer en homme avisé dans les profondeurs de l'Écriture et qui scruterait à la fois toute l'histoire d'Abraham et l'ensemble de ce qui est écrit à son sujet et qui a un sens allégorique (*cf.* Ga 4, 24) ; c'est ce que nous essaierons de faire spirituellement comme des spirituels (*cf.* 1 Co 2, 13) »[5]. Plus tard, répliquant aux railleries de Celse sur les diverses *unions des justes* dans les récits de la Genèse, il conclut : « Et quiconque voudra

1. Voir *Spec.* I 8-9.

2. II 9, p. 163-164 Hammond Bammel (*Vetus Latina. Aus der Geschichte der Lateinischen Bibel* 16 [1990]).

3. *HomNb* XI 1, sur Nb 18, 8 *sq.* ; voir les notes de G. Dorival, *ad loc.*, coll. « Bible d'Alexandrie » 4.

4. Voir les notes de H. Crouzel, *ad loc.*, *SC* 268-269.

5. *ComJn* XX 74, traduction de C. Blanc, *SC* 290.

prendre l'épître aux Galates saura de quelle manière comprendre allégoriquement les passages sur les *mariages* et les *unions avec les servantes*, la volonté de l'Écriture étant que nous recherchions avec ardeur les actions de ceux qui les ont accomplies, non point dans leur apparence corporelle, mais, comme ont coutume de les nommer les apôtres de Jésus, dans leurs significations spirituelles »[1].

On peut parler ici de modèle, en ce qu'Origène édifie son interprétation de l'histoire de Sara et de Hagar sur les valeurs attribuées par Paul aux deux personnages dans son allégorisation et sur le thème des deux alliances. La grande différence tient à la généralisation de cette lecture, appliquée systématiquement aux unions des patriarches, chacun des personnages et de ses actes personnifiant et figurant telle ou telle capacité ou faiblesse de l'âme ou du composé humain, tout en jouant un rôle dans l'histoire mystique des relations entre Israël et l'Église, et entre ceux-ci et le Christ (le « mystère » des noces du Christ et de l'Église, d'après Ep 5, 32 et Gn 2, 24 étant une référence importante dans ce cadre[2]). Ce sont la récurrence de ces rôles, l'adaptation du système aux détails des récits et des situations, l'extension de la méthode à l'ensemble des histoires de même genre qui permettent sans doute de parler dans ce cas d'allégorie au sens propre. Au second degré, il y a aussi l'allégorisation des puits liés à l'histoire des patriarches dans la Genèse[3], qui devient une métaphore de la quête du sens spirituel.

Méthode

Si la cohérence et la régularité rigoureuse de l'interprétation des unions des patriarches, attentive à la fois à la répétition du motif et à la singularité des histoires particulières, permettent de repérer l'existence d'une allégorisation véritable, les mêmes critères font reconnaître l'allégorie au sens fort dans l'explication de séquences narratives individualisées. Origène a même un verbe pour désigner le travail qui construit cette allégorie complète : ἐξομαλίζειν, « traiter (un texte) de façon homogène ». Il apparaît notamment dans un passage méthodologique extrait par les philocalistes de son commentaire du Psaume 50 : Origène y dit en substance qu'il convient d'interpréter allégoriquement non seulement une partie de l'histoire d'Urie, mais sa totalité, en étendant de façon homogène l'allégorie à l'ensemble du texte, à condition de bien « remettre à leur place (ἀποκαταστῆσαι) » tous les détails[4].

1. *CCels* IV 44, traduction de M. Borret, *SC* 136.

2. Voir A. Le Boulluec, « L'exégèse de Genèse 2, 24 dans le christianisme antique (tradition grecque principalement) », dans M.-O. Goulet-Cazé *et alii* (édit.), *Le Commentaire. Entre tradition et innovation*, coll. « Bibliothèque d'histoire de la philosophie », Paris, 2000, p. 233-240.

3. Voir la note 1 de L. Doutreleau dans *SC* 7 bis, p. 311.

4. Voir le commentaire de M. Harl dans *Origène, Philocalie 1-20. Sur les Écritures*, *SC* 302, p. 220-223.

Nous avons rappelé d'emblée que «l'Évangile» (complété par les écrits qui constituent dès le IIIe siècle un Nouveau Testament, dont la canonisation est déjà fort avancée) est la référence qui gouverne l'interprétation «spirituelle» de la «Loi» et son allégorisation. Aussi est-il pour Origène absolument indispensable de préserver «l'Évangile» de tout soupçon de contradiction ou d'imperfection. Le moindre défaut apparent doit être écarté, et la solution réside dans l'allégorie, la bizarrerie qui surprend le lecteur de prime abord étant à comparer aux obscurités qui dans la trame des textes bibliques sont censées être les indices de la présence d'un sens caché, à déchiffrer[1]. Le *Commentaire sur Matthieu* comporte sur ce sujet un exposé particulièrement intéressant, qui revendique aussi l'exemple et l'autorité de Ga 4, 24. La difficulté vient de la réponse de Jésus aux Sadducéens en Mt 22, 29-30: «Vous êtes dans l'erreur, parce que vous ne connaissez ni les Écritures ni la puissance de Dieu. A la résurrection, en effet, on ne prend ni femme ni mari; mais on est comme des anges dans le ciel». Origène note qu'on ne trouve nulle part dans «l'ancienne Écriture» de passages prouvant que les Sadducéens sont dans l'erreur. Où est-il dit qu'«à la résurrection on ne prend ni femme ni mari», mais qu'«on est comme des anges dans le ciel» ? Les deux assertions sont examinées l'une après l'autre[2]. Nous ne retiendrons ici qu'une partie de la réponse d'Origène:

Nous dirons quant à nous que les Écritures contiennent ces (assertions) non pas de façon explicite ni au sens obvie (οὐκ αὐτολεξεὶ οὐδ' ὥστε τοῖς τυχοῦσι νοηθῆναι), mais de manière détournée (ἀλλ' ἐν τροπολογίᾳ). Comme la Loi en effet a l'ombre des biens à venir (Hb 10, 1) et qu'elle a légiféré à propos des épouses et des maris, en expliquant ce que sont les mariages justes, elle ne dit pas à leur sujet à titre principal ce qu'on comprendrait à partir de la lettre prise immédiatement (οὐ περὶ τούτου προηγουμένως λέγει ἃ ἐκ τῆς προχείρου λέξεως ἐκλάβοι τις ἄν), mais elle traite de ce dont nous avons parlé auparavant à propos du mariage du Sauveur et de l'Église qui aura lieu dans l'âge à venir[3], par exemple : *Il est écrit, en effet, qu'Abraham eut deux fils, un de la servante, un de la femme libre ; mais le fils de la servante était né selon la chair, tandis que le fils de la femme libre l'était par l'effet de la promesse* (Ga 4, 22-23). Alors je ne dois pas du tout m'en tenir au mariage sensible de la femme libre et à l'union avec la servante ; car *ces choses-là sont dites allégoriquement* (Ga 4, 24). Mais *si pour cette raison l'homme quittera son père et sa mère et s'attachera à sa femme, et les deux seront une seule chair* (Gn 2, 24), il ne faut pas entendre la parole comme si elle n'indiquait pas un mystère : *Ce mystère* en effet *est grand et*, comme dit Paul, *il se rapporte au Christ et à l'Église* (Ep 5, 32). En traitant brièvement de la femme épousée par le frère de son mari décédé nous avons examiné selon nos capacités ce que veut dire la loi.

Après cette allusion à la règle du lévirat et au commentaire allégorique qu'il en a donné[4], Origène ajoute qu'il y a dans l'Écriture des lois innombrables sur la femme et le mari et retient pour exemples Dt 24, 3; 21, 15; 21, 11-13; chacune d'elles, dit-il, trouve sa dignité et son caractère divin dans la τροπολογία véritable qu'on y découvre. Si on considère qu'elles ne disent rien de plus que le sens littéral, on est dans l'erreur, *ignorant les Écritures et la puissance de Dieu*

1. Voir M. Harl, *ibid.*, p. 90-100.
2. *ComMt* XVII 34-35 et XVII 36.
3. *Cf. ComMt* XVII 15-24, p. 628-652.
4. *Cf. ComMt* XVII 31-32, sur Dt 25, 7 *sq.*

(Mt 22, 29)[1]. Et si l'on refuse le recours à la τροπολογία pour résoudre la difficulté présente en Mt 22, 29-30, on risque de commettre l'une des trois fautes suivantes, selon Origène : ou bien on met en doute l'exactitude du texte de l'Évangile, ou bien on se défie de la parole de Jésus, ou encore on se réfugie « dans les discours secrets », en croyant qu'ils sont désignés par « les Écritures » en Mt 22, 29[2]. L'allégorisation n'est donc pas seulement une possibilité offerte à l'interprète ; elle est un devoir, dicté par les normes d'une orthodoxie, l'autorité sacrée du texte des évangiles reçus dans l'Église, la foi absolue en la véracité de la parole de Jésus, l'assentiment donné par les croyants à un nombre restreint d'écrits évangéliques, à l'exclusion des autres[3]. L'un des arguments de cette justification doctrinale de la τροπολογία fait même de l'allégorie un critère de sélection des textes authentiquement scripturaires : les « discours secrets » sont présentés ironiquement par Origène comme ceux « où il semble qu'il soit écrit plus clairement au sujet de la vie bienheureuse »[4] ; « secrets » (ἀποκρύφους), ils sont surtout « apocryphes », et l'indice même de leur fausseté est qu'on y prétend parler des mystères sans le voile de l'allégorie. Le propre des Écritures authentiques est au contraire que le sens obvie n'est pas leur propos principal, qu'il n'est pas à titre premier, essentiellement et originellement (προηγουμένως), leur intentionalité signifiante[5]. Quant à la liaison entre allégorie et orthodoxie, elle est clairement affirmée, à propos de la parole de Jésus sur ceux *qui se sont eux-mêmes rendus eunuques à cause du royaume des cieux* (Mt 19, 12c), contre Marcion, sommé de prétendre que cette parole n'a pas été vraiment prononcée par Jésus, s'il persiste à s'en tenir à la lettre et refuse l'interprétation allégorique de l'Écriture[6].

Pour clore le premier développement sur Mt 22, 29-30, Origène invoque de nouveau Ga 4, 22-24 : la solution ne peut venir que de « l'allégorie placée de façon analogue par l'Apôtre dans l'épître aux Galates à propos de la servante et de la femme libre, (allégorie) dont il faudra rendre compte (ἀποδοθησομένη) aussi pour l'appliquer à tous les autres textes des Écritures où il est question de mari et d'épouse »[7].

1. *ComMt* XVII 34, p. 695, 28-696, 16 Klostermann-Benz (*GCS* 49 [1935-1937]).
2. *ComMt* XVII 35, p. 697, 19-698, 11.
3. Telle est la portée de l'énoncé très dense de *ComMt* XVII 35, p. 698, 12-19, avec en particulier l'expression « ce qui est reconnu par les croyants », à compléter par exemple par le fragment du *ComMt* I cité par Eusèbe de Césarée dans *Histoire ecclésiastique* VI 6, 25, 4-6 ; voir E. Norelli, notice « Canone », dans *Origene. Dizionario*, dir. A. Monaci Castagno, Rome, 2000, p. 56.
4. *ComMt* XVII 35, p. 698, 1-4.
5. Voir les emplois de βούλημα et de σκοπός dans les exposés de théorie herméneutique, notamment *PA* IV 2, 7 : « l'intention (de l'Esprit) visait principalement (ὁ σκοπὸς ... ἦν προηγουμένως) les mystères indicibles des réalités concernant les hommes... », et les remarques de M. Harl, *SC* 302, p. 74-79, 223.
6. *ComMt* XV 3, p. 356, 26-357, 10 Klostermann-Benz.
7. Sur l'emploi de ἀποδιδόναι dans l'interprétation des textes chez Origène, voir M. Harl, *SC* 302, p. 134-135.

Des exemples fournis par les *Homélies sur la Genèse* peuvent indiquer comment Origène élargit le modèle paulinien en le faisant entrer dans la théorie des trois sens de l'Écriture, le sens littéral (qui peut être légèrement différent du sens historique[1]), le sens moral (proche de celui que recherche Philon) et le sens allégorique, ou mystique, l'ordre de succession des deux figurations changeant selon les contextes[2], et la coexistence, la compatibilité de l'histoire et de l'allégorie, étant affirmée: «Voilà précisément ce qu'il y a d'admirable dans l'interprétation de l'Apôtre: ce qui, à n'en pas douter, s'est passé dans la chair, il le traite d'*allégorique*»[3]. Sara qui suit Abraham d'après Gn 18, 9, c'est, au niveau de la lettre, la femme qui doit apprendre à suivre le mari, à un degré plus élevé, la chair qui doit être gouvernée par la raison, au sens mystique, par la médiation de Ex 13, 21, c'est l'assemblée du Seigneur qui suit Dieu (*HomGn* IV 4). L'inceste de Lot et de ses filles (Gn 19, 31-38) a droit en *HomGn* V à une explication selon la lettre, qui énonce des excuses en faveur des personnages du récit, semblables à celles de la défense présentée en *CCels* IV 45, puis à une allégorie, où Lot est figure de la Loi et ses filles sont la descendance charnelle de la Loi et où Origène cherche, à travers Dt 23, 4 et Rm 11, 25-26 en quel temps Israël entrera dans l'Église du Christ, et enfin à un commentaire moral, où les filles de Lot deviennent les pièges qui attendent le progressant (selon l'itinéraire de Lot en Gn 19, 20), la vaine gloire et l'orgueil (des passions de la chair, ce qui maintient une certaine cohérence entre les rôles des filles de Lot dans les deux figurations).

Pour comprendre Gn 20, 1-18 (comment Abimélech, roi des Philistins, voulut prendre Sara en mariage), il faut rejeter la lettre[4] et se faire le disciple de Paul et de ses allégories (*cf.* Ga 4, 24): Abraham, qui a progressé, ne garde pas la vertu (Sara) pour lui, il veut la communiquer à autrui; le sens mystique reflète cette structure, en ce qu'il concerne le temps et les conditions du don de la grâce fait par le Christ aux Gentils, représentés par Abimélech (voir *HomGn* VI).

L'interprétation de l'histoire de Sara et de Hagar, d'Isaac et d'Ismaël est développée à partir de Ga 4, 21-24. 29: Origène, ne voyant pas le sens péjoratif

1. G. Dorival (*Les Nombres*, coll. «La Bible d'Alexandrie», 4, Paris, 1994, p. 368) le fait remarquer à propos de *HomNb* XI, sur l'article de loi relatif aux «prémices des récoltes et des troupeaux» (Nb 18, 8-19): au sens littéral, selon Origène, les chrétiens doivent offrir les prémices aux prêtres de l'Évangile (au sens proprement historique, elles doivent être offertes, bien entendu, à Aaron et à ses fils, et à leurs successeurs).

2. Voir, entre autres, les études de H. de Lubac, *Histoire et Esprit. L'intelligence de l'Écriture d'après Origène*, [1950], n. éd., complétée par M. Fédou (Cardinal Henri de Lubac, *Œuvres complètes*, 16), Paris, 2002, p. 138-150, et M. Harl, Introduction à *Origène. Philocalie 1-20, Sur les Écritures*, *SC* 302, p. 103-121.

3. *HomGn* VII 2; *cf.* F. Cocchini, «Origene e i referimenti veterotestamentari in Paolo», *Studia Patristica* 21, 1993, p. 229 et n. 19.

4. Voir les développements du *Traité des principes* sur les «passages impossibles» de l'Écriture (IV 3) et le commentaire de Marguerite Harl dans *Origène. Philocalie, 1-20. Sur les Écritures*, *SC* 302, p. 90-100.

que peut avoir παίζειν, «jouer», en Gn 21, 9, glosé par Paul en διώκειν, «persécuter», est conduit par l'apôtre à récuser la lettre pour chercher le sens caché; l'explication morale (la tromperie des vices), en l'occurrence, se mêle à la signification mystique, la méditation sur les voies d'accès à l'enseignement parfait sur le Christ (*HomGn* VII 3-4).

De Gn 21, 14.16.19 Origène ne propose que la compréhension mystique: Hagar figure la Synagogue aux yeux fermés et les chrétiens qui ne veillent pas dans l'intelligence spirituelle (*HomGn* VII 6). La proximité, voire parfois la réunion du sens moral et de l'allégorie mystique, peut encore être illustrée par la remarque générale, inspirée par Ga 4, 21-24 de *HomGn* X 5 sur les unions des patriarches (Isaac, Jacob, Moïse) qui se contractent au bord des puits: les noces des saints, c'est l'union de l'âme avec le Verbe de Dieu, si elle se laisse instruire par les livres divins auxquels figurativement l'Écriture donne le nom de puits. De même le sens «mystique et sacré» du mariage d'Abraham avec Céthura (Gn 25, 1) est-il inséparable du sens moral (*HomGn* XI 1-2): si le parfait veut ainsi continuer l'union avec la vertu (qui était Sara) par l'étude (avec un jeu sur la mention de la Sagesse comme «épouse» en Sg 8, 9), il se trouve que la signification du nom Céthura est «encens», «parfum», ce qui évoque «la bonne odeur du Christ» (2 Co 2, 15).

Notons enfin que Ga 4, 24 est invoqué pour répondre aux calomnies tant des «amis de la lettre» que des érudits en connaissances profanes contre celui qui veut montrer que ce qui est écrit a un sens allégorique (*HomGn* XIII 3).

Terminologie

En suivant Origène (ou son traducteur Rufin), nous avons parlé d'«allégorie» au niveau du sens «mystique», tout en rappelant la liaison, dans les faits de la pratique, entre les deux sens figurés. Il faut toutefois souligner que le terme «allégorie» est réservé le plus souvent à l'interprétation qui ouvre sur «les mystères du Christ et de l'Église». Et c'est à l'intérieur de celle-ci que se pose la question de savoir si Origène fait une distinction entre typologie et allégorie. On reconnaît généralement, depuis la réponse de Henri de Lubac[1] à Jean Daniélou, que les Pères, et notamment Origène, avaient donné à l'allégorie un sens proprement chrétien, distinct de l'allégorisme philonien. Origène ne fait pas de distinction entre une méthode prenant pour modèle 1 Co 10, 1-11 et une autre qui dépendrait de Ga 4, 21-31[2]: il s'agit pour Paul de désigner ces mystères-là et d'autres de même sorte qui avaient été cachés pendant des temps éternels et qui ont été maintenant manifestés par les écrits prophétiques (*cf.* Rm 16, 25-26) et

1. «"Typologie" et "allégorie"», *Recherches de Science Religieuse* 34, 1947, p. 180-226; *cf.* H. Crouzel, «La distinction de la "typologie" et de l'"allégorie"», *Bulletin de Littérature Ecclésiastique* 65, 1964, p. 161-174.

2. Voir *ComRm* X 6, p. 803-804 Hammond Bammel (*Vetus Latina. Aus der Geschichte der Lateinischen Bibel* 34 [1998]).

par la venue du Seigneur et Sauveur Jésus Christ. La dimension temporelle et historique conférée à l'exégèse chrétienne des premiers siècles par la typologie paulinienne, en continuité avec un mode d'écriture et de composition des récits et des discours bibliques, est constamment présente dans l'allégorisation origénienne, n'en déplaise à Théodore de Mopsueste ; elle met en effet en rapport, dans le déchiffrement du sens, les textes de l'Ancien Testament avec les événements et les enseignements qui font la matière du Nouveau, avec les représentations de la vie de l'Église contemporaine du commentateur et avec la considération de l'au-delà du temps de ce monde. La différence est sans doute à percevoir seulement dans la manière de désigner le mouvement de l'interprétation. Le vocabulaire de l'allégorie et de la τροπολογία oriente l'attention vers le résultat recherché. Le terme « type » fixe le regard sur le point de départ de la démarche herméneutique. Dans le *Contre Celse*, par exemple, Origène cite Jn 16, 13 : *Quand il viendra, lui, l'Esprit de vérité, il vous conduira vers la vérité tout entière*, pour faire passer des pratiques légales, qui étaient une « figure » (τύπος), aux « réalités » (πράγματα) elle-mêmes[1], et il emploie l'adverbe τυπικῶς sur le même plan que σωματικῶς (« corporellement »), par contraste avec νοητῶς[2].

Quant au vocabulaire utilisé pour désigner ce que par convention on nomme le sens allégorique, il n'accorde pas, loin de là, un privilège exclusif à ἀλληγορία et ἀλληγορεῖν. Henri de Lubac l'a bien montré. Un examen attentif du lexique exégétique dans le *Contre Celse*, où Origène déploie contre les objections du philosophe la légitimité de l'allégorie chrétienne[3], confirme que ἀλληγορία, ὑπονοία, τροπολογία et les termes apparentés sont employés quasi indifféremment. Il serait fastidieux de le montrer ici de façon détaillée. Retenons pour le moment un seul passage : « Si ceux qui, d'après Celse, passent aujourd'hui pour des juifs et des chrétiens raisonnables étaient les seuls à allégoriser (ἠλληγόρουν) les Écritures, on pourrait supposer que Celse a dit une chose plausible. Mais puisque les pères de nos doctrines et les auteurs écrivent de telles choses de façon figurée (τὰ τοιαῦτα τροπολογοῦσι), qu'y a-t-il à supposer sinon qu'elles ont été écrites de manière qu'elles soient interprétées de façon figurée suivant l'intention principale (ὥστε τροπολογεῖσθαι αὐτὰ κατὰ τὸν προηγούμενον νοῦν) ? » (*CCels* IV 49). La τροπολογία met au service du sens mystique la totalité des tropes, l'ἀλληγορία n'étant que l'un d'entre eux. Origène connaît

1. II 2, 37-42 Borret (*SC* 132 [1967]).

2. VI 70, 29.37 Borret (*SC* 147 [1969]). Il en va autrement pour le recours à l'emploi de τύπος en Hb 8, 5, citant Ex 25, 40 : Origène retient le sens de « modèle » que prend alors le mot, et utilise la citation pour élaborer le contenu allégorique lui-même (voir *PA* III 6, 8 ; *HomEx* IX 2). Il est significatif à cet égard qu'il sépare nettement la formule « copie et ombre des choses célestes » de Hb 8, 5, placée très souvent du côté de la fonction exégétique de τύπος, héritée de 1 Co 10, 6. 11, du verset de l'Exode, plus rarement invoqué.

3. Voir sur ce point, comme sur les autres thèmes ici abordés, l'ouvrage de J. Pépin, *Mythe et allégorie. Les origines grecques et les contestations chrétiennes* [1958], n. éd. revue et augm., Paris, 1976.

assurément la définition scolaire de l'« allégorie », et il est probable que Jérôme ait trouvé chez son prédécesseur celle qu'il donne dans son propre *Commentaire de l'Épître aux Galates* et qu'il a dû traduire en utilisant la terminologie des grammairiens latins, qui dépendaient eux-mêmes des Grecs[1]. Il ne suit pas cependant la distinction, acquise en rhétorique à son époque, selon des distributions diverses, entre τρόποι et σχήματα, pour ranger la « métaphore » parmi les « tropes » et l'« allégorie » parmi les « figures de pensée » κατ' ἀλλοίωσιν. C'est par souci de clarté que Bernhard Neuschäfer introduit ces catégories dans son analyse de ces notions chez Origène[2].

Le terme ἀλληγορία a en même temps chez lui une acception beaucoup plus large que le tour rhétorique, puisqu'il désigne ce qui apparaît comme un trait constitutif du langage biblique ; l'extension donnée ainsi à la valeur de l'« allégorie », et aussi de la « métaphore », correspond à l'amplification conférée à un autre trope, la κατάχρησις, comme l'a montré Bernhard Neuschäfer[3]. L'importance accordée à l'« allégorie » et à la « métaphore » est aussi marquée par le fait qu'Origène, dans l'explication technique de l'Écriture, exploite l'acception strictement rhétorique des autres tropes et figures, à l'exception de la « catachrèse »[4]. Ceux-ci, même, ne concourent pas tous à ce qu'Origène appelle la τροπολογία ; ainsi en va-t-il pour l'« hyperbole », traitée comme un instrument de l'expression littérale (quoiqu'elle puisse aussi être l'indice d'un sens plus profond)[5]. Le privilège de l'allégorie vient en outre, comme on l'a vu, du fait que le verbe ἀλληγορεῖν est employé par Paul. Il permet ainsi de revendiquer pour l'exégèse chrétienne un sens analogue (mais supérieur) à celui qu'atteignent les Grecs.

Il convient ici de rappeler qu'il arrive à Origène d'utiliser indifféremment ἀλληγορία (ou τροπολογία) et ἀναγωγή[6]. Parfois cependant il les distingue, dans des expressions qui mettent ἀλληγορία du côté de la technique de l'exégèse, en réservant à ἀναγωγή la fonction de désigner l'interprétation spirituelle. Ce dernier terme, en outre, s'applique exclusivement chez lui à la compréhension chrétienne. C'est Origène qui l'a introduit dans le langage exégétique, en tirant parti de la double valeur du verbe ἀνάγειν (et du nom ἀναγωγή) chez les philosophes, « faire monter » (vers la lumière par exemple[7]) et « ramener » (la

1. B. Neuschäfer, *Origenes als Philologe*, Bâle, 1987, p. 233, commente dans ce sens une suggestion de Harnack, à propos de Jérôme, *Comm. in epistul. ad Gal.* 2, 4 (*PL* 24, 416 A 14-B 2) : « Allegoria proprie de arte grammatica est, et quo a metaphora vel ceteris tropis differat, in scholis parvuli discimus ; aliud praetendit in verbis, aliud significat in sensu ; pleni sunt oratorum et poetarum libri ».

2. *Op. cit.*, p. 218-235.

3. *Op. cit.*, p. 221-223 et p. 237.

4. *Op. cit.*, *ibid.*

5. B. Neuschäfer, *op. cit.*, p. 235-237.

6. Voir M. Simonetti, notice « Scrittura sacra », dans *Origene. Dizionario*, dir. A. Monaci Castagno, Rome, 2000, p. 435.

7. Platon, *République*, 521 c.

thèse à son principe[1], un concept à son origine logique[2], une action à une fin[3]). Cette innovation d'Origène est certainement motivée par le souci de disposer pour l'interprétation spirituelle chrétienne d'un terme qui ne soit pas marqué, contrairement à ἀλληγορία, par l'exégèse philosophique des poèmes et des mythes grecs[4], ce qui ne l'empêche pas de revendiquer le droit d'appliquer l'« allégorie » aux Écritures.

Allégorie et « physiologie »

Une différence perçue par Origène, qui serait propre à la rivalité avec la pratique allégorique des philosophes, est peut-être indiquée par une remarque un peu énigmatique faite dans la deuxième *Homélie sur la Genèse*, à propos du commentaire de Gn 7, 2, qui voit dans les animaux purs les facultés intellectuelles de l'âme et dans les animaux impurs, à faire entrer aussi dans le « coffre » de Noé, la concupiscence et la colère, impures quand elles servent à pécher, mais à conserver parce que l'une assure la descendance et l'autre la correction et l'éducation : « Il peut sembler que ces propos ne relèvent plus de l'explication morale, mais de l'explication naturelle ; cependant c'est pour l'édification que nous avons parlé de tout ce qui vient de se présenter » ; dans le latin de Rufin : *Et quamvis haec iam non morali sed naturali ratione discussa videantur, tamen quae ad praesens occurrere potuerunt, pro aedificatione tractavimus*. Sous la traduction *naturalis ratio* il faut lire très probablement le grec φυσιολογία[5]. C'est un renvoi aux réflexions qui précèdent sur l'âme intellective, et surtout sur la nécessité naturelle de deux passions. Il n'y a pas à s'étonner que le terme s'applique au discours sur les capacités cognitives et sur les mouvements de l'âme. Ce sont aussi les sujets de l'enseignement que Philon découvre le plus

1. Platon, *Lois*, 626 d.
2. Aristote, *Métaphysique*, 1005 a 1.
3. Marc Aurèle, *Pensées* XII 20.
4. La démonstration de W. A. Bienert, *« Allegoria » und « Anagoge » bei Didymos dem Blinden von Alexandria*, Berlin, 1972, p. 58-64, qui analyse les usages antérieurs à Origène, ainsi que les emplois chez Plotin, Porphyre et Jamblique, est parfaitement convaincante. Il repère aussi, parmi les emplois du verbe ἀνάγειν chez les prédécesseurs chrétiens d'Origène, celui de Clément d'Alexandrie en *Stromates* VI 15, 126, 3 comme ouvrant la possibilité de l'application exégétique : « Le style des Écritures est effectivement de l'ordre de la parabole, car le Seigneur, qui n'était pas de ce monde (*cf.* Jn 8, 23 ; 17, 14), est pourtant venu chez les hommes comme étant de ce monde. Il a porté sur Lui toute la vertu et voulait, par la connaissance, élever (ἀνάγειν) l'homme, qui vit dans le monde, jusqu'aux réalités intelligibles et premières, en le faisant passer d'un monde à un autre monde ; aussi a-t-il eu recours précisément à l'écriture métaphorique », trad. P. Descourtieux, *SC* 44 (1999), p. 313. Notons d'autre part qu'il emploie aussi l'image de la « montée », pour le passage au sens supérieur, avec les termes ἀνάβασις, ἀναβαίνειν, ἀναβιβάζειν (par exemple *CCels* II 69, 46 Borret ; VI 2, 8 ; II 1, 26, III 33, 13 ; *Princ.* IV 2, 4 ; *CCels* VI 68, 15).
5. C'est ainsi que le traducteur latin anonyme du *ComMt* rend le mot : *ComMt* XVII 7, p. 603, 15 Klostermann-Benz (*GCS* 40 [1937]).

souvent dans l'Écriture quand il emploie φυσιϰῶς dans un contexte exégétique[1]. L'explication de l'Écriture contient donc une réflexion de type philosophique. Origène veut la justifier contre les critiques venues de chrétiens de culture différente, et prouver aux maîtres païens que sa méthode, semblable formellement à la leur, aboutit à des résultats meilleurs : son but principal est l'édification, répond-il, aux uns pour se défendre, aux autres pour étayer la supériorité de sa prédication[2]. La φυσιολογία en cause est nécessaire à son interprétation morale, comme elle l'est pour Philon. Ainsi se réfère-t-il à l'exemple de son prédécesseur pour prôner une interprétation (ἀναγωγή) lisant dans les récits de la Genèse « les diversités des comportements et des modes de vie de l'âme ». Une telle ἀναγωγή est dite « plus proche » dans ce fragment de son *Commentaire sur la Genèse*[3]. Elle se distingue donc d'une autre, plus haute. C'est sans doute à celle-ci que fait allusion la suite du passage de la deuxième *Homélie sur la Genèse*, évoquant la possibilité de trouver en outre, dans Gn 6, 19-7, 3, « les secrets d'un mystère... caché »[4]. Cette φυσιολογία est « selon l'Écriture divine », dit Origène dans son *Commentaire sur l'Évangile de Matthieu*[5]. Elle rappelle ce que Clément entend par « physiologie véritablement gnostique »[6]. Ainsi l'interprétation anagogique propose-t-elle une φυσιολογία aux deux niveaux, du sens moral[7] et du sens mystique. Dans chaque cas elle est censée dépasser en profondeur la connaissance atteinte par les philosophes grecs.

Il est à cet égard utile de comparer le passage suivant, où Origène fait allusion à l'interprétation allégorique de vers d'Hésiode : « Est-ce aux seuls Grecs qu'il est permis de trouver des vérités philosophiques sous des significations cachées, ainsi qu'aux Égyptiens et à tous les barbares qui prennent au sérieux la vérité de leurs mystères... ? »[8], à celui où il renonce, au moins dans l'ouvrage en cours de rédaction, à développer sur Mt 28, 2 un sens figuré qui introduirait des

1. Comme l'a montré une étude exhaustive de Steven DiMattei présentée en juin 2002 à la Section des sciences religieuses de l'École Pratique des Hautes Études dans un chapitre de son mémoire de DEA.

2. Voir la note *ad loc.* de L. Doutreleau, *SC* 7 bis, p. 112-113.

3. Fragment reproduit par un copiste en marge de la *Philocalie* 1, 11 ; voir M. Harl, *SC* 302, p. 106 n. 2, et H. Crouzel, *SC* 269, p. 180.

4. *HomGn* II 6, l. 87-90 Doutreleau (*SC* 7 bis [1976]).

5. *ComMt* XVII 7, p. 603, 15 Klostermann-Benz (*GCS* 40 [1937]).

6. Voir l'étude de L. Rizzerio, *Clemente di Alessandria e la « φυσιολογία veramente gnostica ». Saggio sulle origini e le implicazioni di un'epistemologia e di un'ontologia « cristiane »*, Leuven, 1996.

7. M. Simonetti souligne la rareté des emplois de ἠθιϰός au sens exégétique, et suggère que Rufin a introduit dans ses traductions des homélies le terme *moralis* sous l'influence d'un usage alexandrin postérieur à Origène, bien attesté chez Didyme (notice « Scrittura sacra », dans *Origene. Dizionario*, dir. A. Monaci Castagno, Rome, 2000, p. 431 et 438). Il reste que l'adjectif « moral » qualifie sans trahir la pensée d'Origène le sens qui concerne les activités de l'âme.

8. *CCels* IV 38.

considérations philosophiques[1]. Cette visée philosophique de l'interprète rejoint l'intention de l'auteur scripturaire, selon la réversibilité constante du travail de l'herméneute et du mode d'expression de l'écrivain, comme le suggère une réplique à Celse au sujet de la Passion de Jésus: «Il ignorait à son sujet toutes les réflexions philosophiques de Paul (ὅσα ... παρὰ τῷ Παύλῳ πεφιλοσόφηται) et ce qu'ont dit les prophètes»[2]. Cette philosophie est la science de la nature (φυσιολογία) véritable, celle qui est présente dans l'Écriture divine, le plus haut enseignement sur le monde, sur l'homme et sur Dieu, selon la valeur donnée à la «vigne» dans l'explication de la parabole de Mt 21, 33-43, mise en rapport avec le chant de la vigne d'Isaïe 5, 1-7[3]. De même que la φυσιολογία sur l'âme est dépassée par l'exégèse morale, qui prend appui sur elle, de même la φυσιολογία grecque sur le monde et sur l'homme est-elle à la fois sous-jacente à la doctrine fondée sur l'allégorisation de l'Écriture et remplacée par elle, à un niveau plus élevé. Ce rapport est illustré notamment par deux passages du *Contre Celse*. L'un rejette un argument de type philosophique en faveur de la participation aux «fêtes publiques», dont l'institution contiendrait «des enseignements de physique (φυσιολογίας) sur l'eau, la terre, les fruits qu'elle produit»[4], selon une interprétation des cérémonies cultuelles proposée par exemple par Plutarque[5]. L'autre exploite en faveur de l'anthropocentrisme chrétien un vers d'Euripide, défini comme «auditeur des leçons d'Anaxagore sur la nature (φυσιολογίας τῆς Ἀναξαγόρου ... ἀκροατής)[6], «Soleil et Nuit sont au service des mortels»: «C'est au service de tous les êtres raisonnables, désignés par synecdoque comme un seul être raisonnable, l'homme, que sont les choses ayant leur place dans l'univers, désignées ici encore par synecdoque comme le soleil et la nuit». Ailleurs, entraîné par la discussion avec Celse dans des réflexions sur la nature commune des corps, sur la matière substrat, créée ou incréée, Origène soumet implicitement ce genre de discours sur la nature (φυσιολογεῖν) à la confrontation avec la «physique» trouvée dans l'Écriture[7]. D'autres textes désignent comme «physiologie» équivalemment le sens figuré recherché par le commentateur et le message de l'auteur inspiré. Dieu, dit-il en répliquant à un argument de Celse fondé sur l'éloge d'un oracle d'Ammon, ne se met pas en peine des bœufs (*cf.* 1 Co 9, 9), «lors même qu'il semble faire des lois sur les bœufs ou les animaux sans raison; mais ce qui est écrit à cause des hommes, en apparence à propos d'animaux sans raison, contient un enseignement sur la nature

1. *CCels* V 58.
2. *CCels* II 16; *cf.* III 19, l. 12-20; 21, l. 14-20 Borret.
3. *ComMt* XVII 7, p. 603, 15 *sq.* Klostermann-Benz (*GCS* 40); voir le commentaire de M. Harl, *SC* 302, p. 110 *sq.*
4. *CCels* VIII 21.
5. Ainsi dans le fragment de ses *Daidala de Platées* cité par Eusèbe, *Préparation évangélique* III 1.
6. *CCels* IV 77, l. 13 Borret (*SC* 136 [1968]).
7. *CCels* IV 60, l. 20 Borret.

(φυσιολογίαν τινα περιέχει)»[1]. Et sur la faute d'Adam, dont on sait que l'élucidation fait intervenir ses doctrines les plus difficiles, Origène écrit : «... pour Adam et sa faute, on trouvera l'explication philosophique en sachant que, traduit en grec, le mot Adam est "homme", et que, dans ce qui paraît concerner Adam, Moïse traite de la nature de l'homme (φυσιολογεῖ Μωυσῆς τὰ περὶ τῆς τοῦ ἀνθρώπου φύσεως)». Il ajoute un peu plus loin : «... le récit de l'homme chassé du jardin avec sa femme, revêtu de tuniques de peaux (Gn 3, 21) que Dieu, à cause de la transgression des hommes, confectionne pour les pécheurs, contient un enseignement secret et mystérieux, bien supérieur à la doctrine de Platon sur la descente de l'âme qui perd ses ailes et est entraînée ici-bas jusqu'à ce qu'elle se saisisse de quelque chose de solide»[2].

De l'émulation avec la pratique allégorique des philosophes pourrait relever telle ou telle interprétation des Écritures dans le *Traité des Principes*. Dans l'exposé sur le monde, son commencement et sa fin, par exemple, où Origène répond à des objections venues de la philosophie grecque, il tire parti d'une expression de l'Écriture où «la création du monde» est désignée par un mot nouveau, non plus κτίσις, mais καταβολή[3]. Ce détail scripturaire a la même fonction que les passages difficiles du texte littéral : il est l'indice, assurément, d'un enseignement profond. L'explication du mot, comme l'action de jeter en bas, au sens étymologique de καταβολή, passablement estompé dans les usages courants du terme («fondation» d'un édifice, «dépôt» pour un paiement), est l'un des éléments du commentaire doctrinal construit par Origène. Quoiqu'il ne parle pas ici d'allégorie, la méthode est la même, le recours à l'étymologie étant caractéristique. Le sens retenu permet de lire dans l'Écriture une révélation sur diverses descentes des natures raisonnables jouissant auparavant de la vie dans les réalités invisibles et éternelles : la chute des intelligences qui ont eu besoin de corps épais, nécessitant, selon un plan providentiel, l'institution du monde visible, et la descente dans ce monde, de leur propre gré dans le cas des puissances bienveillantes, désireuses d'aider les âmes déchues à se réformer, contre leur gré dans le cas des intelligences incorporées dans le soleil, la lune et les étoiles pour accomplir leur ministère envers le monde. Une telle doctrine exige la référence supplémentaire à Rm 8, 20-21 *(La création a été soumise à la vanité, non de son propre gré, mais par l'autorité de celui qui l'y a soumise, dans l'espoir ; car elle sera libérée de l'esclavage de la corruption, pour avoir part à la liberté et à la gloire des enfants de Dieu),* et elle est complétée par la visée eschatologique, orientée vers la restauration, par le moyen du thème de la soumission de toutes choses au Christ, aboutissant à sa propre soumission au Père, «pour que Dieu soit tout en tous», d'après 1 Co 15, 23-28. La constitution d'un réseau de textes scripturaires, inhérente à la recherche du sens profond, conduit à présenter,

1. *CCels* V 36, l. 21 Borret (*SC* 142 [1969]).

2. *CCels* V 40 ; *cf.* V 49.

3. Ep 1, 4 est cité, avec Mt 25, 34, contaminé par Jn 17, 24 ; *PA* III 5, 4 ; voir les notes *ad loc.* de H. Crouzel, *SC* 269.

comme modèle d'explication supérieur au système du monde propre à la philosophie des Grecs une histoire providentialiste et christologique des natures raisonnables.

De tels développements sont certes fort éloignés des versets de l'épître aux Galates 4, 21-31, de même que le système d'interprétation exposé dans le traité d'herméneutique du livre IV du *Traité des principes*. On y perçoit aussi les hypothèses doctrinales propres à Origène, qui orientent son exégèse et qui constituent un sens prédéterminé. L'exemple que nous avons retenu pour conclure est cependant saturé de références pauliniennes, comme c'est souvent le cas[1]. Sans doute ne convient-il pas d'en déduire que la différence est atténuée ; peut-être est-elle paradoxalement d'autant plus forte que les énoncés pauliniens se multiplient ; cette multiplication manifeste un trait constitutif et capital de la méthode allégorique d'Origène, et de ses émules, un trait qui caractérise nombre d'autres démarches herméneutiques analysées dans ce volume, la mise en relation de fragments, extraits de leurs lieux propres, pour produire un texte nouveau.

À la question que nous posions en commençant, les exégètes antiochiens répondaient par la négative. Ils n'étaient pas troublés par le coup de force exégétique de Paul en Ga 4, 21-31. Selon l'histoire, le Nouveau Testament leur semblait être en continuité avec les événements rapportés « typologiquement » par la Genèse, qu'il était censé accomplir. Ce qu'ils rejetaient, c'était la superposition des sens et la généralisation de l'exégèse « spirituelle » rendues possibles par la pratique origénienne de l'allégorie, perçue comme trop grecque. Aussi ramenaient-ils l'« allégorie » selon Paul aux « types », confondant l'intention de Ga 4, 24 et de 1 Co 10, 1-11, soit en considérant que le terme était bien scripturaire, mais que la réalité correspondante ne se trouvait pas dans la Bible, comme Diodore de Tarse[2], soit en prétendant donner un autre sens au mot, comme Théodore de Mopsueste : « L'allégorie consiste en ce que quelqu'un admet un sens qui diffère de ce qui est écrit, en dehors du sens littéral du texte, afin de démontrer ce qu'on s'est proposé de dire, et ce n'est pas qu'on enlève le récit historique et le sens littéral du texte, mais celui-ci reste en premier (lieu) tel qu'il est »[3]. L'« allégorie » que Théodore admet, celle de Paul selon lui, est déduite du récit historique même, dit-il. En l'occurrence, c'est l'interprétation qui met en

1. Ceci n'empêche pas Origène de souligner la nécessité de recourir à tout le contexte de chaque citation de l'Ancien Testament faite par Paul pour comprendre l'intention de l'Apôtre, comme le note F. Cocchini, « Origene e i referimenti veterotestamentari in Paolo », *Studia Patristica* 26, 1993, p. 232 *sq*. Cette rigueur exégétique est en effet aussi ouverture sur des ensembles plus vastes, parcourus par l'analogie.

2. *Commentaire du Psaume 118*, Prologue, p. 92 Mariès (*RSR* 9, 1919) = M. Fiedrowicz, *op. cit.*, ci-dessus p. 118 n. 1, texte n° 56, 29-46 ; *cf. Commentaire sur les Psaumes*, Prologue, p. 7, 132-139 Olivier (*CCSG* 6 [1980]).

3. « Traité contre les allégoristes », dans l'introduction au *Commentaire sur le Psaume 118*, selon la traduction de L. van Rompay, coll. *CSCO* 436, 1982, p. 10. L'accord est entier, malgré une légère différence dans la formulation, avec Diodore.

rapport de subordination la justice donnée par le Nouveau Testament dans la grâce et celle qui est donnée selon l'ordre de la loi, conformément aux rôles figurés attribués par Paul à Isaac et à Ismaël[1]. Si l'on examine les explications données par Théodore de Ga 4, 21-31 ou de Ep 5, 28-32, on constate qu'elles limitent le rapport construit entre le Nouveau et l'Ancien Testament à chacune de ces péricopes précises et aux textes de la Genèse qu'elles citent. Le foisonnement de l'allégorisation origénienne est produit au contraire en grande partie par la recherche dans toute la Bible des échos de ces passages. Une autre question surgit donc, à partir de la remarque précédente : l'allégorie proprement dite dans l'exégèse chrétienne antique, à l'époque où s'affirme la canonisation des Écritures, serait-elle indissociable, dans le mouvement même de la quête des significations, de l'élaboration d'un autre signifiant, à partir des similitudes repérées entre le fragment à comprendre et tous les éléments qu'offre à la comparaison le Livre total, à la fois clos et infiniment divers ? L'allégorie alors, pour être pleinement efficace, ne ferait pas seulement dire autre chose que son sens obvie à un texte donné, mais aurait besoin de développer ce texte en le modifiant par les apports issus du recours à une pratique concertée de l'intertextualité et limités par l'harmonisation doctrinale des parties de l'ensemble de plus en plus rigoureusement circonscrit.

1. *Ibid.* p. 12 ; voir R.J. Kepple, « An analysis of antiochene exegesis of Galatians 4:24-36 », *The Wesminster Theological Journal* 39, 1976-1977, p. 239-249.

JEAN-CLAUDE FREDOUILLE

RÉFLEXIONS DE TERTULLIEN SUR L'ALLÉGORIE

Le premier Père de l'Église d'Occident ne passe pas habituellement pour avoir été un grand exégète et souffre de la comparaison implicite ou explicite avec Origène, son cadet d'une vingtaine d'années. On lui reproche un certain verbalisme, des bizarreries, son réalisme, ses fluctuations montanistes. Bref, on n'est pas loin de suggérer qu'il se serait servi de la Bible, plus qu'il ne l'aurait servie. Sans doute observe-t-on, en contrepartie, quelques tentatives récentes[1] ou moins récentes de réhabilitation. Reste qu'il n'a pas écrit de commentaire biblique. De fait, pour des raisons que nous ne percevons pas clairement[2], le genre apparaîtra en Occident seulement à la fin du IIIe siècle, avec Victorin de Poetovio et Réticius d'Autun, c'est-à-dire approximativement deux générations après lui, et il s'épanouira aux IVe et Ve siècles.

Les remarques que nous présentons, libres de toute appréciation sur la place ou l'importance de Tertullien dans l'histoire de l'exégèse[3], et en dehors de toute

1. En dernier lieu, J. Speigl, « Tertullian als Exeget », dans *Stimuli. Exegese und ihre Hermeneutik in Antike und Christentum. Festschrift für E. Dassmann*, Münster W., 1996, p. 161-176 (= *JbAC*, Ergänz. 23).

2. J. H. Waszink, « Tertullian's Principles and Methods of Exegesis », dans W. R. Schoedel et R. L. Wilken (édit.), *Early Christian Literature and the Classical Intellectual Tradition, in honorem R. M. Grant*, Paris, 1979, p. 17-31, met en relation l'apparition tardive des commentaires bibliques et celle des commentaires grammaticaux des auteurs classiques (Térence, Virgile, etc.) dans le monde romain, celle-ci expliquant celle-là. Encore faudrait-il, remontant d'un degré, expliquer ce retard des commentaires grammaticaux latins, alors qu'existaient des commentaires juridiques, comme J. H. Waszink le note lui-même. D'autre part, Tertullien était suffisamment averti de la culture grecque pour ne pas ignorer l'existence des commentaires d'Homère, Pindare, Platon, etc. Récemment, W. Geerlings, « Les commentaires patristiques latins », dans M.-O. Goulet-Cazé *et al.* (édit.), *Le commentaire entre tradition et innovation*, Paris, 2000, p. 199-211, fait dépendre la naissance des commentaires scripturaires de la canonisation des textes, sans toutefois expliquer, ni même relever, le décalage chronologique entre l'Orient et l'Occident. De toute manière, une autre raison a dû jouer : dans la mesure où ils disposaient de recueils de *Testimonia*, les premiers Pères latins pensaient probablement avoir, en Afrique, des tâches plus urgentes : la défense des chrétiens et, surtout, les controverses avec les hérétiques et les schismatiques, qui les conduisaient inévitablement à faire œuvre d'exégètes.

3. Des ouvrages de synthèse, comme celui de R. M. Grant, *L'interprétation de la Bible des origines chrétiennes à nos jours* (tr. fr.), Paris, 1967, ou celui de M. Simonetti, *Biblical Interpretation in the Early Church, An Historical Introduction to Patristic Exegesis* (tr. angl.), Edinburgh, 1994, ne mentionnent Tertullien qu'occasionnellement. En revanche, B. de Margerie, *Introduction à l'histoire de l'exégèse*, II : *Les premiers grands exégètes latins*, Paris,

considération doctrinale, seront centrées sur les réflexions qu'il a été conduit à faire sur l'allégorie, en général de manière incidente, parfois même sommaire, d'autres fois de façon un peu plus développée, mais toujours dans un contexte polémique, pour tenter de mettre ordre et clarté dans d'interminables discussions scripturaires, de son propre aveu lassantes et souvent stériles, « chacun tirant de son côté sur la corde de la dispute », comme il le répète à plusieurs reprises en s'inspirant d'une formule proverbiale[1].

Nous proposerons ces remarques, d'une part, en nous efforçant de faire apparaître, sous un commun langage, que Tertullien utilise de préférence à la langue technique, l'ancrage culturel de ses analyses ; d'autre part, en évitant de pénétrer, sauf nécessité, dans le champ de sa pratique exégétique, puisque, aussi bien, elle a fait l'objet d'études diverses. Nous ne nous dissimulons donc pas que, aux yeux des spécialistes et des historiens de l'exégèse, notre perspective paraîtra certainement étroite, nos analyses, partielles ou fragmentaires,

---

Tertullien rencontre les problèmes que pose l'outil allégorique dès le début de sa carrière littéraire, quand il écrit le second livre de l'*Ad nationes* (197) destiné à montrer que les dieux païens sont de faux dieux, en prenant pour cadre de son argumentation la théologie tripartite à laquelle est attaché le nom de Varron[2]. Il rappelle que la première classe des dieux, celle des philosophes, repose sur une interprétation allégorique, parfois discordante, de divers éléments, d'astres ou de notions. Il dénonce donc l'*allegorica argumentatio* (*Nat.* II 12, 17), qui conduit en réalité à diviniser des créations utiles à l'homme, et considère cette *interpretatio naturalis* (*Marc.* I 13, 4) comme un refuge, un artifice habile pour dissimuler, sous le voile de l'ingéniosité[3], des réalités qui ne sont pas à l'honneur de ces prétendus dieux.

Tertullien, qui adopte l'explication evhémériste, confirmée, à ses yeux, par les textes, s'attarde sur le cas de Saturne, considéré communément par les Romains comme le père de leurs dieux. Assimilé à Κρόνος, lui-même rapproché étymologiquement de χρόνος, Saturne (comme, par conséquent, divers épisodes de son mythe) était donc, de ce fait, interprété par une majorité d'adeptes de

1983, sous le titre « Tertullien, premier grand exégète du christianisme latin », consacre un long chapitre (p. 23-64) fort sympathique à l'auteur, mais se montre trop soucieux de prodiguer éloges ou réserves en référence à Vatican II, et termine son étude de façon malheureuse sur « Les nombreuses limites de l'exégèse de Tertullien : trop verbale, fluctuante, corporelle et forcée ».

1. *Tertullien et la conversion de la culture antique*, Paris, 1972, p. 184 *sq.*

2. *Cf.* « La théologie tripartite, modèle apologétique », p. 225 *sq.*, dans *Hommages à Henri Le Bonniec*, Bruxelles, 1988.

3. Tertullien dénoncera plus tard, en termes assez proches, l'*allegorica dispositio* et le *patrocinium coactae figurae* mis en œuvre par les Valentiniens (*Val.*, 1, 3 et *SC* 281, p. 174).

l'allégorie comme une représentation du temps[1] : « Quelle est, demande-t-il, la justification de cette métaphore (en latin : de ce "transfert [de sens ") ?... Ou bien c'était Saturne (c'est-à-dire, pour lui, un homme), ou bien c'est le temps ». Et Tertullien ajoute : « Si l'inexistant peut faire l'objet de n'importe quelle représentation imaginaire, il n'y a pas de place pour l'imagination, là où il y a la vérité »[2].

Cette dernière réflexion n'est sans doute pas aussi naïvement oratoire qu'elle peut nous sembler : elle pourrait être l'écho, en termes accessibles, de l'opposition stoïcienne, plus précisément chrysippéenne, entre "le représenté" *(to phantaston)* et "le phantasme" *(to phantasma),* qui ne repose sur rien, comme on l'observe chez les mélancoliques et les fous [3]. En tout cas, Tertullien n'ignore pas, naturellement, le mécanisme et la fonction même de cette « figure macrostructurale » qu'est l'allégorie, « métaphore continuée[4]... présentant un sens autre que celui des mots[5] », selon la définition des rhéteurs, reprise dans toute l'Antiquité jusqu'au Moyen Age[6]. Tertullien la formulera à son tour un peu plus tard, comme nous le verrons. Mais cette définition de l'allégorie, qui pose le dédoublement du sens ou, pour se référer à son étymologie *(allos, agoreuo),* l'altérité entre le mot et le sens, est déjà présente à l'arrière-plan de cette page de l'*Ad nationes*. Le reproche que Tertullien adresse à l'interprétation allégorique pratiquée par les philosophes vise, de ce point de vue, l'amplitude de l'altérité, de l'écart, entre le mot et le sens qu'on lui donne et qui aboutit à une hétérogénéité totale entre l'un et l'autre ; la solution de continuité de l'un à l'autre produit le mensonge ou l'erreur ; un corporel – *corporale* (l'homme Saturne) et un incorporel – *incorporale* (le temps) n'ont pas de rappport, ou bien celui-ci est arbitraire parce qu'extrinsèque[7]. Peut-être d'ailleurs Tertullien sollicite-t-il encore ici une théorie stoïcienne, celle de Cléanthe, qu'il est le premier à nous

1. *Cf.* J. Pépin, *Mythe et allégorie*, Paris, 1976[2], p. 328-329.

2. *Nat.* II 12, 20. 24 : « Quae, oro, huius translatio<nis ratio> ? ... Aut Saturnus fuit aut tempus... Potest incorporaliter fingi quoduis quo<d n>on fuerit omnino ; uacat fingendi locus, ubi ueritas est ». Tertullien signale aussi (*Nat.* II 12, 18) l'interprétation, fondée cette fois sur l'étymologie latine, qui fait de Saturne une allégorie de la fécondité *(satio),* les deux étymologies admises (grecque et latine) étant symboliquement compatibles, puisqu'il faut du temps à la semence pour germer. Il aurait donc pu dire également : « Ou bien c'est un homme, ou bien c'est la Fécondité ».

3. *Cf. SVF* II, p. 21, § 54.

4. Cic., *De orat.* III 166 ; *Or.* 94 ; Quint., *Inst. or.* IX 2, 46.

5. Cic., *De orat.* III 166 : « ...ut aliud dicatur, aliud intellegendum sit » ; Quint., *Inst. or.* VIII 6, 44 : « Allegoria... aliud uerbis, aliud sensu ostendit ».

6. *Cf.* A. Strubel, *« Grant senefiance a » : Allégorie et littérature au Moyen Age*, Paris, 2002, p. 19 *sq.*

7. *Nat.* II 12, 20-25.

faire connaître dans le *De anima*, et selon laquelle l'incorporel ne sympathise pas avec le corporel[1].

Mais, à leur manière, les rhéteurs ne disent guère autre chose : une bonne métaphore ou une bonne allégorie doit entretenir un rapport de similitude entre le mot et le sens. En ce domaine, « il faut fuir la dissemblance », « il ne faut pas rechercher une ressemblance trop éloignée », répètent à l'envi Cicéron et Quintilien[2], après Aristote qui rappelle qu'Homère a pu dire d'Achille qu'il était un lion, parce que l'un et l'autre ont en commun le courage[3] – faute de quoi l'on verse dans l'incohérent, le laid, le difforme. Il va sans dire que ces recommandations ou ces mises en garde sont d'ordre esthétique et s'appliquent à l'ornement du discours, aux qualités du style. Mais il est tout aussi clair que Tertullien, comme en d'autres circonstances et à d'autres fins, adapte ici les préceptes de la rhétorique à l'exégèse, en les prenant pour critères d'une allégorie légitime, et par voie de conséquence d'une interprétation allégorique justifiée. Avant lui d'ailleurs, de façon comparable, Sénèque, dont on sait l'influence qu'il a eue sur Tertullien, tout en reconnaissant l'utilité des images et des métaphores pour l'analyse philosophique, dénonçait leur emploi abusif[4]. Et le même Sénèque ironisait sur les interprétations allégoriques intempestives que les diverses écoles philosophiques proposaient d'Homère, plus exactement d'Ulysse, le présentant, à leur convenance, comme un stoïcien, un épicurien, un péripatéticien ou un académicien, ce qui a pour résultat, nous dit Sénèque, de le trahir[5]. Tertullien se souvient de cette critique : il l'applique aux hérétiques, qui font subir un traitement comparable à la doctrine chrétienne et aux Écritures[6].

Sauf erreur, les études consacrées à l'exégèse de Tertullien n'ont pas pris en compte ce développement de l'*Ad nationes* II[7]. Sans vouloir en exagérer l'importance, on observera cependant qu'il contient, au moins en germe[8], les réflexions ultérieures qu'il lui faudra faire sur l'allégorie comme outil exégétique de l'Écriture, dans ses polémiques contre les hérétiques et contre ceux que,

1. *An.* 5, 5 : « (Vult et Cleanthes) ... corporalium et incorporalium passiones inter se non communicare ». *Cf. SVF* I 518.

2. Cic., *De or.* III 162-163 : « est fugienda dissimilitudo ... ne longe simile sit ductum » ; Quint., *Inst. or.* VIII 6, 17.

3. *Rhet.* III 4, 1406 b 20.

4. *Cf.* M. Armisen-Marchetti, *Sapientiae facies. Étude sur les images de Sénèque*, Paris, 1989, p. 22 *sq.*

5. *Lettres* 88, 5.

6. *Praes.* 7, 11. *Cf.* « Actualité et culture dans deux *sententiae* de Tertullien », dans *Mélanges Pierre Wuilleumier*, Paris, 1980, p. 131-132.

7. Unique référence à *Nat.* II 5 (contre la divinisation des éléments selon Varron) dans J. C. Joosen et J. H. Waszink, art. « Allegorese », *RLAC* I, col. 288 (Tertullien n'est pas autrement mentionné dans l'article).

8. *Cf. supra*, p. 134 n. 3.

devenu montaniste, il appellera les "psychiques", c'est-à-dire les catholiques demeurés fidèles à la grande Église.

Sans doute encore trop dispersées à notre gré, ses réflexions seront, cependant et naturellement, plus précises, plus circonstanciées, que dans l'*Ad nationes* II. Elles porteront essentiellement sur deux types de textes, les prophéties et les paraboles évangéliques, ou plus justement sur le style des prophéties et celui des paraboles, que littérairement parlant il ne distingue guère : la nuance n'est pas gratuite, car, comme on le verra, les analyses de Tertullien sont encore largement inspirées par la rhétorique, voire la philosophie.

Le *propheticum eloquium*[1] comporte deux types, deux espèces (*species*[2]). D'une part, – Justin et Irénée l'avaient observé – des événements à venir sont présentés parfois, et paradoxalement, comme déjà accomplis (par exemple, Isaïe 50, 6 : « J'ai tendu le dos à ceux qui me frappaient », etc.), d'où l'emploi des temps du passé ; cette particularité stylistique peut surprendre, mais elle est, en réalité, parfaitement explicable[3]. Dans d'autres cas, qui relèvent du *figuratum eloquium propheticum*, et qui nous intéressent plus directement ici, des événements sont annoncés figurativement, par énigmes, allégories, paraboles[4], comme dans les quelques exemples qu'il donne[5]. Cette énumération, qui ne s'embarrasse pas des distinctions subtiles[6], parfois discordantes, des rhéteurs[7] et qui présente ces quatre termes (*figure* – ici sous la forme adverbiale –, *énigme, allégorie, parabole*) comme quasi synonymes, n'est pas isolée sous la plume de Tertullien, qui adjoint également des termes tels qu'*imago* ou *similitudo*[8]. Ici comme ailleurs, il souligne que ces "tropes" (mais il n'utilise pas ce terme technique) doivent être compris autrement qu'au sens littéral : *aliter intellegenda quam scripta sunt*[9]. C'est, on l'a rappelé, la définition canonique de l'allégorie.

1. *Marc.* III 5, 2-4 ; *Res.* 20, 9 ; 26, 1.

2. *Marc.* III 5, 3 ; *Res.* 20, 7.

3. D'une part, en effet, Dieu parlant par la voix des Prophètes ne connaît pas la différence de temps, et, d'autre part, la prophétie étant vision anticipée de l'avenir le présente comme déjà réalisé (*cf.* R. Braun, *SC* 399, p. 270-271).

4. *Marc.* III 5, 3 : « Alia species erit qua pleraque figurate portenduntur per aenigmata et allegorias et parabolas... ».

5. Pour illustrer ce second style, Tertullien cite en effet huit exemples, quatre vétéro-testamentaires : Joël 4, 18 ; Ex 3, 8 ; Is 41, 18-19 ; Is 43, 20, et quatre néo-testamentaires : 1 Co 9, 9-10 ; 1 Co 10, 4 ; Ga 4, 22-25 ; Ep 5, 31-32. *Cf.* R. Braun, *SC* 399, p. 271-273.

6. En *Marc.* IV 25, 1, Tertullien parle toutefois des *aenigmatum nebulae*, souvenir peut-être de la définition de l'« énigme » comme *allegoria obscurior* (Quint., *Inst. or.* VIII 6, 52).

7. Quint., *Inst. or.* VIII 6, 1 (trad. J. Cousin) : « Le trope est un changement qui améliore la signification propre d'un mot ou d'une locution. À ce propos, les discussions sont interminables entre les professeurs de grammaire et entre eux et les philosophes sur le problème des genres de tropes, des espèces, du nombre, de leur interdépendance ».

8. *Cf. Res.* 20, 6 ; *An.* 43, 11.

9. *Marc.* III 5, 3. *Cf. Scorp.* 11, 4 : « ... in parabola seminis (*cf.* Mt 13, 3 *sq.*) post cespitem arefacti persecutionum figurat ardorem. Haec si non ita accipiuntur, quemadmodum

L'interprétation de l'Écriture serait en un sens facilitée, ou poserait d'autres questions, si l'on avait l'assurance que le style de l'Ancien Testament et plus particulièrement celui des Prophètes, était toujours allégorique, comme le pensaient beaucoup de gnostiques, ou, au contraire, ne l'était jamais, comme l'enseignait Marcion, sauf exception[1]. Tertullien nous prévient que les prophètes recourent la plupart du temps à l'allégorie, mais pas toujours *(plerumque, non tamen semper)*; un peu plus loin, il inversera la fréquence : ils n'y recourent pas toujours, mais seulement parfois *(non semper... sed interdum)*[2]. Cette indécision suffirait à révéler le malaise qu'il ressent devant les dangers d'un allégorisme qui verserait, par une pente naturelle, dans la systématisation. Mais elle suggère aussi, implicitement, les trois problèmes théoriques que pose à Tertullien l'allégorie : ceux de son statut, de son identification, de son interprétation.

Statut de l'allégorie. Tertullien revient à diverses reprises sur les réflexions que lui avait inspirées l'interprétation allégorique païenne, et plus précisément sur l'idée qu'il ne peut y avoir d'image que de la réalité. Tout d'abord, l'Écriture ne peut être entièrement et continûment allégorique : « Si tout est figure, quelle peut bien être la réalité dont il y a des figures ? Comment présenter un miroir en l'absence d'un visage ? »[3]. En effet, « s'il y a des figures, elles viennent nécessairement de choses existantes et non de choses inconsistantes, puisque seul peut offrir quelque chose de soi en vue d'une comparaison, ce qui est lui-même en mesure de s'offrir à une telle comparaison »[4]. Ou encore : « Si une représentation de la vérité se trouve dans l'image, l'image existe dans sa vérité propre. Existe d'abord nécessairement pour soi ce qui est représenté pour autrui. Une comparaison ne repose pas sur le vide, une parabole n'est pas tirée de rien »[5]. Et en

pronuntiantur, sine dubio praeter quam sonant sapiunt et aliud in uocibus erit, aliud in sensibus, ut allegoriae, ut parabolae, ut aenigmata ».

1. *Cf. infra*, p. 145 n. 4.

2. *Res.* 19, 2 ; 20, 9.

3. *Res.* 20, 2 : « ... si omnia figurae, quid erit illud cuius figurae ? Quomodo speculum obtendes, si nusquam est facies ? ».

4. *Herm.* 34, 3 : « Si quae enim figurae sunt, ex rebus consistentibus fiant necesse est, non ex uacantibus, quia nihil potest ad similitudinem de suo praestare, nisi sit ipsum, quod tali similitudini praestet ».

5. *Res.* 30, 5 : « ... Nam etsi figmentum ueritatis in imagine est, imago ipsa in ueritate est sui : necesse est esse prius sibi id quod alii configuretur. De uacuo similitudo non conpetit, de nullo parabola non conuenit ». *Cf.* aussi par ex. *Marc.* III 13, 9 : « Le Créateur ... a stigmatisé l'idolâtrie sous le nom de la Samarie, région ignominieuse à cause de l'idolâtrie... Et ce n'est pas non plus une nouveauté pour le Créateur d'user figurativement de noms transposés d'après la ressemblance des crimes *(figurate uti translatione nominum ex comparatione criminum)* » (tr. R. Braun, *SC* 399, p. 129).

termes plus philosophiques, dans un tout autre contexte : « Une chose inconsistante, c'est-à-dire un fantôme, ne pourrait pas prendre de figure »[1].

On le voit, Tertullien ne se contente pas de reprendre à son compte les recommandations d'ordre esthétique des rhéteurs sur la meilleure comparaison, celle qui est liée à la chose dont elle est l'image[2] ; il donne à l'image un statut logico-ontologique et l'insère clairement dans un schéma (d'origine aristotélicienne et abondamment repris par les néoplatoniciens) qui lui est familier, sur les relations entre l'Antérieur et le Postérieur[3] : *numquam corpus umbra aut ueritatem imago praecedit* (*Apol.* 47, 14) ou encore : *in omnibus ueritas imaginem antecedit, post rem similitudo succedit* (*Praes.* 29, 5). Si donc la réalité précède l'image, le lecteur de la Bible suivra la démarche inverse et remontera de l'image à la réalité pour découvrir la vérité ; ou, pour le dire en termes plus pauliniens, il soulèvera le voile qui dissimule son message[4].

Identification de l'allégorie. Mais la question se pose aussitôt et inévitablement : quels sont les critères permettant d'assurer que l'on est en présence d'une allégorie ? Le premier n'est certes pas propre à notre auteur, c'est l'absurdité, au moins apparente, du sens littéral. Ainsi quand on lit dans Isaïe 43, 20 : « Les bêtes des champs, les sirènes et les petits des passereaux me béniront », il faut comprendre qu'est annoncée la conversion des nations, car, ajoute ironiquement Tertullien, « Dieu ne compte pas, à coup sûr, recevoir d'heureux auspices des petits des hirondelles, des renardeaux et de ces monstrueuses cantatrices de la fable »[5]. De même, la lecture littérale de Deutéronome 33, 17 : « Sa beauté est celle du taureau, ses cornes sont celles de la bête à une corne », appelle de sa part un commentaire amusé : « Ce n'est assurément pas le rhinocéros à une corne, ni le minotaure à deux cornes qui était désigné par là », mais ces représentations symbolisent la croix avec ses deux bras ainsi que la double disposition du Christ, rigueur du Juge et douceur du Sauveur[6]. Ou encore, il est absurde ou risible[7] de comprendre « ceins ton épée » du Psaume 44 (45), 4 au sens littéral : le terme est approprié au contexte, comme il l'est dans d'autres textes néo-testamentaires que cite Tertullien ; mais c'est une manière légitime de suggérer le tranchant, la

1. *Marc.* IV 40, 3 : « *Hoc est corpus meum* (Lc 22, 19) ... id est figura corporis mei. Figura autem non fuisset nisi ueritatis esset corpus. Ceterum uacua res, quod est phantasma, figuram capere non posset ». *Cf.* R. Braun, *SC* 456, p. 499 n. 5.

2. Quint., *Inst. or.* VIII 3, 77 : « ... quod longe optimum est, (similitudo) cum re cuius est imago conectitur ».

3. *Cf. Tertullien et la conversion de la culture antique*, p. 274 *sq.*

4. *Cf.* 2 Co 3, 12-18 (= *Marc.* V 11, 5-8).

5. *Marc.* III 5, 3.

6. *Marc.* III 18, 3-4 (*cf.* R. Braun, *SC* 399, p. 160-161).

7. *Iud.* 9, 17 : « Valde autem absurdum est si ... » ; *Marc.* III 14, 2 : « Rideo si ... ».

force, la puissance du Verbe divin[1]. Il aurait pu dire avec Quintilien : *cum re ... imago conectitur*[2].

Inversement un second critère circonscrit le champ de l'allégorisme : l'évidence textuelle, la clarté et la netteté des enseignements et des annonces[3]. Faute de quoi, il en va de l'allégorisme comme de la gestuelle des acteurs qui la prennent pour une fin esthétique en soi, sans plus aucun rapport avec la pièce, et dont les *allegorici gestus* les conduisent, en réalité, à trahir le personnage qu'ils sont censés représenter[4]. Sans doute est-ce là, d'ailleurs, dans l'esprit de Tertullien, plus qu'une aimable comparaison[5] – en tout cas, plus qu'une simple raison de condamner le théâtre[6].

Quant aux paraboles évangéliques, elles ne sont pas une *forma sermonis* nouvelle[7] ; ce sont des allégories (avec cette particularité qu'elles n'obscurcissent jamais la lumière de l'Évangile[8]). Elles ne posent guère cependant de problème d'identification, en dépit de ce que prétendent certains, pour lesquels le Christ s'exprimait toujours en paraboles. En fait, il n'en est rien. Puisque nous connaissons, par une mention explicite des Évangélistes ou du Christ lui-même, les cas où celui-ci parlait en paraboles, c'est bien la preuve qu'il ne recourait pas toujours à cette forme de langage[9]. Et, de fait, comme les Prophètes, il s'exprimait aussi par *sententiae* et par *definitiones*[10] ; il complétait ses *parabolae* par ses *sententiae*[11].

Interprétation de l'allégorie. En abordant cette dernière question, nous avons bien conscience de nous situer à la lisière de la théorie allégorique et de la pratique exégétique, voire de franchir le seuil qui les sépare conceptuellement, car, de par sa nature et son histoire, l'allégorie offre, si la métaphore n'est pas déplacée, deux visages. Si, en effet, l'allégorie est pour l'auteur une technique d'expression, voire un procédé informatif ou explicatif, pour le lecteur elle est à la fois *res interpretata* (ou *interpretanda*) et *interpretans – interpretatoria* pour repren-

1. *Cf.* R. Braun, *SC* 399, p. 289.
2. *Inst. or.* VIII 3, 77.
3. *Cf. Res.* 21 et 29.
4. *Pud.* 8, 10-11.
5. Une étude d'A. Le Boulluec, « L'allégorie chez les stoïciens », *Poétique* 23, 1975, p. 301-321, nous rappelle opportunément que pour les stoïciens les gestes, étant dans la dépendance de l'hégémonique, sont aussi un langage susceptible de donner lieu à une interprétation symbolique. En l'espèce, Tertullien dénonce « l'inappropriation » de la gestuelle à l'« hégémonique » (que Chrysippe situait dans le cœur).
6. C'est toutefois l'explication suggérée par C. Micaelli, *SC* 395, p. 358.
7. *Marc.* IV 11, 12.
8. *Res.* 33, 6.
9. *Res.* 33, 2-5.
10. *Res.* 33, 6.
11. *Pud.* 9, 13 : « Hoc et in parabolis figurabat et in sententiis praedicabat ».

dre ce néologisme de Tertullien[1] : interprétée (ou : à interpréter) comme forme de discours, et interprétante, interprétative – "herméneutique", en tant qu'outil exégétique, instrument de compréhension du dessein auctorial[2]. À cet égard, quatre points abordés par Tertullien méritent, nous semble-t-il, un commentaire.

Le premier concerne le caractère spécifique des paraboles qui sont pour lui comme pour les rhéteurs, nous venons de le rappeler, une variété d'allégorie. En prenant pour critère l'homogénéité du discours, les Anciens distinguaient deux types d'allégories : l'*allegoria tota* et l'*allegoria apertis permixta* [3] – l'allégorie "pure" et l'allégorie "mixte", celle qui se voit adjoindre, par l'auteur lui-même, sa "traduction" en termes clairs *(apertis)*. Tertullien ne se réfère pas expressément à cette distinction ; celle-ci sous-tend néanmoins ses remarques. L'avantage évident de l'"allégorie mixte" est qu'elle est susceptible de présenter éventuellement une inventivité plus grande, dans la mesure où elle est accompagnée de son interprétation[4]. Tel est le cas, précisément, des paraboles évangéliques, comme le fait observer Tertullien : « On ne trouvera, écrit-il, aucune parabole qui n'ait été bien expliquée par le Christ lui-même, comme celle du semeur (Mt 13, 18-23), pour signifier le ministère de la parole, ou qui n'ait été préalablement éclairée par le rédacteur de l'Évangile, comme celle du juge orgueilleux et de la veuve suppliante (Lc 18, 1-5), pour inviter à la pratique constante de la prière »[5]. Et lorsque (comme dans l'*allegoria tota*) aucune interprétation n'est proposée, c'est que celle-ci s'impose d'elle-même, par sa transparence, comme la parabole du figuier, dont on diffère l'abattage dans l'espoir qu'il fructifiera (Lc 13, 6-9), et qui est l'image de la stérilité d'Israël[6]. La parfaite adéquation des comparaisons que les paraboles mettent en œuvre et leur cohérence[7] en facilitent d'ailleurs l'intelligence.

1. Tertullien forge cet adjectif dérivé en *Nat.* II 4, 6 où il expose sa théorie du nom de Dieu, qui est un *nomen proprium*, lié par nature à l'être de la divinité *(a se natiuum, naturale)*, sans étymologie *(simplex)* et donc impropre à l'expliquer *(nec interpretatorium)*. *Cf.* R. Braun, *Deus Christianorum*, 1977², p. 31 *sq.* et 692-693. Le *TLL* s.v. 2257, 49 ne signale qu'une seconde attestation de cet adjectif, *Glossaria Latina*, III, 654, 1 (= ἑρμηνευματικός).

2. Ces lignes étaient écrites lorsque nous avons pris connaissance de l'étude de J. Pépin, « Terminologie exégétique dans les milieux du paganisme grec et du judaïsme hellénistique », qui retrouve (p. 19) cette distinction chez les grammairiens grecs, dans C. Curti, J. Gribomont, M. Marin, *et al.* (édit.), *La terminologia esegetica nell'antichità*, Bari, 1987, p. 9-24.

3. Quint., *Inst. or.* VIII 6, 47.

4. *Ibid.* VIII 6, 48 : « Quo in genere et species ex arcessitis uerbis uenit et intellectus ex propriis » (« Dans cette espèce d'allégorie, la beauté provient des termes que l'on est allé chercher loin, et la compréhension, des termes propres »).

5. *Res.* 33, 5 : « ... nullam parabolam non aut ab ipso inuenies edisseratam, ut de seminatore in uerbi administrationem, aut a commentatore euangelii praeluminatam, ut iudicis superbi et uiduae instantis ad perseuerantiam orationis... ».

6. *Ibid.* : « ... aut ultro coniectandam, ut arboris fici dilatae in spem ad instar Iudaicae infructuositatis ».

7. *Cf. Marc.* IV 29, 6 : « Parabolarum status, similitudinum peraequatio » ; 30, 1 : « Parabolarum congruentiam ubique recognoscor exigere ».

La deuxième remarque porte sur une réflexion que fait Tertullien à propos de textes qui ne sont justiciables ni d'une interprétation allégorique ni, en rigueur de terme, d'une interprétation littérale. Ils sont dégagés des «brumes de l'allégorie» *(ut allegoriae nubilo careant),* mais ils exigent que l'on interprète le sens littéral; et, recourant lui-même à une formulation imagée, Tertullien écrit: «Ils ont soif d'une interprétation de leur simplicité même» – *sitiunt ipsius simplicitatis interpretationem*[1]. C'est ainsi que l'on doit comprendre une déclaration qu'il attribue par erreur à Isaïe: «C'est moi qui tuerai et ferai revivre»[2], et dans laquelle Tertullien voit une annonce de la résurrection: tuée par la mort, la chair revivra par la résurrection; celle-ci n'est pas expressément désignée *(sine nominatione ipsius substantiae),* mais sa réalité dans le contexte biblique est clairement suggérée *(simplices uoces ... obradiant)*[3]. Il s'agit de saisir le sens littéral à un certain degré de profondeur, d'atteindre, en somme, sous la signification obvie, une «pensée de dessous» – une *hyponoia*, pour employer le terme technique qui a précédé celui d'*allegoria*[4] et qui correspond assez exactement, nous semble-t-il, à l'explication de Tertullien[5].

Notre troisième remarque est relative au double sens de l'Écriture. La réalisation des prophéties est un fait constatable, qui, en soi, ne supporte pas ou qui, théoriquement (car on sait que tel n'est pas le cas), ne devrait pas supporter la discussion: «Les faits sont contenus dans les écrits, les écrits se lisent dans les faits»[6]. Mais certaines annonces prophétiques sont justiciables d'une interprétation spirituelle. Par exemple, comme l'a prophétisé Isaïe, des aveugles ont vu, des muets parlé, des mains paralysées et des genoux brisés retrouvé leur vigueur, des boîteux bondi comme des cerfs[7]. Mais, ajoute Tertullien, de ces faits accomplis *carnaliter*, c'est-à-dire *physiquement* et *littéralement*, nous donnons aussi une interprétation spirituelle *(spiritaliter quoque interpretari solemus),* en référence aux vices de l'âme que le Christ a également guéris[8]. Si Tertullien écarte ici l'adverbe *allegorice* au profit de l'adverbe *spiritaliter*, les deux notions

1. *Res.* 28, 5.
2. Dt 32, 39 (1 R 2, 6).
3. *Res.* 28, 5-29, 1.
4. *Cf.* J. Pépin, *Mythe et allégorie*, p. 85-87.
5. L'équivalent latin d'*hyponoia* est *suspicio* (*cf.* Quint., *Inst. or.* VI 3, 88). Tertullien l'emploie, nous semble-t-il, avec cette valeur, et pour écarter précisément cette interprétation, lorsqu'il écrit que les textes de l'Écriture sont si clairs sur la résurrection corporelle, qu'on ne doit pas chercher sous la lettre une signification figurée (*Res.* 21, 1: «... instrumenta diuina ita aperte corporalem contestantur resurrectionem, ut nullam admittant figuratae significantiae suspicionem»).
6. *Res.* 20, 9: «Res in litteris tenentur, litterae in rebus leguntur».
7. *Res.* 20, 6 = Is 35, 5- 6.
8. *Res.* 20, 7: «Quae et si spiritaliter quoque interpretari solemus secundum conparationem animalium uitiorum a domino remediatorum, cum tamen et carnaliter adimpleta sunt, ostendunt prophetas in utramque speciem praedicasse, saluo eo quod plures uoces eorum nudae et simplices et ab omni allegoriae nubilo purae defendi possunt...».

sont à ses yeux fort proches l'une de l'autre, comme le montre, d'abord, la justification qu'il tient à donner de ce double sens; celui-ci, en effet, est légitimé par le fait que les prophètes ont parlé *in utramque speciem*, c'est-à-dire, on l'a vu plus haut, en recourant à deux types de langage, celui de l'accomplissement des événements et celui de l'allégorie; comme le confirment aussi diverses équivalences sous sa plume entre les deux adjectifs *allegoricus* et *spiritalis*[1] (le second moins marqué culturellement que le premier), le sens spirituel étant une application, une spécification plus morale du sens allégorique[2]. Autrement dit, sens allégorique ou sens spirituel, procédant de la même démarche, non seulement ne sont pas nécessairement exclusifs du sens littéral, mais souvent l'admettent et le complètent[3]. Plus généralement même, les paroles de l'Écriture sont suceptibles d'acceptions utiles en fonction des circonstances présentes[4], c'est-à-dire d'une lecture actualisée – et parfois largement sollicitée[5].

La dernière question est celle qui a retenu le plus souvent l'attention. On a en effet relevé ce que l'on appelle volontiers les règles exégétiques de Tertullien, mais qui, on l'a dit, loin de constituer un développement systématique, sont énoncées, à l'occasion, sous forme de principes ou de conseils. Sans doute Tertullien n'a-t-il pas en vue uniquement l'allégorie, mais ses principes ou recommandations trouvent là un champ d'application préférentiel. Sans revenir sur la règle selon laquelle, pour lui, la seule exégèse conforme à la foi authentique est celle que propose l'Église, seule véritablement «capable de connaître la

1. *Cf.* à propos des «armes du Christ»: *arma allegorica* en *Iud.* 9, 20 et *Marc.* III 14, 7; *machaera allegorica* en *Marc.* III 14, 5, mais *armatura spiritalis* en *Marc.* V 18, 6. De même, *Marc.* IV 20, 4: «... toi (Marcion) qui vois prédit un soldat en armes, un guerrier (*cf.* Is. 8, 4), sans qu'il s'agisse figurativement ni allégoriquement *(non figurate nec allegorice)* d'un être destiné à mener spirituellement *(spiritaliter)* une guerre spirituelle *(spiritale)* contre des ennemis spirituels (= les démons), en une campagne spirituelle, etc» (tr. R. Braun, *SC* 456, p. 253).

2. *Cf. Marc.* III 24, 2: «De restitutione ... Iudaeae ... quomodo allegorica interpretatio in Christum et ecclesiam et habitum et fructum eius spiritaliter competat...».

3. *Cf.* par ex. *Orat.* 6, 2-3: «... *Panem nostrum quotidianum da nobis hodie* spiritaliter potius intellegamus... Sed carnaliter admittitur ista uox...».

4. Ainsi en est-il par exemple du Psaume 1, 1: «Heureux l'homme qui ne va pas au conseil des impies» etc.: c'est d'abord Joseph d'Arimathie refusant de participer au Conseil qui condamna Jésus; mais c'est aussi le chrétien qui s'abstient d'assister aux spectacles (*Spec.* 3, 4; *cf.* M. Turcan, *SC* 332, p. 106-108); nous verrions aujourd'hui dans le premier cas, une interprétation «mystique» et dans le second une interprétation «morale» (*cf.* R. Braun, «Le témoignage des Psaumes dans la polémique antimarcionite de Tertullien», *Augustinianum* 22, 1982, p. 155 [= *Approches de Tertullien*, Paris, 1992, p. 205).

5. *Cf. Cult.* II 2, 5, où, pour dissuader les femmes de se farder, Tertullien invoque le commandement divin sur l'amour du prochain (Mt 19, 19; 22, 39 = Lv 19, 18) et la recommandation de Paul relative aux idolothytes (1 Co 10, 24): «Ne cherchez pas votre intérêt propre»); M. Turcan, *SC* 173, p. 101.

moelle des Écritures»[1], car sa doctrine remonte directement au Christ, par l'intermédiaire des apôtres et de la tradition[2], nous rappellerons seulement ceux de ses conseils qui ont un aspect technique ou méthodique: tenir compte du contexte et de la cohérence, de la vraisemblance, du dessein de l'auteur biblique, résoudre les contradictions apparentes[3], se fonder sur ce qui est certain et clair pour interpréter ce qui est incertain ou obscur[4], ne pas surestimer l'importance de certains détails qui ont seulement une fonction structurelle ou littéraire dans le récit[5], etc.

Ces recommandations, héritées directement ou indirectement des préceptes de la rhétorique, et remontant parfois à la philosophie, sont réductibles, sans arbitraire, à un principe dont elles dérivent: «le grand nombre éclipse le petit nombre»[6], ou encore: «c'est le grand nombre qui fait comprendre le petit nombre»[7]. Autrement dit, l'Écriture constitue un ensemble cohérent, unitaire, son interprétation est globale, totalisante[8]. Dans un langage dépourvu une fois encore de toute technicité, Tertullien, sciemment ou non, faisait sienne l'idée

1. *Scorp.* 12, 1: «Quis nunc medullam scripturarum magis nosset quam Christi schola ?».

2. Sur la *regula fidei* ou *ueritatis* comme norme exégétique pour Tertullien, *cf.* J. H. Waszink, *art. cité* (*supra.*, p. 133 n. 2); et surtout J. Speigl, art. cité (*supra*, p. 133 n. 1): l'Écriture fonde la «règle de foi» qui, à son tour, sert de norme à l'exégèse scripturaire.

3. *Cf. Mon.* 11, 13: «Haec erit interpretatio capituli istius (1 Co 7, 39) de hoc examinanda, an et tempori et causae, et tam exemplis et argumentis praecedentibus quam et sententiis et sensibus subsequentibus, et in primis an ipsius apostoli et consilio proprio congruat et instituto; nihil enim custodiendum est quam ne diuersus sibi deprehendatur». *Cf.* P. Mattéi, *SC* 343, p. 343-344. Ce sont des cas de *status de facto* ou *de scripto* que Tertullien traite comme tels: *cf. Tertullien et la conversion de la culture antique*, p. 134 *sq.*

4. C'est un argument dit «artificiel», technique ou intrinsèque (c'est-à-dire inhérent à la cause): Quint., *Inst. or.* V 10, 11: «... ratio probationem praestans qua colligitur aliud per aliud et quae quod est dubium per id quod non dubium est confirmat». *Cf. Nat.* I 4, 9; *Marc.* I 9, 7; *Res.* 19, 1; 21, 2; etc. R. Braun, *SC* 365, p. 140 n. 2.

5. *Pud.* 9, 2-3. Citons à ce sujet la recommandation pleine d'humour d'Évagre le Pontique, *Le gnostique* 34 (tr. A. & C. Guillaumont, *SC* 356, p. 153): «Tu n'interpréteras pas spirituellement tout ce qui se prête à l'allégorie, mais seulement ce qui convient au sujet; car si tu n'agis pas ainsi, tu passeras beaucoup de temps sur le bateau de Jonas (*cf.* Jonas 1, 5), à expliquer chacun de ses agrès. Et tu feras rire tes auditeurs au lieu de leur être utile: tous ceux qui seront assis autour de toi te rappelant tel ou tel agrès et produisant, en riant, celui que tu auras oublié». Ne pas perdre de vue l'essentiel, ne pas s'attarder sur des détails, c'est aussi le conseil qui est donné aux orateurs (Quint., *Inst. or.* V 13, 35. 37).

6. *Pud.* 17, 18: «Concede iam tot ac talibus sententiis unum illud quod tenes. Pauca multis, dubia certis, obscura manifestis adumbrantur».

7. *Prax.* 20, 2: «Sed proprium hoc est omnium haereticorum ... pauca aduersus plura defendunt...». De même, 26, 1, à propos de l'Évangile de Jean: «... ne tot manifeste pronuntiata et ante et postea unus sermo subuertat, secundum omnia quam aduersus omnia ... interpretandus», et à propos de l'Apôtre, *Mon.* 11, 13 (*supra*, n. 3).

8. Le scepticisme manifesté à cet égard par J. H. Waszink, art. cité, p. 27, ne nous paraît guère fondé.

ancienne, à laquelle Porphyre donnera sa formulation définitive: «Éclairer Homère à partir d'Homère»[1]. Cette idée est d'ailleurs également présente chez ses contemporains ou quasi contemporains comme Clément d'Alexandrie et Origène. Plus tard, mettant en garde contre «Deux erreurs: 1. Prendre tout littéralement. 2. Prendre tout spirituellement», Pascal écrira, en s'inspirant du *De doctrina Christiana* d'Augustin: «Qui veut donner le sens de l'Écriture et ne le prend point de l'Écriture est ennemi de l'Écriture»[2].

Notre réflexion sur les réflexions de Tertullien relatives à l'allégorie nous a conduit inévitablement à les ordonner, peut-être à les éclairer en suggérant leur cohérence, tout en évitant de les solliciter en quelque sens que ce soit. Peut-être le portrait que l'on répand d'un littéraliste foncier en sort-il plus nuancé et plus intelligible. En tout cas, si la terminologie allégorique de Tertullien n'est pas fixée[3] (elle ne l'était pas non plus chez les rhéteurs, elle ne le sera guère davantage chez un Augustin), il s'est interrogé (moins didactiquement qu'on le souhaiterait sans doute, mais plus que ses prédécesseurs grecs) sur la nature et la fonction de l'allégorie, faisant appel pour cela à sa culture rhétorique, voire philosophique. Il convient d'ailleurs d'observer qu'apparaissent sous sa plume, dans ce même champ lexical, outre *figurate* et *figuraliter*, légitimés par l'équivalence *figura* = τύπος, les dérivés *allegoricus*, *allegorice*, et même *allegorizo*[4] qu'il crée sur le modèle du verbe grec virtuel[5]; et contrairement à ce que l'on aurait pu supposer *a priori*, ces néologismes, comme le montrent les constatations précédentes, ne sont pas forgés dans un dessein délibérément dépréciatif. Et la pratique du pluralisme allégorique ne lui est pas étrangère[6].

1. *Cf.* J. Pépin, *La tradition de l'allégorie de Philon d'Alexandrie à Dante*, Paris, 1987, p. 194 *sq.*

2. *Pensées*, 284, 283 S. = 648, 900 B.

3. Pour l'interprétation littérale Tertullien utilise un vocabulaire restreint, essentiellement *simplicitas (simplex, simpliciter), carnalis (carnaliter), corporalis (corporaliter),* d'où des antithèses du type *carnalis / spiritalis, simpliciter / allegorice*, etc. *Cf.* T. P. O'Malley, *Tertullian and the Bible. Language, Imagery, Exegesis*, Nijmegen-Utrecht, 1967; J. E. L. van der Geest, *Le Christ et l'Ancien Testament chez Tertullien*, Nijmegen, 1973; P. Siniscalco, «Appunti sulla terminologia esegetica di Tertulliano», dans Curti, Gribomont, Marin *et al.* (édit.), *La terminologia esegetica nell'antichità*, Bari, 1987, p. 103-122.

4. On relève dans l'œuvre de Tertullien 14 occurrences d'*allegoricus* (dont une en citation de Ga 4, 24, d'après le texte de Marcion, en *Marc.* V 4, 8 sur les deux fils d'Abraham annonçant et symbolisant les deux Alliances]: «*quae sunt allegorica* [= ἀλληγορούμενα], id est portendentia...» – sur cette citation, *cf.* T. P. O'Malley, *op. cit.*, p. 54-56; R. Braun, *SC* 399, p. 273), 4 d'*allegorice* et 3 d'*allegorizo.*

5. En effet, le verbe grec dérivé *ἀλληγορίζω, morphologiquement possible, n'est pas attesté.

6. Par exemple Dt 32, 39 («C'est moi qui fais vivre et qui fais mourir») est suceptible de recevoir plusieurs interprétations allégoriques: outre celle qu'il propose en *Res.* 28, 5 (*cf.* p. 142 n. 2 et n. 3), Tertullien voit dans ce verset, utilisé par Marcion dans ses *Antithèses*,

Reste que Tertullien, à la différence d'autres Pères de l'Église, ne s'est pas fait l'avocat de « la fonction protreptique de l'allégorie »[1] ; il s'est montré, au contraire, particulièrement sensible aux dangers ou aux risques de l'allégorisme, pour deux raisons au moins. La première est le contexte historique, l'allégorisme gnostique lui paraissant sans doute plus inquiétant, parce que plus séduisant et plus difficile à réfuter, que le littéralisme de Marcion, dont il pouvait démontrer les insuffisances et les défauts précisément grâce à l'interprétation allégorique, ou plus exactement typologique.

La seconde raison de sa défiance, plus hypothétique, serait à rechercher dans l'héritage de sa propre culture. Philosophes et grammairiens anciens s'accordaient, avec des nuances, pour admettre que la chose et le nom qui la désigne *(res et uerbum, substantia et nomen)* sont, à l'origine, étroitement associés par un rapport de convenance – une *similitudo* dira Augustin[2], que ce soit par convention (θέσει), que ce soit par nature (φύσει), comme le pensaient les stoïciens, que Tertullien inclinait à suivre[3]. Souvent sous-jacente, on l'a vu, aux développements que les rhéteurs, soucieux de leur adéquation à la réalité, consacrent à la métaphore et à l'allégorie, cette théorie, ne pouvait que l'inciter à faire preuve de réserve et de lucidité à l'égard d'une interprétation qui, précisément, contribue, à des degrés divers, légitimes ou moins légitimes, à rompre ce lien originel.

La communication d'Anca Vasiliu au cours de ce Colloque[4] nous invite à terminer sur une observation, que nous avions écartée parce qu'elle n'entre pas exactement dans le cadre des problèmes que l'*allegoria* pose à Tertullien, mais qu'il nous paraît maintenant utile de proposer, dans la mesure où elle permet de mieux comprendre sa réflexion sur le sujet et d'en montrer la cohérence, mais aussi de prévenir un risque de confusion.

De fait, les lecteurs de Tertullien pourraient s'interroger sur les raisons pour lesquelles nous nous sommes abstenu de faire état des "allégories" qui peuplent son œuvre : Renommée, Patience, Monogamie, Continence, "psychomachie" des

non pas une contradiction ou un exemple de versalité du Créateur, mais sa vraie nature, qui est à la fois celle d'un juge sévère et celle d'un être miséricordieux (*Marc.* II 14, 1-3), et, dans le prolongement de cette interprétation, une préfiguration de 2 Co 3, 6 : « La lettre tue, mais l'esprit vivifie » (*Marc.* V 11, 4).

1. Selon le titre d'un article de J. Pépin, « Saint Augustin et la fonction protreptique de l'allégorie », *Recherches augustiniennes* 1, 1958, p. 243-286.

2. *De dialectica* 6 (*PL* 32, 1412, 26-27).

3. *Cf. Carn.* 13, 2 ; *Marc.* I 7, 3 ; R. Braun, *SC* 365, n. 1 ; *Deus Christianorum*, p. 692. Tertullien connaît d'ailleurs la théorie stoïcienne du signe, unissant « objet », « signifiant » et « signifié », comme on le constate dès son premier ouvrage, *Nat.* I 5, 6-7, où la distinction entre *esse* (ou *res*), *nomen* et *dici* est celle qui existe entre τὸ τυγχάνον, τὸ σημαῖνον et τὸ λεκτόν (lequel peut être vrai ou faux).

4. *Cf. infra*, p. 149-193.

Vices et des Vertus, prosopopée de Matière, d'Idolâtrie, d'Homicide[1]. Tertullien n'a donc pas hésité à reprendre un procédé qu'il trouvait à la fois dans la Bible et dans la tradition littéraire et artistique païenne[2] ; et cela, sans se contredire ou paraître avoir oublié sa défiance à l'égard de l'*allegoria*.

En effet, le point de vue des Anciens et celui de leurs successeurs divergent sur la nature et la fonction du procédé comme sur la terminologie. Ceux-ci considèrent et désignent cette manière de présenter – de "personnifier", des notions abstraites (ou des objets inanimés) comme une "allégorie" ; au contraire, les Anciens y voient non pas un "trope" (en l'espèce une *allegoria*), mais une "figure de pensée" (une *sententiae figura*), de quelque terme que les rhéteurs désignent ce que depuis le XVIIIe siècle on appelle une "personnification" : ἠθοποία, προσωποποιία, *conformatio*, *personae ficta inductio*, *fictio personae*, etc. La distinction est importante et justifiée. Contrairement à l'allégorie-trope (ou allégorie-métaphore), l'allégorie-figure de pensée (ou allégorie-personnification) *ne dit pas autre chose* , mais *elle le dit autrement*: en donnant éclat et relief à la pensée, ce qui est sa fonction rhétorique propre, elle est un moyen particulièrement utile de l'amplification et du pathétique[3].

Pour citer l'exemple sans doute le plus significatif de son œuvre, quand il est sur le point de conclure son *De patientia*, Tertullien brosse le « Portrait de Patience », véritable médaillon soigneusement ciselé, destiné à suggérer "physiquement" le caractère de cette vertu[4]. Mais ce "portrait" n'apporte pas véritablement d'information nouvelle par rapport aux analyses précédentes, qu'il récapitule différemment, sous les couleurs d'un langage qui n'est plus le langage discursif.

Tertullien ne s'est, à aucun moment, expliqué sur cette "figure de pensée", et il n'avait guère à le faire, le procédé étant légitimé autant par sa double ascendance (biblique et classique) que par sa nature même. En effet, sauf éventuelles intentions caricaturales ou satiriques de l'auteur, la *personae fictio* ne "s'écarte" pas, en principe, de la réalité (vertus, notions, etc.) qu'elle est censée représenter – à proprement parler : "figurer", et avec laquelle elle entretient une relation étroitement "iconique". Elle n'est ni "à interpréter" ni "interprétative", ni objet ni outil herméneutique. Conceptuellement ou, plus justement, sémiotiquement, sinon littérairement[5], elle est, en quelque sorte, le "degré zéro" de l'"altérité"

1. *Cf. Tertullien et la conversion de la culture antique*, p. 59 *sq*.

2. En particulier, l'allégorie de Renommée (*Nat.* I 7, 1-2 ; *Apol.* 7, 8-14) lui est inspirée par un passage de Virgile, *Énéide* IV 173 *sq*.

3. *Rhét. à Herennius* IV 66 : « Proficit (conformatio) plurimum in amplificationis partibus et conmiseratione ».

4. *SC* 310, p. 110, 265.

5. Ajoutons : « ou iconographiquement », ces considérations étant *mutatis mutandis* transposables à la peinture et à la sculpture (Tertullien, comme tant d'autres chrétiens avant ou après lui, n'hésite pas à voir dans les trophées païens une préfiguration de la croix), avec quelques réserves cependant. En effet, le rapport entre la conception et la réalisation du projet peut

propre, on l'a vu, à l'*allegoria*. On serait donc parfaitement fondé à étendre à la personnification correctement élaborée, c'est-à-dire celle qui repose sur une "fiction" vraisemblable et adaptée [1], la définition, déjà rappelée, que Quintilien propose de la métaphore ou de l'*allegoria* réussie : *cum re imago conectitur* [2], même si les deux procédés ne sont pas originellement assimilables. Sans doute la relation de l'*imago* à la *res* est-elle comparable dans un cas et dans l'autre : l'auteur conçoit la *res* signifiée, antérieurement à l'*imago* signifiante qu'il utilise pour l'exprimer ; le lecteur "lit" – "voit" – l'*imago*. Cependant, parce que l'auteur n'a pas, dans les deux cas, la même visée sémiotique et ne recourt pas au même type d'élaboration littéraire, le processus de compréhension ou d'analyse est également différent, qui permet au lecteur de remonter de l'*imago* jusqu'à la *res* : l'allégorie-trope (parce que le texte présente un sens plus ou moins voilé) exige une démarche et une réflexion interprétatives ; l'allégorie-personnification (parce que le texte, en dépit de son élaboration, y est plus transparent) ne requiert normalement aucun déchiffrement du sens ; elle est un "ornement" immédiatement accessible et intelligible au lecteur. Mais on s'explique pourquoi les deux procédés, distincts par nature et par fonction, distingués pour cette raison par les rhéteurs, ont tendu à se voir confondus dans la terminologie, de telles confusions étant au demeurant favorisées par le fait que, sous la plume des écrivains, la frontière qui sépare une "métaphore continuée" d'une personnification est parfois indécise ou imprécise.

être alors plus délicat à cerner, le lien entre elles étant naturellement plus lâche ou plus variable, surtout lorsqu'il s'agit de donner une forme matérielle à des concepts (*cf.* par exemple *L'Empire du temps. Mythes et créations*, Paris, 2000 [Musée du Louvre, 10 avril-10 juillet 2000], en particulier, p. 151 *sq.* « Le temps personnifié »). Ainsi, à la limite, contrairement à la personnification littéraire, mais comme dans le cas de l'allégorie-trope, la personnification iconographique peut, parfois, exiger elle aussi le recours à l'interprétation...

1. *Rhét. à Herennius* IV 66 : « Conformatio est cum res muta aut informis fit eloquens et forma ei et oratio adtribuitur ad dignitatem adcommodata aut actio quaedam... » ; Quint., *Inst. or.* IX 2, 30 : « ... personas idoneas damus ».

2. *Supra*, p. 140 n. 2.

ANCA VASILIU

ENTRE *MUSES* ET *LOGOS* : INVENTION DE L'ALLÉGORIE ET NAISSANCE DE L'ICÔNE (*SOPHISTES* ET *PÈRES* À LA FIN DE L'ANTIQUITÉ)

Arguments de départ

1. Nous proposons ici une analyse de la relation parole–image circonscrite au territoire du discours. Comment un syntagme, discursif par nature, ouvre-t-il la possibilité de *voir* quelque chose, non à partir des sons mis en branle par la profération / récitation des mots, mais à partir du sémantisme même contenu dans / par ces mots ? Y-a-t-il, autrement dit, un accès à l'évidence par le seul moyen, par la porte unique du langage ? Si oui, quelle est la nature de cette « évidence » ainsi mise en scène et donnée à voir par le discours ? Si non, comment le discours entend-il répondre à la nécessité irrépressible de *voir* ce qu'il nous fait entendre ? Nous excluons d'emblée de notre recherche le champ des « figures du discours », ou du moins celles qui, traditionnellement, sont considérées comme des figures plus spécifiquement *imagées*. Nous en userons ponctuellement, et uniquement pour marquer la distinction entre cette relation parole–image propre au discours philosophique (voire théologique) et la pratique « littéraire » des figures, notamment – pour ne citer que les figures qui associent de la manière la plus courante l'image à un syntagme – la « personnification », la « prosopopée » ou la famille étendue de la « métaphore » (comparaison, analogie, métonymie, soit toute forme de manifestation de la ressemblance par référence, substitution ou contiguïté). C'est donc dans ce cadre, *a priori* hors figure, que nous interrogerons ici la naissance, la particularité et les fonctions de l'allégorie en opposition (ou complémentarité) avec les usages réservés à l'image dans un texte philosophique. Il va de soi que nous n'empruntons pas ici le chemin de l'histoire, ni celui de la stricte philologie, et que les quelques hypothèses que nous formulons, nourries par la lecture des auteurs platonisants (pour la plupart) et pétries dans la fréquentation des textes tour à tour philosophiques, théologiques et rhétoriques de la fin de l'antiquité, ne font dans cet article que l'office d'une introduction aux vastes champs qui s'ouvrent au chercheur lorsqu'il aborde les questions de l'image, du discours et du concept au moment du tournant entre le monde ancien et le monde moderne – si tant est qu'on puisse appeler «moderne» l'aube de la pensée médiévale dans sa tentative de découvrir la conscience de soi de l'homme.

Si distinction il y a entre discours philosophique et discours poétique, ou pluralité irréductible – en écho à la problématique analysée dans la huitième étude de Paul Ricœur sur la métaphore[1] –, alors cette distinction porte justement sur la nature de la relation parole–image et sur le rôle qui lui est imparti dans la construction logique du discours. On pourrait l'envisager non comme distinction à l'intérieur d'une multiplicité de rapports différents, mais sous le mode de la complémentarité au sein d'une relation unique engendrant dans certaines conditions un quasi conflit entre deux voies logiques : celle de l'énonciation et celle de l'évidence. Il s'agit, d'une part, d'un échange qui se veut purement discursif, voire une véritable substitution par raccourci, entre l'appellation d'une chose désignée *(nomen, vocabulum)* et l'identité, intouchable autrement, de cette chose, et de l'autre, d'un don de la monstration (*monstrare* ou épiphanie πρὸ ὀμμάτων), d'une certaine visibilité de la chose «transformée» ou «présentifiée» en image – quoique cette présence soit en effet réduite à l'état d'un «objet propre» du regard seul, lien entre faculté sensible et acte noétique. Toutefois, notre propos ne vise pas la définition du discours à l'égard de l'image, ni la détermination de ce qui en / de celle-ci s'ouvre au prédicable, mais cherche précisément à circonscrire la nature même de l'image, de ce type d'image spécifique qui surgit et se montre à partir d'un nom et d'une expression appropriée à son engendrement. Il vise, en d'autres termes, une définition possible de ce que les Anciens voyaient en ayant sous les yeux l'évidence en tant qu'«image» d'un être ou d'une chose «vrai(e)», soit comme un objet constitué pour être regardé (une «œuvre», du moins comme référence, comme horizon de visibilité), soit comme une chose tirée, extraite du hors-champ du visible et que la perception visuelle elle-même a transformé en image en l'associant d'emblée (arbitrairement ?) à une figure ou à une composition formelle. Y-a-t-il, dans ces cas, un lien de parenté entre la parole et l'image ou seulement une justification logique postérieure, par analogie, des différentes associations aléatoires entre des voies d'expression irréductibles, situées, les unes comme les autres – images et noms des êtres et des choses –, à la limite de la communication ?

2. La réduction de la relation parole–image à son exercice dans le champ de l'allégorie, que nous tentons dans cette étude, vise autre chose qu'une nouvelle (d'ailleurs, est-elle encore possible ?) définition de l'allégorie. Celle-ci (nous) sert de révélateur pour comprendre un mécanisme spécifique mis à l'œuvre vers la fin de l'antiquité classique, et dont le propre consiste à enfermer la parole avec l'image dans une sorte de «palais de glaces», lieu clos, purement rhétorique, construit sur un mode auto-référentiel et par conséquent faussement ouvert, comme en trompe-l'œil, par des renvois réciproques dans un miroir imaginaire, dans la circularité sans fin d'un spéculaire feint, artificiel et nocturne. Or

1. P. Ricœur, *La métaphore vive*, Paris, 1975 («Métaphore et discours philosophique», plus particulièrement p. 325-356).

l'invention de l'allégorie, puis de l'allégorèse, est, selon nous (du moins comme première hypothèse de travail), le signe de la mise en place de ce mécanisme de recouvrement / effacement et de réflexivité entre la parole et l'image, mécanisme dont l'usage le plus répandu est généralement attribué aux sophistes. Elles – allégorie et allégorèse, dans une unité paradigmatique sur laquelle nous nous attarderons plus loin – sont le produit d'une tentative pour couvrir, voire effacer, la logique proprement dite de l'énonciation, en tant qu'elle désigne la possibilité et les moyens d'accès du langage à la « vérité » de son référent, pour étouffer ainsi la voix et fermer son chemin vers la présence directe par un recours à la logique du formel : la réduction du langage comme expression à l'usage « mécanique » d'une logique fermée et formalisée du discours. Il s'agit, en d'autres termes, de couvrir la langue par les artifices de la rhétorique – figures, détours imagés (récits, mythes) et usage de « lieux communs » – tout en lui donnant l'aspect d'une ouverture sur une altérité réelle et l'apparence d'une profondeur infinie, car spéculaire, mesurable à l'aune des interprétations ou simplement de la polysémie originaire des termes telle qu'elle est entendue par chaque lecteur. Si « ruse » il y a dans cette tentative de recouvrement du vivant par son double, de la voix par l'écho et de l'image par le reflet, alors cette ruse viendrait d'un « péril » qui s'était peu à peu montré : celui d'un « sujet » présent et opérant de manière de plus en plus audible sous la voix d'un texte et de plus en plus apparent sous la visibilité désignée d'une image, mais qui demeure, quoi qu'il en soit, encore indéterminable pour cette époque. Du moins, indéterminable autrement que par la voie d'une conscience de soi purement réflexive, en connexion avec le langage, dans la mesure où celui-ci permet une présence à soi par la voix et préserve également une trace de la présence, ainsi réitérable, de l'objet visé[1]. Or, même comme telle, comme une conscience rendue possible par la répétition d'une « présence » dans la langue (par le nom juste, par l'expression et par l'image), le « sujet », qui sort de sous l'anonymat du simple actant de la prédication et qui demeure dans la conscience d'un « soi », n'a pas encore reçu une identité clairement définie à l'intérieur de son propre discours. Le pronom (*je*, *nous* etc.), même s'il est utilisé, n'avait, certes, pas encore acquis chez les *antiques* la « valeur transcendantale » qui lui sera attribuée par la pensée moderne.

1. « La conscience de soi n'apparaissant que dans son rapport à un objet dont elle peut garder et répéter la présence, elle n'est jamais parfaitement étrangère ou antérieure à la possibilité du langage. » Nous adoptons ici le point de vue de J. Derrida concernant la relation établie et analysée dans *La voix et le phénomène*, coll. « Épiméthée », Paris, 1967, p. 14 et *sq.*), même si le contexte est non seulement décalé par rapport à l'époque dont nous parlons mais, de surcroît, restreint à celui d'un travail sur le problème du signe chez Husserl précisément. L'aspect mis en évidence par J. Derrida nous permet d'une part d'avoir un contre-point philosophique avec l'ouvrage de fond sur la question de l'accès au sens par des figures du langage, en l'occurrence celui de P. Ricœur sur la métaphore (cité *supra*), et de l'autre d'opérer un glissement depuis la question purement textuelle vers la définition de l'image, telle qu'elle apparaît et qu'elle opère dans le discours philosophique.

En effet, tant que l'on reste avec / dans la dichotomie classique *phusis–tekhnê*, la logique ne comporte pas de péril majeur, ne met pas en danger l'exercice même de l'existence du vivant, voire l'exercice du pouvoir sur un être particulier, pour la bonne et simple raison que ce dernier n'existe pas ou n'est pas reconnu comme tel, n'a manifesté aucune prise de conscience de soi-même, ou du moins ne s'est pas encore montré capable de le faire. La logique demeure du côté du géométrique, c'est-à-dire des « invariants », des lois qu'il faut dénicher de sous la prolifération des déformations propres au monde naturel. L'art propose d'explorer ces déformations ainsi que les lieux qui les produisent, de suivre ce qui est affirmé et / ou montré jusqu'à la limite de l'acte intelligible, soit jusqu'à la non-évidence du « naturalisme » soit jusqu'à l'ineffable, au silence de l'« abstrait ». Il n'y a là ni objectivité ni subjectivité en jeu, mais langage seulement, dans ce qu'il exprime et laisse entendre en même temps. L'image joue, dans ce scénario, le jeu d'apparence tranquille d'un double, d'une sorte de « réalité seconde », d'une εἰκὼν ὄντως (*Sophiste*, 240b) dont la visibilité serait admise, voire imposée, pour des raisons d'efficacité, serait donc purement opératoire afin de définir l'acte extérieur, puis interne de la perception (visuelle, en l'occurrence) et de l'imagination. Mais ceci ne va pas de soi, et n'ira nullement, d'ailleurs, de ce pas tranquille indéfiniment. Les lois du pouvoir par le sens changent et la lecture en sous-texte, comme la prise en compte de la polysémie ainsi que du non-dit et de la présence du non-visible, s'imposent et demandent droit de cité à la raison.

3. La cassure, la rupture inévitable qui intervient dans la tentative pour établir une relation d'altérité parole–image apparaît de manière symptomatique, nous semble-t-il, *dans* et *avec* l'invention de l'allégorie. Autrement dit, l'allégorie nous apparaît aujourd'hui comme le témoin nécessaire d'un processus et comme l'un des cas-limite généré par celui-ci. Son « invention » (symptomatiquement tardive par rapport à l'époque classique des dialogues et des traités philosophiques grecs) met en lumière précisément ce décalage entre *dire* et *montrer* une chose, une rupture bien antérieure mais pas rendue aussi explicite, et propose en même temps un ajustement de fortune par le recours à des artifices spécifiques : ténèbres ou nuit éclairée(s) par des lueurs ; absence des conditions pour une vue d'ensemble ; incongruité des rencontres, vécues, de surcroît, comme des collisions ; changements brutaux de perspective et d'ordre de grandeur, visant la juxtaposition du mesurable (voire atteignable ou concevable) et de ce qui se présente comme « sans mesure » (inatteignable, inconcevable, indéfinissable ou indéterminable selon des critères discursifs). Ce sont les principales caractéristiques de l'allégorie telle qu'elle est définie par Démétrius[1]. Ces procédés artificiels peuvent générer une « esthétique » de la rencontre des contraires, peuvent illustrer à la limite une théorie de la coïncidence des oppositions et faire surgir, ou inventer même, le « sentiment du sublime », mais, plus couramment, ils sont censés faire passer dans le « flou » la relation, intenable autrement, entre *dire* et

1. Voir *infra*.

voir une *même* chose *dans* et *par* un discours. Comme si, en substituant l'espèce au genre, on cachait sous un faux-semblant d'unité ou d'homogénéité le croisement ou la juxtaposition impossible de deux genres parfaitement distincts: le flou ou la ruse compositionnelle qui consiste à cacher au regard ou à évincer du discours le caractère fantasque de la liaison, supposée corporelle et charnelle chez un centaure, entre l'homme et le cheval, ou encore à dissimuler l'incongruité d'une paire d'ailes accrochée aux épaules d'un humain, pour que cette *image* soit le plus «naturellement» possible celle de ce que nous appelons *idéalement* un ange.

Notre seconde hypothèse de travail, après celle de la réflexivité du discours comme condition sous-jacente à la naissance commune de l'allégorie et de l'allégorèse, pourrait se formuler ainsi: l'allégorie proviendrait de la nécessité – subrepticement manifestée à l'époque où naissent justement les textes théoriques sur l'usage de la langue et des règles du discours (dans le sillage de la *Poétique* et de la *Rhétorique* d'Aristote, avant qu'elles ne soient récupérées comme moyens de la dialectique par les stoïciens) – de chercher une sorte d'altérité de la langue et de mettre du côté de l'image les chances de trouver ce partenaire conditionné du mot. C'est comme si le décalage entre plusieurs niveaux sémantiques du langage, qui se produit tout d'un coup avec l'usage d'une allégorie dans un discours, mettait en même temps en lumière une faille présente (ou creusée même sous nos yeux) dans l'évidence du sens, en dénonçant ainsi la multiplication possible des registres du visible en plusieurs niveaux de visibilité, chacun avec son régime spécifique et réclamant son accès propre au visuel. Symptomatiquement, d'ailleurs, cela se passe à la même l'époque où se multiplient aussi les tentatives théoriques concernant la «lecture» des images (théories interprétatives des figures, signes et symboles, descriptions des œuvres réelles ou imaginaires, etc.), où se développe un certain langage critique et apparaît dans des ouvrages «encyclopédiques» la présentation des techniques, astuces et secrets de fabrication de l'image par la peinture principalement, mais aussi par les autres «arts»[1]. L'image ne serait pas, par conséquent, seulement une issue / ouverture dans laquelle puisse se résorber la parole en faisant voir ce qu'elle dit et en étant ainsi sûre de son impact, mais davantage une forme totalement différente, une «forme» parallèle à la langue et dont la réflexivité et la référentialité à une altérité vis-à-vis de l'expression sont naturellement assurées, ou du moins plus aisées que dans une connaissance réduite à l'expression nominale et discursive propre au langage (si tant est qu'une réduction du langage au signe linguistique *pur* soit possible)[2]. Or l'image possède effecti-

1. Voir, pour l'histoire de l'évolution des textes théoriques concernant l'art et le statut de l'image, l'ouvrage d'Agnès Rouveret, *Histoire et imaginaire de la peinture ancienne (Ve siècle av. J.-C.–Ier siècle ap. J.-C.)*, Rome, 1989.

2. En reprenant un passage bien connu du *Cratyle* (408c), la langue resterait, dans son expression linguistique, du côté du «rugueux», équivalent de la lecture littérale, tandis que l'absorption de l'image, d'abord par l'usage des figures, puis dans un basculement total du

vement ces atouts d'ouverture et de réflexivité, mais ne peut agir qu'en traître à l'égard de la parole : elle absorbe le discours jusqu'à le mettre à l'envers (c'est précisément l'effet recherché par les allégories), et finit par lui faire perdre pied, lui enlever tout accès au « réel » et au « vrai », toute possibilité de se trouver dans le droit, l'univoque, l'affirmatif, le transparent, l'immédiat. Aussi lui révèle-t-elle, par cet arrachement, sa vraie nature, c'est-à-dire l'équivocité inhérente du langage, son écart essentiel par rapport à la « vérité » innommable des choses, la polysémie étourdissante des mots et l'ambivalence inévitable de tout discours tant qu'il demeure sur le plan textuel (littéraire) et sur le plan d'une théorisation des instruments (grammaire), sans se résoudre à soumettre en même temps ses énoncés à l'épreuve de la dialectique. Sauf que, même dans ce hors-champ de la logique, même avec cette nature proliférante d'ambiguïté et de besoin irrépressible d'équivoque, même avec cette réversibilité et cette versatilité mercurienne, la parole, ainsi redéfinie, continue à ne pas pouvoir constituer une « révélation épiphanique » et à viser toujours, comme au départ, la nomination (le déictique, l'indication) et la définition (le discours, la raison d'être, le *logos*) de la chose recherchée. Le concept lui-même n'échappe pas à ce processus ; il fait, lui aussi, partie de la langue, et participe, par conséquent, de sa quête d'accès à l'universalité des formes énoncée par Platon, et dénoncée,

discours vers l'évidence épiphanique, permettrait au langage de récupérer la dimension lumineuse du « lisse », propre en premier lieu aux paroles « divines », mais propre aussi à la nature spéculaire et révélatrice des images (εἴδωλα ou εἰκόνες) dans la mesure où celles-ci donnent à voir, rendent le visible saisissable autant par le visuel que par l'entendement. Selon Platon, le premier niveau, le « rude » (τραχύ), correspond au genre tragique et il est propre aux récits (fables, mythes) et aux mensonges, alors que l'autre, le « poli » (λεῖον), habite avec les dieux et désigne le vrai comme expression propre du divin. Nous nous trouvons ainsi à l'opposé de l'opinion courante qui situe le vrai dans la parole (dans le *logos*) et le mensonge dans l'image (dans l'*eikôn*). Or, chez les historiens de la philosophie grecque, cette dernière est souvent réduite à un type d'effet spéculaire spécifique plutôt au reflet parfait et distant obtenu par les miroirs modernes de verre et d'argent, mais impropre à définir l'image catoptrique obtenue sur/dans la surface polie du bronze des miroirs anciens. Ce n'est certes pas la seule explication pour le dédain dans lequel est tenue l'image par rapport au *logos* en regard de l'accès à la « vérité » ou « essence » de la chose visée (le platonisme « scolaire » y est sans doute pour bien plus), mais il est certain que la compréhension du statut du reflet dans l'optique antique et de la totale inadéquation d'un rapprochement avec l'effet spéculaire moderne permettrait une meilleure approche de ce que les Anciens voyaient et mettaient comme « objectité » sous le nom d'image (à travers le vocabulaire grec spécifique : *eidolon*, *eikôn*, *phantasma* etc.). Voir pour les questions d'optique et de catoptrique antiques l'ouvrage de G. Simon, *Le regard, l'être et l'apparence dans l'Optique de l'Antiquité*, Paris, 1988 (surtout le chap. « Le statut de l'image spéculaire », p. 148-186), et pour les questions du vocabulaire de l'image le dictionnaire de Ch. Mugler, *Dictionnaire historique de la terminologie optique des Grecs. Douze siècles de dialogue avec la lumière*, Paris, 1964, ainsi que nos articles « Dire l'image ou la parole visible (sur le *Sophiste*, 216a-241e) », *Dionysius* n. s. 19, 2001, p. 75-112, et « *Eikôn praeter imaginem*. Notes sur le vocabulaire de l'image à la fin de l'Antiquité », dans *De Zénon d'Élée à Poincaré. Recueil d'études en hommage à Roshdi Rashed*, Louvain-Paris, 2004, p. 779-817).

d'ailleurs, comme incapable d'aller jusqu'au bout[1]. Équivoque, la parole tend à « représenter » la chose (en la *montrant* et en la *désignant* en même temps), mais aussi à outrepasser l'ubiquité et la démultiplication « à cent têtes » des images (expression empruntée encore au *Sophiste*, 240c) dans laquelle l'avait entraînée sa recherche d'expressivité dans un partenariat avec l'expression immédiate, frappante, du visuel ; ou du moins elle cherche à en faire autant, sans avoir toutefois, comme l'image, une relation particulière avec un « fond », une toile, un support d'inscription et un plan d'origine (un fond originant, comme, par exemple, la visibilité *invisible* de toute chose par rapport au visuel qui l'actualise en rendant, à partir de là, la chose existante-présente pour celui qui la perçoit). D'où la tension croissante entre la parole et l'image, à mesure que l'une veut *traduire* l'autre ou l'*illustrer* ou encore s'y *substituer* à proprement parler. Car le mot, lui, sort comme de nulle part et s'impose à la chose qu'il désigne en tant que « son nom », l'englobant dans un discours qui tend ainsi à définir l'identité *(quid)* de la chose, à donner son *logos* et à trouver sa raison d'existence, mais sans pouvoir en faire pour autant son propre plan de réception ni son expression d'altérité naturelle. Il est en cela inférieur à l'image, laquelle semble avoir naturellement ce pouvoir, ou du moins prétend détenir ce pouvoir d'appropriation de la chose à partir de son inscription au plus près de la pensée, dans la partie sensitive, sorte de présence à soi à travers les figures imprimées dans la mémoire et dans l'imagination. Le mot reste donc artificiel – un réceptacle ou une disposition de nature « étrangère » (ἐν ἀλλοτρίαις ἕξεσιν), dit encore Platon dans l'esquisse de sa théorie épistémologique[2] – et cela en dépit de toutes les théories mimétiques du langage (défendues dans le *Cratyle*). Le mot ne fait pas non plus son nid dans la chose, ne prend pas la substance de celle-ci pour son lieu naturel d'existence, pour son substrat et sa condition de subsistance, ni ne constitue le double de son identité quasi immédiate et totale comme l'image qui, elle du moins, tend à s'identifier et à conditionner presque l'existence de la chose par la visibilité qu'elle manifeste ainsi à notre intention en s'y substituant presque.

L'image a donc, pour sa part, une relation propre – presque « magique » – à la fois avec la chose dont elle est l'image et avec un « sujet » particulier : celui qui voit, *i. e.* celui qui *la* regarde *comme image* et en même temps *comme image de* quelque chose (un être, un objet). Elle n'existe en effet que pour celui qui la regarde et elle s'identifie ainsi au regard de celui-ci comme à l'acte même de son existence en tant qu'image. De surcroît, celui qui la regarde en donnant lieu d'être à l'image, s'appréhende lui-même de cette manière, s'approprie un « reflet » de lui-même grâce à cette relation de renvoi réciproque et de don existentiellement fondateur, relation propre au regard et à l'effet catoptrique de toute image. L'image peut par conséquent chercher et trouver une altérité, peut entretenir une relation, se référer à… et communiquer, communier, échanger ou

1. Voir plus particulièrement *Lettre VII*, 342e – 343b.
2. *Lettre VII*, 344a.

participer, produire ou être en fin de compte une «révélation» (c'est d'ailleurs son sens obvie), peut faire de son statut faible en tant que simulacre ou copie une visibilité forte, car donnée comme «apparition», imposée et opposée ainsi à la non-évidence primordiale du langage. Or c'est justement ce que le langage ne peut pas faire: il peut seulement mimer une ressemblance, prétendre à une relation de fraternité avec l'image au nom de sa filiation avec l'altérité d'un référent universel (Pan, fils d'Hermès, est le paradigme d'un savoir qui soit engendre sa propre expression, le *logos*, soit se révèle comme étant le frère du langage par relation de vraisemblance ou de ressemblance, dit Socrate dans le *Cratyle*[1]); il peut donc faire semblant de renvoyer à..., sans pour autant permettre / ouvrir véritablement le passage vers ce paradigme universel auquel l'image, elle, s'ouvre par mimétisme, par effet spéculaire, mais aussi par participation, une participation définie plus tard comme «ressemblance hypostatique» par les commentateurs platoniciens[2]. Le *logos* n'a donc d'autre choix, pour sa part, que de pousser toute parole soit sous le règne absolu (métaphysique) de la métaphore soit vers un balbutiement, vers une ressemblance réduite à l'arbitraire des onomatopées ou à la confusion entre nomination, définition et représentation, confusion des «modes» du langage qui serait semblable au mélange des «langues». Son alternative, la seule, se dénonce par conséquent comme glissement dans l'incompréhensible, comme perte de soi dans le monde bruyant et opaque de Babel. Dans un cas comme dans l'autre – fuite en avant vers l'image ou chute dans le sonore qui ne porte pas de sens –, la parole ne peut que finir dans le contraire du langage, se fondre, à la limite, dans l'étrangeté, le déraisonnable, l'expression vide qu'entraîne l'absence totale de sens, se dissoudre dans la perte de tout lien (voire référent), ainsi que dans l'oubli de la présence. Car le contraire du langage n'est pas le silence mais l'oubli de soi dans cela même qui permet le passage vers autrui, à savoir la communication dans / par la transparence et la vectorialité du sens. (S'oublier – j'entends par là: se poser entre..., s'imposer, faire écran de soi-même y compris dans / par la volonté du retrait ou de l'absence). Ou encore, le langage, enchâssé dans un certain discours usant des figures, peut exploser, comme une bombe à retardement, une fois que chaque parole a été reçue par son auditoire et fixée / imprimée dans sa mémoire. Il peut, autrement dit, répondre à chaque lecteur pris à part entière, en faisant de ce lecteur l'auteur d'un sens nouveau, d'une «vérité propre» dans laquelle celui-ci se reconnaît, oubliant / occultant l'appropriation qu'il vient de produire lui-même et enfermant ainsi le dialogue, voire l'écart, voire l'ouverture, dans la prison sophistique de la parole et le palais spéculaire de l'image.

Le rapport à l'altérité par le seul langage suppose donc un passage obligé par l'image, une association avec celle-ci établie à travers les figures de style mais aussi autrement que par le seul moyen de celles-ci, et il conduit le locuteur à la recherche, voire à la naissance d'une «vraie» conscience au-delà de la réflexi-

1. *Cratyle* 408c-d.
2. Voir *infra*, note sur Proclus.

vité propre de celui qui s'entend parler soi-même comme le « mauvais sophiste ». L'invention, voire l'imposition d'un « sujet » proviendrait ainsi, en premier lieu, de la part de l'image, et serait avant tout celle d'un *sujet regardant*, ayant trouvé dans l'exercice de cet acte sa « propre » conscience, une conscience de soi comme signe de différence par rapport à l'objet-support, quel qu'il soit. Mais ce processus exige, pour son aboutissement, un certain silence de la part du discours et un certain effacement de la présence, une sorte de non-oubli de l'écran, du masque de l'orateur ou de la posture de l'écrivain, et, encore au-delà de ce découvrement, il exige l'acquiescement profond à cette prééminence sensible du sens iconique, ainsi qu'un accord tacite face à la domination du visuel (que nous pourrions appeler « grecque »), sachant qu'à ce transit quasi obligatoire de la langue par l'image ni les philosophes ni les poètes (grecs, eux aussi, en l'occurrence) ne sont à même de céder d'emblée, consciemment, et que, par conséquent, ils n'en témoigneront pas par leur propres moyens. Il nous faudrait, si on y tient, le comprendre autrement, en être nous mêmes les témoins, regarder avec le regard des Anciens et entrer dans le double processus d'*appropriation* et de *personnification* que ce regard engendre à partir de l'« objet » ainsi dévoilé, sous la puissance de cet acte et de son silencieux travail.

4. Lorsqu'une opposition nette, farouche par moments, va prendre la place de l'attrait des Anciens pour les allégories, les accusateurs de l'ambiguïté, des dérives idolâtres et du péril foncier que recèle l'usage de l'allégorie seront aussi les défenseurs de l'icône, ou plus précisément parmi les premiers théoriciens de l'icône dans la nouvelle acception, chrétienne, de l'image-εἰκών grecque (Basile de Césarée, Grégoire de Nysse). Avant d'être l'instrument par excellence dans l'exercice du pouvoir à Byzance, l'icône sera la réponse à l'allégorie – une forme de revanche du sens littéral sur la bi-polarisation des éléments du discours dans l'interprétation dite « allégorique » –, et par là même, l'icône (ou plus généralement l'iconique) deviendra la bannière sous laquelle les théologiens du IVe siècle rangeront le nouveau rapport instauré entre la parole et l'image. L'icône, appuyée en outre par le *fait* de l'Incarnation, constituera le seuil d'une visibilité et l'argument d'une évidence qui permettront le renversement de l'image ancienne et donneront une réplique dite « de vérité » à la relation équivoque, narcissique, entretenue par le regard avec les statues et les tableaux des dieux et des déesses du *panthéon*. Un renversement total aura donc lieu avec la naissance du nouveau concept d'icône. Il s'agira, plus précisément, de la mise à l'envers de tous les arguments qui fondaient le statut de l'image dans le champ du discours philosophique grec, ainsi que d'une remise en question de la définition de la perception (en l'occurrence, vue / regard) et de son rôle dans l'intellection.

Les trois caractéristiques, les trois attributs et en même temps « chefs d'accusation » de l'image ancienne sont donc, un à un, mis à l'envers par cette compréhension nouvelle assignée par la doctrine chrétienne au visible et donc à l'image :

a) Le caractère faux (ψεῦδος) de toute image devient avec le Fils – Fils qui est image du Père : « celui qui m'a vu a vu le Père [ὁ ἑωρακὼς ἐμὲ ἑώρακε τὸν πατέρα] », Jn 14, 9 – caractère et témoignage de vérité (ἀλήθεια). Rangée par filiation du côté du « vrai », l'image fait désormais foi et devient en outre un équivalent de la gloire : « l'homme est l'image et la gloire [εἰκὼν καὶ δόξα] de Dieu », 1 Co 11, 7 ; « nous sommes transfigurés en cette même image, avec une gloire toujours plus grande par le Seigneur, qui est Esprit [τὴν αὐτὴν εἰκόνα μεταμορφούμεθα ἀπὸ δόξης εἰς δόξαν, καθάπερ ἀπὸ Κυρίου πνεύματος] », 2 Co 3, 18 ; « la gloire du Christ qui est l'image de Dieu [τῆς δόξης τοῦ Χριστοῦ, ὅ ἐστιν εἰκὼν τοῦ Θεοῦ] », *ibid.* 4, 4 (voir aussi Col 3, 10). L'image est censée attester, témoigner et permettre la reconnaissance de son « vrai sujet » : en ceci elle est dorénavant *icône* et demande même d'être reconnue comme « vraie icône ». L'Incarnation avait fait sauter le verrou du dédoublement supposé par la ressemblance en mettant sous les yeux une visibilité qui englobe, certes, le visuel, mais le dépasse aussi, et qui transgresse de surcroît la logique de l'évidence et les lois de son énonciation. L'iconique *est là*, dans l'exposition même, et n'a pas besoin d'un double, voire triple, voire multiple sens du langage. Or cette fracture du verrou de la ressemblance ne concerne pas seulement le domaine de la théologie trinitaire. Elle déplace toute la compréhension des rapports entre le semblable et le même, l'autre et le différent. Aussi l'usage contesté ou, au contraire, farouchement défendu de l'allégorie vient-il donner, justement à partir de cette nouvelle compréhension de la relation identité-altérité, son témoignage sur la nouvelle logique qui s'impose au discours et sur le nouveau rôle assigné à la rhétorique et aux figures.

b) La vanité de l'existence des images en tant que purs reflets, inconsistants comme la figure que l'on aperçoit sur les eaux ou dans les miroirs, devient dorénavant une « preuve » dont l'existence est nécessaire à la vie même de celui qui regarde, lequel devient du coup actant-acteur de l'image – devient son « vrai sujet », en quelque sorte – à la fois en tant que *substrat* et en tant qu'*interprète* assurant la subsistance même de l'image. Si l'image est encore un « reflet » de son modèle, le support de cette réflexion ou le plan de cette inscription a changé : ce n'est plus le bronze des miroirs anciens ou les surfaces aquatiques, mais la chair même de l'homme et le voile de l'âme qu'incarne dorénavant son corps (*imago Dei*, pour Augustin). Il s'agit de la chair comme « matière vivante » et non de la forme corporelle : une « matière vivante » qui permet au vivant de se sentir soi-même (ce que les modernes appelleront l'*autoaffection* dans la conscience de soi). Et, avec ce changement ou transfert du support, avec cette mutation depuis l'extérieur (*devant* les yeux) vers l'intérieur (*selon* et *par* l'image), une transformation radicale est entamée : être image (à l'image, κατ' εἰκόνα) est devenue une condition ou un « mode » *(tropos)* ; cela ne signifie plus un étant associé de manière « technique » ou « mécanique » à un réceptacle étranger à la substance de l'être, mais la condition même de celle-ci, en l'occurrence la condition de l'humain « transfiguré », et par-là même le gage de sa rédemption / résurrection. Par le même processus, d'ordre « existentiel », la ressemblance devient, elle aussi, *icône*, icône de l'Esprit en l'occurrence, dans sa vectorialité et sa mouvance infinie. Être *selon l'image...* et *dans la ressemblance à l'égard de...* sont désormais réunis en un seul état, signifient un seul aspect de l'être qui le relie, par l'union hypostatique devenue sa propre condition, à une substance unique dans laquelle cet être vit, et vit en sa singularité même.

c) Le caractère mortifère de la fascination engendrée par l'image ancienne, plus précisément par la *mimêsis* narcissique que l'image induit dans le regard des Anciens, se transforme donc, avec le renversement du statut de l'iconique, en caractère vivifiant et rédempteur. Le regard tourné vers soi-même n'est plus médusé par un face-à-face avec l'inconsistance d'un reflet, n'est plus raidi / noyé par le «rien» qui lui revient d'un échange spéculaire, mais il est transformé en un acte de réception intime et d'appropriation de la vie comme étant sa propre vie. Le regard devient ainsi l'opérateur d'un acte vivifiant, celui de la découverte d'une ipséité investie (altérée? blessée? guérie? transfigurée?) par ce qu'elle reçoit en retour depuis ce qui se tient-devant: image et signe ou don de présence en même temps. Par cette transformation – double transfiguration: du sujet, parce qu'il est en acte, et de l'objet, en tant qu'il est visé – le regard acquiert le rôle vivifiant d'un accès à l'altérité s'ouvrant aux facultés sensibles, comme si on pouvait «boire» rien que par ses yeux à une source commune de vie. Cet acte de communion à distance suffit à donner à la relation avec cette altérité, offerte au regard et investie par sa confiance, le contenu réel d'une vraie connaissance, peut même conditionner, dans certains cas, un quasi échange d'identités[1], une réciprocité, ou du moins conditionner la prise de conscience de sa propre identité comme étant donnée, mise à la disposition de celle de l'autre et ainsi rendue de l'un à l'autre identique par/dans l'hypostase. L'image qui répond au regard, liée jadis à la mort et à la mémoire (*imago*: portrait funéraire, masque mortuaire, empreinte corporelle ou écorce de ce/celui qui n'est plus là, dans le creux de la trace), est désormais associée de manière efficace à la vie, reçoit et donne la vie par l'échange de regards qu'elle nourrit en saturant le réel, le visible, de sa présence. Ce «nouveau Narcisse» (pour recourir encore au mythe, mais pour une fois en le prenant à contre-pied) ne regarde plus exclusivement les traits d'un beau visage qu'il ne peut retenir ni posséder, mais aussi le ciel, ou du moins son reflet, sur lequel ou à partir duquel ce «portrait» *lui* apparaît. En d'autres termes, il regarde ce qui lui apparaît, certes, mais à partir de son origine, en rapport avec le modèle déterminant et dans la relation spécifique (le transfert ou la translation) qui a rendu possible cette «apparition». Il regarde l'objet visuel non pour l'avoir, parce que celui-ci en se montrant se serait mis à sa disposition, mais

1. Plus tard, à l'époque de l'iconoclasme, l'icône sera définie par ses défenseurs dans un rapport d'homonymie avec le Prototype, sur le modèle de la nomination, en acquérant à nouveau cette dimension de la présence par substitution déjà présente dans l'analogie de l'icône avec l'effigie du César, sur une pièce de monnaie ou dans un lieu public investi par la présence nécessaire (obligatoire) du pouvoir politique. Sur le même principe, les reliques ou les *espèces* consacrées à l'Eucharistie seront considérées «synonymes» avec le Prototype.

à partir de sa condition même de visibilité, ainsi qu'en rapport de détermination et de non-différence avec cette visibilité (à partir du fait qu'il se montre, qu'il entend manifester sa visibilité), que celle-ci soit effectivement dans le champ de sa vision (comme référent sensible: face ou aspect) ou qu'elle soit hors de la vision (Forme platonicienne, genre ou référent universel). Et, à partir de là, le regard découvre l'image d'un soi donné à jamais à l'autrui recherché et, en même temps, l'identité de l'autre dans une similitude reconnue avec soi-même, mais qui n'exclut pas le différent dans son indétermination foncière, irréductible au sein même de la présence et du signe le plus évident de sa singularité. Loin d'être ainsi destitué de sa propre identité, désapproprié par la fascination médusante, le regard de l'homme entre au contraire dans une relation qui lui permet de s'affermir, en conditionnant en même temps la connaissance de l'autre à mesure qu'il lui fait prendre place au sein de lui-même, en se retirant soi-même du centre de son propre champ d'exercice.

A ce jeu de doubles feints qui finit par déjouer l'effet spéculaire de toute image, l'image, comprise sous l'espèce désormais particulière de l'icône, ajoute un trait supplémentaire qui lui est propre, la définit même, et est d'ailleurs parfaitement nouveau: le caractère résurrectionnel (à la fois historique et eschatologique) de l'*icône*, allant de pair avec l'ouverture eschatologique de la perception. Dans la radicalité du changement ontologique proposé par l'Incarnation et dans la transfiguration existentielle tendue vers la Résurrection, aucune séparation entre les langages n'est possible, du moins à l'orée du christianisme. L'*icône* garde son lien de ressemblance avec le modèle auquel elle fait référence, mais n'est pas une «image» au sens strict du mot, car elle ne montre pas ce qui est et qui passe, mais quelque chose comme une sorte d'empreinte qui, visible pour avoir pris acte dans l'histoire (voire dans la nature même), ne passera jamais, étant totalement et radicalement ré-investie par une négation, par une *mort* de la mort, par un dépassement du devenir une fois la nature enlevée au cycle du périssable qui la définit et à son dessein matriciel qui l'enferme dans un enchaînement de finitudes. Le visible, la nature, le créé, apparaissent dorénavant comme une unité entièrement *iconique*, du même ordre que l'icône proprement dite, et cette unité *iconique* du visible est foncièrement déterminée / renouvelée par sa propre négation, par l'invisible, dans la mesure où celui-ci est lui-même radicalement transfiguré, rendu présent à la fois comme cause et comme témoin de cet acte-manifeste. Quant au regard porté sur l'*iconique*, il quitte, lui, le terrain d'un combat ou d'un jugement (évaluation) propre au face-à-face, pour se retrouver dans la convivialité d'un *être-avec*, se placer «du même côté», dans une participation à l'essence (communion et vénération), qui rend obsolète, voire impossible désormais, toute adoration idolâtre du modèle ou bien la confusion de natures et de plans existentiels.

Pour les théologiens, celui qui opère ce changement radical, le passage de la condition de l'image ancienne (disons «platonicienne») à l'icône chrétienne, et qui permet d'éviter en même temps le piège de l'idole, est l'Esprit Saint, l'«opérateur» de l'unité trinitaire, la «figure sans figure» de toutes les figures et de tout lien. Nous assistons, en effet, à un affermissement du rôle imparti à l'image-εἰκών dès les premiers moments du débat trinitaire, dans le sillage du premier concile de Nicée, et donc à un mouvement qui entraîne le déplacement naturel de la fonction du sens *iconique*, réservée jusque-là au discours rhétorique et sophistique, vers le domaine théologique. Ce transfert à but instrumental accompagne en outre le besoin clairement exprimé d'un retour à l'univocité du langage et témoigne en quelque sorte, lui aussi, de ce changement sémantique et de statut de l'image par l'entremise de l'usage fait des figures et par l'attitude face à l'allégorie. Autrement dit : si c'est *par* et *dans* l'Esprit qu'il peut y avoir, selon les Pères cappadociens, une relation participative entre Dieu et son image, et qu'il peut y avoir par conséquent un regard ouvert et une illumination (une « intelligence » de Dieu) de la part du fidèle, pour rendre compte de cette nouvelle « réalité », de cette nouvelle relation qui ne situe plus l'homme et le Divin dans un rapport d'altérité induisant exclusion ou idolâtrie, à la limite une situation de face-à-face à conséquence « mortelle » (pour « Dieu » ? pour l'humain ?), il ne suffit pas de nommer l'opérateur, en le désignant comme Troisième Personne ou Hypostase de la Trinité, il faut aussi prouver son « opération » par l'exercice même de la parole et par les moyens logiques du discours[1]. Certes, l'Incarnation offre la condition de visibilité historique, ainsi que la base hypostatique, le support (la chair) ; mais l'accès à la ressemblance et donc à l'« identité » spécifique instaurée dans / par l'icône est offert / ouvert par l'Esprit. Or, pour devenir véritablement *icône* à partir de son statut originel d'instrument de persuasion ou de figure de ressemblance-vraisemblance qui la définit en rapport avec le langage et au sein de celui-ci uniquement, l'icône a besoin de deux pôles et non d'un seul référent qui ne peut que l'enfermer dans le territoire de l'image (de l'εἴδωλον) et l'obliger à ne constituer rien d'autre qu'un double ou qu'une copie. L'icône se définit ainsi, dès le départ, comme une unité dialectique-modale du Fils *et* de l'Esprit, et devient, par conséquent, pneumatologique avant d'être christologique, car c'est pour elle la condition nécessaire, essentielle, pour ne pas être réduite au « portrait »–*imago* d'un Christ « historique » ni à une « illustration »-pédagogique de la lettre des Évangiles. Aussi l'icône se définit-elle dès son invention sous un double signe : elle est *dans l'économie* de l'Incarnation en même temps que *dans la théologie* de l'Esprit ; elle correspond par le lien de la ressemblance hypostatique à la corporéité du Christ, mais répond à l'intelligence et à l'amour qui l'on fait exister (naître) dans le regard du fidèle. Ce dernier constitue l'unique lieu où elle est *icône* (une « réalité optique » correspondant point par point à la ressemblance hypostatique) et non *image-portrait* (une empreinte, un objet physique qui garde par une relation ponctuelle

1. C'est d'ailleurs la tâche que se donne Basile de Césarée en écrivant le *Traité sur le Saint-Esprit* pour justifier par une ample étude théologique l'usage des particules qui définissent la nature des rapports intra-trinitaires (μετά, σύν, διά, ἐν). C'est aussi le but dans lequel il écrit des chapitres entiers dans le *Contre Eunome* pour définir le statut et l'usage de certains termes (noms et concepts).

et irréversible la mémoire de son modèle). Cette réduction (de l'économie à la théologie) absorbe l'icône vers la Résurrection et ouvre pour celui qui la regarde une possibilité de communication qui vise le sceau *personnel* demeurant dans l'être : Christ vivant dans chaque être, tout être se retrouve à son tour vivant en Christ ; c'est le chiasme proposé autant par la communion eucharistique que par l'icône sous des modes différents. Ce sceau *personnel* indéfinissable, cette singularité de l'être rend cet être même reconnaissable *dans son corps même* à la Résurrection. Le caractère eschatologique constitue la manifestation du divin dans le visible transfiguré d'un visage et dans le dessin (le tracé) qui témoigne d'un destin en train d'accomplir son chemin. Or c'est ce même caractère eschatologique, hormis le rôle pneumatologique, qui distingue radicalement l'icône d'une image à sujet religieux, image dont la référence demeure « historique », *i.e.* temporelle et anecdotique, conjoncturelle. On pourrait donc définir l'icône comme le lieu de rencontre par excellence entre l'émergence que lui assure l'Esprit Saint dans le figural lui-même, selon le mode de l'annonce de l'Incarnation faite à Marie, et la réduction que lui impose le caractère eschatologique de la figure que la Vierge (par extension, la nature humaine qui se retire pour faire place en elle-même à cette émergence du divin) reçoit et montre en tant que réceptacle *dans le temps* d'une image sensible. L'icône s'identifie, en d'autres termes, à un lieu de rencontre transparent entre une émanation de lumière (comparable à l'élan illuminatif et amoureux de l'Esprit) et une projection de visibilité (assimilable à la réduction christique, à l'économie de l'Incarnation et à la *kénose*). Techniquement parlant, elle est même issue de ce croisement entre un effluve de luminosité et un rayonnement (irradiation) de la visibilité, illustrant, presque de manière exemplaire, la théorie optique la plus courante à l'époque de son « invention ». « Transfiguration » tacite de l'ancienne *eikôn*, depuis son usage philosophico-rhétorique, spéculaire et littérale, vers une compréhension anthropologique et théologique, l'icône devient un objet plastique (*eikôn* désignera vraisemblablement à partir de la fin du IVe siècle la peinture figurant sur des panneaux ou des parois le Christ, la Théotokos, les anges et les saints), et ce nouveau statut rejaillit à son tour sur le langage, mais dans un contexte plus restreint et plus particulier.

5. On distingue deux étapes dans le processus de basculement de l'*eikôn* ancienne en icône chrétienne, deux moments successifs qui précèdent et préparent en même temps la naissance de l'icône :

a) On passe d'une ressemblance sans référence véritable, d'une ressemblance à « référence vide » (comme dans le cas des statues ou tableaux des dieux païens) au stade iconique d'une ressemblance avec référence immédiate et vivante : le portrait d'un être vivant, donc un référent immanent à l'objet-image (voir le portrait de Plotin chez Porphyre[1] ou celui de saint Jean dans les *Actes de Jean*[2],

1. Porphyre, *La vie de Plotin* 1, 4-9, éd. L. Brisson *et alii*, Paris, 1992 ; voir aussi l'étude de J. Pépin, « L'épisode du portrait de Plotin », *ibid.*, p. 301-330.

2. *Écrits apocryphes chrétiens*, dir. F. Bovon et P. Geoltrain, Paris, 1997, p. 992 et *sq.*

pour citer deux témoignages quasi contemporains sur le statut du portrait et sur l'attitude à son égard). Une pratique cultuelle *en honneur* de ces « images » (fleurs, encens, lieu spécifique consacré à la prière) demeure toutefois, témoignant d'une forme de vénération qui rapproche cette pratique de certains aspects du culte des ancêtres, et davantage du culte rendu aux dieux païens (voir la théurgie, les allusions à ces pratiques dans les *Oracles chaldaïques* ou chez Jamblique). Les « preuves » archéologiques et les « témoignages » écrits situent cette étape *grosso modo* aux confins du IIe siècle après J.-C.

b) Le référent demeure un référent vivant (historique) mais la condition de ressemblance n'a plus lieu d'être une / la condition de *son* image. Avec la disparition de la « représentation » disparaît également la nécessité d'auto-référentialité de l'image, et donc le regard narcissique que réclamait inévitablement le « trompe-l'œil » du tableau classique ; c'est le triomphe du référent (du signifié pur) et donc du caractère relationnel de l'image. Or l'icône naît en effet comme référentialité *pure* mais précisément *non vide* et, de surcroît, *non-hiérarchique*, car non soumise à une relation de déchéance en tant que simple copie ou dans un rapport de subordination à l'égard du modèle, dès lors qu'elle est image, certes, mais dans une ressemblance qui lui appartient, qu'elle s'est appropriée à partir du regard qu'elle reçoit, de chaque regard qui la découvre en soi. Elle garde en même temps une condition ontologique propre, celle de l'écart, d'un écart qui doit être signifié, « dit » ou « montré » mais non « rempli » mimétiquement pour autant qu'il doit être exprimé (l'icône n'est précisément pas le « tombeau vide », l'équivalent signalétique d'une absence que l'on comble avec une copie, un substitut). C'est à ce type nouveau d'image, devenue le prototype de l'icône chrétienne, que se réfèrent les textes patristiques qui emploient le terme d'*eikôn* et en même temps la « métaphore » du tableau, de l'artisan (peintre) et du modèle. Cela apparaît avec / dans les écrits trinitaires des Cappadociens (seconde moitié du IVe siècle) et constitue, peut-être, la réponse à une nécessité interne de définition de la relation intra-trinitaire[1].

Le premier stade (**a**) correspond à ce qu'on pourrait appeler le *niveau iconique* de construction et de lecture d'une image. Il est fondé sur une relation de vraisemblance / ressemblance à un référent précis, avec lequel se tisse ou se remémore une relation visuelle, mais sans que cela mène jusqu'à la nécessité de répondre au désir scopique, à la pulsion voyeuriste ou à la fascination mortifère. Autrement dit, l'*eikôn* est déjà sortie à ce stade de la situation ancienne, celle où elle engage une passion ou affection de l'être parce que celui-ci la regarde (la vénère) avec la tentation de se sentir visé et qu'il se reconnaît même dans ce

1. Nous avons tenté de définir le contexte théologique de cette naissance d'un nouveau concept d'*eikôn* dans le cadre des débats trinitaires de la seconde moitié du IVe siècle dans notre article « L'image, l'icône et le visible au début de l'ère chrétienne », dans *Le Grand Livre des Icônes*, Paris, 2002 (voir p. 209-222 et 237-239), repris avec modifications sous le titre « L'icône et le regard de Narcisse », *Khôra. Revue d'études anciennes de philosophie, théologie et sciences* (Bucarest) 1, 2003, p. 9-38.

référent «précis», dans ce *portrait* qui pourtant ne le représente pas. L'identification par possession est ainsi abolie. L'image iconique se trouve néanmoins encore dans une situation de face-à-face, «de l'autre côté du miroir» en quelque sorte, dans une posture et dans un but analogiques avec l'effet spéculaire d'un discours sophistique.

Le second stade (**b**) instaure le nouveau sens iconique dans le discours philosophique, voire théologique ou exégétique – l'impose même jusqu'à en faire une référence explicite au futur objet de culte désigné par le même nom –, mais permet aussi (et aussitôt) un autre glissement: depuis l'*iconique* vers l'*allégorique*. Cette possibilité de glissement ou de transfert du sens par un choix particulier de l'expression provient de la relation inévitable entre l'image et la parole, ainsi que de la nécessité de re-situer cette relation dans le nouveau contexte conceptuel propre à la pensée théologique de la fin de l'antiquité. C'est à ce second stade dans le rapport de ressemblance propre à la définition de l'*eikôn* que s'ouvrirait donc la porte à l'usage philosophique (voire théologique) de l'allégorie, plus particulièrement à partir de la nécessité de re-définir la relation du visuel avec le langage comme une conséquence de cette nouvelle ressemblance définie par l'*hypostatique* plutôt que par le *mimétique*[1]. Dans l'hésitation entre un sens ou l'autre (propre-impropre, semblable-dissemblable, mimétique-symbolique) et dans le jeu de cache-cache entre un premier et un second degré de lecture, le texte acquiert une certaine autonomie, en l'occurrence celle de s'ouvrir vers un écart ou vers une absence de référent précis vraisemblable ou ressemblant, écart qui laisse du coup la place au choix et donc à l'arbitraire de toute interprétation. Tout peut dans ce cas devenir support d'une relation iconique mais rien ne porte réellement un seul sens, rien ne l'indique en tout cas de manière univoque, car le résultat est le fruit d'une relation arbitraire entre un concept et l'image qui lui est attribuée, relation qui est établie par le lecteur à

1. Un argument supplémentaire en faveur de ce transfert, opéré certes tardivement mais bien d'inspiration platonicienne (selon les commentateurs), transfert depuis la ressemblance mimétique vers une ressemblance comprise comme *lien hypostatique* (lien fondé existentiellement) entre l'*eikôn* et le modèle, n'excluant pas la dissemblance et situant du coup l'*eikôn* dans une position similaire à celle du *sumbolon* en regard du modèle, nous est fourni par le commentaire de R.M. Van Den Berg à un passage très éclairant de la *Théologie platonicienne* (VI 4, p. 24, 7-20) de Proclus: εἰκόνες οὖν καὶ παραδείγματα διὰ τὴν συναγωγὸν ὁμοιότητα τὴν ὑπόστασιν ἔλαχον, *Proclus' Hymns. Essays, Translations, Commentary*, Leiden, 2001, p. 126 (voir aussi les pages précédentes). D'ailleurs, Proclus avait employé dans un autre contexte (XIIe dissertation sur la *République*) l'expression ὑποστάσεις εἴδωλον pour désigner la nature substantielle des images (ombres ou reflets, en l'occurrence), dans le même souci de donner une assise au lien, à la relation qui permet à l'image de renvoyer à son prototype de la même manière que le langage permet d'accéder à l'intelligence de son objet. Le même type d'approche de la similitude comme «ressemblance hypostatique» apparaissait déjà chez Basile de Césarée (voir notre article cité *supra*). Voir aussi les articles publiés dans F. Romano et D. Taormina (édit.), Actes du colloque *Hyparxis e Hypostasis nel Neoplatonismo*, Florence, 1994, surtout celui de J. Pépin, «*Huparxis* et *hupostasis* en Cappadoce» (p. 59-78).

travers sa mémoire, dans son imagination et par une forme de présence à soi qui lui permet de situer cette relation iconique à l'intérieur de lui-même et non plus juste *devant*, en dehors de lui comme dans / sur un miroir. C'est à ce point du processus qu'il nous est possible de déterminer la naissance subreptice de l'identité du sujet à travers le regard dans lequel subsiste le sens iconique de l'image autant que de la parole qui l'a engendré, mais à travers un regard qui a dépassé en même temps le registre visuel, nécessairement mimétique, et qui se tourne maintenant vers l'intérieur, pour changer le face-à-face médusant (possessif) ou guerrier contre une position de «co-équipier». Cette identité ou présence à soi serait le véritable gage de l'ouverture à l'autre, et même de compréhension d'un *tout autre* que proposerait un texte. Quant à l'allégorie, elle ne serait alors que le «mauvais» paradigme d'écart et de dissemblance de cette altérité, dénoncé comme tel par Basile de Césarée par exemple[1], mais également un type d'agencement exemplaire entre la parole et l'image qui laisse la place à toutes les lectures possibles, à toutes les ambiguïtés, à la polysémie et à l'équivocité qui font partie du jeu «littéraire» et du mécanisme réflexif, «sophistique», se dénonçant d'ailleurs comme tel, alors que la lecture littérale engagerait une iconicité du texte qui permet un accès sans ambiguïté ni relation arbitraire à l'affirmation contenue ou à la profération d'une «vérité» produite par le discours. Cette dernière, à supposer qu'elle soit «réelle» et non seulement déterminée par une lecture particulière du texte, encourt néanmoins le risque de rester enfermée en celui-ci et de se voir à juste titre refusée, en étant réduite, malgré l'impact «psychologique» des images, à une pure *représentation* de «lettre morte».

L'opposition qui se dessine ainsi – trop simple pour être d'emblée vraie – n'est certes pas aussi nette dans les textes anciens ni suivie de manière constante par tous les auteurs de ce temps, même parmi ceux qui partagent le même engagement philosophique. Elle pourrait en revanche constituer pour nous une nouvelle formulation de notre première hypothèse de travail (celle qui suggère l'existence d'une unité théorique indéfectible entre allégorie et allégorèse sous-jacente à la naissance subreptice d'un «sujet») et pourrait aussi ouvrir une éventuelle piste de recherche plus large que la seule enquête philologique, et ponctuellement historique et philosophique, que nous pouvons espérer dans le contexte de cette étude.

Approche de l'allégorie. Sens iconique et sens allégorique

Dans un jeu de cache-cache du concept et de l'image, dans la joute discursive suscitée par certaines formes et figures du langage, l'usage soudain, et parfois subreptice, d'une «allégorie» introduit d'emblée un décalage. Celui-ci permet de distinguer les modes différents de fonctionnement du concept (νόημα ou εἶδος) et de l'image (εἰκών, εἴδωλον) et détermine du même coup la possibilité qu'il y

1. Voir *infra*.

ait entre l'un et l'autre échange de places, ou une sorte de permutation des rôles, chacun faisant à un certain moment le jeu de l'*autre* partenaire, comme s'il s'agissait d'un « vrai » dialogue glissé presque à l'insu de l'auteur dans le courant monologal habituel d'un discours, juste à la surface littérale d'un texte. En introduisant une dualité, un second plan de référence sémantique, cette « intruse » dans un texte – l'allégorie pour ne pas la nommer – agit en quelque sorte d'une manière « mécanique », comme un artifice mal dissimulé : elle nous fait croire que la permutabilité est du coup possible, que les rôles de la parole et de l'image seraient si distincts qu'ils pourraient s'inverser, qu'à certains « endroits » le langage se prêtait effectivement à cette réversibilité, ou du moins à des translations successives qui font glisser le sens depuis la discursivité du langage vers l'évidence du visible, ou inversement, sans ébranler pour autant la logique apparente d'une certaine « vérité » mise en discours. L'allégorie nous laisserait ainsi croire que ce qu'elle dit, nomme et décrit pourrait, dans certains cas, être tout aussi bien peint ou modelé dans la cire – et que le sens propre n'en serait alors pas différent, ni la distance modifiée à l'égard de ce que le texte veut au fond exprimer, soit selon la volonté de son auteur soit dans l'autonomisation de la lettre au fil des lectures interprétatives ultérieures. L'évidence d'une image prenant la place du texte serait, par conséquent, tout aussi éloignée du contenu visé que les mots qui s'en écartent, eux, par des chemins qui leurs sont propres, car le but, dans un cas comme dans l'autre, serait de masquer / voiler le propos et de le prendre *autrement* – c'est-à-dire *par surprise* –, en révélant / dévoilant quelque chose de plus enfoui, de plus profond, quelque chose que les mots, autant que les images muettes, ne peuvent que taire dans l'immédiat, dans leur littéralité plate, « lettre morte » tant qu'elle demeure toujours égale à elle-même, ayant l'air d'avoir tout dit au premier degré et s'être aussitôt fermée sur cette exhaustivité de surface.

En somme, l'allégorie voudrait non seulement dire *autrement* ou dire une *chose autre* que ce qui est entendu, mais encore *faire voir* ce qui se dit, mettre sous les yeux (πρὸ ὀμμάτων pour Aristote ou ὑπ' ὄψιν pour Aélius Théon et Hermogène) l'évidence du sens requis, en faisant par là semblant d'oublier – ou n'est-ce pas plutôt pour faire oublier au lecteur ou à l'auditoire – que « ceci », ce qui apparaît tout d'un coup sous ses yeux, n'est rien d'autre qu'un sens qui jaillit du « dit », une clarté surgie des paroles prononcées / entendues à la lecture et se frayant un chemin à travers l'ouïe vers l'esprit, et que c'est là, et seulement là, dans le décalage de l'esprit, que le texte et les images ont un sens et prennent vie. Autrement dit, au détour proposé aux facultés sensibles (à l'ouïe et à la vue) par l'allégorie correspond le décalage noétique de la réception. Aucun de ces deux chemins ne vise directement la saisie de la vérité, du « propre » de la chose : celle-ci n'arrive que par la collision entre la fonction sémantique déjouée par l'allégorie et la fonction iconique qui tente de remplacer la fonction sémantique du langage pour aller tout droit à l'entendement et produire une clarté nouvelle, toute différente du contexte, une sorte d'« illumination » soudaine depuis l'intérieur même de ce qui est visé. L'éclat de l'évidence convie ainsi la distance, parfois l'inadéquation même entre sens et vérité.

L'allégorie qui est, certes, une manière ou un mode de discourir, est aussi censée dénoncer les travers subtils du rapport inextricable qui relie l'art de la parole à l'art de l'image – rapport établi par la pensée et non par un choix stylistique –, et cette mise en lumière serait réalisée par l'allégorie depuis l'intérieur même de cette relation. Aussi ne déjoue-t-elle l'ambiguïté du procédé qu'en se découvrant elle-même comme y participant. En d'autres termes, si elle se doit de dynamiter le sens premier d'un discours (c'est son objectif obvie), elle ne peut pas agir à l'aide exclusive des mêmes instruments que le discours visé par cette re-lecture ; elle n'engendrerait alors qu'exactement le même processus dont elle voulait s'écarter, processus transposé, certes, sur un autre plan, mais demeurant toujours dans l'exigence d'une lecture de premier degré des mots ; autrement dit, elle ne serait alors qu'une métaphore, le sens figuré du littéral lui-même. Or l'allégorie agit en fait par effraction, visite le texte en cassant le verrou du langage fermé sur son premier degré, et fait sortir du même « récit » un sens différent, entièrement figuratif, non seulement par le changement d'identité des « personnages », comme par un « maquillage » différent, mais aussi, et surtout, en adoptant à son propre compte une syntaxe nouvelle, ainsi qu'une relation propre à l'égard des figures, des images engendrées par les mots. Cette nouvelle syntaxe sémantique, figurative, n'est pas obligatoirement pertinente ni cohérente par rapport au sens premier des mots, mais garde un lien avec celui-ci tout en instaurant ce que P. Ricœur appelle « une nouvelle pertinence » du texte[1]. La nature de ce lien reste néanmoins à définir.

La parole devient plus forte (disons davantage frappante, « expressive ») en donnant lieu à une image visant le même « sémantisme », visant une « ressemblance » comme une sorte de « visage phantasmatique » à l'égard du sens, mais elle devient aussi plus ambiguë avec ce nouveau sens « iconique » reçu. À mesure qu'elle affermit son expressivité, qu'elle devient « éloquente », la parole se découvre en même temps un statut plus faible car, prise à parti par le sens que lui assigne l'herméneute (*i. e.* l'auteur de l'allégorie), elle se trouve du même coup piégée, faisant ressortir son caractère arbitraire par rapport à la ressemblance immédiate et en apparence moins conventionnelle d'une image. Surtout lorsque l'image, ainsi « racolée » pour les besoins d'éloquence du discours, comporte, outre son caractère d'évidence, une fonction précise, celle de révéler aussi ce que la parole tait, par devoir ou simplement par l'usure des mots. Mais est-ce là, en vérité, un silence dû à la nature incommunicable d'un sujet particulier (comme, par exemple, l'irreprésentabilité du divin dans l'Ancien Testament,

1. P. Ricœur, *op. cit.*, p. 242, pour cette définition de l'allégorie en regard avec la métaphore et la comparaison, et p. 237, pour la définition du caractère iconique comme nouvelle pertinence que l'image introduit dans un texte – le figuratif en tant qu'élément étranger dans l'isotopie des termes du contexte littéral (en référence aux théories de Michel Le Guern analysées par P. Ricœur dans la sixième étude « Le travail de la ressemblance »).

distincte de l'« interdit ») ? Ou bien est-ce l'expression muette de la volonté seule de l'auteur du texte, lequel préfère alors abandonner aux images le soin de produire un autre texte, voire plusieurs, comme une réécriture de seconde main, plus près de ce qu'il a voulu dire sans oser l'exprimer pour de bon, ou encore totalement différent, laissant au lecteur de décider s'il préfère se fourvoyer pour le plaisir pur d'une « fiction » ou apprendre / comprendre le vrai sens au bout d'un effort d'interprétation des figures et de ces images inlassablement engendrées pas les mots ? Mais le problème de l'« énigme » incontournable que recèle ainsi un texte « allégorique », dont les figures peuvent s'éloigner à une si grande allure de toute ressemblance avec le thème du discours de départ que parfois il n'est plus possible de trouver un chemin de traverse pour relier paroles et images à un sens originairement commun, n'est pas ce qui nous intéresse plus particulièrement dans ce contexte. Aussi laisserons-nous sans réponse cette question concernant les raisons du silence, et nous contenterons-nous de rappeler à son sujet une phrase célèbre : « ce dont on ne peut parler, il faut le taire » (*dixit* L. Wittgenstein)[1]. Encore que le véritable enjeu de l'allégorie se trouve peut-être précisément là, et que, malgré l'étymologie du terme, cet enjeu consiste non dans un discours *autre*, *différent*, non dans le pouvoir de *dire autre chose* et de le dire *autrement*, en anticipant ou en frappant par surprise, mais dans le pouvoir de *dire tout simplement* quelque chose, quoi que ce soit, l'allégorie visant ainsi à masquer et démasquer du même coup ce pouvoir feint d'expression du langage, révélé par surcroît lorsque l'énonciation s'affronte à l'indicibilité foncière du visible et se heurte au pouvoir de l'évidence, au court-circuit d'une image, vraie ou fausse, peu importe dans un premier temps. Si tel était le cas, le rôle de l'allégorie consisterait justement à masquer ce pouvoir feint du langage, cette éloquence bâtie sur la faiblesse apparente ou l'incongruité littérale du discours, donnant à voir quelque chose à la place de ce qui, de fait, ne peut être ni dit, appelé par son nom, ni regardé de face.

Inventer son *autre*, inventer une *altérité* par rapport au discours au long même de son déploiement – serait donc la leçon que nous retenons d'emblée de l'invention (combien tardive ?) de l'allégorie et de sa double fonction, stylistique d'une part, herméneutique de l'autre, double fonction dans le but d'une stratégie unique : celle d'éviter l'effacement du langage devant le pouvoir de l'image, et de remplacer en même temps l'ambiguïté de celle-ci par l'équivocité propre à l'expressivité du discours et de ses figures spécifiques. Or ce rôle d'*altérité* vis-à-vis du langage, que le langage lui-même se fabrique ou s'approprie, reviendrait, selon nous, justement à l'image, serait effectivement endossé par l'image, mais une *image-en-langage*, une *image textuelle*, une *image verbale* plus près d'une *image noétique* ou *eidétique* que d'une représentation ayant pour référent une statue ou un tableau. On pourrait presque définir cette altérité-complémentarité visuelle du langage comme une *image inverse* par rapport à ce que serait une *eikôn*, à condition de ne pas rester avec cette affirmation dans l'enclos strict des

1. *Tractatus logico-philosophicus*, trad. fr. P. Klossowski, Paris, 1961, p. 107.

figures de style, mais de situer cette *image non-iconique* dans un contexte philosophique plus large, déterminé à la fois par l'héritage de la gnoséologie platonicienne, par la noétique du Stagirite et par les procédés des sophistes. Entendons-nous bien: ce que nous appelons, faute de mieux, une «image-en-langage», une *image inverse* par rapport à ce que propose une *eikôn* mais non moins évidente que celle-ci, ne renvoie aucunement aux figures de style ni aux types de discours figurés, mais à une forme spécifique d'ouverture de la parole au visible, ainsi que du nom d'une chose à son «portrait» ou image adéquate, et en conséquence une ouverture à un accès propre, particulier, du langage à la nature «vraie» de la chose désignée, ou du moins à une disposition prédicative qui vise à saisir quelque chose de la «vérité» ou de l'«essence», intouchable autrement, de l'objet en question, quelle que soit son identité: définissable ou indéfinissable, nommée / innommée, ou innommable même.

Mais avant de proposer une analyse de la relation particulière entre parole et image instituée dans le discours à travers divers usages et / ou contestations de l'allégorie, il convient de situer nos sources et de présenter les bases textuelles sur lesquelles nous appuyons cette compréhension, sans doute peu orthodoxe, de la théorie et des applications de l'allégorie à l'époque hellénistique et tardo-antique. Nous essayerons, par la suite, de comprendre le mécanisme de la relation entre les mots et les images qu'ils engendrent, procédé qui permet à l'allégorie de feindre la clarté d'une révélation, de se présenter comme une *évidence épiphanique* du «vrai» sens d'un texte, et de susciter, du moins chez les habitués de cette «méthode», une reconnaissance quasi immédiate de son message, alors qu'aucune raison extérieure et aucune ressemblance immédiatement saisissable ne conduit en effet à cela. Et dans cette tentative pour saisir le fonctionnement de l'articulation parole–image nous prendrons appui plus particulièrement sur des exemples choisis parmi les œuvres de la fin de l'antiquité. Il va sans dire que nous distinguons, en opérant cette entrée en matière, le sens large du terme d'allégorie du sens précis et étroit, limité à un mode d'interprétation des mythes homériques (mis en place par les stoïciens) ou des passages de l'Ancien Testament (utilisé en premier par Philon d'Alexandrie), et qu'en admettant ceci nous nous situons en même temps dans un rapport aux textes qui exclut la valeur de «vérité révélée» à l'égard de laquelle l'allégorie joue le double jeu du voilement et de la mise en lumière des sens cachés, en d'autres termes, le jeu ambigu du masque. Pourtant le masque et l'ambiguïté que celui-ci recèle seront à plusieurs titres évoqués ici.

Une précision supplémentaire s'impose avant d'aborder le thème proposé. Notre choix a été de parler de l'allégorie non dans l'acception technique du procédée stylistique / rhétorique ni dans l'acception courante de la méthode herméneutique appelée de ce même nom (allégorèse), mais de prendre l'allégorie comme témoin d'une forme de pensée et comme gage de la véracité des expressions qui l'ont traduite de manière adéquate. Notre perspective (et c'est une seconde «entorse» à la recherche que nous assumons) n'est pas non plus historique, à proprement parler. En revanche, c'est bien l'époque des textes choisis pour l'analyse qui nous a conduite à tenter de comprendre le mécanisme de l'allégorie: à l'aube du christianisme l'allégorie est présente dans les écrits comme dans de nombreuses œuvres artistiques, car elle répond à un besoin et à une forme spécifique de penser, d'écrire, de se représenter et de communiquer un message. Est-elle spécifiquement «théologique», juive puis chrétienne? Ou correspond-elle plutôt à une forme d'expression propre à tous les courants de l'antiquité finissante, où néoplatonisme et stoïcisme répondaient au besoin de revalider l'héritage ancien en cherchant à le mettre en accord avec des normes intellectuelles, des pratiques cultuelles et des croyances nouvelles, en bonne partie étrangères à la culture gréco-latine? Nous sommes loin de pouvoir répondre efficacement au pari soulevé par une telle question, mais il nous semble important de le signaler et d'apporter quelques arguments, proposer quelques pierres de touche, de signaler quelques connivences entre des langages parallèles, de tenter aussi de spéculer autour de quelques hypothèses de travail.

Quoi qu'il en soit, l'allégorie fait son chemin à la fois dans les textes et dans certaines œuvres figuratives sur la base d'un fonctionnement qui superpose le saisissement d'une parole au jaillissement d'une image, ou du moins les juxtapose. Mais ce chemin n'est ni dans un cas ni dans l'autre le chemin qui va mener le discours (textuel ou figuratif) droit au sens. Le texte allégorique propose par définition un *détour* ou un *voile*: le *détour* déplace le sens par des translations successives vers un nouveau plan de lecture, en allant jusqu'à l'inversion totale du sens entre ce qui est dit et ce que l'on veut signifier; le *voile*, lui, dresse un écran qui change l'identité du référent, lui donne un autre «visage», en prétendant retrouver par ce changement, par ce transfert sur le plan visible, la vraie nature cachée sous une identité d'emprunt. Dans les deux cas, chemin d'une errance ou voile pareil à la nuit, nous avons affaire à un éloignement volontaire du centre thématique / sémantique du discours, éloignement qui permet de mieux viser, à distance, par une implication «de biais» dans le sujet, à la fois le noyau du message et les possibilités spécifiques d'entendement de l'auditoire visé par cette «ré-écriture» d'un texte à travers la médiation d'une allégorie. Cela étant dit, l'allégorie que nous présente la boucle d'un texte, sorte de volte-face qui nous mène à / vers ce qui *n'est pas*, et jamais, *le même* entre ce qui est dit et ce qui est signifié, et l'allégorie qui apparaît dans le champ d'une image en nous faisant voir ce qui de fait n'est pas destiné à la vue et n'a aucune ressemblance avec le référent immédiat de la figure représentée, n'est pas exactement le *même* type d'allégorie. Dans un cas les mots génèrent des images à la manière d'un songe ou de l'imagination, et ces images sont comme suscitées *en nous*. Dans l'autre, les images se mettent *devant nos propres yeux* (πρὸ ὀμμάτων) et donnent visage à des concepts ou à des notions selon des critères qui paraissent arbitraires; on appelle plus couramment ce procédé une «personnification» ou une «prosopopée» (classée par les rhéteurs en *êthopoiia*, *eidôlopoiia*, *prosôpo-*

poiia – selon le type d'association et la nature du sujet[1]), d'où la nécessité de seconder la figure associée à telle voix ou telle idée par l'inscription d'un nom. L'usage a ensuite transformé l'attribution de telle figure à tel acte, vertu ou élément cosmique en un recours de type lexical, noté et fixé / figé dans des « répertoires iconographiques » ou « iconologiques » sans doute en usage dès la fin de l'antiquité. Nous avons ainsi affaire, sous la bannière d'un seul nom, à deux situations différentes (*en nous*, *devant nous*) et à deux processus distincts d'élaboration de la relation parole–image dans un discours, mais qui permettent, en jugeant ensemble ces processus de fabrication et en recoupant les effets, d'établir un mécanisme commun : celui de la relation entre un concept et son expression, entre la pensée et le langage qui l'exprime, qui suit même la pensée au plus près, mais en tenant compte aussi des rigueurs et des limites de son récepteur.

Car – faut-il le rappeler, le répéter ? – l'allégorie ne convient en vérité qu'aux poètes, aux prophètes et à certains théologiens, à la rigueur aux « bons » sophistes et aux politiciens, nullement aux artistes ou aux philosophes « affranchis », ceux qui, en peignant ou en écrivant, ont réussi à oublier (et à *nous* faire oublier aussi) et l'origine de leurs instruments et la finalité de leur art, en détournant la réflexivité (l'inévitable narcissisme de l'artiste et de l'écrivain) vers le dialogue, vers la face de l'autre et donc vers la réciprocité, sans faille ni réserve, des regards. « ... Quemadmodum *ars poetica, per fictas fabulas allegoricas que similitudines*, moralem doctrinam seu physicam componunt ad humanorum animorum exercitationem ... *ita theologia, veluti quedam poetria*,

1. Voir L. Pernot, *La rhétorique de l'éloge dans le monde greco-romain*, Paris, 1993, t. I, p. 399-403. L'*êthopoiia* correspond au cas où l'on fait parler un absent ; dans l'*eidôlopoiia* la parole est donnée à un mort ; dans la *prosôpopoiia* c'est un objet inanimé ou une idée abstraite qui prend la parole. C'est de cette dernière que se rapprochent le plus les allégories figuratives présentes dans l'art tardo-antique ou à la Renaissance, puis dans l'Académisme moderne : des figurations d'éléments cosmiques (*Ktisis*, *Kosmos-Kosmêsis*, *Phusis*, *Ananéosis*, etc.), météorologiques (Jour, Nuit, Vents, Aurore etc.) et géographiques (Fleuves, Mer, Océan, Montagne etc.), ou encore des concepts, des passions, des actes (Conscience, Menace, Courage, Prière etc.). Ces « figurations allégoriques » sont à la mode dans l'art hellénistique et romain de la fin de l'Antiquité (jusqu'aux VIe-VIIe s.), autant dans le décor en mosaïque des grandes villas que dans des églises et des lieux publiques séculiers (des thermes, en particulier). Parmi les études les plus édifiantes pour la technique de lecture de ces compositions peuplées d'« allégories » : H. Maguire, *Earth and Ocean. The Terrestrian World in Early Byzantine Art*, Philadelphia, 1987, et M.-H. Quet, *La mosaïque cosmologique de Mérida*, Paris, 1981. Pour la définition rhétorique de ces différents procédés d'association d'une figure à un concept ou à un élément naturel, voir en particulier le chapitre d'Hermogène sur l'*Éthopée*, dans *L'art rhétorique*, trad. M. Patillon, Paris, 1997 (p. 145) ; texte grec *Hermogenis Opera*, éd. H. Rabe, 1913 (repr. Stuttgart, 1969), p. 20. Nous retrouvons des définitions et des exemples similaires chez Aélius Théon (*Progymnasmata*), Philostrate (*Eikones*), Pline l'Ancien (*Histoire naturelle*, lib. XXXV). Pour une étude critique de ces textes sous l'angle qui nous intéresse, voir les articles réunis dans C. Lévy et L. Pernot (édit.) *Dire l'évidence. Philosophie et rhétorique antiques*, Paris, 1997.

sanctam scripturam fictis imaginationibus ad consultum nostri animi et reductionem a corporalibus sensibus exterioribus», disait Jean Scot Érigène[1] (nous soulignons), en se référant autant à la composition de l'œuvre de Denys l'Aréopagite qu'il commente, qu'à sa propre lecture-écriture consacrée au thème des *Hiérarchies célestes.*

L'allégorie, définitions...

Comment l'allégorie assume-t-elle cette *altérité* dont elle se réclame, étymologiquement parlant? Cette *altérité* que l'allégorie présente au lecteur pour le convier à quitter le sens premier des mots. *Altérité* qui, de surcroît, définit l'allégorie comme un type de *logos* réflexif, cherchant depuis le sein même du *legein*, depuis le «dire» du discours, le complément qui lui est nécessaire pour accomplir sa propre condition de discours, de réceptacle porteur d'un contenu sémantique qui doit être à la fois accessible et persuasif, clair et expressif, indicatif et significatif. Comment définir donc cette *altérité*, cet «estrangement» vis-à-vis de lui-même imposé presque au langage, cette aliénation du sens premier des mots par laquelle le discours sort de la fermeture sur soi et arrive à définir son identité en regard d'un sens qu'il porte mais qui dépasse l'horizon de la lettre même de son texte, et déborde parfois toute possibilité d'entendement, comme dans le cas du texte biblique particulièrement concerné par l'allégorie et l'allégorèse? L'allégorie indique-t-elle le bon chemin pour cette sortie, le véritable accès à la «vérité» qu'elle est censée détenir et révéler, la vraie voie,

1. «Ce qui revient à dire ouvertement que, tout comme l'art poétique, au moyen de contes fictifs [*litt.* des fables feintes] et similitudes allégoriques, réalise une signification morale ou cosmologique pour avancer l'esprit – car c'est là le propre des poètes héroïques, qui célèbrent en forme de symboles [*litt.* de manière figurale] les gestes et les mœurs des preux – ainsi la théologie [*var.* l'art théologique], comme une poétesse [*poetria*], se sert de l'imaginaire [*litt.* des fictions de l'imagination] pour adapter [*litt.* conformer] la sainte Écriture aux capacités de notre intellect, pour le reconduire des sens extérieurs vers la connaissance parfaite des réalités intelligibles, comme de la compréhension imparfaite de l'enfance à la condition adulte de l'homme intérieur», Jean Scot, *Expositiones Super Ierarchiam Caelestem S. Dionysii* (*PL* 122, col. 146 B-C); traduction par P. Dronke; les quelques variantes de lecture mentionnées dans la citation et dans la traduction correspondent aux corrections apportées à l'édition de la *PL* par la nouvelle édition du texte par J. Barbet, coll. *CCCM* 31, Turnhout, 1975. Dans une communication intitulée «*Theologia veluti quaedam poetria*: quelques observations sur la fonction des images poétiques chez Jean Scot», présentée en 1975 au colloque de Laon *Jean Scot Érigène et l'histoire de la philosophie*, Paris, 1977, p. 243-252, P. Dronke cite, traduit et propose un commentaire de ce passage des *Expositiones* (voir p. 243). Notons, par ailleurs, que cette glose de Jean Scot correspond au second chapitre du traité dionysien de la *Hiérarchie céleste* (§ 2, 137B-D; p. 188-189 dans la trad. de M. de Gandillac, *Œuvres complètes du Pseudo-Denys*, coll. *SC*, 58 bis, Paris, 1943; p. 75-76), chapitre consacré à la révélation des mystères de Dieu et du ciel par des «symboles sans ressemblance» ou des «allégories parfaitement inadéquates». Nous commentons aussi ce passage au début de notre article «La parole *diaphane* chez Dante (*Convivio* II et III)», *Archives d'histoire littéraire et doctrinale du Moyen Age* 64, 1997, p. 189-212.

laquelle, même si c'est un détour ou un débordement, nous permettrait ainsi de comprendre le dessein d'un passage qui, ni seul ni dans son contexte, n'aurait d'autre sens qu'*allégorisant*, c'est-à-dire exigeant et signifiant une « aliénation » de son sens obvie et de la visibilité première engendrée par l'énoncé du discours et par son sens premier ? L'image produite par le détour d'une allégorie est-elle plus éclairante pour l'esprit que la lumière d'un texte « transparent », ne faisant aucun obstacle de lui-même, ne dressant pas un écran de ses propres paroles ni des figures polarisées par l'expression verbale ? Quelle est, d'ailleurs, l'identité de cet « autre », de cette « altérité », de cette voie d'aliénation volontaire et cryptée, et qu'est-ce qui justifie en elle qu'il s'agisse d'une vraie sortie de l'enfermement dans une ipséité (narcissique ?) ou dans une ressemblance enivrante produite par le pouvoir des mots et des figures ? Comment se fait-il qu'en trahissant la lettre l'allégorie demeure néanmoins l'indice d'un besoin de sens dans les mots, même au sein du référent le plus éloigné de la composition d'ensemble ? L'allégorie n'est ni un « récit touchant », fable ou mythe, ni un « poème » qui emporterait l'attention par le chant de Sirènes de son rythme, par la musique et l'écho de ses allitérations, par ses diverses astuces de mime sonore. Elle cherche toutefois, comme le récit exemplaire ou le poème, la surprise, l'étonnement et même, peut-être, l'effroi ; elle cherche, par définition, à frapper, non par la dissemblance qui fait peur en s'éloignant jusqu'à la perte de vue des repères, mais par le décalage, par une position de biais qui permet de saisir le « profil » ou l'« épaisseur » de son « objet » et d'entrevoir intuitions et intentions au-delà de la « face » qui est au départ présentée – de les entrevoir, ou même d'inventer leur existence pour les besoins de la cause. Elle aurait d'ailleurs, par cette mise à distance et par une certaine forme d'objectivation du sens, une proximité frappante avec le symbole, partageant du moins avec celui-ci l'absence totale de désir ou de nécessité concernant une quelconque ressemblance avec le but caché dans / sous son expression.

En outre, l'allégorie, proposant un décalage, une distance volontairement frappante par rapport au thème initial, brouille en même temps la taxinomie des repères en agissant sur l'espacement et/ou sur l'ordre des grandeurs. Aussi « traduit »-elle non seulement l'identité des choses ou des personnages mais aussi le point de vue par des transferts ou des inversions (subversions et substitutions à même de semer le doute et le soupçon, surtout à l'égard de ceux qui se sentent concernés), des permutations à plusieurs niveaux, entre actant et patient, par exemple, ou entre sujet et prédicat, ou encore entre cause et effet, en un mot, en changeant à la fois la *perspective* interne à l'œuvre (*i.e.* l'orientation de son contenu) et sa mise en scène, sa *monstration*, celle qui implique la position du récepteur et prend donc en compte la perception du discours (voire pré-détermine ses effets, éventuellement ses distorsions). D'où le basculement de l'objet visé en sujet récepteur, plus précisément la saisie de l'objet comme objet agissant à l'intérieur d'un sujet récepteur, et l'effacement du point de départ au profit d'une expression qui vise à tout prix l'effet, la surprise ou même l'effroi, agissant à l'égard de son auditoire et en lui, à l'intérieur, et en le transformant presque en acteur et/ou en sujet de la «représentation». Juste pour faire appel à une analogie avec des «techniques» bien connues, nous comparerons le «mode» de l'allégorie avec la φανταστικὴ τέχνη décrite par Platon dans le *Sophiste* (236 c *sqq.*), celle qui, au nom d'un but visant à saisir le «vrai», agit par une série bien maîtrisée de déformations dont le résultat seul est à prendre en compte et nullement les parties (qui sont volontairement dissemblables) ni les procédés de mise en œuvre, les stratégies internes du «vrai» savoir. Le résultat est une image certes vraisemblable mais qui, donnant à voir quelque chose, un φάντασμα ou un εἴδωλον pour Platon, dissimule en même temps le caractère fabriqué du résultat, le statut de pur simulacre, pour ne laisser apparaître que le contenu visé, ainsi qu'une approche particulière de la nature, insaisissable autrement, de l'objet de la connaissance. Par rapport à la démarche de type «épistémologique», décrite dans le même passage à l'aide de l'εἰκαστικὴ τέχνη, nous nous trouvons là devant une autre «technique», une autre modalité d'accéder à la connaissance, une voie de type «hypostatique». Nous l'appelons ainsi pour souligner, par différence, qu'elle permet d'accéder rien que par l'aspect à la nature même de l'existant, dans la mesure où elle déplace la relation de ressemblance et la projette aussi sur le spectateur ou l'auditoire du discours d'un sophiste. Elle vise, par cette prise en compte intentionnelle et par son extension, à faire du spectateur lui-même le nouveau support de l'objet transféré, «traduit», adapté à la disposition réceptive du public de la représentation, un objet approprié donc à un art exercé sur le mode du spectacle déployé pour être visible jusqu'au dernier gradin d'une enceinte, transformée à l'occasion en théâtre ou «lieu de révélation». L'espace de la représentation comme construction «théâtrale» est d'ailleurs, avec le jeu de voilement-dévoilement du masque, le référent complémentaire quasi obligatoire, le genre le plus proche de l'allégorie, et, en somme, le mode de dénonciation le plus efficace de l'équivocité du langage et de son inadéquation, sans doute pour des raisons d'étrangeté du support (comme dirait Platon à propos du *logos*), à ouvrir un accès au «vrai», à être son expression la plus proche, par contiguïté, par homologie ou par identification.

Nous prendrons comme définition de départ le chapitre consacré par Démétrios à l'allégorie dans son Περὶ ἑρμηνείας[1]. Non pour résumer les considérations à ce sujet dans l'ample étude que l'éditeur et le traducteur en français a consacrée à Démétrios[2], mais pour rappeler et souligner certains aspects de cette définition de l'allégorie en tant qu'elle constitue aussi un mode, une forme ou une figure stylistique du discours. L'on apprend ainsi que l'allégorie sert comme facteur de grandeur (μεγαλεῖον δέ τί ἐστι καὶ ἡ ἀλληγορία), et que son usage convient plutôt au style menaçant, écrasant, véhément[3]. — Mais que l'on se passe du style, le sens traverse néanmoins à gué les mots et s'en défait aussitôt

1. Démétrius, *Du Style*, éd. et trad. P. Chiron, *CUF*, Paris, 1993, p. 32.

2. P. Chiron, *Un rhéteur méconnu : Démétrios (Ps.-Démétrios de Phalère). Essai sur les mutations de la théorie du style à l'époque hellénistique*, Paris, 2001.

3. *Du style* 99, 103, 243, 283.

pour arriver à l'entendement ! Et cette traversée soit induit une transparence, produisant grâce à cette transparence une sorte d'épiphanie, de *monstration* au sein même de la lettre du texte, soit infléchit le trajet discursif jusqu'à l'inverser, comme dans une réfraction ou un renvoi catoptrique de reflet, et en produisant ainsi une image ou une allégorie en décalage par rapport au discours ou à la narration du texte. — L'intérêt de l'usage que certains auteurs font de l'allégorie ne serait donc pas dans le ton mis ou simulé, mais dans l'effet recherché, dans le but. Utiliser l'allégorie dans son langage reviendrait à vouloir à tout prix effrayer, frapper, faire frissonner l'auditoire, le plonger au sein des ténèbres et de la nuit (ἐν ἀλληγορίαις λέγεται πρὸς ἔκπληξιν καὶ φρίκην, ὥσπερ ἐν σκότῳ καὶ νυκτί. ἔοικε δὲ καὶ ἡ ἀλληγορία τῷ σκότῳ καὶ τῇ νυκτί ; un peu plus haut le terme utilisé est encore plus fort : φοβερώτερον, φόβος – l'épouvante et la crainte qu'elle suscite)[1]. Car parler à mots couverts et laisser s'installer le sous-entendu, le soupçon et le doute, c'est en effet tenter d'exercer un pouvoir là où on ne l'a pas vraiment, agir sur les autres avec des instruments faibles comme des mots, mais des mots qui avancent masqués, enveloppés, enrobés de tout ce qu'ils ne disent pas ni ne peuvent en vérité dire, mais laissent néanmoins entendre, sans prononcer le moindre son exprimant explicitement leur sens et leurs limites, des mots qui, pour ainsi dire, ne peuvent en effet « exploser », produire une décharge sémantique qu'une fois entendus / reçus par l'intellect.

L'allégorie, donc, n'est ou n'a pas un enjeu stylistique, pas plus que l'évocation d'un spectre ou l'apposition à certains endroits d'un épouvantail ou d'un masque ; le style, certes important pour la fabrication, n'est de fait que son adjuvant. On méprise facilement les gens tout nus, dit Démétrios, comme d'ailleurs on prête moins d'attention à ce qui semble clair et se montre sans détour (σαφὲς καὶ φανερόν). En revanche, ce qui prétend à mille détours, ce qui exige un choix et que chacun l'interprète à sa façon en croyant s'approprier ainsi l'objet visé, cela, il va sans dire, inspire l'attrait, l'admiration, voire la crainte, le tremblement intérieur, à la limite, la foi. Seulement l'allégorie, qui ne consiste pas dans l'habillage des mots mais dans la création d'une scénographie entière, sert en même temps à faire oublier que ses propres moyens ne sont, à leur tour, que des oripeaux. Le *Gorgoneion*, le masque de la Gorgone, continue à fasciner le regard et à jouer le même rôle que lorsqu'il était le visage d'un monstre vivant. L'usage de l'allégorie dans le culte des Mystères est d'ailleurs évoqué au passage[2], comme pour minimiser le caractère purement stylistique de la forme et de ses effets – semblables à ceux d'un certain « expressionnisme » propre au goût hellénistique et utilisé dans les techniques de trompe-l'œil spécifiques à l'art

1. *Op. cit.*, p. 100-101.

2. τὰ μυστήρια ἐν ἀλληγορίαις λέγεται... (*op. cit.*, p. 101). Il y a d'ailleurs plus qu'un simple usage, une véritable appropriation (voire une véritable pratique) des mythes et des allégories comme « symboles théurgiques » (voir le livre de R. M. Van Den Berg cité *supra*, ainsi que l'ouvrage de C. Van Liefferinge, *La Théurgie. Des Oracles Chaldaïques à Proclus*, Liège, 1999).

monumental –, et dénoncer avant tout l'utilisation « subversive » qui est réservée à l'allégorie : instrument de persuasion, redoutable levier du pouvoir, d'autant plus efficace qu'il agit subrepticement et par la volonté en quelque sorte trompée de l'auditoire, à qui l'on fait croire à la liberté de son interprétation tout en le menant comme par le bout du nez dans la direction souhaitée par l'auteur du texte. Ainsi dénoncée, nous avons toutes les raisons de croire que l'allégorie fut inventée pour faire peur et donc pour fasciner, et qu'il est nécessaire de la désamorcer, de la faire sortir du jeu, ou de s'en aller sans chercher à la comprendre, la mépriser même, si on la rencontre sur son chemin. Son principal tort serait de faire le jeu du masque, c'est-à-dire de « faire semblant » qu'elle donne à voir, qu'elle rend visible le sens visé, caché dans un texte, alors qu'elle agit à l'opposé, cachant la visibilité, l'évidence de la lettre, derrière un voile, un *kalumma*. Démétrios dit que l'allégorie dissimule le propos du discours : συγκαλύμματι τοῦ λόγου[1] – et d'ailleurs jusqu'au XIIe siècle l'usage d'un symbole, d'une image ou d'une allégorie dans un texte sera défini par les termes quasi synonymes d'*involucrum*, d'*integumentum* ou d'*allegoria*,[2] désignant la présence d'un sens caché ou voilé dans un discours, tel le noyau sous la chair d'un fruit[3], ainsi que la nécessité de le chercher par des moyens de détour, de

1. *Op. cit.*, p. 100.

2. En faisant appel aux usages courants de ces termes principalement chez Bernard Silvestre (dans le *Commentaire sur Martianus Capella*) et chez Guillaume de Conches (dans les *Gloses sur Platon*), Stephen Gersh définit ainsi les trois notions : *involucrum* (l'enveloppant) désignerait la polysémie d'un terme qui peut apparaître dans tout texte ; *integumentum* (le recouvrant) désignerait la polysémie d'un terme qui n'apparaît que dans un texte séculier et dont l'usage serait impropre dans un texte « sacré » ; *allegoria* (l'allégorisant), un terme polysémique en usage dans le texte scripturaire. S. Gersh, « *Cratylus medievalis* – Ontology and Polysemy in medieval Platonism (to ca. 1200) », dans J. Marenbon (édit.), *Poetry and Philosophy in the Middle Ages, A Festschrift for Peter Dronke*, Leyde, 2001, p. 79-98, montre l'existence d'une relation intime entre polysémie et image : souvent des auteurs comme Augustin, Boèce ou Jean Scot (outre ceux du XIIe s.) jouent sur la polysémie d'un terme en faisant appel alternativement à son sens figuratif et à son sens non-figuratif. Cela a un impact particulièrement important sur la pensée médiévale, autant à propos de la définition des attributs divins (dans la procession des noms) que de la théorie des Formes et des causes (théorie ontologique et épistémologique des catégories).

3. Pour la petite histoire des mots : *involucrum* – désignant un *voile* qui dissimule tout en laissant transparaître « quelque chose », ou encore une sorte de masque qui démasque – est un terme, plutôt rare, utilisé en particulier par les philosophes latins du XIIe siècle. Il figure dans l'un des plus anciens manuscrits de la *Clavis Physicae* d'Honorius Augustodunensis et « nomme » en fait un thème chéri par tous les platoniciens du XIIe siècle, désignant l'apparence ambiguë des choses sensibles dissimulée à travers des images ayant rôle de fables ou de mythes, comme dans certains dialogues platoniciens (*Timée*, *République*, *Critias*) ; voir l'article de M.-Th. d'Alverny (la première à avoir signalé et expliqué le sens, l'usage et l'origine du terme), « Le cosmos symbolique du XIIe siècle », *Archives d'histoire doctrinale et littéraire du Moyen Age* 20, 1953, p. 31-81 (voir p. 35 et 46-47), ainsi que les précisions supplémentaires apportées par M.-D. Chenu concernant *involucrum* comme « genre littéraire » utilisé par les philosophes chrétiens, telle l'image du *banquet*, par exemple, depuis Boèce

décryptage, de lecture d'un texte à plusieurs niveaux sémantiques et figuratifs. En contestant la véridicité du visible en même temps que la possibilité de transparence immédiate d'un texte, son sens premier et l'intérêt d'une lecture au niveau littéral, l'allégorie s'approprie ainsi la force d'impact du visible, la prend à son compte et, libérée du doute, hors de tout danger d'exercice de l'esprit critique, elle joue à sa guise le rôle d'une figure textuelle à la fois véridique et cryptée, devenant elle-même une image, mais une image bien particulière, donnée comme vraisemblable, autant que l'image verbale d'un sophiste, et, en outre, une image creuse comme un masque. Lui faire confiance, croire à ce qu'elle montre et dit, nécessite une situation de face-à-face et la force d'un affrontement ; la regarder de travers ou de biais permet de comprendre le jeu d'avancement et de retrait d'un texte, en un mot, d'envisager les limites du langage, voire de désamorcer ses effets envoûtants et dénoncer le creux des masques, y compris celui de la Méduse : le pouvoir *à la lettre* de la fiction. De surcroît, l'allégorie ne traduit pas en parole un acte mais agit, là aussi, à son propre compte, glissée dans l'entendement de son lecteur et sous couvert de l'agissement de / dans celui-ci, agissement induit par l'interprétation ou la médiation proposée par allégorie. Plus précisément, elle défait le rapport direct entre la parole (disons le verbe) et l'action désignée, et fait semblant de dire, de signaler un *autre* acte, lequel n'est en outre pas le sien mais celui du lecteur qui, leurré par l'évidence feinte du discours allégorique, pense détenir une vérité qu'il a lui même, librement pense-t-il, tirée du texte. La leçon de Démétrios nous semble révélatrice de cet aspect ambigu de l'allégorie, illustré aussi par son insistance sur l'effet d'effroi, de grandeur et / ou de terreur qu'elle est censée produire, l'effet de nuit et de ténèbres où le seul, unique chemin perceptible est alors celui indiqué par l'auteur, « artisan » de cette « illumination » soudaine, « maître » de cet « éclair » déclenché par l'allégorie dans la « nuit » d'un texte volontairement rendu « obscur » ou considéré comme tel.

Il ne faut pourtant pas laisser s'installer l'idée qu'un texte qui donne à voir, rend visible son contenu, le présente sous les yeux du lecteur, tiendrait d'emblée un discours dangereux, piégé, mortifère pour l'intelligence. Si interpréter revient à soupçonner l'auteur du texte d'avoir caché un sens différent de celui donné par ses propres mots, tout texte qui met sous les yeux de son lecteur des images

jusqu'à Bernard Silvestre ou Jean de Salisbury : *involucrum* – « genus demonstrationis sub fabulosa narratione veritatis » – dans l'article « *Involucrum.* Le mythe selon les théologiens médiévaux », dans *Archives d'histoire doctrinale et littéraire du Moyen Age* 22, 1955, p. 75-79, et dans *La théologie au XIIe siècle*, p. 122-123. *Involucrum* est très proche, voire à peine différent, du terme *integumentum* employé dans des contextes similaires, dans le même champ lexical et avec les mêmes applications ; voir l'article d'Éd. Jeauneau, « L'usage de la notion d'*integumentum* à travers les gloses de Guillaume de Conches », *Archives d'histoire doctrinale et littéraire du Moyen Age* 24, 1957, p. 35-100 (repris dans *Lectio philosophorum*, Amsterdam, 1973). Les distinctions citées dans la note précédente sont applicables uniquement dans le champ sémantique de la polysémie analysée par S. Gersh, même si ce champ sémantique comporte, dans le sillage platonicien, une extension/dimension ontologique.

différentes des paroles inscrites ou prononcées en laissant à son lecteur (spectateur) le soin de recomposer l'ensemble et à croire encore à sa liberté, n'est pas automatiquement un texte subversif, ésotérique, soit spirituel (anagogique) soit fictionnel et envoûtant, mais évidemment mensonger. Celui-ci présente en revanche une tournure particulière dans la relation établie entre l'aspect dénotatif et l'aspect connotatif des mots, entre la force déictique et la puissance descriptive d'un discours. Or cette tournure a une fâcheuse tendance: celle à faire jouer l'ambiguïté de la liberté feinte et de l'arbitraire de toute médiation, en l'occurrence de toute interprétation. On ne tardera pas à critiquer l'allégorie pour cette raison, au même titre d'ailleurs que l'usage des images, ne serait-ce que des métaphores, dans un texte, même si l'auteur en veine de critique se sert des procédés mêmes qu'il dénonce[1]. Mais il est vrai en même temps que cette tournure présente aussi un avantage de taille: celui de faire sortir le texte de son monologue et d'établir une manière plus naturelle de relation avec son lecteur, de poursuivre le chemin du sens du texte dans l'esprit de son récepteur et de nouer en quelque sorte une certaine forme de dialogue par-dessus le mur qui le (nous) sépare de l'origine incommunicable de toute œuvre soumise aux questions[2]. Autrement dit, nous avons plus facilement la possibilité d'entrer dans l'intimité d'un texte ouvert par les fenêtres des images, des visibilités diverses mises en scène, qu'il s'agisse de fictions ou d'autres formes de visibilités stylistiques, et nous pouvons donc avec plus de certitude affirmer l'avoir compris ou suivi en nous confrontant, en nous affrontant même à son jeu entre les évidences, les arguments et les expressions. Or la conséquence la plus

1. Pour mémoire, le passage de la *République* 378 d-e: «Car le jeune homme n'est pas capable de discriminer entre ce qui est intention cachée et ce qui ne l'est pas: en revanche les impressions qu'à son âge il reçoit dans ses opinions tendent à devenir difficiles à effacer et immuables. C'est sans doute précisément pourquoi il faut accorder une grande importance à ce que les premières choses qu'ils entendent soient des histoires racontées de la façon la plus convenable possible pour amener à l'excellence» (trad. P. Pachet, Paris, 1993, p. 132). Rappelons aussi que, dans la présentation des techniques mensongères du sophiste, Platon mentionne son art pictural (γραφικὴ τέχνη) et les dessins que celui-ci montrerait de loin (πόρρωθεν τὰ γεγραμμένα ἐπιδεικνύς) aux jeunes disciples, sortes de «représentations schématiques» qui peuvent donner l'illusion de maîtriser un sujet, d'avoir la connaissance ou re-créer la réalité vraie d'un objet (*Sophiste* 234 b). Ce sont ces mêmes écarts qui sont condamnés, comme dans la *République*, au titre de leur facile pénétration dans l'entendement et de leur fixation qui permet d'infléchir le processus d'intellection, autrement dit, d'obturer l'accès à la vérité des formes ou du moins de brouiller la recherche du chemin de la vraie connaissance, la connaissance noétique. Inutile, en revanche, de rappeler l'usage que Platon lui-même fait du mythe vraisemblable (le récit de la cosmogénèse dans le *Timée* est un εἰκὸς μῦθος) ou encore d'une image vraisemblable (εἰκών), comme il appelle, par exemple, la caverne brossée au début du livre VII de la *République*.

2. L'exemple extrême qui illustre ce processus de la rencontre entre la parole et l'image est donné par la pièce de théâtre, d'où la critique platonicienne ou encore la tentative d'Aristote (dans la *Poétique*) de séparer la lecture d'une tragédie de sa mise en scène, en privilégiant, évidemment, la première.

importante de cet affrontement direct réside, selon nous, dans la possibilité de saisir l'identité d'un texte et de comprendre à partir de là le double enjeu duquel participe une allégorie : philosophique (*i.e.* herméneutique et phénoménologique) d'une part, stylistique (ou tropologique) de l'autre. Car, aussi distincts qu'ils soient, ces plans de référence et de définition de l'allégorie ne vont pas séparément et, quoi qu'en disent les historiographies et l'archéologie lexicale, l'allégorie n'est à proprement parler définissable comme « allégorie » qu'à des moments et dans des œuvres où ces deux cordes se croisent. Le premier enjeu, philosophique, vise en effet à dépasser le stade de la séparation nette entre les mots et les choses désignées par les mots et / ou figurées par des représentations (εἴδωλα ou φαντασμάτα), en suggérant, comme c'est déjà le cas chez Platon (du moins dans le *Cratyle*, le *Sophiste* et le *Timée*)[1], l'existence d'un accès « lexical » presque « mimétique » à la nature de la chose nommée et / ou présente en image dans la pensée ; autrement dit, l'existence d'une relation participative entre le langage et la nature des choses abordées, outre la comparaison du discours à un vivant (ζῷον), comme dans le *Phèdre* (264 c). Le stoïcisme développera à outrance cet aspect en faisant du langage un lieu de manifestation non seulement de la nature des choses mais encore des idées, des incorporels[2]. Quant à l'aspect stylistique, il ne s'agit pas, dans le cas de l'allégorie, d'une simple figure de style mais bien d'un complexe stylistique dont le mécanisme consiste à mettre en scène la visibilité, à insister sur l'habillage et le visage donné à une chose, action, être ou concept, tout en déstructurant cette visibilité, en la vidant de substance et de propriétés spécifiques, en la transformant en une galerie de masques. Toute l'« astuce » de l'allégorie réside dans ce processus de présentation, de *monstration* d'un contenu abstrait, par enveloppement, sous couvert d'un voilement auquel on aurait confié le « secret » de ce qui ne peut pas être circonscrit et donc voilé. Et en ceci l'allégorie est bien parente de la nuit et des ténèbres, comme disait Démétrios, nuit qui fait perdre les distances et les repères, nuit qui permet de se figurer les phantasmes comme « réalités », nuit qui relie l'allégorie, par filiation, à l'origine même de la parole, mais, en l'occurrence, à une parole principalement poétique et prophétique.

L'allégorie, contestation ou presque… (point de chute)

L'image, comme altérité de la parole, ne s'avère pas être le propre d'une allégorie ni même d'une description qui la viserait explicitement (description de tableaux, statues, objets à voir ou situation à visualiser)[3]. En revanche, c'est à

1. L'idée est formulée par L. M. De Rijk dans son commentaire du *Sophiste* : *Plato's Sophist. A Philosophical Commentary*, Amsterdam-Oxford-New York, 1986 (surtout p. 86-87 et 254-276).

2. Voir *infra*.

3. C'est le propre des traités d'Hermogène (ouvrage cité *supra*), d'Aélius Théon (*Progymnasmata*, éd. et trad. M. Patillon, *CUF*, Paris, 1997), de Philostrate (*Imagines*,

l'allégorie que l'on doit, paradoxalement, la mise en garde contre les pouvoirs de fascination déclenchés par l'usage de ce mécanisme spécifique à la *mimêsis*, mais qui opère dans tout le champ de l'expression, au-delà donc des domaines spécifiques du littéraire pur ou du pictural, de l'exclusivement visuel. Et il revient aussi à l'allégorie d'avoir signifié l'écart en introduisant un décalage signifiant et en révélant la possibilité d'un double langage, contrepoint inévitable du plaisir de l'équivocité auquel rien du langage et aucun discours n'échappent réellement ; car l'équivocité est dans la nature du *legein* et se cache dans la volonté même de transparence à laquelle prétendrait une lecture épuisant le sens du texte au niveau littéral. A moins de juger autrement le seul langage qui ne prend pas sa source dans une « vérité d'école », à savoir le langage des prophètes, avec les « apparitions » *(épiphanies, théophanies)* qu'il annonce et qui réclament, elles alors, les béquilles et les astuces des lecteurs-herméneutes d'allégories. En tenant aussi compte, dans ce dernier cas, de l'identité radicalement différente de l'auteur (si tant est que l'on puisse l'appeler ainsi) du texte de la « prophétie » et du discours censé la révéler en la « traduisant » de manière adéquate à l'entendement humain. Il ne s'agit plus, en l'occurrence, de discours à proprement parler, d'un usage dialectique du langage (philosophique, théologique ou littéraire, à la rigueur), mais bien de Révélation.

Texte, discours, énoncé, description, langage en général, enchaînement des noms, du verbe et de l'image, ou encore rapport(s) du signifié et du signifiant – toutes ces notions et leur taxinomie restent encore d'un usage assez ambigu dans le champ de notre analyse, car elles ne recoupent pas la signification « technique » qui nous permettrait d'aller plus loin et de saisir l'articulation intime entre la parole, l'image et le concept, en un mot l'acquisition de la science ou l'achèvement de la connaissance de l'« objet » donné. De quel type de texte parle-t-on ainsi ? Autrement dit, dans quel texte est-il plus particulièrement probable de rencontrer une allégorie et pour quelles raisons ? Nous avons évoqué plus haut, les poètes et les théologiens dans leur indistinction originaire (du moins selon Jean Scot Érigène) comme étant les seuls à endosser la responsabilité d'un maniement licite de l'allégorie. Venons-en maintenant de plus près à l'identité de quelques autres textes, critiques à la première vue, à l'égard de l'allégorie, non pour saisir les différentes pratiques d'illustration et / ou d'interprétation, mais pour tenter d'affermir la théorie de l'allégorie que nous venons d'esquisser en la surprenant à l'œuvre. Par ailleurs, comme les textes que nous allons à présent interroger ne sont plus des « manuels » pour l'apprentissage de l'expression, il est important de dénoncer la charge pesant le plus couramment sur le dos de l'allégorie : son rôle purement instrumental, désigné sous la bannière de la tradition philosophique païenne ou de la tradition théologique juive (plus généralement sous l'appellation de pratique exégétique « alexandrine »), autrement dit,

Cambridge [Mass.]-Londres, 1979 ; trad. fr. de A. Bougot, *La galerie des tableaux*, Paris, 1991).

la valeur plutôt signalétique qu'opératoire de l'usage du terme *allégorie* dans la structure d'un texte ou dans la pensée qui l'a généré.

Le «point de chute» dans cette tentative pour comprendre la relation, voire une éventuelle nature commune entre *parole* et *image*, ainsi que le but de leur agissement unitaire dans l'âme selon un certain modèle anthropologique (sous l'espèce de l'exercice noétique), nous est fourni par un passage de l'*Hexaéméron* de Basile de Césarée[1]. Nous lisons dans la troisième homélie la critique suivante:

> Et même si les eaux qui sont au-dessus du firmament sont associées à la glorification (δοξολογίαν) du maître commun de toutes choses, nous n'en faisons pas pour autant une nature raisonnable (οὐ λογικὴν αὐτὰ φύσιν). Car ni les cieux n'ont une âme (οὔτε γὰρ οἱ οὐρανοὶ ἔμψυχοι) parce qu'ils proclament la gloire de Dieu (δόξαν Θεοῦ) ; ni le firmament n'est un vivant doué de sensibilité (οὔτε τὸ στερέωμα ζῷόν ἐστιν αἰσθητικόν) parce qu'il fait connaître l'œuvre de ses mains. Que si l'on dit : les cieux sont les puissances contemplatives (κἂν λέγῃ τις οὐρανοὺς μὲν εἶναι τὰς θεωρητικὰς δυνάμεις) ; et le firmament, les puissances actives qui accomplissent la fonction qui leur échoit... (στερέωμα δὲ τὰς πρακτικὰς καὶ ποιητικὰς τῶν καθηκόντων), comme une aimable fiction (ὡς κεκομψευμένον – "comme un jeu d'esprit", "une manière de parler avec art"), nous acceptons ce langage ; quant à en faire l'expression de la vérité, nous sommes assez loin de le concéder. A ce compte, en effet, la rosée, le givre, le froid, la chaleur – parce que Daniel les invite à louer l'auteur de toutes choses – seront aussi quelque nature spirituelle et invisible (νοερά τις ἔσται καὶ ἀόρατος φύσις). En réalité, le langage de ces textes (ὁ ἐν τούτοις λόγος), que des gens avisés comprendront par une vue de l'esprit (τεθεωρημένως), tend à rendre complète la glorification du Créateur.[2]

Malgré quelques prudences dans les détails de l'expression, l'évêque de Césarée se montre hostile à l'interprétation allégorique et ne perd aucune occasion pour dénoncer une fois de plus l'apparente opposition, responsable de tant d'erreurs et d'hérésies, entre l'équivocité imposée artificiellement et la valeur par nature idéalement univoque, selon lui, de la lettre: «l'eau est de l'eau», ou bien «quand j'entends parler d'herbe je pense à de l'herbe»[3]. On retrouve aussi dans d'autres œuvres basiliennes des accents semblables contre les fabulateurs, les interprètes des songes et les allégoristes[4]. Mais, si nous nous sommes arrêtés à ce passage, ce n'est pas pour ses accents critiques ni pour les flèches que Basile envoie à l'occasion dans la direction de la pratique interprétative d'Origène, à qui il emprunte d'ailleurs la distribution des rôles entre le firmament des fixes et les cieux sublunaires. Ce sont plutôt les termes mêmes – *puissance contemplative* // *puissance active* et même *poiétique* – et leur «jeu de

1. Basile de Césarée, *Homélies sur l'Hexaéméron*, éd. et trad. S. Giet, coll. *SC* 26bis, Paris, 1968².

2. Ouvrage cité, IIIe homélie, 31 D-E (p. 236-239). L'éditeur note la présence de citations: Ps 18, 2 et Daniel 3, 64-67.

3. III 31C (p. 236) et IX 80C (p. 480).

4. Par exemple, l'exposé bien explicite à cet égard dans *Contre Eunome*, I 14, 20-27, éd. et trad. B. Sesboüé, coll. *SC*, 299, Paris, 1982, t. I, p. 222-223.

rôles» (opposition fictionnelle ou contiguïté assurée par la possibilité d'un transfert littéral) qui nous intéressent en premier lieu.

Basile de Césarée est parfaitement explicite : il n'y a de puissances active et contemplative que dans le vivant doué de sensibilité et de raison (ζῷον αἰσθητικόν et λογικόν). Quant à la nature spirituelle et invisible (νοερὰ καὶ ἀόρατος φύσις), elle peut être le propre du langage selon deux critères : soit qu'il est langage de prophètes (texte de la Révélation), et le discours appartient alors au régime de l'économie (divine, en l'occurrence) ; soit qu'il est utilisé avec art par ceux qui possèdent la vue spirituelle (τεθεωρημένως), et dans ce dernier cas, il convient parfaitement à ceux qui possèdent cette vertu, théologique en l'occurrence, de mettre leur art de la parole (du son, de la clarté du sens et de la beauté) à l'unique service approprié à cet art, celui de la glorification. A eux donc de porter louange au Créateur, de proclamer sa gloire par la puissance contemplative qui leur a été octroyée en tant que vivants doués de sensibilité, et non au firmament qui, même situé au plus haut, n'a de fait ni âme ni yeux. La critique de la cosmologie traditionnelle est certes implicite, mais les propos de Basile visent, nous semble-t-il, un autre horizon que celui des astres mus par les puissances célestes. Car même si le firmament, comme tout ce qui est créé, porte par son existence même louange au Créateur, le seul qui possède l'art de le faire et le moyen approprié est l'être doué de vue et de parole. Mais dans l'exercice de la vue autant que dans le maniement du langage il reste encore des distinctions et des choix à faire, des principes aussi à respecter. L'auteur des homélies sur la Création se heurte aux limites de la langue et entend construire son discours sur le récit des *Six jours* en écartant le niveau interprétatif, allégorique ou anagogique, susceptible d'induire mensonge ou égarement, au profit d'un choix volontaire du caractère énonciatif et immédiat du discours. Ce n'est pourtant pas au premier degré (philosophique) qu'il faut le prendre. Tandis que l'eau n'est que de l'eau, qu'elle soit nuage ou abîme, et que le mot *herbe* désigne l'herbe, le discours, lui, est une sorte de vivant (ζῷον) par emprunt de la voix et même du corps entier de son auteur[1]. Il a alors un accès direct à l'âme de celui-ci, et peut la prendre pour support afin de faire se réfléchir en elle la gloire du *Ktisantos*, à condition que les paroles et les images véhiculées s'impriment dans l'âme mais ne couvrent pas pour autant la surface spéculaire nécessaire à cette réflexion. La doxologie est l'activité propre de la puissance contemplative, mais elle ne peut se manifester que si elle est reçue et qu'elle peut aussi rebondir à partir d'un *support approprié* et *déterminé* (ou *éduqué*), ayant trouvé le rapport de parenté et de ressemblance avec la source et la fin (finalité) de son acte. Par conséquent, seul le langage a droit de cité dans la proximité de Dieu, car, malgré l'éloignement physique du monde des humains par rapport au firmament, il a son siège

1. Cette idée, de source vraisemblablement stoïcienne chez Basile, se trouve déjà chez Platon, dans le *Phèdre* (264 c) ; il s'agit, chez ce dernier, de la définition du discours comme un «vivant», avec un corps entier qui lui est propre, d'où la nécessité de respecter la taxinomie des parties.

dans la pensée et c'est là, et seulement là, par parenté et ressemblance, et non par « situation topologique » ou « solution de proximité », que la gloire peut resplendir et que la parole peut en témoigner. Son témoignage en acte est de l'ordre de la contemplation ; la doxologie en est l'expression[1]. Basile cite un certain nombre de manifestations physiques, qui sont autant d'« images » (rosée, givre, froid etc.), mais qui dans le texte prophétique[2] tiennent lieu de formes « théophaniques ». Pourtant ce n'est pas en tant que telles que ces manifestations sont aussi doxologiques : comme telles, séparées, elles ne peuvent être que des « symboles » et en ceci elles sont dissemblables et creuses comme des masques, des traces, des empreintes *(tupoi)* ou des *imagines ;* elles portent donc la voix (font résonner son écho) mais n'en disent rien par elles-mêmes, ne partagent la moindre trace de ressemblance avec l'essence de ce / celui qui est visé. Car seul le texte lui-même – voire par transfert dans la langue depuis l'âme et/ou l'intelligence de son auteur – est proprement le « glorificateur » et peut donc constituer à la fois le garant et le dispositif de mise en acte de la contemplation. Si toutes ces manifestations font effectivement « voir » quelque chose – rosée ou givre ou effets du chaud et du froid, pour rester dans les exemples choisis par Basile –, la vue procède par rebondissement ou par processus spéculaire, et il revient à la parole qui a apporté, suscité, sous-tendu et circonscrit à sa manière ces images, de se dessaisir maintenant d'elles et, comme intermédiaire logique et iconique à la fois, de les imprimer à son tour dans l'âme ou dans la pensée, en générant ainsi l'acte d'*abstraction*, spécifique à la « théôria ». Mais dans cet acte d'*abstraction*, l'intermédiaire iconique, qui transparaît par la langue, et les « impressions » reçues dans l'intellect, selon un mode spécifique à celui-ci, jouent un rôle déterminant. Nous allons essayer de le saisir en cherchant à définir la relation, qui semble établie chez l'auteur des homélies, entre le support (*hupokeimenon*) de la réception et la substance *(ousia)* de l'objet donné ou du moins de son référent. S'agit-il d'une relation d'homogénéité, d'une transparence ou bien d'un transfert, d'une extension par ressemblance et d'une participation ?

Basile décrit lui-même, à la fois dans la suite du passage cité de la troisième homélie et dans un autre contexte, dans un passage du *Contre Eunome*, ce « processus d'impression » qui permet ensuite aux paroles-reçues (imprimées) de constituer avec leur réceptacle (l'âme ou l'intellect) la disposition et le support de l'acte contemplatif à proprement parler. Nous reviendrons sur ce processus appelé « d'impression », ainsi que sur les usages et les sources directes ou indirectes de Basile, mais suivons pour l'instant le déroulement du discours. Une fois achevé son commentaire sur la deuxième journée de la Création, Basile

1. Pour le thème de la contemplation chez Basile de Césarée, contemplation considérée dans un sens théologique plus large et non comme un cas exemplaire pour le rapport entre lecture littérale et lecture allégorique du texte de l'Écriture, tel que nous l'esquissons dans cette étude, voir le mémoire de S. Rendina, *La contemplazione negli scritti di S. Basilio Magno*, Rome, 1959.

2. Dn 3, 64-67 (hymne des trois jeunes dans la fournaise).

propose d'interrompre son discours afin que le silence puisse venir en aide à ceux qui méditent ses paroles, qu'ils soient de ceux qui peuvent librement les remémorer pour se les assimiler, ou de ceux qui dans leur travail quotidien, en train de vaquer à leurs activités, ont néanmoins l'âme libre et préparée au «festin spirituel du soir»[1]. Il s'agit, pour les uns comme pour les autres, pour ceux qui sont pris dans le travail ou ceux qui méditent librement aux choses évoquées, d'un silence de l'auteur pour que la parole produite trouve son réceptacle véritable (*i.e.* l'intelligence) et puisse resplendir et glorifier le Créateur à partir de là. Et à notre auteur de rappeler encore que si le réceptacle de ses paroles est chose de l'ordre du visible, autant que les êtres qui les ont reçues, ce réceptacle, une fois les paroles inscrites dans l'intelligence (ἐννοῆτε) et en tant que souvenirs *notés* (τὰ ὑπομνήματα) dans la mémoire, permet néanmoins de parvenir depuis les choses visibles à la connaissance des invisibles, *comme* à partir de la grandeur et de la beauté des créatures on parvient à l'idée juste (πρέπουσαν δόξαν) de celui qui les a créées, selon le principe évoqué par saint Paul, dans Romains 1, 20[2]. — Notons, au demeurant, que la beauté, définie dans le passage qui précède la fin de la troisième homélie, apparaît comme une manifestation des parties au sein d'un principe qui leur permet de concourir à l'achèvement et à la finalité réalisée de l'être ou de l'objet de l'artisan, et que cette définition (nous l'avons reconnue) est plus proche du principe aristotélicien de la finalité régissant la disposition et la forme des parties du vivant, parties qui contiennent en puissance le tout, que de la définition plotinienne du beau comme chemin de la remontée vers l'archétype. — Basile propose donc le silence temporaire de sa parole à la fin de l'homélie. Cela peut en effet ressembler à un procédé rhétori-

1. III 32C-D, p. 242-243.

2. «Mais que Dieu, l'artisan des grandes œuvres, qui vous a ménagé ces modestes éclaircissements [τὰ μικρὰ ... οἰκονομήσας], vous donne en toute chose l'intelligence de la vérité dont il est source, afin que des êtres visibles vous parveniez [dans l'esprit] à la connaissance des invisibles (ἐκ τῶν ὁρωμένον τὸν ἀόρατον ἐννοῆτε) et que la grandeur, la beauté des créatures vous inspirent une idée juste de Celui qui vous a créés. Car, *depuis la création du monde, ses perfections invisibles se laissent, grâce à ses œuvres, concevoir par nos intelligences, ainsi que son éternelle puissance et sa divinité* [Rm 1, 20], de telle sorte que, dans la terre, dans l'air, dans le ciel et dans l'eau, la nuit et le jour, dans tout l'univers, nous trouvions, d'une manière évidente [dans tout ce qui apparaît visible avec évidence – ἐν πᾶσι τοῖς ὁρωμένοις ἐναργῆ], nous trouvions les souvenirs (τὰ ὑπομνήματα) de notre bienfaiteur», ouvrage cité III 32D-E (p. 242-243). On ne résiste pas à la tentation de rapprocher ce passage de Basile du commentaire, souvent cité par nous, de Maxime le Confesseur dans la *Mystagogie*, au même texte de l'épître paulinienne: «*Ce qui est invisible en Dieu depuis la création du monde se laisse voir à l'intelligence dans ses créatures* (Rm 1, 20), dit le divin Apôtre. Si ce qui n'apparaît pas se laisse voir à travers ce qui apparaît, comme il est écrit, bien plus donc à travers ce qui n'apparaît pas, ceux qui s'élèvent à la contemplation dans l'Esprit auront-ils l'intelligence de ce qui apparaît. Car la contemplation symbolique de l'intelligible à travers le visible est une science et une intellection dans l'esprit du visible à travers l'invisible», *PG* 91, 669 CD, trad. A. Riou dans son ouvrage *Le monde et l'Église selon Maxime le Confesseur*, Paris, 1973, p. 150.

que dénotant la césure nécessaire entre deux discours et, dans la pratique de la vie chrétienne, l'ouverture du temps de la méditation. Soit. Mais le but dans lequel l'évêque de Césarée écrit ces homélies n'en apparaît qu'avec plus de clarté : passer du sonore et du visible engendré par celui-ci au plan intime dans lequel se réalise effectivement l'énoncé et s'accomplit ainsi sa finalité, qui est théologique au sens fort du terme, voire eschatologique. Il faut pour cela une appropriation de la parole, un saisissement des images comme autant de visibles réels, d'évidences, dans une proximité presque de nature spéculaire malgré le support littéral, des quasi objets sensoriels (de l'eau, de l'herbe) et non des données théophaniques ou des symboles sans référent immédiat, et à partir de là, pour finir, la connaissance de soi comprise comme retour à une continuité, à une parenté et à une ressemblance qui sont le garant d'une vraie doxologie et donc de l'acte même de la contemplation. En d'autres termes, le discours se conçoit comme un vecteur, comme un dispositif permettant à ceux qui l'écoutent de découvrir en eux-mêmes une sorte d'homologie avec ce qui est dit – il constitue donc une forme de résonance, un écho qui prolonge la voix du prédicateur et imprime ses paroles « opératoires » dans la mémoire, ou bien fait resurgir des souvenirs –, et, de surcroît, permet de reconnaître dans cette homologie la présence d'un modèle invisible et inaudible par lequel tout tient et vers lequel chaque partie de la créature se tourne, pour achever dans la ressemblance sa propre perfection. Trouver cette ressemblance devient désormais la condition même de la perception : celle-ci assure la transparence du corps à / envers son être même, et le pouvoir de connaissance non seulement en dépend, comme faculté de l'être dans le corps, mais il est même déterminé par cette disposition de réceptivité « parfaite » – sorte de mise en perspective eschatologique de l'*aisthêsis* elle-même – qui a transformé (transfiguré) tout intégralement. C'est dans cette « perfection » nouvelle que brille le « spectacle merveilleux » que l'on peut contempler (θεάομαι et θέατρον, θαῦμα et θεωρέω se partagent une même racine[1]) et pour lequel le fidèle rend grâce et loue le Seigneur.

Il nous faut maintenant comprendre le processus par lequel s'accomplit cette « transfiguration » de la perception, condition nécessaire à la mise en acte de la contemplation à partir du niveau littéral du discours et à travers le sens iconique qui en jaillit. Le mécanisme apparaît dans les textes de Basile comme une tentative d'adéquation d'une théorie noétique à la logique du langage. Nous prendrons un exemple qui n'est, certes, pas sans rapport avec notre sujet. Dans la controverse avec Eunome sur la question du Fils *Monogène* ou *Inengendré* Basile soumet à l'examen, longuement, le terme d'ἐπίνοια, traduit dans l'édition de *Contre Eunome* par « concept »[2]. Tout semble tenir dans la compréhension de

1. Voir P. Chantraine, *Dictionnaire étymologique de la langue grecque*, Paris, 1968 et Ch. Mugler, ouvrage cité *supra*.

2. *Op. cit.*, I 5-7, p. 182-193. Sur la traduction du terme ἐπίνοια par « concept », nous suivons le traducteur (B. Sesboüé) et renvoyons à sa note (p. 182-183). Pour une étude approfondie de l'usage et des significations de l'*epinoia* chez Eunome dans son *Apologie* et à

ce terme, qu'on lui accorde soit une existence purement nominale, auquel cas il n'a qu'une valeur énonciative aussi courte que la présence du son accompagnant la profération du vocable, soit une existence purement conceptuelle (*i.e.* «réaliste»), qui lui permet non seulement de signifier quelque chose, mais de *durer* en s'imprimant dans l'âme et dans la mémoire, une fois prononcé comme tel et le bruit de la langue dissipé dans l'air. Mais qu'imprime le son qui traverse à gué avec chaque mot jusqu'à l'entendement? Il imprime, selon ce qu'il véhicule, des visions, des inventions, des fictions trompeuses, des attributs (couleurs, grandeur etc.) ou encore des représentations et des figures, comparées mêmes à des peintures mentales et à des empreintes (ἀναζωγράφησίν τινα τῆς ἐννοίας καὶ φαντασίαν μόνην ἀνατυπούμενα). Les longs développements de Basile sur la théorie de l'*epinoia*, aux reflets tantôt stoïciens tantôt aristotéliciens, ne nous intéressent dans ce cadre que par le croisement entre ce problème de logique et théorie du langage associé à la noétique, et le thème de la contemplation ou «vue dans l'esprit», thème sous-jacent à la noétique et à la question des «représentations» dans l'âme, mais relié en même temps de manière originale chez Basile à la défense du sens littéral de l'Écriture contre les allégoristes, en l'occurrence Origène (mais aussi les ariens et les chrétiens d'inspiration néoplatonicienne), que le Cappadocien reprend dans les termes mêmes et à travers la problématique philosophique qu'ils recoupent. Voyons d'abord les termes de la controverse entre l'orthodoxe évêque de Césarée et Eunome, arien et sophiste.

Pour Basile chaque parole, vraie ou mensongère, exprime quelque chose et «envoie» une «représentation» qui, une fois saisie, demeure imprimée dans l'âme. Le «concept», ou ce qu'exprime *epinoia* selon l'usage commun, procède d'une décomposition ou distinction d'attributs ou qualités d'une seule réalité ou existant. L'idée (νόημα) première, issue de la sensation (ἀπὸ τῆς αἰσθήσεως), passe ensuite par une réflexion plus affinée (λεπτοτέραν) et plus précise (ἀκριϐεστέραν) qui débouche sur l'*objet pensé* appelé «concept» (ἐπίνοια). L'exemple d'usage commun donné par Basile est celui du blé, au sujet duquel nous sommes conduit à penser «fruit», «semence», «nourriture» etc. Tout ceci s'établit, prend place (ἐνίδρυται) dans l'âme, et, par la considération intellectuelle

travers les controverses avec Basile de Césarée et Grégoire de Nysse, voir J. Daniélou, «Eunome l'arien et l'exégèse néo-platonicienne du *Cratyle*», *Revue d'études grecques* 69, 1956, p. 412-432. Sur les sources stoïciennes et les usages de l'*epinoia* chez Origène, Grégoire de Nysse et Basile de Césarée, voir également A. Orbe, *La epinoia, algunos preliminares historicos de la distincion κατ' ἐπίνοιαν (en torno à la filosofia de Leoncio Bizantino)*, Rome, 1955, ainsi que M. S. Troiano, «La polemica sull'origine dei nomi nell'*Adversus Eunomium* di Basilio: l'*epinoia*», dans *Basilio di Cesarea. La sua età, la sua opera e il basilianesiomo in Sicilia, Atti del congresso internazionale* (1979), Messina, 1983, t. I, p. 523-531. Pour les rapprochements entre l'*epinoia* et la théorie du langage, plus précisément la question des noms propres / noms divins, voir P. Kalligas, «Basil of Cesarea on the Semantics of Proper Names», dans K. Ierodiakonou (édit.), *Byzantine Philosophy and its Ancient Sources*, Oxford, 2002, p. 31-48.

(κατὰ τὴν θεωρίαν), trouve une raison complexe et est considéré / exprimé conceptuellement (θεωρητὰ λέγεται)[1]. Quant aux usages de l'*epinoia* dans l'Écriture, Basile énumère et décline les noms, propriétés ou « visages » sous lesquels le Christ lui-même s'appelle ou se montre, aspects révélés par / dans l'économie de l'Incarnation : « porte », « route », « pain », « vigne », « pasteur », « vie », « lumière » etc. Il les appelle des *epinoiai*, présentant toutes une variété d'aspects, mais à partir d'un unique substrat (ὑποκειμενόν) qui correspond, lui, à la substance unique (οὐσία) du Christ[2]. Malgré la distance affichée au sujet des allégories et de l'herméneutique d'Origène, Basile adopte ici exactement la position et le vocabulaire de celui-ci. Dans *Contre Celse* (II 63-64) et dans le *Commentaire sur saint Jean* (II 8) Origène cite les noms de la *réalité éternelle* du Verbe, « Sagesse », « Vérité », « Vie », en les appellant tantôt des ἐπίνοιαι tantôt des θεωρήματα, c'est-à-dire des *aspects* par lesquels le Christ se manifeste différemment selon la capacité des hommes à le voir, saisir, entendre, contempler. Le premier livre du *De Principiis* est aussi consacré au commentaire des noms du Verbe, principalement les mêmes que ceux commentés par Basile : « lumière », « vie », « voie », « porte » etc. Ces « noms » permettent à ceux qui les écoutent de saisir à travers leur propre réalité immédiate une réalité propre des mots, lesquels sont tous des formes nourries du Logos et immanentes à celui-ci (Origène postule même la co-éternité du *Logos* et des *Logikoi*[3]), mais en même temps propres par nature à l'homme et donc disposées à le nourrir spirituellement. De là, la possibilité d'une contemplation créatrice qui s'épanouit dans l'âme humaine *à l'image de* ou par *participation à* la contemplation dans laquelle le Fils lui-même s'abîme en contemplant le Père[4]. Des traces de la théorie de la contemplation comme un opérateur intermédiaire permettant un lien entre l'Un et la multiplicité du monde, théorie propre au moyen platonisme (Albinos) et, sous d'autres formes, à Plotin également, croisent ici la théorie des mots *(lekta)* et des « impressions » du premier stoïcisme. Logique et théologie vont souvent de pair. Mais autant Origène reste dans un horizon marqué par la théologie et travaille à partir des formes *économiques*, c'est-à-dire des théophanies et des révélations selon leurs modes de fonctionnement quasi rhétorique (allégories, métaphores), Basile lui, confronté à Eunome, passe en permanence du plan théologique au plan grammatical et tente de situer, ne serait-ce que par opposition, le débat avec l'arien sur des bases logiques et non seulement confessionnelles.

Il y a là un arrière-fond à deux « étages » : le niveau de l'expression, du *mot juste* renvoyant à un référent connu avec précision, et le niveau d'un signifié dont seul le nom est connu, l'accès à la nature ou à l'essence (substance) du

1. *Ibid.* I 6 (p. 186-189).

2. *Ibid.* I 7.

3. *De Principiis* III 5, 3.

4. Voir, pour les détails, les sources et la critique de ces aspects de la pensée d'Origène, Jean Daniélou, *Origène*, Paris, 1948 (surtout p. 253-258).

signifié se réduisant à ce que prédique à son sujet le discours. (Précisons que dans les deux cas il s'agit d'un rapport du nom à son référent et non d'une relation permettant de découvrir la signification du nom, voire une éventuelle définition, et que cette situation purement référentielle est spécifique au langage des débats ou des traités concernant la Trinité.) Le souci du Cappadocien vise l'accord entre les deux niveaux et non le passage forcé de l'un à l'autre, et de préférence dans une seule direction. Sa dialectique est subtile (le «traité des particules» [ἐκ, μετά-διά, σύν-ἐν] en témoigne, *i.e.* le *Traité sur le Saint-Esprit*), malgré les rigueurs dogmatiques que le milieu ecclésiastique et sa propre orthodoxie lui imposent. Les termes, les mots, les noms et les concepts ne peuvent être qu'égaux, affirme-t-il, s'ils se réfèrent à une même nature ; ils ont néanmoins des substrats de réception différents et ceci engendre autant d'aspects divers et de représentations différentes, tandis que le récepteur, lui, soit partage effectivement la même nature, soit participe par ressemblance à la même nature, celle du référent. Affirmer du Fils qu'il est «inengendré» et non «le monogène» (les termes de la querelle avec Eunome), ne peut pas d'une part constituer une attribution conceptuelle (κατ' ἐπίνοιάν τι λέγεσθαι), déterminante comme signifiant précis pour le Fils, et d'autre part signifier une séparation radicale par rapport à la nature véritable du signifié, comme si le nom avait quelque chose d'aléatoire et d'évanescent (de périssable comme le son physique de la langue disparaissant aussitôt la fin du discours[1]), une éclosion limitée au temps d'un vocable et sans rien de commun avec celui dont on confesse sous l'espèce d'une homologie (lire d'une «tautologie») *qu'il est ce qu'il est* (τοῦ εἶναι ὅ ἐστιν ὁμολογίαν)[2]. On introduirait alors une incohérence, voire un dysfonctionnement dans le monde, lequel serait, comme créature, un reflet du Créateur non seulement amoindri comme tout reflet, mais carrément corrompu, donc par nature même, et dès l'origine, imparfait. Et on accepterait aussi une distorsion du signifié, en associant de manière indistincte un attribut et sa substance, en confondant l'acte et l'essence, ou pire en les substituant, ce qui porterait à croire que la création serait séparée (séparable) du Créateur et que la corruption ferait partie du projet initial. Ce n'est qu'un faux semblant de piété d'affirmer, par conséquent, que la transcendance de Dieu interdit d'enfermer Dieu dans un concept humain. En s'appropriant techniquement la théorie des «impressions» des «dits» comme «représentations» dans l'âme, pour en faire rien de moins que l'argument dialectique de son «intelligence de la foi», Basile opère ainsi un changement, osons dire un véritable «tournant» dans l'usage de la philosophie pour la définition de la pensée et de la vie chrétienne.

1. Cette image de l'évanescence du son revient souvent chez Basile comme une sorte de contrepoint à la théorie stoïcienne du souffle, théorie à laquelle il ne semble pas adhérer et qui est donc sans rapport avec l'activité pneumatologique de la Troisième Hypostase. Nous ne traiterons pas ici de ce sujet.

2. *Contre Eunome* I 7, 48-49 (p. 192-193).

Les stoïciens – Zénon, Cléanthe, Chrysippe et Dioclès principalement – avaient, selon le témoignage de Sextus Empiricus, élaboré une théorie de la «représentation mentale» (*phantaston*) qui assurait «une consécution parfaite... entre l'appréhension sensorielle, le discours intérieur, l'expression et son interprétation correcte»[1]. Cette représentation, propre à l'intellect, permet de créer une parfaite continuité naturelle, sous-jacente aux divisions de la logique, et selon laquelle «le transfert de l'information est inhérent à la cohérence physique du monde»[2]. Deux modèles ont servi pour exprimer la constitution de cette représentation: le modèle de l'empreinte *(tupôsis),* du sceau imprimé dans la cire, vieux modèle platonicien repris par Zénon et Cléanthe, et le modèle de l'altération *(alloiôsis),* introduit par Chrysippe et apparenté jusqu'à un certain point avec le modèle noétique (et physique) aristotélicien[3]. Le premier modèle, celui de l'impression, dont on retrouve si souvent la trace chez Basile de Césarée (et qui apparaît d'ailleurs aussi chez Origène), permet davantage l'établissement d'un «lieu» spécifique de la réception, ainsi que la description d'un mode propre de constitution de cette «représentation mentale». A cela s'ajoutent deux autres aspects auxquels Basile et le milieu théologique cappadocien et antiochien ne sont pas étrangers. (1) La «représentation mentale», procèdant d'une «impression» et donnant lieu à un «concept représentatif» et/ou à une «figure logique» (nous traduisons ainsi les notions de *phantaston* et de *phantasia logiké*), n'est jamais le produit d'une projection, mais toujours celui d'une réception, donc toujours en adéquation logique avec le référent et en même temps soumis à la nature, à la disposition du récepteur et de ses facultés sensorielles et intellectuelles, ainsi qu'en accord parfait avec la finalité de l'acte. Aussi les noms des Dieux (Zeus, Athéna, Héra, Poséidon, Héphaistos etc.), pour prendre un exemple, étaient-ils chez les stoïciens (Zénon ou Posidonius) en parfait accord avec la nature d'un Dieu unique, dont ces noms expriment-représentent les états et les attributs par lesquels les humains peuvent le saisir[4]. Nous avons là un exemple qui montre un fonctionnement noético-linguistique semblable à celui évoqué chez Origène ou Basile, avec des noms ou des attributs du Fils appelés de manière générique des *epinoiai*, ou produits d'une activité conceptuelle (κατ' ἐπίνοιαν θεωρεῖ) propre à l'intellect humain. Sauf que l'Alexandrin va prendre le chemin, indiqué et parcouru d'ailleurs par les stoïciens eux-mêmes, de l'interprétation allégorique et métaphorique de ces noms, ainsi que de la visée des *lekta* en général, comme moyens d'accès à une *ousia* indéterminable par ses qualités déterminantes qu'expriment le langage, et il va en quelque sorte rester à cet égard dans l'écart du langage uniquement, tandis que Basile, pour répondre à

1. C. Imbert, *Pour une introduction à la logique*, Paris, 1999, p. 102.
2. *Ibid.*
3. Voir Diogène Laërce, *Vies et doctrines des philosophes illustres* VII 45-47, 49-51 et 54 (éd. M.-O. Goulet-Cazé, Paris, 1999); C. Imbert (*op. cit.*, p. 89-123); F. Ildefonse, *Les Stoïciens,* I. *Zénon, Cléanthe, Chrysippe*, Paris, 2000 (p. 75-142).
4. Diogène Laërce VII 147-148.

Eunome, va faire le choix d'un repli philosophique (noétique en l'occurrence) de la théologie. Il va, pour ce faire, se frayer un chemin vers la connaissance de la substance divine en utilisant tout autant la connaissance possible de son «actualité», à travers la distinction κατ' ἐνεγείᾳ et donc à travers la définition de l'acte (ἐνεργεία) et de l'hypostase[1] que la distinction des attributs ou qualités de cette substance divine reçues et inscrites dans l'âme, à l'aide de la différence κατ' ἐπίνοιαν empruntée à la logique stoïcienne de la prédication. Il relie à cette dernière, toujours en provenance des stoïciens, les «représentations mentales», sorte de produits de la fonction iconique quasi sensible des mots s'«inscrivant» comme des *traces en mouvement* ou comme des *reflets* dans l'intellect. C'est cette fonction «iconique» de la parole, de souche platonicienne d'ailleurs, qui permet à Basile d'articuler la théologie trinitaire à la christologie qu'il défend contre les positions ariennes d'Eunome.

L'autre aspect (2) de cette question découle du premier, et notamment de cette dernière précision concernant l'usage des distinctions avec leur terminologie spécifique. Il vise le fond aristotélicien complémentaire au platonisme sur lequel Basile semble bâtir son exposé pour pouvoir répondre, à armes égales, à Eunome, tout en le critiquant comme il se doit (rhétoriquement parlant) pour son allégeance à la dialectique des *Catégories*. Mais l'évêque de Césarée semble suivre, sans doute à travers les échos transmis par l'*Isagoge* de Porphyre, la voie d'un autre enseignement du Stagirite: celui du *Traité de l'âme*. Si le champ de recherche ouvert par cette hypothèse s'avère être trop vaste pour ce cadre, notamment en ce qui concerne les intermédiaires entre la noétique d'Aristote et l'enseignement reçu par Basile (voire les sources dont il pouvait disposer à Antioche ou Césarée), nous rassurons aussitôt le lecteur: nous ne ferons qu'entrouvrir une porte et poser, peut-être, quelques pierres d'attente.

> Le principe de l'intellection (νοεῖν) doit être impassible (ἀπαθές) [à l'égard de l'action de l'intelligible – ὑπὸ τοῦ νοητοῦ], mais capable de recevoir la forme et tel en puissance que la forme (εἶδος) – sans pourtant être identique à celle-ci –, et se comporter à l'égard des intelligibles de la même manière que la faculté sensitive à l'égard des sensibles. [...] L'âme intellectuelle est le lieu des formes (τόπον εἰδῶν) et celles-ci sont en elle en puissance. [...] L'intellect [par rapport à la faculté sensitive] est séparé [de l'organe corporel]. [...] Néanmoins, il devient chacun de ses objets (ἕκαστα γένηται)... mais il demeure même alors en puissance. [...] Il peut alors se penser lui-même (αὐτὸ δὲ αὐτὸν ... νοεῖν)[2].

1. Voir l'analyse de cet aspect de la pensée basilienne chez D. G. Robertson, «Stoic and Aristotelian Notions of Substance in Basil of Cesarea», *Vigiliae Christianae* 52, 1998, p. 393-417.

2. Aristote, *De anima* III, 429a15-19, 27-29 et b5-10 (trad. E. Barbotin, *CUF*, Paris, 1989). Il nous semble retrouver un écho de la fin de ce passage aristotélicien dans l'*Isagoge* de Porphyre (éd. A. de Libera et A.-Ph. Segonds, Paris, 1998, p. 1, § 2 du texte et p. 34-36 pour les notes concernant ce passage), avec une ouverture de la logique à la théologie que Porphyre annonce mais refuse de développer dans ce cadre. Le terme même d'*épinoia* est utilisé pour la définition (et la distinction) entre genres et espèces (περὶ τῶν γενῶν τε καὶ εἰδῶν): «s'ils existent ou bien s'ils ne consistent que dans de purs concepts (εἴτε ὑφέστηκεν εἴτε καὶ ἐν μόναις ψιλαῖς ἐπινοίαις – *sive subsistunt solis in nudis purisque intellectibus posita*), ou à

Les passages cités du troisième livre du *De anima* précèdent la définition des deux intellects (patient et agent) et aboutissent d'une part à la possibilité de la circularité ou «conscience spéculaire» de la pensée elle-même, dans la mesure où devenant ce qu'elle pense elle garde par la puissance une séparation, une distinction essentielle à l'égard de son objet, et d'autre part à un principe ou à une preuve de la nature de son acte de réception ou de devenir, condition même de la pensée, définie dans la suite du passage cité. Aussi le principe de la séparation de l'intellect par rapport à son objet est-il écarté lorsque l'objet est une «réalité immatérielle», l'intellect s'identifiant alors à cet objet, comme lorsqu'on dit dans la réflexion (θεωρητική) que la science (ἐπιστήμη) est identique à son objet (ἐπιστητόν), science et réflexion étant en effet la même activité de la pensée reflétée dans l'objet sur lequel elle s'exerce, grâce à la continuité ou homologie du «support», immatériel en l'occurrence. Aristote appelle cette situation propre à l'intellect (νοῦς) *la possession* (pourquoi pas *la condition d'existence*?) *de l'intelligible* (τὸ νοητὸν ὑπάρξει)[1]. La connaissance de soi que la pensée peut avoir dans la séparation qui est la sienne par rapport au corps sensible (*i.e.* matériel) devient existence à soi dans l'identité qui intervient à la réception d'un objet de même nature. Or, en rappelant cet aspect de la noétique aristotélicienne, et en l'associant à la conception stoïcienne, dite «matérialiste», de l'impression des «énoncés» ou «représentations» *(lekta)* dans l'âme grâce à leur homologie en tant qu'incorporels[2], nous dessinons, certes en de très gros traits et sans tenir compte des différents intermédiaires dans la transmission des textes et du savoir, le paysage de l'héritage philosophique[3] à partir duquel Basile pouvait construire son discours et élaborer les arguments de sa controverse dogmatique avec Eunome.

supposer qu'ils existent, s'ils sont des corps ou des incorporels, et en ce dernier cas s'ils sont séparés ou bien s'ils existent dans les sensibles et en rapport avec eux –, voilà des questions dont j'éviterai de parler, parce qu'elles représentent une recherche très profonde et qu'elles réclament un autre examen, beaucoup plus long; ...» (trad. latine de Boèce, même édition). Pour J. Barnes (*Porphyry, Introduction,* Oxford, 2003, p. 40-41) le terme d'*épinoia,* emprunté au vocabulaire courant et synonyme de νοεῖν, devient un terme technique par l'ajout (redondant) des épithètes «seuls et purs» (μόναις ψιλαῖς). C'est un vocabulaire qui relève du platonisme, selon J. Barnes, et du vocabulaire néoplatonicien pour Alain de Libera. Pour ce dernier le passage cité du début de l'*Isagogè* représente le fondement de la théorie grecque des universaux (voir aussi *La querelle des universaux,* Paris, 1996, p. 37).

1. *Ibid.* 430 a 2-9.

2. Voir F. Ildefonse (*op. cit.*, p. 115-116), pour la difficulté de comprendre le concept de *lekton*, son fonctionnement chez les différents auteurs et la variété des traductions antiques et modernes.

3. La connaissance de la noétique aristotélicienne par les Cappadociens n'avait pas besoin d'un accès direct au texte du *De anima*; elle pouvait n'avoir lieu que par l'intermédiaire des commentaires scolaires et des intermédiaires stoïciens, aussi critiques soient-ils. Mais il faudrait étendre l'analyse à d'autres textes d'Aristote (*De l'interprétation*, *Seconds Analytiques* etc.), eu égard au mélange produit ultérieurement entre logique et techniques de l'expression (rhétorique, poétique), séparation récusée par les stoïciens.

L'usage des noms ou attributs du Fils produit dans l'âme réceptrice une impression en accord profond avec la nature de celle-ci. Eu égard à cet accord ou homologie, l'âme non seulement connaît par ces moyens appelés *epinoiai* l'objet vers lequel celles-ci l'envoient, mais elle s'abstrait en même temps de toute détermination extérieure pour s'unir à cet objet en s'appropriant son existence à soi. À mesure que le langage est reçu dans la plus grande proximité avec son énoncé, dans la transparence des mots qui envoient à des images comme à des évidences, aussi immédiates et corporelles soient-elles que l'eau ou l'herbe, l'intellect, nourri à la source des paroles (de l'Écriture, en l'occurrence), peut se tourner plus aisément depuis l'aspect sonore ou visible inhérent aux mots vers l'«*exacte signification* des noms» (εὔσημον τῶν ὀνομάτων)[1] et vers la «*vérité nue de tout artifice*» (γυμνὴ τεχνασμάτων ἡ ἀλήθεια)[2], que seul il peut recevoir lorsqu'il possède un substrat commun avec celles-ci. Le «littéralisme» de Basile n'est donc pas le signe d'une fermeture sur le sens exact des mots, ni celui de la recherche d'une appellation précise des réalités *(ta onta)* connues, mais bien le témoin d'une forme d'ouverture au sens qui exclut tout intermédiaire de type allégorique ou mythologique, dans le souci de rejoindre la disposition interne des facultés réceptrices et de leur fournir un accès au sens et à la visée profonde (*i.e.* «vraie») du discours sans faire appel à des volutes, à des détours, à des figures (paraboles, allégories, mythes, métaphores). Basile va même plus loin : le récit lui-même, dit-il, contient (se partage), par un mystérieux mélange, le dogme théologique (πανταχοῦ τῇ ἱστορίᾳ τὸ δόγμα τῆς θεολογίας μυστικῶς συμπαρέσπαρται)[3], par exemple, en inscrivant grammaticalement une distinction entre deux sujets et deux prédicats (*dire* et *créer*) alors que le nom est identique (Dieu), de manière à signifier dans la pensée (ἐννοίᾳ) unie à l'écoute (ἀκούσαντα) qu'il s'agit bien d'une dualité, voire d'une présence de deux Personnes, plus exactement d'une dualité inscrite / manifestée de la Personne (τὸ διπλοῦν τῶν προσώπων), afin de faire comprendre par là la relation entre la substance unique (divine) et les actes, relation dont témoigne précisément le langage et que saisit l'esprit en reconnaissant une allusion au dogme trinitaire. Il importe, en revanche, pour que cette subtilité unie à l'immédiateté du sens littéral soit accessible, voire opératoire pour l'intelligence de la foi, que la sonorité des mots ne détourne pas l'attention vers la beauté de son écho (οὐδὲ τὸ εὔηχον τῶν φωνῶν)[4], et que des sens étrangers ne viennent pas, sous prétexte d'orientation anagogique (ἀναγωγῆς), produire un transfert ou une substitution entre l'acte et la substance de l'agent, comme lorsqu'en suivant les auteurs ecclésiastiques (Origène, en l'occurrence) on déplacerait le sens spirituel depuis le Créateur vers des eaux investies de puissances incor-

1. *Hexaéméron*, VI 51 C.
2. *Ibid.* III 31 A.
3. *Ibid.* VI 51 B.
4. *Ibid.* VI 51 C.

porelles[1]. On a reconnu aisément la critique des allégories[2], outre une suspicion récurrente à l'adresse des penchants gnostiques cachés derrière l'usage des «figures» qui donnent corps à des concepts et les personnifient. L'écho, insiste Basile, s'évanouit avec la fin de la profération des mots. Les allégories, de leur côté, empêchent la juste articulation du sujet et du prédicat dans un énoncé qui partage structurellement une ressemblance avec ce qu'il signifie. Pour qu'une vraie doxologie puisse avoir lieu à l'écoute de l'Écriture, le sens littéral doit avoir, selon Basile, le dernier mot, et à partir de sa réception, l'âme, chargée comme un miroir de ses évidences, peut enfin rendre grâce et contempler, c'est-à-dire vivre en s'unissant temporairement (éternellement ?) à sa propre existence immatérielle, aussi parfaite qu'elle a su rendre la disposition ou puissance spéculaire et la nature incorporelle et lumineuse de son support[3].

1. *Ibid.* III 31 B.

2. Il s'agit plus précisément d'une critique explicite de l'exégèse «alexandrine» de la Genèse. Là où nous avions affaire dans la critique de Basile au lieu des puissances contemplatives, à savoir le ciel d'en haut, «spirituel», Origène, dans la version de Rufin, parle d'un premier ciel qui correspond à «l'homme spirituel qui voit et contemple Dieu – *spiritalis homo... qui uidet ac perspicit Deum*». Et au firmament, lieux des puissances actives et fabricatrices *(poiétiques)* chez Basile, correspond chez Origène «l'homme extérieur qui voit avec les yeux du corps – *exterior homo... qui corporaliter intuetur*» (*Homélies sur la Genèse*, 2, 15-20, éd. et trad. L. Doutreleau, coll. *SC*, 7 bis, Paris, 1985, p. 28-29). Origène parle même d'eau spirituelle (*spiritalis aqua*) à laquelle participe l'intelligence, et qui est séparée des eaux d'en bas, lesquelles correspondent à l'abîme, aux ténèbres et à la demeure du «prince de ce monde» (ouvrage cité, 2, 35-43, p. 30-31). Nous n'avons pas l'intention de nous attarder sur ce passage d'Origène, car il a fait l'objet de l'importante étude consacrée par J. Pépin au thème de l'allégorie et de ses extensions philosophiques, théologiques et littéraires à la fin de l'antiquité (*Théologie cosmique et théologie chrétienne*, Paris, 1964, plus spécialement p. 390-417). Nous l'avons cité à titre de source pour le commentaire critique de Basile, dans ses *Homélies sur l'Hexaéméron*, et en même temps comme témoin d'un type de lecture presque courante du texte biblique au IIIe siècle et même avant. Un exemple d'interprétation du même ordre se retrouve chez Irénée de Lyon dans les développements de la doctrine judéo-chrétienne des deux mondes créés : les cieux avec les astres et la terre étendue sous le ciel sublunaire. Le ciel d'en haut est habité par les créatures célestes (les astres, en l'occurrence, et les anges) et il est soumis à un changement opérant en profondeur et à un moment précis de son évolution, tandis que la terre et le ciel d'en bas sont soumis à un changement permanent. Une interprétation de type allégorique s'associe ici à la connivence recherchée entre cosmologie et anthropologie. Irénée développe à partir de là une doctrine dite des «deux Adams» et structurée sur le transfert du régime psychologique au domaine du spirituel. Voir, pour ce dernier aspect, J. Fantino, «Le passage du premier Adam au second Adam comme expression du salut chez Irénée de Lyon», *Vigiliae Christianae* 52, 1998, p. 418-429 (plus particulièrement p. 427 pour la question que nous avons évoquée).

3. Il faut reconnaître dans la métaphore du miroir parfait un thème plutôt plotinien. Le miroir apparaît avec cette signification plus fréquemment chez Grégoire de Nysse (dans le *Traité sur la virginité*, par exemple).

PIERRE LORY

LES REFUS D'UNE EXÉGÈSE ALLÉGORIQUE DU CORAN EN ISLAM SUNNITE

Je voudrais présenter ici quelques éléments de la problématique exégétique du Texte sacré en Islam. La question de l'allégorie n'y sera pas traitée de façon homogène, parce que les différents courants théologiques ne sont pas unanimes dans leur appréciation de la dimension "imagée" de la révélation. À vrai dire, c'est précisément cette question de l'interprétation du Texte qui va départager les différentes théologies et courants dogmatiques de l'Islam classique : faut-il le comprendre dans son sens le plus littéral, ou y placer la distance d'une intention rhétorique ou d'une profondeur ésotérique ? Chaque musulman est placé face au Coran dans une « situation herméneutique » (Henry Corbin), il ne peut échapper à des choix de lecture, d'interprétation, et donc à la question des formulations imagées que l'on y trouve.

Les cent quatorze sourates – regroupant 6 236 versets – qui composent le Coran contiennent des louanges et actions de grâce, des récits de la vie des prophètes, des descriptions des cataclysmes de la Fin du monde et des demeures de l'au-delà, des prescriptions d'ordre juridique ; autant de passages qui n'impliquent pas en eux-mêmes des interprétations allégoriques. Parfois cependant la comparaison est explicite : « Propose-leur un exemple pour la vie d'ici-bas : (elle est) semblable à une eau que Nous avons fait descendre du ciel, et la végétation de la terre se mélange à elle, pour devenir de l'herbe desséchée que disperse les vents » (XVIII 45). Ou encore : « La semblance *(mathal)* de ceux qui furent chargés de la Torah, mais qui n'en assument plus la charge, est celle de l'âne chargé de livres : malheureux exemple d'un peuple qui dément les signes de Dieu ! » (LXII 5). Elle s'élargit éventuellement en paraboles, comme celle du maître du jardin qui délaisse le culte de Dieu en plaçant une confiance excessive dans sa richesse, laquelle est bientôt détruite (XVIII 32-43). Ailleurs encore, la comparaison se double d'un symbolisme beaucoup moins transparent : « Dieu est la lumière des Cieux et de la terre. Sa lumière est semblable à une niche où se trouve une lampe. La lampe est dans un verre et celui-ci ressemble à un astre éclatant. Son combustible vient d'un arbre béni, ni oriental ni occidental, dont l'huile semble éclairer sans même que le feu ne la touche. Lumière sur lumière, Dieu guide vers sa lumière qui Il veut. Dieu propose à l'homme des exemples *(amthāl)* ; Dieu est Omniscient » (XXIV 35). Quand je dis que la comparaison est explicite, cela signifie que le Texte avertit qu'il s'agit d'une comparaison. Mais les interprétations symboliques de ce verset ont été très nombreuses. Au-delà de ces données simplement imagées, l'ingéniosité des exégètes a été attisée par certains éléments propres au Texte, comme :

– plusieurs passages énigmatiques. Ainsi l'allégeance prénatale de l'humanité à Dieu (verset VII 172) : « Et quand ton Seigneur préleva des Fils d'Adam, de leurs reins, leur progéniture et les rendit témoins sur eux-mêmes : "Ne suis-je pas votre Seigneur ?" – "Mais oui ! nous en témoignons", de sorte que vous ne puissiez dire au Jour de la Résurrection : "Nous n'y avons pas fait attention" ». Comment fallait-il comprendre ce mystérieux dialogue entre Dieu et l'humanité à l'état germinal : comme un événement réel – ou comme une allégorie de la conscience des choses divines en l'homme ?

– des versets de sens contradictoire. Parfois, le choix humain est invoqué. Ailleurs, la prédestination des actes et de la foi est affirmée : « Il appartient à Dieu de montrer le droit chemin. S'Il l'avait voulu, Il vous aurait tous guidés » (XVI 9) ; « Lorsque Nous voulons détruire une cité, Nous donnons un ordre à ses gens riches ; ils commettent des perversités, et alors le décret est prononcé à leur endroit, et nous détruisons entièrement (cette cité) » (XVII 16). Faut-il admettre que Dieu décide effectivement de la mécréance des incrédules ? Ou s'agit-il d'un détour de langage, d'une simple menace ?

– des références anthropomorphiques à Dieu. Il est écrit que Dieu créa Adam avec ses deux mains (XXXVIII 75). Dans plusieurs autres versets, il est fait référence à la session de Dieu sur son Trône (VII 54 ; X 3 ; XIII 2 ; XX 5 ; XXV 59 ; XXXXII 4 ; LVII 4). Dieu sera-t-Il visible dans l'au-delà ? C'est ce que suggère le verset LXXV 22-23 : « Ce Jour là, il y aura des visages radieux, regardant vers leur Seigneur ». Mais il est bien spécifié ailleurs que « les regards ne peuvent L'atteindre, mais Lui atteint les regards » (VI 103). Ces antinomies sont comme résumées en un verset souvent cité : « [...] Rien ne lui est semblable, et Il est l'Audient et le Clairvoyant » (LII 11). Ces différentes séries de versets constituent des apories que la pensée apologétique a tenté de surmonter. Une des manières d'y parvenir était le recours à l'allégorie, à la découverte d'une explication cohérente exprimée sous forme imagée.

Au total, il apparaît que si certains passages du Coran peuvent et doivent être compris selon leur sens obvie, d'autres entraînent une lecture plus imagée. La question s'est posée très tôt, puisque le texte coranique y fait lui-même allusion : « C'est Lui qui a fait descendre sur toi (Muhammad) le Livre : il s'y trouve des versets sans équivoque *(muhkamāt),* qui sont la base du Livre (*umm al-kitāb*, littéralement "la mère du Livre"), et d'autres versets qui peuvent prêter à des interprétations diverses *(mutashābihāt).* Les gens qui ont dans le cœur une inclination vers l'égarement suivent l'équivoque en cherchant la dissension par l'interprétation *(ta'wīl).* Mais Dieu seul connaît l'interprétation. Ceux qui sont enracinés dans la science disent : nous y croyons, tout est de la part de notre Seigneur ... » (III 7). Ce verset fournit la règle fondamentale de l'exégèse sunnite : il s'agit de distinguer les versets clairs de ceux qui le sont moins. Mais rien n'est moins facile qu'effectuer une pareille distinction.

Les références mentionnées plus haut auraient pu susciter une importante exégèse allégorique. Or les grands courants de l'exégèse sunnite se sont montrés très réservés, voire franchement hostiles face à une telle démarche. Ceci revient à la question du statut fondamental de la parole coranique. Le Coran est en effet parole divine au sens strict pour les musulmans. Il est intégralement une « dictée surnaturelle » (Louis Massignon) et ne comporte aucune intervention de subjectivité humaine. La révélation se donne elle-même comme issue d'un prototype céleste (*imām mubīn*, XXXVI 12), nommé parfois « mère du Livre » (III 7; XIII 39; XLIII 4; XXXVI 12). Bien plus, le Coran est "increé" selon le dogme musulman courant, il existe de toute éternité auprès de Dieu. L'attitude première du croyant sera donc de le prendre tel quel, selon son sens obvie. Il est vite apparu qu'une telle position était intenable pour les versets cités plus haut, ou du moins qu'elle demandait justification. Trois démarches se constituèrent vers le IIIe / IXe siècle, et chacune refléta une position différente quant à la question de l'allégorie.

Une première démarche peut être qualifiée de "rationaliste", bien que ce terme prête à confusion. Ses tenants, dont la majorité appartenaient à l'école théologique des muʿtazilites, étaient fondamentalement des croyants, ils adhéraient au message coranique et cherchaient à en justifier le contenu, non à le remettre en question. Simplement, ils considéraient que la parole d'un Dieu sage, miséricordieux se doit d'être entièrement claire, sans équivoque. Son but est de mener les hommes à leur salut, non de leur donner des occasions de perplexité et d'égarement. Le Texte sacré ne doit donc pas contenir des affirmations contradictoires. Et Dieu, dans sa sagesse, a pourvu l'homme croyant d'un outil adéquat pour recevoir ce message: sa raison discursive. L'effort des muʿtazilites a donc consisté à mettre les versets du Coran en conformité avec ce qu'ils pensaient être la raison. Il ne s'agit pas ici d'une raison philosophiquement très située, mais plutôt d'un bon sens cherchant à évacuer les contradictions ou bizarreries de l'interprétation du Texte sacré. L'école muʿtazilite – éclose au VIIIe siècle et qui se développa principalement au IXe – professait la conception d'un Dieu complètement *transcendant*, d'où le refus des anthropomorphismes. Aucun attribut matériel ne peut être compris au sens littéral, de même que les attributs psychologiques doivent être également interprétés: Dieu ne peut se mettre en colère par exemple, alors que ce thème est évoqué par plusieurs versets, comme: « ...celui que Dieu a maudit, celui qui a encouru sa colère, ceux qu'il a transformés en singes et en porcs, celui qui a adoré les idoles, ceux-là ont la pire des places et sont les plus égarés du chemin droit » (V 60). C'est le refus de tout "comparationnisme" (*tashbīh*, car Dieu n'est en rien comparable à ce qu'Il a créé). Et, pour parvenir à une exégèse cohérente du Texte sacré, ils recouraient à des explications "métaphoriques" *(majāz)*. Les "mains" de Dieu réfèreraient à sa Puissance immédiate. La session sur le Trône est une expression imagée pour signifier que la force créatrice divine englobe toute chose. Les visages rayonnants qui "verront" Dieu ne feront qu'aspirer à Lui. Souvent, ces interprétations métaphoriques sembleront bien arbitraires. Certains muʿtazilites tâcheront alors de s'appuyer sur des étymologies rares ou des emplois de ces termes qui justifient leurs idées. Ainsi le terme *'arsh*, "trône", est-il ramené à un emploi des plus rares signifiant "entourer". On ne peut manquer d'y trouver de l'exagération, de la mauvaise foi parfois.

Par ailleurs, les mu'tazilites concevaient Dieu comme parfaitement juste, agissant selon les règles morales mêmes dont Il instruit les hommes. Il est donc inconcevable qu'il prédestine à l'enfer une partie de l'humanité, contrairement à la justice rétributive enseignée dans le Coran. Chaque être humain doit posséder une faculté de choisir, de décider de son propre destin. Mais ceci se heurte à une série de versets nettement prédestinationnistes, comme nous l'avons vu. D'où, là aussi, la nécessité d'une exégèse *ad hoc*. Par ailleurs, ils préféraient concevoir un Créateur respectueux de l'ordre général qu'Il a instauré dans la création. D'où leur méfiance envers les miracles, leur volonté d'éclaircir autant que faire se pouvait les passages obscurs du Coran. Le Coran affirme que Jésus ressuscitait les morts : il s'agirait, selon certains, des morts dans la mécréance qui auraient été ressuscités à la vie de la foi.

Les passages gênants étaient interprétés le plus souvent, nous l'avons vu, comme étant des métaphores. Il serait toutefois erroné de voir ici une lecture allégorique globale. Les mu'tazilites recouraient à ces arguments dans le cadre d'une "stratégie exégétique". Leur but était d'aboutir à une lecture claire, aussi conforme que possible à la raison humaine. Mais il n'y a pas chez eux de philosophie générale du langage, ni de réflexion sur le statut de l'analogie dans le discours religieux. Nul "deuxième degré" ne se dévoile au fil de leurs textes, qui cherchent à justifier une dogmatique déjà constituée. Il s'agissait de ramener le discours coranique à des concepts connus. On ne trouve pas chez eux l'idée que la révélation puisse conduire à un au-delà du concevable – ce qui sera l'ambition de l'exégèse mystique et ésotérique. On peut noter d'ailleurs que les mu'tazilites professaient l'idée de la création du Coran. Pour eux, le Coran aurait été créé dans le temps au fur et à mesure qu'il était révélée à Muhammad. Ceci contredisait l'idée d'un prototype éternel du Verbe divin. Le point est essentiel, c'est celui qui a le plus posé problème. On peut le comparer à l'idée de la création du Christ dans le débat autour de l'arianisme.

Les auteurs mu'tazilites ont été violemment pris à parti par les lettrés sunnites, qui les ont accusés d'anéantir le sens du verbe de Dieu. Car si le lecteur du Coran se met à interpréter les versets en fonction de ce qu'il juge lui-même comme compatible avec la raison, n'est-ce pas aplatir le Texte au niveau du sens commun – faible et arbitraire – de l'homme ? N'est-ce pas, en définitive, mettre en cause la raison d'être même de la révélation, car si la raison humaine peut à ce point arbitrer sur ce qui est vrai ou non, en quoi la Bible ou le Coran pourraient-ils lui être utiles ? Le Texte sacré ne vient-il pas au contraire enseigner aux hommes ce qui leur est inaccessible, et donc par certains aspects aussi incompréhensible ? Les Sunnites cherchèrent donc à éviter autant que faire se pouvait l'interprétation "métaphorique", et promurent une lecture aussi littérale que possible des versets coraniques. Parmi les plus grands défenseurs d'une exégèse complètement littéraliste, citons l'andalou Ibn Hazm (m. 1064). Le syrien Ibn Taymiyya (m. 1328) prônait également une abstention de tout raisonnement humain susceptible d'adultérer les significations divines placées dans le texte. Il reste jusqu'à nos jours le maître à penser de toute la pensée conservatrice, voire intégriste. Là où une contradiction apparaît – un attribut anthropomorphique par exemple – le croyant est invité à suspendre son jugement et à ne pas risquer une interprétation hasardeuse. Si Dieu nous parle de son Trône par exemple – ou de sa colère, ou de sa Face – Il ne le fait pas en vain. Ce Trône est une réalité. Ce qui ne signifie pas forcément une lecture à un premier degré grossier. Il importe notamment de tenir compte de l'usage de la langue. Puisque Dieu a choisi de révéler son message en arabe classique, il importe d'exceller dans le maniement de cette langue précise. Les premières disciplines religieuses sont donc la grammaire et la lexicographie. Au-delà, on peut avoir recours à l'enseignement du Prophète. Cependant, comme l'avaient bien vu les mu'tazilites, ceci ne fait que repousser plus loin la question de l'interprétation – car il faut alors interpréter la parole prophétique. Ainsi, par rapport au verset VII 172 cité plus haut, les exégètes sunnites expliquent ce texte par un *hadīth* : Dieu créa le corps d'Adam d'argile et tira de son rein droit une poussière blanche, destinée au paradis, et du gauche une poussière noire, destinée à l'Enfer. Mais ce *hadīth* lui-même, faut-il le prendre au sens littéral ou bien l'interpréter, et y voir une allégorie ? Si au-delà de ces données, le Texte semble difficile à comprendre, il faut cependant l'admettre, affirment les exégètes sunnites. Ainsi, les visages rayonnants « contempleront leur Seigneur » (LXXV 22-23), car c'est bien là le sens obvie. Maintenant, quant à la modalité de cette vision – yeux physiques, vision du cœur, ou organe spécialement créé pour percevoir Dieu... – il est préférable d'arrêter, de suspendre son jugement. Dieu seul « détient les clés de l'inconnaissable, nul autre que Lui ne les connaît » (VI 59).

Il était toutefois très difficile de rester fixé à cette attitude d'arrêt, de pieux agnosticisme. Il fallait répondre aux arguments mu'tazilites, chiites, à ceux des juifs et des chrétiens, sans parler des doutes – nombreux – parmi les intellectuels sunnites eux-mêmes. De ce fait, le sunnisme a développé d'importants courants théologiques, dont le plus représentatif est l'école ash'arite. Celle-ci cherche à justifier de façon dialectique les points les plus délicats que le littéralisme laissait en suspens. A propos des attributs anthropomorphiques, les ash'arites développèrent l'argument du "sans comment" *(bi-lā kayfa)* : si le Coran mentionne la session de Dieu sur le Trône, cela réfère bel et bien à une réalité et non à une métaphore, et l'emploi de ces termes ("Trône", "s'asseoir") correspond au plus près à la nature de cette réalité. Mais nul ne peut s'imaginer à quoi ressemble cette chose, cette action. Des trésors d'ingéniosité furent déployés également pour résoudre la question de la prédestination. L'effort de ces théologiens fut considérable, mais la place de leur discipline resta somme toute marginale dans la vie religieuse du monde musulman. Dans l'approche sunnite, purement littéraliste ou dans sa version ash'arite, on constate qu'il n'y a guère de place pour une exégèse de type allégorique. Le texte coranique est à prendre selon son sens obvie, lequel traduit des réalités : le Paradis, l'Enfer etc. sont donc à comprendre comme des réalités sensibles. Ceci n'exclut pas toute forme d'allégorie, mais il importe que celle-ci soit dûment suggérée par le Texte lui-même et autorisée par l'usage courant de la langue arabe.

Les milieux mystiques et théosophiques développèrent de leur côté une importante littérature d'exégèse symbolique. Nous nous trouvons ici sur un tout autre terrain qu'en théologie spéculative. Je voudrais ici adopter la différence que traçait Henry Corbin entre allégorie et symbole. L'allégorie est conventionnelle, elle ne véhicule pas autre chose que ce que la convention y a placé : Marianne symbole de la République, le coq gaulois... Le symbole par contre est cohérent en lui-même avec ce qu'il exprime ; et son sens n'est pas épuisé par les exégèses diverses qu'on peut en faire. Parler de Dieu en terme de lumière (*cf.* le verset coranique XXIV 35 cité plus haut) peut être effectué de façon extrêmement diverse selon les auteurs, leur approche peut être plus philosophique ou plus lyrique selon les cas. Il ne faut pas se méprendre sur les principes qui animent l'exégèse mystique et la définir trop vite comme une lecture "allégorique". Ceci dit, il n'est pas toujours facile de distinguer entre l'exégèse symbolique comme découverte spontanée du sens caché d'un verset, et une exégèse d'un ordre plus conventionnel. Prenons le cas de l'ascension du mont Sinaï par Moïse. Certains commentaires comme les *Ta'wīlāt* de Qāshānī (m. 1329) en donnent un écho surtout philosophique, y lisant les étapes de l'âme se purifiant, s'élevant vers Dieu jusqu'à atteindre l'extase finale. D'autres ressortissent du paradoxe d'une expérience intérieure, comme celui attribué à Ja'far al-Sādiq (m. 765), pour qui Moïse devient l'exemple du mystique comprenant par paliers que ce n'est pas lui qui parle à Dieu, mais Dieu qui parle en lui. Pour définir la portée de ces commentaires symboliques, notons que les mystiques professent qu'il faut maintenir le sens littéral du Coran, lequel n'est nullement mis en cause. Associer l'ascension de Moïse et celle de l'esprit humain n'enlève nullement sa consistance au fait historique. Les Soufis pouvaient adopter des positions théologiques sunnites, ash'arites par exemple, voire franchement littéralistes. Mais ils affirmaient que ce sens littéral était porteur de bien autre chose, qu'il fallait aller au-delà.

En effet, si l'on admet que la Parole divine est increéée, produite à partir de la Mère du Livre, on peut induire que ses significations sont en nombre infini, à la mesure de la Sagesse divine. Ce que revendiquent les Soufis, ou les théosophes chiites étudiés par Henry Corbin, c'est la capacité pour certains hommes, aidés par la grâce divine, d'avoir accès à certaines de ces significations cachées au lecteur ordinaire mais présentes de façon sous-jacente.

Les significations spirituelles s'expriment souvent par des images parce qu'elles transitent par la faculté imaginative. C'est notamment le cas des visions, des rêves de portée spirituelle. Mais il y a plus. Certains Soufis comme Sohravardī ou Ibn 'Arabī ont développé l'idée d'une ontologie des mondes symbolisant les uns avec les autres. Le monde directement supérieur au monde sensible, sublunaire, est celui que Henry Corbin proposait d'appeler "imaginal" ; il est peuplé d'êtres dotés de formes, de mouvement, interagissant constamment avec notre monde dense et sensible. Il existe une cohérence complète entre les êtres de ce monde, et ceux du monde matériel. Et c'est ce qui fonde le recours au symbole. Le Coran lui-même peut-être relu à plusieurs niveaux, dont ce niveau symbolique, désignant des réalités du monde imaginal.

Dès lors, la lecture symbolique ne s'applique pas aux seuls versets posant problème mais à la totalité du Texte. Chaque verset peut être soumis à une lecture symbolique, ésotérique, selon le principe présenté comme un *hadīth*: « Chaque verset du Coran a un dos et un ventre, et ce ventre a lui-même un ventre, et cela jusqu'à sept ventres », où le "dos" signifie selon les mystiques le sens apparent, littéral, et les "ventres" les sens cachés ésotériques. C'est toute la structure du monde qui obéit à l'articulation caché / manifesté, qui est imposée par l'Être divin Lui-même (*cf.* LVII 3 : « Il est le Premier et le Dernier, l'Apparent et le Caché »).

Dans une telle optique, on conçoit que le sens intérieur, symbolique, ne dérive pas d'une lecture arbitraire, mais qu'il est présent de façon latente dans le Texte. Les hommes sont plus ou moins clairvoyants à son sujet, et seuls les Soufis arrivent au dévoilement leur permettant d'accéder à cette dimension, à "soulever le couvercle" du sens apparent. Les récits ou descriptions coraniques ne fournissent pas de simples "images", ils sont complètement solidaires des réalités spirituelles qu'ils expriment.

C'est en fait toute une conception du langage comme intermédiaire entre les hommes et la divinité qui est en jeu ici chez les mystiques. Ceux-ci rappellent que Dieu créa l'univers par sa parole (« Sois ! », selon plusieurs versets comme II 117). Dès lors, c'est l'univers entier qui est doté de la structure d'un langage. Le monde naturel est un langage, le microcosme humain est un langage. Le Coran reflète lui aussi un autre aspect de ce même langage. Tous ces aspects du Verbe divin correspondent et s'éclairent mutuellement. Une part importante du "pèlerinage" soufi sera de comprendre les termes de ce langage, notamment à travers la méditation du Coran. Il s'agit ici d'une tendance profondément gnostique. Le langage n'est pas un simple moyen pour transmettre un message, il est lui-même le lieu d'une expérience illuminative. Nous sommes loin du simple allégorisme. C'est même le contraire qui se passe : les mots constituent dans une certaine mesure une réalité indépendante, à la manières des anges.

Au total, on voit comment les différentes démarches de l'exégèse classique restent marquées par une perception réaliste du langage coranique. Les versets coraniques se présentent directement à l'esprit humain, celui-ci les interprète selon ses moyens propres ; mais en tout état de cause, c'est la parole coranique qui s'impose à la conscience selon un processus qui se veut naturel, en raison d'une sorte de connaturalité entre l'esprit humain et le verbe divin. Il y aurait beaucoup à dire sur les tendances plus récentes de l'exégèse ; mais globalement, la majorité des sunnites restent attachés à ces grilles classiques de lecture.

Bibliographie

Pour une présentation générale des questions d'exégèse coranique :

ARKOUN Mohammed, *Lectures du Coran*, Paris, Maisonneuve et Larose, 1982.

AYOUB Mahmoud M., *The Qur'ān and its Interpreters*, Albany, SUNY Press, vol. I (1984) et II (1992).

BOULLATA Issa J. (édit.), *Literary Structures of Religious Meaning in the Qur'ān*, Richmond, Curzon, 2000.

CORBIN Henry, *Histoire de la philosophie islamique*, Paris, Gallimard, Folio / essais, 1986.

GOLDZIHER Ignaz, *Die Richtungen der islamischen Koranauslegung*, Leiden, 1920.

HAWTING G.R. & SHAREEF Abdul-Kader A. (édit.), *Approaches to the Qur'ān*, London-New York, Routledge, 1993.

KHALAFALLAH Muhammad Ahmad, *Al-fann al-qasasī fī al- Qur'ān al-karīm*, Le Caire, Maktabat al-nahda al-misriyya, 1957.

MC AULIFFE Jane Dammen, *Encyclopaedia of the Qur'ān*, Leiden, Brill, 2002, notamment l'art. "Exegesis" (coll.).

RIPPIN Andrew (édit.), *Approaches to the History of the Interpretation of the Qur'ān*, Oxford, Clarendon Press, 1988.

WANSBROUGH John, *Quranic Studies. Sources and methods of scriptural interpretation*, Oxford University Press, 1977.

WILD Stefan (édit.) *The Qur'ān as Text*, Leiden, E.J.Brill, 1996.

Sur la lecture théologique du Coran :

ARNALDEZ Roger, *Fakhr al-Dîn al-Râzî. Commentateur du Coran et philosophe,* Paris, Vrin, 2002.

GIMARET Daniel, *Une lecture mu'tazilite du Coran. Le Tafsīr d'Abū 'Alī al-Djubbā'ī (m. 303/915) partiellement reconstitué à partir de ses citateurs,* Bibliothèque de l'ÉPHÉ / Peeters, 1994.

VAN ESS Josef, *Theologie und Gesellschaft im 2. und 3. Jahrhundert Hidschra,* Berlin, 1991.

L'exégèse sunnite littéraliste :

ARNALDEZ Roger, *Grammaire et théologie chez Ibn Hazm de Cordoue,* Paris, Vrin, 1956.

GÄTJE Helmut, *The Qur'ān and its Exegesis: Selected Texts with Classical and Modern Muslim Interpretations,* transl. by A.T. Welch, Berkeley, University of California Press, 1976.

GILLIOT Claude, *Exégèse, langue et théologie en Islam. L'exégèse coranique de Tabari,* Paris, Vrin, 1990.

GIMARET Daniel, *Dieu à l'image de l'homme. Les anthropomorphismes de la Sunna et leur interprétation par les théologiens,* Paris, Cerf, 1997.

LAOUST Henri, *La profession de foi d'Ibn Batta,* Damas, Institut Français de Damas, 1958.

La lecture symbolique et ésotérique :

BALLANFAT Paul, « La prophétologie dans le *'Ayn al-Hayât, tafsîr* attribué à Najm al-dîn Kubrâ », dans G. GOBILLOT (éd.) *Mystique musulmane – Parcours en compagnie d'un chercheur : Roger Deladrière*, Paris, Cariscript, 2002.

BÖWERING Gerhard, *The Mystical Vision of Existence in Classical Islam – The Qur'ānic Hermeneutics of the Ṣūfī Sahl At-Tustarī (d.283/896)*, Berlin, Walter de Gruyter, 1980.

CHODKIEWICZ Michel, *Un océan sans rivage. Ibn 'Arabî, le Livre et la Loi*, Paris, Seuil, 1992.

CORBIN Henry, *En Islam iranien. Aspects spirituels et philosophiques*, vol. I, Paris, Gallimard - NRF, 1971 ; *L'imagination créatrice dans le soufisme d'Ibn 'Arabî*, Paris, Flammarion, 1958.

LORY Pierre, *Les Commentaires ésotériques du Coran d'après 'A.R. al-Qâshânî*, Paris, Les Deux Océans, 1990.

NWYIA Paul, *Exégèse coranique et langage mystique. Nouvel Essai sur le lexique technique des mystiques musulmans,* Beyrouth, Dar el-Machreq, 1970.

SANDS Kristin L., *Commentary and Allusion: A Comparative Study of Exoteric and Sufi Interpretation of the Qur'ān in Classical Islam*, Ann Arbor (Michigan), UMI Dissertation Service, 2000.

GILBERT DAHAN

L'ALLÉGORIE DANS L'EXÉGÈSE CHRÉTIENNE DE LA BIBLE AU MOYEN AGE

C'est une réflexion inachevée que je proposerai ici: on peut en effet se demander si traiter de l'allégorie dans l'exégèse médiévale n'est pas un sujet sans fin et sans fond, tant il est question d'allégorie dès qu'on lit le moindre commentaire biblique du moyen âge. J'aurais souhaité, muni des instruments d'analyse que nous offre la sémiotique contemporaine, présenter une théorie de l'allégorie dans l'exégèse chrétienne de la Bible au moyen âge. Mais, nous allons le voir, l'objet d'étude est fuyant, difficile à appréhender – à moins de lui régler son compte en deux phrases: l'allégorie est une figure de pensée, l'allégorie est une procédure herméneutique; or, c'est précisément ici que commence l'aventure, et il serait dommage de ne pas céder à l'invitation au voyage que ce simple constat présente. Il serait tout aussi dommage de se laisser éblouir par le miroir aux alouettes d'une approche théorique et de vouloir imposer à des pensers anciens le carcan d'une construction récente. Pour les auteurs du moyen âge, l'allégorie est quelque chose de flou, ou plutôt de complexe, une réalité qui n'a pas de limites. Acceptons cette fluidité sans en faire un obstacle épistémologique et trouvons dans cette complexité non pas le fruit d'une pensée imprécise ou ambiguë mais le signe d'une richesse et de réflexes herméneutiques bien différents de ceux auxquels nous ont habitués des siècles de cartésianisme[1].

Réflexion en marche, recherche en cours: je tenterai de déterminer de quoi l'on parle quand il est question d'allégorie au moyen âge. Puis, profitant de la présence de chercheurs qui, dans des domaines différents, ont fait évoluer nos connaissances dans le champ de l'exégèse allégorique et plus généralement de l'herméneutique ancienne et médiévale, je soumettrai à leur critique un schéma

1. Divers travaux ont été consacrés à l'allégorie au moyen âge; ils envisagent souvent ensemble allégorie biblique et allégorie profane. En dehors du grand livre de H. de Lubac, *Exégèse médiévale. Les quatre sens de l'Écriture*, Paris, 1959-1964, où l'on glanera beaucoup d'éléments concernant l'allégorie biblique, je ne donnerai que quelques titres: F. Ohly, *Schriften zur mittelalterlichen Bedeutungsforschung*, Darmstadt, 1977; H. Brinkmann, *Mittelalterliche Hermeneutik*, Tübingen, 1980; H. Freytag, *Die Theorie der allegorischen Schriftdeutung und die Allegorie in deutschen Texte, bes. des 11. und 12. Jh.*, Bern-München, 1982; J. Pépin, *La tradition de l'allégorie de Philon d'Alexandrie à Dante. 2. Études historiques*, Paris, 1987; Chr. Meier, «Wendepunkte der Allegorie im Mittelalter: von der Schrifthermeneutik zur Lebenspratik», dans R. E. Lerner (édit.), *Neue Richtungen in der hoch- und spätmittelalterlichen Bibelexegese*, München, 1996, p. 39-64.

historique qui m'est cher. J'interrogerai ensuite quelques exégètes ou théologiens du XIIe et du XIIIe siècle en leur demandant quelle est leur doctrine sur l'allégorie. Puis, plongeant dans les commentaires eux-mêmes, je tâcherai de voir comment y fonctionne l'exégèse allégorique. Enfin, je poserai le problème des limites de l'allégorie.

Avec un pareil programme, l'écueil principal à éviter (en dehors du risque que j'ai déjà évoqué) sera de traiter d'herméneutique médiévale d'une manière que l'on pourra juger excessivement globale. Écueil? On peut s'interroger: l'allégorie ne constitue-t-elle pas précisément le propre de l'exégèse chrétienne de la Bible, particulièrement au moyen âge? Mais nous voici dans le vif du sujet.

I. De quoi parle-t-on ?

Essayons tout de même de cerner le problème: de quoi est-il question quand on parle d'allégorie au moyen âge? L'ensemble des textes qui servent de corpus de base à mon exposé partent d'une définition simple et bien identifiée de l'allégorie, fondée sur l'étymologie du mot: elle trouve sa forme définitive chez Isidore de Séville, « Allegoria est alieniloquium. Aliud enim sonat, aliud intelligitur »[1]. Presque tous les auteurs postérieurs reprennent cela, au mot près. Y compris le lexicographe Papias: celui-ci, dans son *Elementarium doctrinae rudimentum*, présente une masse de fiches qui rassemblent le savoir commun de son époque; j'accorde une grande importance à cet ouvrage, parce que, au moins jusqu'à la fin du XIIIe siècle, il est l'outil lexicographique de base, auxquels tous se réfèrent, explicitement ou non. Si je dis souvent que c'est le *Petit Larousse* des gens du XIIe et du XIIIe siècle, je dois cependant souligner qu'il n'a pas le caractère méthodique ou systématique de nos dictionnaires et qu'il offre plutôt, pour chaque entrée, un paquet de fiches donnant une information brute. Or, pour *allegoria*, les fiches sont disparates; Papias utilise les sources principales sur le sujet, Isidore, Augustin, Bède (et indirectement Grégoire le Grand). Cet ensemble hétérogène nous permet d'emblée de saisir la complexité de la notion d'allégorie. Papias va nous servir un moment de guide[2].

1. *Etymologiae* I 37 *(de tropis),* 22; voici l'ensemble du paragraphe: « Allegoria est alieniloquium. Aliud enim sonat, aliud intellegitur, ut [Virg., *Aen.* I 184]: *Tres littore cervos / conspicit errantes*, ubi tres duces belli Punici vel tria bella Punica significantur. Et in *Bucolicis* [III 71]: *Aurea mala decem misi*, id est ad Augustum decem eglogas pastorum. Huius tropi plures sunt species, ex quibus eminent septem: ironia, antiphrasis, aenigma, charientismos, paroemia, sarcasmos, astysmos » (*PL* 82, 115). L'autre définition standard est celle de Donat, *Ars grammatica* III 6, éd. H. Keil, *Grammatici Latini* IV, Leipzig, 1864, p. 401: « Allegoria est tropus, quo aliud significatur quam dicitur, ut *et iam tempus equum fumantia solvere colla* [Virg., *Georg.* II, 542], hoc est "carmen finire". Huius species multae sunt, ex quibus eminent septem, ironia antiphrasis aenigma charientismos paroemia sarcasmos astismos ».

2. Il y a de nombreux mss de l'*Elementarium*; j'utilise le ms. BnF lat. 7622A, f. 9ra.

La première «fiche» comporte deux parties[1]. En second lieu, la définition classique, mise sous le nom d'Isidore *(hi.)*; nous y reviendrons. En premier lieu, deux mots présentés comme des synonymes – mais extrêmement troublants, qui nous font (un peu trop vite à mon goût) pénétrer au cœur du problème: *misterium, similitudo*. Les deux mots sont aussi riches, aussi chargés de sens l'un que l'autre. *Misterium* nous conduit vers le vocabulaire du mystère; il appartient au même champ que *secretum* et *sacramentum*, que l'on trouve également employés quand il est question d'allégorie. L'allégorie apparaît alors comme la démarche herméneutique qui va dévoiler le sens. Elle porte sur les réalités les plus hautes de la foi. Si l'on accepte, comme nous y invitent les théologiens médiévaux (et déjà Augustin, «sacramentum figuratum allegoria est»[2]), le fait que le fonctionnement du sacrement est semblable à celui de l'allégorie, on saisit d'emblée l'importance de celle-ci (le prologue des *Allegoriae super Tabernaculum Moysi* de Pierre de Poitiers donne dès son ouverture quatre termes appartenant au même champ sémantique: *secretum, sacramentum, velamen, enigma*)[3]. Avec *similitudo*, en revanche, nous sommes confrontés à une difficulté courante en exégèse médiévale; alors que nous aimerions qu'à chacune des démarches herméneutiques corresponde un terme univoque, nous baignons sans cesse dans l'équivocité. *Similitudo* nous oriente vers toutes les procédures fondées sur l'analogie (au sens large du terme): la métaphore, la parabole et (malgré toutes les difficultés qu'implique le terme, je l'emploie ici) le symbole. Étudiant récemment l'exégèse des paraboles de Matthieu au XIIIe siècle, je partais de l'hypothèse (présente dans tous les travaux récents[4]) que la parabole évangélique représente quelque chose de très spécifique, proche du *mashal* dans l'exégèse

1. «ALLEGORIA, misterium, similitudo. [*in mg.* hi] Allegoria alieniloquium, cum aliud sonat et aliud intelligitur, ut *Tres littore ceruos conspicimus*, id est tres duces».

2. *Enarrationes in Psalmos*, Ps 103, s. I, 13: «Allegoria dicitur, cum aliquid aliud uidetur sonare in uerbis et aliud in intellectu significare... Quid sit enim allegoria, non ibi forte didicissent homines, nisi in scripturis Dei. Ergo quod dicimus allegoriam figuram esse, sacramentum figuratum allegoria est» (*CCSL* 40, p. 1486). Voir notamment C. Couturier, «*Sacramentum* et *mysterium* dans l'œuvre de saint Augustin», dans H. Rondet *et al.*, *Études augustiniennes*, Paris, 1953, p. 161-332 (particulièrement, p. 193); J. Pépin, *La tradition de l'allégorie, de Philon d'Alexandrie à Dante. Études historiques*, Paris, 1987, p. 244-247; et, plus généralement, l'art. de C. Mayer, «Allegoria», *Augustinus-Lexicon*, éd. C. Mayer *et al.*, t. I, Basel, 1986-1994, col. 233-239.

3. Pierre de Poitiers, *Allegoriae super Tabernaculum Moysi*, éd. Ph. S. Moore et J. A. Corbett, Notre Dame (Ind.), 1938, p. 1-2: «*Secretum* Dei intentos debet facere, non adversos. Nichil enim tam pie terret animam quam *sacramentum* occultum; nichil tam pie gaudere facit quam ipsum sane intellectum. Secreta autem sua voluit Deus *sub velamine figurarum* tegi... Omne igitur sacramentum cum intelligitur vel ad contemplationem veritatis vel ad bonos mores refertur. Contemplatio veritatis in solius Dei cognitione et dilectione fundata est. Cognitio autem de Deo aut *enigmatica* aut comprehensiva; enigmatica in via, comprehensiva in patria...».

4. Il suffit de citer le beau volume collectif de l'ACFEB, J. Delorme (édit.), *Les paraboles évangéliques. Perspectives nouvelles*, coll. «Lectio divina», 135, Paris, 1989.

rabbinique ; or, beaucoup de définitions de la parabole au XIIe et au XIIIe siècle, nous ramènent à la *similitudo*, comme pour l'allégorie[1]. Il n'y a pas à s'en chagriner : ce que Papias et d'autres veulent dire en donnant cet apparent synonyme, c'est que l'allégorie appartient à une classe plus large, dont le fonctionnement implique un travail d'interprétation à partir de l'analogie.

Ne nous attardons pas ici sur la deuxième « fiche » de Papias, qui donne non une définition mais une règle, sur laquelle nous reviendrons. En revanche, la troisième fiche nous retiendra davantage[2]. Elle cite le texte du *De schematibus et tropis* de Bède, qui est l'un des premiers lieux de formulation d'une « herméneutique médiévale »[3]. Laissons encore de côté la division, issue de la rhétorique classique, de l'allégorie en sept espèces. Tout le reste est pertinent pour notre propos, à commencer par la définition de l'allégorie comme interprétation spirituelle : « a quibusdam spiritualis intelligentia accipitur ». Et, en effet, ce qui est l'une des causes de notre embarras, le terme d'allégorie désigne aussi globalement l'interprétation spirituelle, à savoir celle qui implique ce que j'appelle le saut herméneutique, le passage de la lettre à l'esprit : Thomas d'Aquin, sur Galates 4, 22, est clair : « Il faut observer que le terme d'allégorie est pris parfois pour n'importe quel sens mystique et parfois pour un seul des

1. Les commentaires des Proverbes (dont l'*incipit* dans la traduction de Jérôme est *Parabolae Salomonis*) fournissent des définitions de la parabole ; un commentaire anonyme, dans le ms. BnF lat. 15573 (du XIIIe s.), recueille les données courantes : « Est autem parabola secundum Ieronimum rerum natura discrepancium sub aliqua similitudine facta collatio. Secundum Donatum parabola est rerum dissimilium genere comparacio. Et dicitur a *para*, quod est "iuxta", et *bole*, quod est "sententia", quasi similitudo cum comparacio<ne> ex dissimilibus sumpta iuxta sententiam, ut cum dicitur Mt. XIII semen pro verbo Dei, vel cum ponitur leo pro filio Dei, *Vicit leo de tribu Iuda*, Apoc. V [5, 5] » (f. 34 ra). L'une des fiches « Parabola » de Papias (ms. cité, f. 158 va) disait : « Parabola est comparativa similitudo, hebraice *masloth* dicitur ».

2. Ms. cité : « ALLEGORIA [*in mg.* bed. = Beda] a quibusdam spiritualis intelligentia accipitur, sicut beatus Gregorius, qui ea que per figuram dicta sunt de Christo uel ecclesia interpretat. Habet autem . vii. species : yroniam, antifrasim, enigma, carientismon, paroemia, sarcasmon, autismon. – Item allegorie uerbis siue operibus figurant aliquando historicam rem, aliquando typicam, aliquando tropologicam, id est moralem, rationem, quandoque anagogen, id est sensum ad superiora ducentem. Aliquando ista omnia in facto, ut templum quod fecit Salomon circa historiam domum, iuxta allegoriam uel tipicum corpus Domini, iuxta tropologiam ecclesiam, iuxta anagogen supernam patriam. Similiter Iherusalem ipsam ciuitatem et homines, ecclesiam, animam, patriam celestem significat ».

3. Bède le Vénérable, *De schematibus et tropis* II 12, éd. C. B. Kendall, *Bedae Venerabilis Opera*, t. VI/1, *CCSL* 123A ; Turnhout, 1975, p. 161. Il semble que Papias renvoie à la fin du passage : « Iuxta allegoriam de ecclesia diximus, sequentes exemplum doctissimi tractatoris Gregorii, qui in libris Moralibus ea quae de Cristo siue de ecclesia per figuram dicta siue facta interpretabantur, allegoriam proprie nuncupare solebat ».

quatre sens, qui sont le sens historique, le sens allégorique, le sens mystique et le sens anagogique »[1].

De la sorte, le terme d'allégorie a trois significations :

1° il désigne un trope – c'est la définition classique ;

2° il désigne l'interprétation spirituelle et est alors synonyme de *sensus mysticus*, *sensus spiritualis* (je note également qu'à la fin du XIIᵉ siècle, dans les commentaires de l'école biblique-morale, le marqueur *moraliter*, en marge ou à l'intérieur du texte, signale aussi l'interprétation spirituelle ; on a ainsi les équivalences *allegorice*, *mystice*, *moraliter*) ; *allegoria* est alors opposée à *littera* ou *historia* et *sensus litteralis* ou *historicus* ;

3° il désigne spécifiquement l'un des niveaux de l'interprétation spirituelle dans la théorie des « quatre sens » ; il est opposé à *tropologia* et *anagoge*.

Si l'on part de cette théorie des quatre sens (qu'expose aussi la troisième « fiche » de Papias, avec l'exemple classique de Jérusalem), il convient de distinguer nettement les sens 2 et 3 d'*allegoria*. En revanche, si on accorde moins de crédit à cette théorie et si l'on pense, comme je le suggère, qu'elle est peu opératoire et qu'il convient de revenir à l'opposition ancienne, binaire, sens littéral/sens spirituel, la signification 2 d'*allegoria* est dominante ; la tropologie est l'application du mécanisme de l'allégorie à l'histoire de l'âme, l'anagogie à la fin des temps ou à l'accomplissement de l'histoire.

Revenons encore à la troisième « fiche » de Papias. Elle nous livre apparemment une autre formulation de l'opposition entre figure de pensée et interprétation spirituelle, en reprenant la distinction exposée par Bède entre *allegoria in uerbis* et *allegoria in factis*[2] ; on voit généralement dans l'*allegoria in uerbis* le trope, dans l'*allegoria in factis* l'interprétation spirituelle ; bien que beaucoup d'auteurs indiquent cela (y compris Thomas d'Aquin), je ne suis pas sûr que l'équivalence soit absolue ; la notice de Papias me semble suggérer que la distinction *allegoria in uerbis/allegoria in factis* concerne aussi bien l'interprétation littérale que l'interprétation spirituelle. Cette fiche, décidément bien riche, fait usage d'un autre mot-clé, important dans notre recherche, celui de *figura*. Il ne s'agit évidemment plus des figures de style ou de pensée chères à la rhétorique classique mais de la notion, capitale en exégèse chrétienne, de typologie. En latin médiéval, le mot *typus* est assez rare (et je crois que *typologia* n'existe pas) ; celui de *figura* est courant. Après une longue période d'incompréhension, la notion de typologie est reprise en compte dans l'exégèse contem-

1. *Super Epistolas sancti Pauli*, éd. R. Cai, t. I, Rome, 1953, p. 620 : « Attendendum est quod allegoria sumitur aliquando pro quolibet mystico intellectu, aliquando pro uno tantum ex quatuor, qui sunt historicus, allegoricus, mysticus et anagogicus ».

2. *De schematibus et tropis* II 12, éd. citée, p. 161 : « Notandum sane quod allegoria aliquando factis, aliquando uerbis tantummodo fit ». Sur ce problème, *cf.* A. Strubel, « *Allegoria in factis* et *allegoria in verbis* », *Poétique* n° 23, 1975, p. 342-357 ; F. Zambon, « *Allegoria in verbis* : per una distinzione tra simbolo e allegoria nell'ermeneutica medievale », dans D. Goldin (édit.), *Simbolo, metafora, allegoria*, Padova, 1980, p. 75-106.

poraine ; les travaux de Michael Fishbane y sont pour quelque chose[1] et, en France, les réflexions stimulantes de Paul Beauchamp ont contribué à la réadmission de ce concept[2]. Depuis l'époque patristique (en fait, depuis le Nouveau Testament), la typologie est un élément constitutif de l'exégèse chrétienne (on y reviendra) ; on peut le considérer comme un synonyme d'*allegoria* au sens 3 (ainsi, il serait commode de parler d'allégorie pour le sens 2 = interprétation spirituelle globalement, et de typologie pour le sens 3 = niveau spécifique d'interprétation spirituelle – mais, d'une part, peut-être ne convient-il pas de systématiser abruptement et, d'autre part, le champ de l'allégorie au sens 3 est sans doute plus vaste que la seule typologie).

Je mentionnerai enfin les divisions fournies par un *De expositione sacre Scripture* ; il s'agit d'un traité d'herméneutique anonyme de la fin du XIIe siècle, dont je prépare l'édition. L'extrait en question assure la transition entre la première et la seconde partie du traité[3]. Il reprend la distinction, très courante à la fin du XIIe s., entre signification extérieure, *foris* (le sens littéral), et signification intérieure, *intus* (le sens spirituel) ; assez remarquable est l'effort de division de ces deux sens : le sens littéral comprend le sens propre et le sens figuré *(per principalem et secundariam significationem),* le sens spirituel est également double, *tropologice* et *allegorice*. La duplication du sens allégorique nous resitue à première vue dans le schéma des quatre sens : *anagoge*, *allegoria simplex*. Mais le terme d'*allegoria simplex* et son explication (« quando aliquid exponitur de Deo uel de ecclesia ») nous orientent vers la signification 3 de ma distinction. Il s'agit, en fait, d'une réélaboration d'un passage du *De scripturis et scriptoribus sacris* de Hugues de Saint-Victor, l'un des plus remarquables exposés herméneutiques du XIIe siècle ; Hugues donnait une division *historia* / *allegoria* au sens large ; *allegoria* étant divisée elle-même en *simplex allegoria* et *anagoge*[4].

La notice de Papias nous a donc montré la complexité de la notion d'allégorie ou plutôt la pluralité de ses significations. Je prendrai ici plutôt l'allégorie au sens plus précis (n° 3 de ma classification, à peu près synonyme de typologie), tout en ayant constamment présent à l'esprit que l'allégorie ainsi comprise participe de l'engagement herméneutique qu'implique le passage au sens spirituel. Je reviendrai sur cette notion.

1. Voir notamment *Biblical Interpretation in Ancient Israel*, Oxford, 1985, p. 350-379.

2. Voir notamment *L'un et l'autre Testament*. II : *Accomplir les Écritures*, Paris, 1990, p. 220-237 ; *Le récit, la lettre et le corps*, 2e éd., Paris, 1992, p. 41-68.

3. Ms. Paris, BnF lat. 614, fol. 21v-22r (texte donné en annexe). Voir résumé de conférences dans *École pratique des hautes études. Section des sciences religieuses. Annuaire* 109, 2000-2001, p. 379-380.

4. *De Scripturis*, § 3, « De triplici intelligentia sacrae Scripturae » (*PL* 175, 12).

II. Allégorie et exégèse chrétienne

A la fin de mon introduction, je me demandais si l'allégorie n'était pas *la* caractéristique essentielle de l'exégèse chrétienne. J'aurais tendance à répondre positivement à cette question, même s'il faut apporter des nuances en très grand nombre : il y a, évidemment, une exégèse littérale extrêmement vivace durant tout le moyen âge (et pas seulement dans les travaux des victorins, d'André notamment ; elle fleurit au XIIIe siècle et se développe encore au XIVe) ; d'autre part, la tropologie a une place importante dans l'exégèse monastique ; les commentaires de Guibert de Nogent, par exemple, sont uniquement tropologiques et constituent des analyses psychologiques d'un très grand raffinement. Comme on le voit, j'établis ici une limite entre allégorie et tropologie ; je prends donc allégorie au sens 3, comme synonyme de typologie : c'est précisément avec cette signification que l'allégorie peut paraître spécifiquement chrétienne, puisqu'elle permet d'interpréter l'ensemble de l'Écriture dans un sens christique : que l'on considère la notion de Christ médiateur ou centre de gravité des Écritures telle que l'exprime un Pierre de Jean Olieu à la fin du XIIIe siècle[1] ou les réflexions contemporaines sur la typologie[2], tel est bien l'axe central de l'herméneutique chrétienne, quelle que soit, je le répète, la place réservée aux autres niveaux de sens ; si la lettre est, quantitativement, la plus importante chez Thomas d'Aquin ou Dominique Grima, par exemple, il n'en demeure pas moins que l'objet même du travail de l'exégète chrétien est de faire jaillir la signification (ou l'orientation) christique des textes qu'il étudie. Or l'allégorie va permettre un tel enclenchement. – Mais on peut envisager les choses d'un autre point de vue et constater que, par exemple, l'exégèse juive n'ignore pas l'allégorie, bien sûr une allégorie qui n'est pas christique mais qui participe de la typologie, l'exemple le plus connu étant celui d'Esaü/Edom figure des Romains ou des chrétiens[3] ou celui de Haman figure de tous les persécuteurs d'Israël. De même, en prenant en compte la définition large de l'allégorie, on peut aller encore plus loin et trouver dans l'exégèse juive quelque chose qui correspond presque parfaitement à la tropologie ; par exemple, une certaine exégèse juive pose que les trois Pères, Abraham, Isaac, Jacob, *figurent*, sont les *types* de l'amour, de la justice et de l'harmonie (j'emploie évidemment à dessein des termes qui semblent plus caractéristiques de l'exégèse chrétienne). Peut-être

1. Voir notamment son *principium* « De Christo, medio Scripturae », éd. D. Flood et G. Gal, *Peter of John Olivi on the Bible. Principia quinque...*, St. Bonaventure, 1997, p. 127-138.

2. Par exemple, plusieurs contributions au volume R. Kuntzmann (édit.), *Typologie biblique. De quelques figures vives*, coll. « Lectio divina », h. s., Paris, 2002.

3. Qui a été étudié par G. D. Cohen, « Esau as Symbol in Early Medieval Thought », dans A. Altmann (édit.), *Jewish Medieval and Renaissance Studies*, Cambridge (Mass.), 1967, p. 19-48.

faudrait-il revenir sur cette place de l'allégorie en exégèse juive[1], mais redisons que, malgré ces nuances, l'allégorie est la marque spécifique, la caractéristique essentielle de l'exégèse chrétienne. C'est sans doute une idée banale mais je voudrais soumettre à votre critique le schéma suivant.

L'exégèse chrétienne naît très précisément dans deux lieux de l'Écriture : en Lc 24, 27, dans le célèbre récit des pélerins d'Emmaüs : καὶ ἀρξάμενος ἀπὸ Μωυσέως καὶ ἀπὸ πάντων τῶν προφητῶν διερμήνευσεν αὐτοῖς ἐν πασαῖς ταῖς γραφαῖς τὰ περὶ ἑαυτοῦ, « Et, commençant par Moïse et parcourant tous les Prophètes, il leur interpréta dans toutes les Écritures ce qui le concernait » ; certes, on n'est pas obligé de voir ici les débuts de la typologie même si les commentateurs médiévaux ont eu tendance à interpréter le verset dans ce sens[2]. L'autre lieu nous ramène au cœur de notre recherche, il s'agit évidemment du fameux passage de l'épître de Paul aux Galates (Ga 4, 24) : « Il y a là une allégorie : ces femmes représentent deux alliances » ; le terme grec est encore plus significatif ἅτινά ἐστιν ἀλληγορούμενα. Il semble y avoir eu des résistances : dans son *De Trinitate* XV IX, 15, Augustin montrait que les Latins avaient quelque scrupule à utiliser le terme grec profane d'allégorie dans ce passage et que certains préféraient lui substituer une périphrase, qui n'est autre que la définition classique : « quidam interpretes nostri, quod ait Apostolus, *Quae sunt in allegoria*, nolentes graecum vocabulum ponere, circumloquendo interpretati sunt dicendo : *Quae sunt aliud ex alio significantia* » ; dans ses *Enarrationes in Psalmos*, le même auteur se justifie d'avoir utilisé le terme d'"allégorie", appartenant, nous dit-il, au vocabulaire du théâtre *(pantomimi aliquid)* mais que Paul lui-même a employé[3]. On pourrait citer encore d'autres textes bibliques, notamment dans la Ire épître aux Corinthiens (1 Co 13, 12, sur la connaissance *per speculum in aenigmate* ; 1 Co 10, 1-11 interprétation typologique d'épisodes du séjour des Hébreux dans le désert) ; mais les plus significatifs pour notre propos sont bien celui de Luc et, surtout, Ga 4, 24, qui convertit, qui « christianise » le mot et la notion d'allégorie.

Par contraste, un autre mot va être dévalorisé, celui de *mythe*, que les traductions latines rendent par *fabula*. Nous retrouvons encore Paul. S'adressant à Timothée (1 Tm 1, 4), il lui demande de « cesser d'enseigner des doctrines étrangères et de s'attacher à des fables et à des généalogies sans fin... » ; plus loin (1 Tm 4, 7), il l'invite à rejeter « les fables profanes, racontars de vieilles femmes » ; dans sa seconde épître au même (2 Tm 4, 4), il annonce le temps où les hommes « détourneront l'oreille de la vérité pour se tourner vers les fables » ; dans l'épître à Tite (Tt 1, 14), ce sont explicitement les « fables juives » (ἰουδαικοῖς μύθοις) qui sont stigmatisées. Dans cet ensemble de versets, fable *(fabula)*

1. La communication de M. Fishbane dans ce même volume montre d'une manière magistrale la place et le rôle de l'allégorie dans l'exégèse juive.

2. Voir G. Dahan, *L'exégèse chrétienne de la Bible en Occident médiéval, XIIe-XIIIe siècle*, Paris, 1999, p. 63-64.

3. *Enarrationes in Psalmos*, Ps 103, I, XIII, éd. citée, p. 1486.

traduit à chaque fois *muthos*. Nous avons donc une condamnation de l'usage du mythe. En pervertissant quelque peu le titre du maître-livre de Jean Pépin[1], j'oppose donc *mythe* à *allégorie*, en entendant par *mythe* la même chose à peu près que les structuralistes contemporains, à commencer par Lévi-Strauss, c'est-à-dire un récit (inventé ?) dont l'interprétation, fondée sur un mouvement d'analyse et de synthèse (décrit déjà par Plotin[2]), fournit des enseignements sur l'ensemble du réel[3]. On peut voir dans le mythe et dans l'allégorie les deux formes majeures de l'exégèse hellénistique, à l'intérieur de laquelle naissent les exégèses juive et chrétienne. Mon hypothèse est que l'exégèse juive va abandonner l'allégorie et se tourner vers le mythe (avec l'exégèse du *midrash*) et que l'exégèse chrétienne rejette le mythe et choisit l'allégorie. Peu importent les explications: l'exégèse juive adopte une démarche dans laquelle la distance entre texte interprété et texte interprétant n'apparaît pas d'une manière évidente[4], l'exégèse chrétienne choisit une démarche de l'ordre du *logos*, qui sépare nettement l'objet de l'interprétation de son interprétation: elle adopte aussitôt (on l'a vu chez Augustin) la définition classique de l'allégorie comme trope, qui distingue clairement entre ce qui est dit et ce qui est signifié. L'exégèse chrétienne va se définir par rupture avec l'exégèse juive et il n'est pas étonnant de constater que, dans le premier texte qui systématise en Occident le processus de la typologie, l'interprétation allégorique va de pair avec un antijudaïsme tout aussi systématique – je veux parler des *Allegoriae* d'Isidore de Séville[5]. Un autre phénomène montre avec autant de clarté cette rupture – cette fois-ci aux tout débuts de l'exégèse chrétienne, dans les générations qui suivent immédiatement celle du Christ: l'un des éléments caractéristiques de l'exégèse ou plutôt de la pensée rabbinique, dont le fonctionnement est extrêmement proche de celui du mythe (peut-être faut-il y voir une forme particulière de celui-ci) subit une modification de nature dans l'exégèse chrétienne: les travaux des biblistes du XXe siècle ont bien montré que les paraboles de Jésus (qui pourraient être ses *ipsissima verba*[6]) sont une forme d'expression courante dans le monde rabbinique *(mashal)* et que, citant ces paraboles, Jésus ressemble à n'importe quel maître juif de la première moitié du Ier siècle. Or, la génération qui rédige les évangiles se livre à un travail

1. *Mythe et allégorie. Les origines grecques et les contestations judéo-chrétiennes*, Paris, 1958 (n. éd. Paris, 1976).

2. *Ennéades* III 5, 9; *cf.* la trad. de P. Hadot, *Plotin. Traité 50*, Paris, 1990, p. 140 (et son commentaire p. 245-246).

3. Voir notamment C. Lévi-Strauss, *Mythologiques*, t. I, *Le cru et le cuit*, Paris, 1964, p. 9-22.

4. Je fais allusion ici à ce que Michael Fishbane appelle le «*midrash* créateur».

5. *PL* 83, 97-130. Sur ce texte, voir l'étude récente de D. Poirel, «Un manuel d'exégèse spirituelle au service des prédicateurs: les *Allegoriae* d'Isidore de Séville», *Recherches augustiniennes* 33, 2003, p. 95-107.

6. Selon l'expression de J. Jeremias, *Les paraboles de Jésus*, trad. fr., Le Puy, 1962.

de réélaboration, qui va justement dans le sens de l'allégorie[1] ! On lira à la lueur de cette observation la remarque suivante de Pierre de Poitiers : « L'Écriture sainte n'admet pas de mythes *(fabulas)* ni d'hypothèses *(argumenta)* mais à leur place des paraboles, comme on en trouve souvent dans les évangiles »[2].

Mon autre hypothèse est que toute exégèse traditionnelle a besoin des deux catégories, celle du mythe et celle de l'allégorie. Nous avons évoqué la présence d'allégories dans l'exégèse juive. Le mythe dans l'exégèse chrétienne du moyen âge apparaît de deux manières. D'une part, dans le recours aux *aggadot* de l'exégèse juive, qui devient de plus en plus fréquent au XIIe et au XIIIe siècle[3] ; l'exégèse chrétienne en effet ne se contente pas d'utiliser l'exégèse juive au niveau de la lettre *(peshat)* – elle le fait avec bonne conscience et en utilisant des marqueurs positifs : *Hebraei dicunt* ; elle cite aussi les fables des juifs, avec une constance qui nous étonne d'autant qu'elle se double systématiquement d'appréciations négatives : *Iudaei fabulantur* ; on retrouve ici le terme de *fabula* = *mythos*, dénigré dès saint Paul. Je parle parfois d'une « fenêtre ouverte au mythe » dans cette utilisation de *aggadot* juives. D'autre part, le terme de *fabula* nous renvoie aussi à un bel ouvrage de Peter Dronke (auquel j'associerai plusieurs travaux d'Édouard Jeauneau)[4]. Il s'agit là du regard sur les mythes de l'antiquité et sur leur récupération en pensée chrétienne. Autre « fenêtre ouverte au mythe », tant, je crois, une pensée traditionnelle a aussi besoin de la catégorie du mythe et ne peut vivre dans le seul champ du *logos*.

Du reste (car les choses ne sont évidemment pas simples), on pourrait retrouver cette dualité à l'intérieur même de l'allégorie. En effet, mon schéma, pour séduisant qu'il soit, a besoin lui aussi d'être considérablement révisé. J'ai eu tendance à considérer la catégorie de l'allégorie comme relativement homogène. Une analyse plus fine permet de constater qu'il n'y a pas vraiment d'homogénéité et qu'en réalité nous trouvons en Occident médiéval les traces de tradi-

1. Ce que montrent les trois travaux fondateurs de la réflexion contemporaine sur les paraboles : Ad. Jülicher, *Die Gleichnisreden Jesu*, t. I, Tübingen, 1888 ; C. H. Dodd, *The Parables of the Kingdom*, n. éd., Londres, 1961, et l'ouvrage cité de J. Jeremias (dont l'original allemand, *Die Gleichnisse Jesu*, est de 1947).

2. *Allegoriae super tabernaculum Moysi*, éd. citée, p. 100 : « Fabulas non admittit sacra pagina nec argumenta recipit, sed parabolas loco eorum, quales in evangelio sepe invenis ».

3. Voir G. Dahan, « L'utilisation de l'exégèse juive dans la lecture des livres prophétiques au XIIIe siècle », dans R. E. Lerner (édit.), *Neue Richtungen in der hoch- und spätmittelalterlichen Bibelexegese*, Munich, 1996, p. 121-138 ; *Id.*, « La connaissance de l'exégèse juive par les chrétiens du XIIe au XIVe siècle », dans G. Dahan, G. Nahon et E. Nicolas (édit.), *Rashi et la culture juive en France du Nord au moyen âge*, Paris-Louvain, 1997, p. 343-359.

4. P. Dronke, *Fabula. Explorations into the uses of myth in medieval platonism*, Leiden, 1974 ; plusieurs études d'Éd. Jeauneau se trouvent dans un recueil de ses travaux, *"Lectio philosophorum". Recherches sur l'École de Chartres*, Amsterdam, 1973 (je citerai notamment « L'usage de la notion d'*integumentum* à travers les gloses de Guillaume de Conches », paru d'abord dans les *AHDLMA* 24, 1957, p. 35-100).

tions diverses de l'allégorie. Au prix encore d'une simplification excessive, je distinguerai trois ou quatre traditions.

1° La tradition romaine : elle considère l'allégorie comme figure de style ou de pensée (trope), même quand son application est plus large. A travers la définition issue de Donat, diversement adaptée, elle persiste même quand, en fait, les auteurs mettent en œuvre une allégorie du 2e ou du 3e type. Bien sûr, elle domine dans la tradition profane des *Artes poeticae*, comme chez Matthieu de Vendôme[1]. Je ne pense pas qu'il faille s'y attarder davantage ici.

2° La tradition alexandrine : ayant pris corps avec Philon, elle est complètement christianisée avec Origène – qui, directement (à travers les traductions latines, bien sûr) ou indirectement, est l'une des sources majeures de l'exégèse médiévale. On peut voir son cheminement (mais c'est une voie royale !) à travers Jérôme, Augustin puis Grégoire le Grand ; nous avons de la sorte les auteurs qui nourrissent le plus massivement l'exégèse du XIIe et du XIIIe siècle. En fait, elle annexe (à partir de Jérôme et Augustin) la tradition romaine. C'est la tendance majoritaire, qui développe la typologie et systématise ce processus de lecture des textes bibliques.

3° La tradition antiochienne : elle est minoritaire, voire souterraine. Ce sont les exégètes d'Alexandrie qui ont été le mieux reçus en Occident, pas ceux d'Antioche. Mais cette tradition, dont l'auteur majeur est, bien sûr, Théodore de Mopsueste (les Occidentaux n'ont pas accès à ses textes, malgré les traductions latines de Julien d'Éclane), pénètre tout de même à l'Ouest, essentiellement par l'intermédiaire du traité remarquable de Junilius (ou Junillus) l'Africain, *Instituta regularia divinae legis*, qui transmet au monde latin certains principes exégétiques de Théodore de Mopsueste[2]. On se rappelle que M. L. W. Laistner avait consacré en 1947 une belle étude à « l'exégèse antiochienne en Europe occidentale au moyen âge », qui portait en fait sur le haut moyen âge mais montrait que le texte de Junilius avait eu une certaine diffusion (il énumérait 23 manuscrits)[3]. Mon travail sur Rainaud de Saint-Éloi, un bénédictin du début du XIIe siècle, m'avait fait découvrir que la présence de Junilius était toujours

1. Matthieu de Vendôme, *Ars versificatoria*, éd. Ed. Faral, *Les arts poétiques du XIIe et du XIIIe s.*, Paris, n. éd., 1962, p. 177 : « Amplius, allegoria est alienum eloquium quando a verborum significatione dissidet intellectus, ut in Bucolicis [III, 70] : *Aurea mala decem misi, cras altera mittam.* Hic enim, teste Ysidoro, per decem aurea mala decem eglogae Bucolici carminis intelliguntur. Vel sic de formoso et arrogante : *De nucleo nux conqueritur, quod praedicat oris / Verna superficies intima nescit hiems.* Per nucem oris verna superficies, per nucleum hiems intima, id est superbia, datur intelligi. Item familiare exemplum in versibus de Afra et Milone, ut opus auctori exemplare praetendat testimonium : *Vinea prolis eget, crinitaque brachia caelo / Debens, serpit humi pauperiore coma.* Per vineam prolis egentem ex contemptu Milonis Afra infecunda datur intelligi ».

2. Les *Instituta regularia divinae Legis* sont publiés dans le volume de H. Kihn, *Theodor von Mopsuestia und Junilius Africanus als Exegeten*, Freiburg im Breisgau, 1880, p. 465-528.

3. « Antiochene Exegesis in Western Europe during the Middle Ages », *Harvard Theological Review* 40, 1947, p. 19-31.

vivante à cette époque et la trace des *Instituta* pourrait être encore suivie dans les deux siècles postérieurs. Je dirais que, bien souvent, quand des auteurs exposent sur des principes d'exégèse des idées qui diffèrent de celles que l'on rencontre habituellement, la source en est Junilius. Le passage sur l'allégorie dans le prologue de Rainaud de Saint-Éloi à son commentaire du Pentateuque est très significatif à cet égard[1]. La définition est toute différente de celle qui remonte à Donat ou Isidore : « Allegoria est figurata dictio aecclesiae presenti, que plerumque fit mystica et quandoque prouerbialis » ; je n'en ai pas trouvé l'origine (elle ne figure pas chez Junilius) ; mais la division de la *proverbialis* est prise à Junilius, qui la donne pour l'allégorie dans son ensemble ; l'adaptation de Rainaud est très remarquable, justement en ce qu'elle tient compte aussi de la tradition alexandrine. Nous nous arrêterons un instant sur ce texte parce qu'il nous permettra de clarifier l'opposition entre tradition alexandrine et tradition antiochienne. Répondant à la question du disciple (Δ), « Par combien de modes l'allégorie est-elle reconnue dans la Loi divine », *Quot modis in divina lege allegoria cognoscitur*, le maître des *Instituta regularia* (M) énumérait quatre modes, en donnant à chaque fois des exemples, que j'omets ici :

1. secundum translationem vel metaphoram ;
2. secundum imaginationem vel typosim [les exemples sont des paraboles] ;
3. secundum conparationem vel similitudinem ;
4. secundum proverbialem modum[2].

Ce qui est remarquable est que l'allégorie est réduite au mécanisme de la *translatio* : est allégorique tout texte qui implique un passage du sens propre au sens figuré. Pour un occidental, nourri d'Augustin et de Grégoire, cela paraît insatisfaisant. Aussi Rainaud propose-t-il une division plus englobante, avec un partage entre allégorie mystique (qui est donc notre allégorie au sens 2.) et allégorie proverbiale, qui comporte tout ce qui est de l'ordre de la *translatio*. Le problème sera évidemment de savoir si ce mécanisme de la *translatio* rend compte également du sens spirituel. Mais Rainaud propose ici une solution inhabituelle en Occident, qui participe d'une autre tradition de l'allégorie.

4° Y a-t-il une quatrième tradition de l'allégorie en Occident médiéval et faut-il parler d'une tradition dionysienne ? Dans un premier temps, j'avais considéré que les écrits du pseudo-Denys pouvaient se rattacher à la tradition origénienne. Mais j'en suis moins persuadé. Même si, à juste titre, Jean Pépin nous met en garde contre la tentation bien moderne de distinguer ce qui ne l'est pas au moyen âge[3], je verrai tout de même quelque chose d'assez différent entre l'allégorie que

1. G. Dahan, « Une introduction à l'étude de l'Écriture au XIIe siècle : le prologue du Commentaire du Pentateuque de Rainaud de Saint-Éloi », *Rech. de théol. anc. et méd.* 54, 1987, p. 27-51 (voir p. 47).

2. *Instituta* I 5, éd. citée, p. 477.

3. Voir J. Pépin, *La tradition de l'allégorie de Philon d'Alexandrie à Dante. Études historiques*, Paris, 1987, p. 251 et suiv. (il s'agit du début de l'étude sur « Dante et la tradition de l'allégorie »).

nous transmettent les trois traditions précédentes et le symbole propre à la pensée dionysienne. Il faudrait un colloque entier sur le symbole et je n'engagerai pas de discussion sur ce sujet; par rapport à notre problématique, j'observerai tout de même que le pseudo-Denys exerce une influence considérable en Occident au XIIe et surtout au XIIIe siècle, dans les réflexions sur l'exégèse; après 1250, il fournit les solutions qui permettent de sortir de l'impasse ceux qui se livrent à une étude sur le langage de l'Écriture[1]. Même si une réflexion plus approfondie s'avère indispensable sur le rapport entre symbole dionysien et allégorie alexandrine, je ne crois pas qu'il soit légitime d'annexer à notre présente recherche ce sujet. Mais il faut noter, par rapport à ce qui a été dit tout à l'heure, que le pseudo-Denys fournit une autre voie à l'alternative mythe/allégorie.

Encore une fois, nous faisons le constat d'une grande complexité et d'une richesse considérable dans le matériau que nous offrent les auteurs du moyen âge à propos de l'allégorie. Je propose maintenant de voir comment ces auteurs eux-mêmes ont abordé les problèmes nés de cette richesse et de cette complexité.

III. La réflexion sur l'allégorie aux XIIe - XIIIe siècles

Il n'y a pas de lieu de réflexion spécifique sur l'allégorie dans l'exégèse de la Bible: les commentaires de Ga 4, 21-31, par exemple, contiennent peu de considérations théoriques[2]; mais les préfaces des recueils d'allégories fournissent quelques notations utiles, de même que les traités d'exégèse. Certains textes théologiques apportent une contribution intéressante et ce sont eux qui vont nourrir notre premier thème.

A. L'allégorie existe-t-elle ? Ou, pour poser la question d'une manière plus pertinente, l'exégèse allégorique a-t-elle quelque légitimité ? Cette question apparaît, explicitement ou non, dans les prologues des commentaires des *Sentences*, qui examinent le problème du langage de l'Écriture. J'ai analysé ailleurs ce sujet, dont l'importance est capitale au moment où la théologie se constitue en science, différente dans ses méthodes de l'exégèse biblique[3]. Tout en rappelant qu'il s'insère dans une problématique plus large, je m'en tiendrai ici au seul point de vue de l'allégorie. Le problème général est en effet le suivant: si la théologie est une science, son langage doit être scientifique; or l'Écriture, matière première de la théologie, nous présente toute une série de modes de langage, qui ne répondent pas à la définition du langage scientifique (l'opposition est bien décrite par Paul Ricœur dans plusieurs de ses écrits, notamment

1. *Exégèse chrétienne*, p. 423-426.

2. Voir H. Freytag, « *Quae sunt per allegoriam dicta*. Das theologische Verständnis der Allegorie in der frühchristlichen und mittelalterlichen Exegese von Galater 4, 21-31 », dans *Festschrift F. Ohly*, München, 1975, t. I, p. 27-43.

3. *Exégèse chrétienne*, p. 416-423. Voir aussi M.-D. Chenu, *La théologie comme science au XIIIe siècle*, 3e éd., Paris, 1969, p. 37-52.

dans *La métaphore vive*[1]). Les modes poétiques ne rentrent pas dans la catégorie du langage scientifique. La distinction faite entre théologie et exégèse permet de résoudre la difficulté ; mais le problème est régulièrement posé. On aura évidemment noté dans cet exposé rapide de la problématique une ambiguïté : on passe sans cesse du langage de l'Écriture, objet de l'étude, au langage de la théologie, moyen de l'étude. Mais cette ambiguïté rend compte de toute la difficulté. On lira non pas un prologue de commentaire des *Sentences* mais le célèbre Quodlibet V de Thomas d'Aquin, qui est l'un de ses plus importants textes d'herméneutique. La question 6 concerne les sens de l'Écriture ; l'article 2 part du constat que l'on ne devrait pas distinguer les quatre sens mais un seul sens, le sens littéral. Les métaphores des prophètes, le sens moral appartiennent au sens littéral ; l'anagogie appartient au sens allégorique ; mais celui-ci existe-t-il vraiment et toute la typologie christique (fondement, on l'a dit, de l'exégèse chrétienne) n'est-elle pas seulement une forme de la métaphore, donc du sens littéral ? La réponse de saint Thomas va, bien sûr, reprendre la distinction devenue canonique des quatre sens ; mais l'essentiel de son argumentation vise à démontrer l'existence d'un sens spirituel, à côté du sens littéral ; l'allégorie fait éclater le schéma de la métaphore – dont le champ est cependant le plus vaste. Il existe donc un sens spirituel et, à l'intérieur de celui-ci, un sens allégorique[2].

B. Le genre et les espèces. On retrouve ici l'hésitation dont je parlais à propos d'une définition de l'allégorie : est-elle genre ou espèce ? Est-elle tout le sens spirituel ou l'une de ses parties ? La réponse est, on l'a vu, qu'elle est genre *et* espèce. Trois textes suffiront ici, tous trois de la même époque, fin du XIIe siècle/début du XIIIe, c'est-à-dire d'un moment où la réflexion herméneutique connaît en Occident chrétien une accélération, visible au moins dans le nombre de textes théoriques produits alors.

Prenons d'abord les *Allegoriae super Tabernaculum Moysi* de Pierre de Poitiers, explication allégorique détaillée des chapitres 25-31 de l'Exode, dans laquelle on peut recueillir beaucoup de considérations plus générales. En dehors du passage déjà mis à contribution sur la table d'oblation, lieu classique d'exposition des quatre sens depuis au moins Bède le Vénérable, dans lequel l'allégorie est nommée comme un genre dont l'une des espèces est l'anagogie, j'utiliserai le prologue. Il expose la comparaison courante de la construction herméneutique avec un édifice matériel : « Si l'on n'établit pas d'abord le fondement du sens

1. P. Ricœur, *La métaphore vive*, Paris, 1975, p. 323-374.

2. Thomas d'Aquin, *Quodlibet* V, q. 6, a. 2, éd. R. A. Gauthier, Rome-Paris, 1996 (*Opera omnia* = Édition léonine, XXV/1), p. 29-30. Je donne seulement le début du *respondeo* : « Responsio. Dicendum quod distinctio horum quatuor sensuum hoc modo accipi debet. Sicut enim dictum est, sacra scriptura ueritatem quam tradit dupliciter manifestat, per uerba et per rerum figuras : manifestatio autem que est per uerba facit sensum hystoricum siue litteralem, unde totum illud ad sensum litteralem pertinet quod ex ipsa significatione uerborum recte accipi potest ; set sensus spiritualis, ut dictum est, consistit in hoc quod quedam res per figuram aliarum rerum exprimuntur, et quia uisibilia solent esse figure inuisibilium, ut Dionisius dicit, inde est quod sensus iste, qui ex figuris accipitur, spiritualis uocatur ».

historique, sur lequel doivent être érigées les parois du sens allégorique et posé le toit de la tropologie, c'est-à-dire du sens moral ou anagogique, tout l'édifice de l'intelligence spirituelle chancelle»[1]. Mais nous intéresse davantage ici son classement de la connaissance que l'on peut avoir de Dieu : celle-ci est de l'ordre ou bien de l'énigme *(enigma)* ou bien de la perception immédiate (je traduis ainsi *comprehensiva*) : énigme dans cette vie *(in via),* perception immédiate à la fin de l'histoire *(in patria).* « A la science énigmatique appartient le sens allégorique, puisque c'est par lui que Dieu est connu d'une certaine manière ; à la perception immédiate appartient le sens anagogique, par lequel on apprend ce que nous réserve Dieu dans le futur»[2]. L'exégèse allégorique nous rend possible une perception médiate de Dieu – le *medium* étant le texte considéré comme énigme à résoudre, comme message à décrypter. L'allégorie apparaît donc comme l'exégèse spirituelle pour cette vie.

Un deuxième texte, la *Summa de arte praedicandi* de Thomas de Chobham, nous montre que les traités à l'usage des prédicateurs *(Artes praedicandi)* sont souvent une source très riche de réflexions herméneutiques, exégèse et prédication se trouvant particulièrement liées au XIIe et au XIIIe siècle[3]. L'important prologue porte la marque de tous les progrès dans la réflexion sur le langage, si intense à la fin du XIIe siècle. Partant lui aussi des quatre sens (avec, cette fois, l'image des quatre roues du char d'Élie), il s'interroge sur les modes de signification dans l'Écriture. Ces quatre roues, ces quatre sens correspondent aux quatre puissances *(virtutes)* de l'âme : *sensus*, *ratio*, *intellectus*, *sapientia.* A l'intellect est rattachée l'allégorie, dont une définition précise est donnée : «allegoria, id est aliena significatio de ecclesia et membris ecclesie»[4] ; nous avons, d'une manière resserrée, la conception classique et la conception chrétienne de l'allégorie. Mais cet exposé un peu convenu s'appuie sur une justification très intéressante. La pluralité des sens se fonde en effet sur un double mode de compréhension, *duplex modus intelligendi.* On retrouve la distinction courante

1. Pierre de Poitiers, *Allegoriae*, éd. citée, p. 2 : « ... Non supposito historie fundamento, super quo parietes allegorie debent erigi et tectum tropologie, id est moralis vel anagogici intellectus, debet collocari, totum spiritualis intelligentie edificium nutat... ». *Cf.* Pierre Comestor, *Hist. schol.* 2e prologue, *PL* 198, 1053-1056 (division de la salle à manger, *cœnaculum*).

2. *Ibid.*, p. 1 : «Cognitio autem de Deo aut enigmatica aut comprehensiva : enigmatica in via, comprehensiva in patria. Ad enigmaticam scientiam pertinet sensus allegoricus, quia per eum utcumque cognoscitur Deus ; ad comprehensivam pertinet sensus anagogicus, per quem cognoscitur quid in futuro nobis collaturus sit Deus». Cette phrase était précédée d'une division de la «contemplation de la vérité», objet de l'étude de l'Écriture : «Contemplatio veritatis in solius Dei cognitione et dilectione fundata est».

3. *Cf.* N. Bériou, *L'avènement des maîtres de la Parole. La prédication à Paris au XIIIe siècle*, Paris, 1998, p. 475-506.

4. Thomas de Chobham, *Summa de arte praedicandi*, éd. F. Morenzoni, *CCCM* 82, Turnhout, 1988, p. 4. Sur cet auteur, voir F. Morenzoni, *Des écoles aux paroisses. Thomas de Chobham et la promotion de la prédication au début du XIIIe siècle*, Paris, 1995.

entre *significatio vocum* et *significatio rerum*, mais Thomas de Chobham se réclame et d'Aristote et d'Augustin :

Comme le dit Aristote dans son livre *Peri Hermeneias*, « les mots sont les signes [*note*] de ce que ressent l'âme [*uoces sunt note earum que sunt in anima passionum*] », c'est-à-dire des idées [*intellectuum*], parce que par les mots nous faisons connaître nos idées. De plus, par la signification des réalités nous comprenons quelque chose, quand par exemple quand nous voyons un cercle nous comprenons que l'on vend du vin, quand nous voyons de la cendre nous comprenons qu'il y a eu du feu[1].

Le passage sur la *significatio vocum* est particulièrement remarquable mais il ne nous retiendra pas ici, puisque l'allégorie se rattache à la *significatio rerum*. Celle-ci comporte trois modes – nous retrouvons les trois sens spirituels, tropologie, allégorie, anagogie. Voici ce qui est dit de l'allégorie :

Quand au moyen d'une réalité nous comprenons quelque chose qui se réfère à l'Église, soit selon sa tête, c'est-à-dire le Christ, soit selon ses membres, en tant qu'elle milite dans le temps présent, ou même quand nous comprenons quelque chose qui concerne l'église des méchants ou ses membres, il s'agit d'allégorie. Elle est appelée allégorie, ce qui veut dire "sujet autre" ; *gore* en effet veut dire sujet. C'est pourquoi, selon certains, on dit que la proposition catégorique est ainsi appelée, parce qu'elle pose quelque chose à propos du sujet. En effet, l'allégorie change le sujet, comme quand on dit [Ct 2, 13] : *Viens, ma fiancée, mon amie* : c'est le Christ qui dit cela à l'Église, et ainsi le sujet est-il changé, puisque par la fiancée charnelle est comprise la fiancée spirituelle, c'est-à-dire l'Église. Ainsi, allégorie est pris ici au sens strict ; parfois, le terme est pris au sens large et englobe la tropologie, l'allégorie et l'anagogie[2].

La suite est tout aussi riche d'enseignements. Thomas de Chobham s'efforce de montrer le caractère propre de l'allégorie scripturaire : on ne peut pas qualifier d'allégorie toute signification tirée des *res* ; l'exemple du cercle signifiant du vin à vendre est repris ; il ne s'agit pas d'allégorie. D'où une définition et une règle : « Il y a allégorie quand à partir d'une affirmation on comprend une autre chose que celle qui est dite, qui concerne les mœurs ou l'Église militante ou l'Église triomphante au moyen d'une inspiration secrète ou de la doctrine de l'Écriture ». En fait, c'est la *res significata* qui conditionne le fonctionnement allégorique : « Il n'y a d'allégorie que si à partir d'une parole ou d'un texte on comprend non

1. *Summa*., éd. citée, p. 5 : « Quia, sicut dicit Aristotiles in libro Peri Hermeneias : *uoces sunt note earum que sunt in anima passionum*, id est intellectuum, quia per uoces intellectus nostros notificamus. Rursus, per rerum significationes aliquod comprehendimus, ut uiso circulo uinum uenale et uiso cinere ignem precessisse intelligimus ».

2. *Ibid*., p. 7 : « Item alio modo significat res rem. Vt quando per unam rem aliquid intelligimus quod ad ecclesiam, uel secundum caput suum, id est Christum, uel secundum membra sua, pertinet, prout ipsa militat in presenti, uel cum aliquid etiam intelligitur de ecclesia malignantium uel de membris eius. Et tunc dicitur allegoria quasi "alienum subiectum" : *gore* enim subiectum dicitur ; unde secundum quosdam categorica propositio dicitur, quia aliquid de subiecto ponitur. Mutat igitur allegoria subiectum, sicut cum dicitur : *ueni sponsa mea amica mea* ; hoc enim dicit Christus ad ecclesiam, et ita mutatur ibi subiectum, quia per sponsam carnalem sponsa spiritualis, id est ecclesia, intelligitur. Et ita stricte sumitur hoc nomen allegoria, quia quandoque ita large accipitur ut tropologiam et allegoriam et anagogen conprehendat ».

selon l'idée que le mot signifie, mais selon l'idée que donne la réalité signifiée»[1].

On le voit, on passe sans cesse du genre à l'espèce mais cela n'a qu'une importance relative: ce qui se dégage des considérations de Thomas de Chobham concerne le fonctionnement même de l'allégorie, qui est le véritable objet de notre recherche.

Je serai beaucoup plus bref sur le troisième texte, le *De expositione sacre Scripture*. Du passage déjà utilisé, on retiendra seulement la phrase qui semble impliquer que l'allégorie est un genre qui comporte trois espèces, dont l'allégorie au sens strict: «Comprehendit sub se [le sujet est sans doute l'allégorie au sens large] has tres species: tropologiam, anagogen et simplicem allegoriam», ce que confirme la fin de la phrase: «et *secundum hoc* duo sunt oculi diuine Scripture: istoricus et allegoricus»[2].

C. Le champ de l'allégorie. Tout ce qui précède, et particulièrement le texte de Thomas de Chobham, nous aura montré que le champ de l'allégorie est précisément circonscrit. Même si le mécanisme de l'allégorie implique la *translatio*, le transfert de sens que l'on trouve dans le passage du sens propre au sens figuré, dans la métaphore ou dans un symbole comme l'enseigne du marchand de vin, il n'est pas question pour autant d'allégorie dès qu'il y a transfert de sens: dans l'allégorie, le signifié impose sa signification au signifiant, que l'on comprenne cela comme le Nouveau Testament expliquant l'Ancien ou comme le Christ exégète des Écritures – c'est-à-dire comme signifié donnant lui-même la signification. Dès lors, l'allégorie est de l'ordre d'une révélation ou d'un mystère. Le célèbre distique d'Augustin de Dacie résumant les quatre sens le dit bien:

Littera gesta docet, quid credas allegoria,
Moralis quid agas, quo tendas anagogia[3].

L'allégorie enseigne quoi croire. Cela est constamment dit, dans toutes sortes de textes. Par exemple, dans le traité introductif de la *Summa* d'Alexandre de Halès: la vérité première est une (sens littéral) et triple (sens spirituels); le sens allégorique «énonce les secrets de la vérité première», *enuntiativus arcanorum primae veritatis*[4]. A la fin de son *Beniamin maior*, dans une réflexion plus générale sur l'exégèse, Richard de Saint-Victor disait la même chose: «L'allégorie concerne principalement les mystères de notre foi et ce que l'on croit plutôt que ce que l'on comprend»; plus loin il précisait: *Quid <est> allegoria nisi*

1. *Ibid.*, p. 8: «Vnde allegoria sic describitur: allegoria est cum aliquo dicto alia res quam dicatur intelligitur que ad mores uel ad ecclesiam militantem uel ad ecclesiam triumphantem per occultam inspirationem uel sacre pagine doctrinam pertinet. Non est igitur allegoria nisi ex aliquo dicto uel scripto intelligatur non secundum intellectum quem uox significat, sed fit [*leg.* sic ?] secundum intellectum quem res significata facit».

2. Ms. Paris, BnF lat. 614, f. 22r.

3. Voir H. de Lubac, *Exégèse médiévale*, t. I/1, p. 23-24.

4. *Summa fratris Alexandri*, tract. introd., q. 1, a. 4 (*respondeo*), éd. de Quaracchi, t. I, Quaracchi, 1924, p. 12.

mystica mysteriorum doctrina ?, « Qu'est-ce que l'allégorie sinon la science spirituelle des mystères ? »[1].

De même, dans la préface placée en tête du recueil de *Distinctiones* de Garnier de Rochefort, Adam le Prémontré affirme que les quatre sens (de l'Écriture) sont les quatre filles d'une mère qui est la Sagesse[2]; tout ce qui concerne l'allégorie est placé sous le signe de la foi: la Sagesse procure une nourriture solide à ceux qui progressent dans la foi; l'allégorie contient en elle plus que ce qui est dit: elle donne à comprendre quelque chose sur la pureté de la foi et montre les mystères de la sainte Église, présents ou futurs, disant une chose et en signifiant une autre, mais toujours avec des fictions et des voiles *(figmentis et velatis)*; l'allégorie excite le lecteur à la connaissance de la vérité dans la révélation de la foi; la Sagesse, en déployant les mystères de la foi grâce à la pratique de l'allégorie, élève la construction de l'esprit *(fabricam mentis)* vers l'amour de la vérité – on rapprochera cette affirmation du prologue de Grégoire le Grand à son commentaire du Ct: « L'allégorie offre à l'âme éloignée de Dieu comme une machine *(quandam machinam)* qui la fait s'élever vers Dieu »[3]. On relèvera aussi le vocabulaire « mystique » de ce texte d'une grande richesse.

Même approche dans les *Collationes in Hexaemeron* de saint Bonaventure: la Sagesse apparaît d'une manière multiforme dans les mystères des divines Écritures; « la foi donne un enseignement concernant la tête et le corps de l'Église au moyen de l'allégorie, de sorte que la partie principale de l'allégorie ou du mystère réfère à la tête, c'est-à-dire au Christ, qui est né, qui a été crucifié etc. et que l'Écriture désigne allégoriquement par une pierre... L'autre partie du mystère est référée aux membres, c'est-à-dire à l'Église, dont Salomon dit la louange dans le Cantique, sous l'allégorie d'une femme... »[4].

Divers auteurs envisagent également le champ de l'allégorie d'un point de vue temporel; comme on vient de le voir avec Adam le Prémontré, le plus souvent la pertinence de l'allégorie est considérée dans le présent et dans le futur (cela

1. *PL* 196, 200: « Allegoria maxime circa fidei nostrae sacramenta versatur et qualia creduntur magis quam intelliguntur ».

2. *PL* 112 (ps. Raban Maur), 849. La préface (*Quisquis ad sacrae Scripturae notitiam*) est également publiée par G. Lacombe, *La vie et les œuvres de Prévostin*, Kain, 1927, p. 118-119. Voir F. Palleschi, *Les derniers écrits d'Adam Scot. Analyse linguistique et stylistique du "De quadripertito exercitio cellae"*, Salzburg, 2002, p. 36.

3. Grégoire le Grand, *Commentaire sur le Cantique des Cantiques*, éd. et trad. fr. R. Bélanger, coll. *SC*, 314, Paris, 1984, p. 68-69: « Allegoria enim animae longe a deo positae quasi quandam machinam facit, ut per illam leuetur ad deum ».

4. Bonaventure, *Coll. in Hexaemeron*, Principium, coll. II, § 2, 14, éd. F. Delorme, Quaracchi, 1934, p. 25: « Fides docet in mysterio Scripturae de capite et corpore Ecclesiae per allegoriam, ita quod una pars allegoriae sive mysterii principalior refertur ad caput, Christum scilicet natum, crucifixum etc., quem Scriptura significat allegorice per petram... ; altera autem pars mysterii fertur ad membra, id est Ecclesiam, quam laudat Salomon in Canticis sub allegoria mulieris... ».

recouvre la dualité Église militante – Église triomphante)[1]. Mais, fort justement, Hugues de Saint-Victor note que la signification de l'allégorie concerne aussi le passé: «Il y a allégorie quand par le signifiant produit au niveau du sens littéral est signifié quelque chose d'autre, dans le passé, le présent ou le futur»[2], le passé impliquant une application à l'histoire de Jésus ou de l'Église des premiers temps.

On pourrait également tirer des commentaires des exégètes médiévaux un ensemble de règles concernant l'allégorie. Mais cela sera l'objet d'un autre travail. Notons simplement que des auteurs s'élèvent périodiquement contre les abus de l'allégorie, le texte le plus célèbre étant sans doute celui dans lequel Hugues de Saint-Victor s'en prend à ces docteurs ès-allégories auto-proclamés mais qui, négligeant le sens littéral, construisent leur exégèse sur du vent[3]. Au XIIe siècle, on cherche à bannir l'arbitraire de l'exégèse allégorique. Il ne s'agit pas d'imposer artificiellement au texte sacré une signification mais de rechercher en lui tous les éléments qui peuvent se prêter à l'enclenchement du sens spirituel. Les règles de Tyconius, reprises ici et là (notamment par Nicolas de Lyre[4]), sont peu utilisées, malgré le rôle joué par le *De doctrina christiana* de saint Augustin dans la réflexion herméneutique; l'accent est plutôt mis sur un système fondé sur les significations des réalités *(res)* du texte biblique susceptibles de déclencher le fonctionnement de l'allégorie.

IV. Pratiques de l'allégorie

Il paraît utile de se tourner maintenant vers le travail des exégètes, d'autant qu'ils accompagnent volontiers leur pratique de réflexions sur la nature et les procédures de l'allégorie. Ce qui apparaît immédiatement, c'est, sauf exceptions, le caractère non systématique de la pratique de l'allégorie. Cela veut dire que les équivalences ne sont jamais permanentes ou univoques et qu'il n'est que très rarement question de donner de bout en bout pour un même passage biblique la même exégèse allégorique. Dans ses *Enarrationes in Psalmos*, sur le Ps 8, Augustin avait formulé cela sous forme de règle, en observant que les mots du psaume sur lesquels il avait fondé son interprétation spirituelle (des noms d'animaux, en l'occurrence) pouvaient signifier d'autres choses selon les passages bibliques concernés *(pro locis)*: «En effet, ailleurs ils signifient autre chose. Et

1. Éd. Lacombe, p. 118 (*PL* 112, 849): «Allegoria vero aliquid in se plus continet, quia per id quod loquitur de rei veritate aliud quiddam dat intelligendum de fidei puritate, et sancte ecclesie misteria sive presentia sive futura aliquando dictis, aliquando vero factis semper autem figuratis [*PL* figmentis] vel velatis ostendit».

2. *De scripturis et scriptoribus sacris* 3, *PL* 175, 12: «Est autem allegoria, cum per id quod ex littera significatum proponitur, aliud aliquid sive in praeterito, sive in praesenti, sive in futuro factum significatur».

3. *De scripturis* 5, *PL* 175, 13.

4. Nicolas de Lyre, *Prologus secundus* (*Inc.* «Vidi in dextera...»), éd. d'Anvers, 1635, t. I (ou *PL* 113, 29-34).

l'on doit observer cette règle pour toute allégorie, qu'il faut considérer la similitude selon le sens du présent passage»[1]; c'est le texte utilisé dans la deuxième fiche de Papias. Les auteurs du XIIe et du XIIIe siècle disent souvent des choses semblables.

Cela apparaît clairement quand l'application d'une allégorie donnée se heurte à des difficultés. Par exemple, Samson est considéré comme une figure du Christ. Mais le chapitre 16 (l'épisode avec Dalila) semble ne pas pouvoir rentrer dans ce schéma explicatif. Césaire d'Arles demandait comment le Christ pouvait avoir été vaincu par les séductions d'une femme, comment on pouvait imaginer qu'il se fût introduit chez une courtisane[2]. Dans la partie *moraliter* de sa *Postille* Nicolas de Lyre consacre un petit développement à cette difficulté :

> Nos docteurs disent, et à juste titre, que dans cette histoire Samson n'est pas une figure du Christ. En effet, au début de cet ouvrage, on a affirmé qu'une réalité unique pouvait signifier des choses différentes, voire contradictoires, du fait de ses propriétés diverses : ainsi, le lion, si l'on considère sa constance, est une figure du Christ, mais, si l'on prend en compte sa voracité, il est une figure du diable. De la même manière, il arrive à propos d'un même personnage qu'en raison de sa vertu il désigne le Christ et qu'en raison de son vice il ne le désigne nullement mais bien son contraire. Ainsi Salomon bâtissant le temple fut-il une figure du Christ, qui bâtit l'Église ; mais quand il construisit des temples destinés aux idoles, il n'est pas possible qu'il fût une figure du Christ mais bien davantage du diable. Il en est ainsi dans le présent propos : Samson en effet dans les actions précédentes était bien une figure du Christ, mais il ne l'est pas quand il est trompé par Dalila[3].

C'est que l'allégorie ne peut être que ponctuelle, gardant sa validité à l'intérieur d'un même verset. Même si durant le moyen âge s'est formé une sorte de lexique de la signification spirituelle des *res*, il n'y pas d'univocité et aucun exégète n'a jamais imaginé qu'il suffisait de faire une «traduction automatique» pour comprendre un texte biblique. Bien au contraire, les dictionnaires de significations spirituelles que constituent les recueils de *distinctiones* donnent toujours pour le même mot plusieurs sens (qu'on se rappelle par exemple l'incipit

1. *Enarr. in Ps.* VIII 13, éd. citée, p. 57 : «Namque alibi aliud significant. Et haec regula in omni allegoria retinenda est, ut pro sententia presentis loci consideretur quod per similitudinem dicitur».

2. Sermon 118, dans *Opera omnia*, éd. G. Morin, t. I, Mardesous, 1937, p. 41 (= *CCSL* 103, p. 492).

3. *Biblia sacra...*, Anvers, 1634, t. II, col. 256 : «Doctores nostri dicunt, et bene, quod in hoc facto Samson non fuit figura Christi. Nam in principio huius operis dictum fuit quod res una numero diversa signat et incompossibilia propter diversas proprietates, sicut leo ratione constantiae figurat Christum et ratione voracitatis diabolum. Et eodem modo contingit de eadem persona, quae ratione virtutis Christum signat et ratione vitii nullo modo signat ipsum sed magis oppositum. Sicut Salomon in aedificatione templi Domini fuit figura Christi, qui aedificavit Ecclesiam, in hoc autem quod aedificavit idolorum templa, 2. Reg. I, non potuit esse figura Christi sed magis diaboli. Sic est in proposito. Samson enim in praedictis bene fuit figura Christi, sed non in eius deceptione per Dalilam». Voir G. Dahan, «Samson et Dalila. Le chapitre 16 des Juges dans l'exégèse chrétienne du XIIe et du XIIIe siècle», *Graphè* 13, 2004 p. 97-118.

du recueil d'Alain de Lille, *Quot modis sumitur hoc nomen* anima *in sacra pagina*, «De combien de manières est pris ce mot *anima* dans l'Écriture sainte»); ceux du XIIIe siècle (Pierre de Capoue, par exemple) classent du reste ces significations en positives, neutres et négatives[1]. En effet, dans l'exégèse d'un même verset, non seulement il est possible de passer de la lettre à l'interprétation spirituelle et vice-versa, mais encore, à l'intérieur même d'une interprétation allégorique, il est possible de donner des significations différentes, comme le fait observer à propos du Psaume 64 Rupert de Deutz, qui est un tenant de l'allégorie systématique comme nous allons le voir dans un instant:

> Il est doux assurément de méditer allégoriquement sur un tel psaume ou sur son titre, c'est-à-dire de comprendre qu'il y est question de la Sion supérieure et de la Jérusalem céleste, et ici de voir la pérégrination universelle du genre humain...[2],

autrement dit, de conjuguer l'anagogie à l'allégorie.

De la sorte, le risque d'arbitraire dans l'interprétation est grand, si l'on peut passer librement d'une signification à une autre. Dans son commentaire des derniers chapitres des Proverbes[3], Guillaume de Flay, bénédictin du début du XIIe siècle, souligne ce risque; son exégèse est spirituelle (généralement tropologique); mais envisageant Prov 25, 21-22, «Si votre ennemi a faim, donnez-lui à manger; s'il a soif donnez-lui de l'eau à boire; car vous amasserez ainsi sur sa tête des charbons de feu, et le Seigneur vous le rendra», il rencontre une difficulté:

> On aurait pu prendre cette phrase à la lettre, pour le traitement humain dû à l'ennemi ; mais *amasser des charbons sur sa tête* serait sans nul doute un crime horrible. Si quelqu'un dit qu'il faut prendre cela à la lettre et ceci selon l'allégorie, il est inconvenant de prendre une partie de phrase selon le sens littéral et d'opérer le transfert de l'allégorie sur une autre. C'est pourquoi, pour ôter tout inconvénient, puisque toute la phrase ne peut pas être comprise à la lettre, il faut la soumettre au sens spirituel[4].

Certes, on aurait pu penser à d'autres solutions mais peu importe ici: ce qui nous intéresse, c'est précisément ce refus de l'arbitraire. L'allégorie est ponctuelle mais on doit observer une certaine cohérence dans la même unité de sens.

1. Sur ce genre, voir notamment L.-J. Bataillon, «Intermédiaires entre les traités de morale pratique et les sermons: les *distinctiones* bibliques alphabétiques», dans *Les genres littéraires dans les sources théologiques et philosophiques médiévales*, Louvain, 1982, p. 213-226.

2. *De victoria Verbi Dei* VII 30, éd. R. Haacke, Weimar, 1970, p. 242: «Dulce quidem allegoriam in eodem psalmo [Ps 64] sive psalmi titulo meditari, scilicet intelligere supernam Syon et caelestem Iherusalem atque hic universalem generis humani peregrinationem, unde omnes ascensuri sunt electi, finito termino mundi».

3. Mme Brigitte Prévôt en prépare l'édition.

4. Ms. Munich, Clm 10056, fol. 79rb-va: «Poterat propter beneficientiam in inimicum accipi haec sententia ad litteram, nisi quia congerere *prunas super caput* illius ad litteram immane esse facinus a nullo dubitatur. Quod si quis dicat illud accipiendum ad litteram, istud ad allegoriam, indecens est intelligentia<m> unius sententiae partem tenere ad litteram, partem transferre ad allegoriam. Quapropter, ut a sententia omne inconueniens remoueatur, quia non debet tota ad litteram accipi, tota ergo spirituali seruiat intellectui» (éd. B. Prévôt).

Quelques auteurs, très peu nombreux, tentent cependant d'appliquer systématiquement l'exégèse allégorique à tout un livre, malgré les difficultés qui en découlent. L'un d'eux est Rupert de Deutz. Commentant le livre des Juges, il arrive à l'histoire de Samson et Dalila; loin de le décourager, la difficulté de continuer une exégèse allégorique le stimule: même les mensonges de Samson, qui tente de se défaire des questions embarrassantes de Dalila sur l'origine de sa force, sont considérés comme des affirmations vraies: «En le Christ, aucune de ces affirmations n'est fausse mais tout est vrai selon le mystère»[1]. Au début de son commentaire de Jonas, il relevait le défi d'une interprétation allégorique portant sur la totalité du livre:

> Sans doute, référer tout ce prophète à une interprétation concernant le Sauveur est une entreprise ardue et ... susceptible de bien faire couler notre sueur : il s'est enfui, il s'est embarqué sur un navire et a payé le prix de la traversée, il a dormi. Mais plus la tâche est difficile, plus grand et plus beau est notre espoir de l'accomplir, avec l'aide bienveillante de Dieu. Notre travail attentif tentera d'exposer les mystères du Christ à partir de textes obscurs[2].

De telles tentatives, je le répète, restent isolées. L'exégèse allégorique est plutôt, chez les auteurs médiévaux, une pratique occasionnelle, ponctuelle, qui n'est soumise à aucun esprit de système et ne correspond presque jamais à une application mécaniste.

Il aurait été bon d'analyser d'une manière précise le fonctionnement de l'allégorie dans quelques textes. Mais, l'allégorie étant envisagée d'un point de vue global, ce n'est pas le lieu de le faire, quel qu'en eût été le profit.

V. Allégorie et communauté

Dans leurs réflexions théoriques comme dans leurs pratiques, on l'a vu, les exégètes chrétiens du moyen âge ont tenté de définir les cadres du fonctionnement de l'allégorie. Nous trouvons, d'une manière occasionnelle, des descriptions de ses mécanismes, mais il semble que l'explication de l'enclenchement qui permet le saut herméneutique[3] se heurte constamment à un obstacle. Dès le haut moyen âge, Bède ne pouvait donner d'autre explication qu'un acte de foi[4];

1. *De Sancta Trinitate et operibus eius*, lib. XXI, éd. R. Haacke, *CCCM* 22, Turnhout, 1972, p. 1181: «in Christo autem nihil horum falsum est, sed omnia secundum mysterium uera sunt».

2. *PL* 168, 401-402: «Caeterum totum hunc prophetam ad intelligentiam referre Salvatoris, quod fugerit, quod navim ascendens naulum dederit, quod dormierit, laboriosum et, ut ante nos dictum est, sudoris est maximi. Verumtamen quanto difficilius, tanto et pulchrius fieri posse speramus, cooperante, secundum beneplacitum suum digito Dei. Labor attentus splendida de obscuris mysteria Christi proferre tentabit».

3. Je rappellerai que quatre procédures permettent habituellement le «saut herméneutique»: les *interpretationes*, les «étymologies», les traits caractéristiques des *res*, les versets concordants.

4. *De schematibus et tropis* II II, 12, éd. citée, p. 167: «Per uerbum spiritalis de Cristo siue ecclesia sensus, cum idem sermo patriarchae [il s'agit de Gn 49, 9] de Dominica passione ac resurrectione *fideliter* accipitur».

de même, plus tard, Thomas de Chobham, en affirmant que la *res significata* orientait le déchiffrement de l'allégorie[1], échappait à la difficulté de cette conversion d'une réalité en une autre réalité, propre à l'allégorie. De la sorte, on peut se demander si, en définitive, l'allégorie, quelle qu'elle soit, n'a de signification qu'à l'intérieur d'une culture ou d'une communauté, si elle ne suppose pas un accord préalable de la part de ses membres. Si l'on prend par exemple l'une des œuvres les plus célèbres de l'art français, *La Liberté guidant le peuple* de Delacroix, en l'absence du titre de cette représentation, un spectateur non averti, étranger à la peinture occidentale, verrait-il autre chose qu'une scène de bataille de rue, un assaut mené par une femme à demi-dénudée ? Certes, les marqueurs sont nombreux dans le tableau mais il faut que le spectateur connaisse la signification du bonnet phrygien et du drapeau tricolore pour interpréter allégoriquement cette œuvre. On le voit, j'ai pris ici «allégorie» en un sens moderne plus que médiéval. Mais la même chose serait tout aussi vraie pour les allégories identifiées comme telles au moyen âge. Les exemples tirés de Virgile, constamment fournis comme modèles d'allégories, le démontrent bien: la signification donnée aux trois cerfs errants découverts par Énée ne se dévoile qu'à l'intérieur d'une tradition d'interprétation, qui considère l'*Énéide* comme autre chose qu'un simple récit linéaire, et qui dispose d'une grille de lecture; j'imagine que le lecteur d'aujourd'hui découvrant le texte de Virgile ne voit là qu'un épisode de l'histoire du héros troyen ou, au mieux, de la préhistoire de Rome.

On comprend ainsi que l'exégèse allégorique de la Bible n'aille pas de soi et qu'en dehors de la communauté chrétienne elle soit contestée. Bien sûr, je fais allusion à la controverse exégétique entre juifs et chrétiens. Les uns et les autres reçoivent l'Ancien Testament comme texte révélé; les uns et les autres y voient des significations autres que le sens immédiat fourni par la lettre. Or il y a divergence dans ces significations. La querelle sur l'interprétation allégorique prend deux formes différentes: refus global de l'allégorie de la part des juifs, du fait des choix herméneutiques différents (mythe *vs* allégorie); mais aussi contestation sur la *res significata* (le Christ/le Messie futur, l'Église/le peuple d'Israël) – ce qui impliquerait une acceptation tacite de la procédure d'allégorèse. Si c'est précisément au XIIe et au XIIIe siècle que le débat prend sa forme la plus nette, ce n'est évidemment pas par hasard: d'une part, l'exégèse chrétienne se tourne alors volontiers vers l'exégèse juive[2]; d'autre part, c'est le moment où l'exégèse chrétienne réfléchit le plus intensément sur les procédures de son herméneutique et notamment sur celles du sens spirituel. Si le reproche d'allégoriser adressé aux chrétiens n'est pas absent des œuvres hébraïques de polémique, on le trouve surtout dans les *Contra Iudaeos* chrétiens, mis dans la bouche d'interlocuteurs

1. Voir ci-dessus, p. 221 n. 1.

2. Voir G. Dahan, *Les intellectuels chrétiens et les juifs au moyen âge*, Paris, 1990, p. 271-307.

juifs, réels ou imaginés[1]. C'est que, sur ce point comme sur tant d'autres, le judaïsme permet à la pensée chrétienne de toucher du doigt ses difficultés doctrinales et par là de progresser dans la recherche de solutions. Barthélemy d'Exeter commence son dialogue contre les juifs par le constat du refus de l'allégorie chez les juifs, cause objective majeure de la dissension entre chrétiens et juifs. A l'objection implicite d'allégoriser à outrance ou arbitrairement (objection que l'on trouve explicitée dans les traités de Gilbert Crispin ou de Rupert de Deutz), Barthélemy donne une réponse « de bonne foi », si je puis dire, mais qui ne saurait convenir aux juifs, puisque justement elle reste interne à la communauté du locuteur : Nous, dit-il en substance, nous interprétons les mots et les faits, nous nous livrons à une exégèse qui implique le passage au sens spirituel *(facta ipsa mistice interpretamur)*[2].

En fait, même quand il y accord sur la nécessité d'une interprétation allégorique, il y a désaccord sur la *res significata.* L'exemple le plus net est celui du Cantique des cantiques : sauf exceptions très rares, ce livre n'est pas lu comme un superbe poème d'amour humain, mais il est reçu avec son interprétation allégorique, histoire des rapports entre Dieu et Israël ou entre le Christ et le peuple chrétien[3]. Le texte du Cantique ne contient probablement aucun marqueur qui implique le passage à l'allégorie. Mais l'accord des communautés de lecture le dépouille de son sens littéral pour lui superposer un sens spirituel.

Je parlais d'une recherche en cours : le point où nous sommes arrivés ne me satisfait pas. Les exégètes du XIIIe siècle ont poursuivi cette quête du sens spirituel, en même temps qu'ils en ont examiné les rouages. Je ne crois pas qu'ils aient trouvé la justification du sens allégorique. Deux voies s'ouvraient alors à eux : 1° partant de l'opposition sens littéral/sens spirituel, réduire la place du

1. Voir G. Dahan, *La polémique chrétienne contre le judaïsme au moyen âge*, Paris, 1991, p. 129-136.

2. Barthélemy d'Exeter, *Disputatio contra Iudeos*, c. 1, ms. Oxford, Bodl. Libr., Bodl. 482, f. 1vb : « *De causa dissensionis fidei inter nos et Iudeos.* Causam principalem soli Deo cognitam credo, cuius iudicio iustissimo quamvis occulto facta est ex maxima parte cecitas in Israel, ut plenitudo gentium intraret ad fidem. Quo facto, Israel convertetur ad Christum. Causarum vero nobis cognitarum dissensionis inter nos et illos, hec michi prima videtur quod illi omnem veteris instrumenti scripturam, in qua litteralem sensum possunt invenire, ad litteram semper accipiunt, nisi manifestum Christo perhibeat testimonium. Tunc enim aut scripturam negant, dicentes hoc in hebraica veritate, id est in suis libris, non habetur, vel ad aliud aliquid fabulose convertunt, vel ut nondum completum prestolantur, vel alia aliqua fraude serpentina cum arctari se sentiunt elabuntur. Allegoriam vero nunquam, nisi cum alium non habent exitum, recipere solent. Nos vero non solum scripturas sacras sed res factas et facta ipsa mistice interpretamur. Itam tamen dico ut nec in rebus gestis historia nec in scripturis competens intelligentia per allegorie libertatem aliquatenus evacuetur ».

3. Voir A.-M. Pelletier, *Lectures du Cantique des Cantiques. De l'énigme du sens aux figures du lecteur*, Rome, 1989. Et, pour les interprétations médiévales, F. Ohly, *Hohelied-Studien. Grundzüge einer Geschichte der Hoheliedauslegung des Abendlandes bis um 1200*, Wiesbaden, 1958.

second pour privilégier le premier, particulièrement en se livrant à un décryptage de métaphores plus qu'à une interprétation allégorique (c'est la voie que choisissent Thomas d'Aquin et la plupart des commentateurs de la seconde moitié du XIIIe siècle) ; à ce compte, l'interprétation christique des prophéties reste de l'ordre de l'exégèse littérale ; l'allégorie n'a plus alors le rôle fondamental qui était le sien auparavant ; 2° seconde voie possible, diluer ou résoudre l'opposition sens littéral / sens spirituel, en considérant l'ensemble des Écritures comme une symphonie unique dont les thèmes se répondent constamment (c'est la tentative de Pierre de Jean Olieu, que j'ai décrite ailleurs, et à qui j'emprunte la comparaison musicale[1]).

Après avoir cru qu'une étude précise du mécanisme de la métaphore pourrait résoudre le problème du passage au sens spirituel, j'en viens maintenant à me demander si ce n'est pas plutôt l'allégorie qu'il faut prendre en compte. C'est dire que je m'arrête ici au milieu de chemin. J'ai tenté de montrer la complexité de l'usage de l'allégorie en exégèse chrétienne au moyen âge. Il me faut aller plus loin, en envisageant l'ensemble du système herméneutique à la lueur des procédures de l'allégorie et sans doute en montrant le rôle que jouent les notions connexes, métaphore, parabole et le redoutable symbole.

1. « L'exégèse des livres prophétiques chez Pierre de Jean Olieu », dans A. Boureau et S. Piron (édit.), *Pierre de Jean Olivi (1248-1298). Pensée scolastique, dissidence spirituelle et société*, Paris, 1999, p. 91-114.

ANNEXE

Extrait du *De expositione sacre Scripture* (anonyme, fin XIIe siècle), ms. Paris, BnF lat. 614, fol. 21v-22r.

Dictum est qualiter liber sit legendus, id est exponendus, foris, id est secundum historiam, per principalem et secundariam significationem, nunc dicendum est qualiter sit legendus intus, id est secundum rerum significationes. Habemus in Apocalipsi quod liber quem accepit agnus a sedente in trono scriptus erat *intus et foris* [Ap 5, 1]. Liber ergo iste, sicut expositus est foris duplici modo, sic exponendus est intus duplici modo, moraliter siue tropologice et allegorice.

Moralis siue tropologica expositio est quando aliquid exponitur de anima siue de moribus eius, id est uirtutibus uel uiciis, ut cum dicitur Ierusalem anima, muri eius uirtutes. Unde Gregorius : Nabusardan princeps coquorum destruxit muros Ierusalem [*cf.* 4 R 25, 8-10], id est uenter destruxit uirtutes anime. Tropologia est conuersio sermonis ad animam uel ad ea que pertinent ad animam, et dicitur tropologia a *tropos*, quod est "conuersio", et *logos*, quod est "sermo".

Allegoria diuiditur in duo, in anagogem et simplicem allegoriam. Hoc enim pluries accidit, quod unum diuidencium uindicat sibi nomen diuisi. Et dicitur anagoge ab *ana*, quod est "sursum", et *goge*, quod est "ductio", quando scilicet aliquid exponitur de angelis uel de Deo, ut cum dicimus montes angelos, quia montes alti sunt, et lucem Deum, qui est lux uera.

Simplex allegoria est quando aliquid exponitur de Deo uel de ecclesia, ut cum dicitur : *Regina Austri uenit audire sapienciam Salomonis* [*cf.* Mt 12, 42], id est ecclesia de gentibus uenit ad Christum. Allegoria secundum sui interpretationem dicitur "alienus sermo", ab *alleon*, quod est "alienum", et *logos*, quod est "sermo". Comprehendit sub se has tres species : tropologiam, anagogen et simplicem allegoriam, et secundum hoc duo sunt oculi diuine Scripture : istoricus et allegoricus.

Quandoque sacra Scriptura dicitur mensa tripoda uel *funiculus triplex, qui difficile rumpitur* [Eccl 4, 12] ; secundum quod exponitur istorice, tropologice et allegorice, et secundum hoc non comprehendit nisi has duas species, anagogen et simplicem allegoriam. Quandoque sacra Scriptura dicitur mensa habens quatuor pedes : istoriam, tropologiam, anagogen et allegoriam.

Triplici de causa transferimus ad rerum significationes : propter impossibilitatem, propter indecentiam et propter maiorem utilitatem. Propter impossibilitatem, ut in preceptis que dantur de lepra barbe uel de lepra uestis : impossibile enim est ita ad litteram exponi. Propter indecentiam, ut hic : *Non alligabis os bouis triturantis* [Dt 25, 4] ; ut dicit Apostolus, *Numquid cura est de bobus Deo, ut det precepta de eis ?* [1 Co 9, 9]. Hoc propter nos dixit, scilicet propter predicatores, qui sunt boues triturantes, quorum ora non debent ligari ne comedant. Propter maiorem utilitatem, ut hic : « Preceptum est ne fraudes societatem », cum omnibus pateat hoc esse peccatum, maiori utilitate transferimus ad allegoriam, scilicet ne fraudes societatem Spiritus sancti, qui te uult ducere ad celestia.

PETER DRONKE

LES CONCEPTIONS DE L'ALLÉGORIE CHEZ JEAN SCOT ÉRIGÈNE ET HILDEGARDE DE BINGEN

Pour illustrer quelques conceptions médiévales de l'allégorie, j'ai choisi deux auteurs – Jean Scot Érigène au IXe siècle et Hildegarde de Bingen au XIIe – qui l'utilisent de manière plus profonde et plus complexe que presque tout autre auteur que je connaisse. Pourtant, cette profondeur et cette complexité apparaissent à peine dans les références explicites, de la part de Jean et de Hildegarde, au terme *allegoria* et à ses dérivés (*allegorice*, *allegoricus* ou *allegorizare*). Ces qualités se révèlent plutôt dans leurs procédés lors de leur lecture allégorique même et dans leur création de nouvelles allégories. Ce sont donc surtout quelques exemples de leurs procédés que je voudrais analyser ici, en ajoutant quelques comparaisons entre les deux allégoristes.

Il est peut-être significatif que ce ne soit qu'assez tardivement dans leur carrière que Jean Scot et Hildegarde se sont servis d'expressions telles qu'*allegoria*. Comme l'a observé avec justesse Édouard Jeauneau, le terme *allegoria* ne se trouve pas dans les écrits de Jean Scot avant le troisième livre de son chef-d'œuvre, le *Periphyseon*[1]. Là, *allegoria* paraît avoir d'abord des connotations plutôt négatives, aux endroits où l'Érigène souligne que son interprétation du début de la Genèse est littérale et qu'il laisse de côté la recherche de significations allégoriques et morales. Dans le dialogue, le Maître affirme: «Nous n'avons aucune intention pour l'instant de parler des significations allégoriques d'interprétations morales», et le Disciple se montre d'accord en ajoutant: «Les saints Pères ont assez parlé de telles allégories» (693c; *cf.* 705b, 705c). L'importance de la compréhension physique et cosmologique est soulignée plusieurs fois: «Donc, nous n'avons pas construit d'allégories *(non ergo allegorizavimus)*», maintient le Maître, «en disant que par *lumière* la sainte Écriture évoquait les formes visibles et intelligibles de toutes choses et par *ténèbres* les causes substantielles dans l'intellect divin, qui dépassent tout sens et toute compréhension» (706c); «dans tout cela, il ne s'agit d'aucune allégorie *(nulla allegoria)* mais seulement de la contemplation physique toute nue» (707b). D'autre part, si le livre de l'Ecclésiaste semble interdire la spéculation cosmolo-

1. Jean Scot, *Commentaire sur l'évangile de Jean*, éd. et trad. Éd. Jeauneau, coll. *SC* 180, Paris, 1972, p. 398. Pour les citations des quatre premiers livres du *Periphyseon*, j'ai utilisé l'édition d'Éd. Jeauneau, coll. *CCCM* 161-164, Turnhout, 1996-2000; pour le cinquième livre, il faut encore citer la vieille édition de H.J. Floss, dans *PL* 122, 859-1022. [L'édition Jeauneau du cinquième livre, coll. *CCCM* 165, est parue en 2003.]

gique, ce qu'il dit devrait être compris plutôt comme allégorie que comme énoncé littéral *(plus allegoriam quam istoriam intelligendam)* » (723b).

Dans les livres IV et V du *Periphyseon*, l'Érigène insiste plusieurs fois sur l'idée que certaines choses peuvent être entendues soit comme allégorie soit à la lettre. « Ce n'est pas à nous de lutter contre ceux qui croient qu'il y a deux paradis, l'un spirituel, l'autre corporel », puisque nous voyons que beaucoup de choses dans l'Écriture divine peuvent être comprises à la fois *historialiter* et *spiritualiter* (818a ; *cf.* 816b). Comme nous le verrons plus tard, Jean Scot suivait de près les idées des Pères grecs qui avaient conçu le paradis terrestre d'une façon purement spirituelle – mais ici il est plutôt politique. Dans son cinquième livre, il critique ceux qui voudraient interpréter les prophéties de la fin du monde d'une manière entièrement allégorique (*allegoricum solummodo sensum ... ad solius allegoriae leges recurrunt*, 996a ; *cf.* 990c). Mais la raison de cette critique est que l'Érigène veut proposer une autre interprétation littérale de la destruction du monde, en fonction de l'apocatastase, et c'est celle-ci qu'il offre comme une explication plus convaincante des textes : « Peut-être cette flamme finale, qui remplira et dévorera le monde entier, est-elle l'apparition du Verbe de Dieu dans chaque créature, quand rien d'autre ne brillera dans tous, les bons et les mauvais, que la lumière intelligible » (997d).

Après le *Periphyseon*, c'est dans le commentaire de Jean Scot sur la *Hiérarchie céleste* du pseudo-Denys que la conception d'*allegoria* devient beaucoup plus positive. L'allégorie est l'un des principaux sentiers qui mènent vers la compréhension du monde intelligible. Toutes les formes de la création, visibles ou invisibles, et toutes les allégories, dans les événements comme dans les discours *(omnesque allegoriae, sive in factis sive in dictis)*, dans l'Ancien et le Nouveau Testament, sont des voiles du rayon du Père divin, et ce rayon même est le voile le plus grand, celui qui nous est connaturel (I 420-425)[1]. La providence du Père a adapté les mystères transcendants à notre faiblesse terrestre « à travers diverses visions, symboles et allégories » (*in diversis visionibus et symbolis et allegoriis* ; I 456). Tout comme l'art poétique peut se servir de fables fictives et de similitudes allégoriques, de même la théologie, comme une poétesse, se sert de l'imaginaire pour guider notre intellect vers la connaissance parfaite des réalités intelligibles (II 142-151)[2]. Et Denys lui-même, selon Jean Scot, critique ceux qui donnent aux *imaginationes* et *symbola* divins un sens purement physique, les identifiant avec les puissances supercélestes mêmes, « en sorte que rien de mystique ou d'allégorique *(nullum mysticum et allegoricum)* ne soit cherché dans ces apparitions » (II 163 et suiv.).

1. *Iohannis Scoti Eriugenae Expositiones in Ierarchiam cœlestem*, éd. J. Barbet, coll. *CCCM* 31, Turnhout, 1975.

2. *Cf.* P. Dronke, « *Theologia veluti quaedam poetria.* Quelques observations sur la fonction des images poétiques chez Jean Scot » (1977), repris et révisé dans *The Medieval Poet and his World*, Rome, 1984, p. 39-53.

Pourtant, ce n'est qu'à la fin de son dernier ouvrage, le commentaire sur l'évangile de Jean, qu'il a laissé inachevé à sa mort, que Jean Scot commença à élaborer une théorie de l'allégorie qui lui est vraiment personnelle[1]. Édouard Jeauneau a finement relevé ses dettes envers Augustin et les Pères grecs. Néanmoins, l'analyse individuelle de l'Érigène ne peut pas se réduire à ses sources. Ici, il distingue *mysteria* ou *sacramenta*, d'une part, et *symbola*, de l'autre. Pour lui, les *mysteria*, à proprement parler, sont ce qui est présenté selon l'allégorie, à la fois des faits et des discours *(iuxta allegoriam et facti et dicti)* – des faits, qui appartiennent à l'ordre historique, et des discours, qui racontent ces faits. La construction du tabernacle de Moïse ou le baptême du Christ se sont vraiment passés ; en même temps, ce qui est raconté au sujet de ces faits est plein de significations ultérieures. Les *symbola*, en revanche, sont des *allegoriae dicti et non facti*, où la signification allégorique se cache dans le discours, qui ne raconte rien qui ait eu lieu. Parmi ses exemples, Jean Scot donne un verset du Psaume 113, « Les montagnes ont sauté comme des béliers et les collines comme des agneaux » – ou bien, dans le Nouveau Testament, surtout les paraboles du Christ. Il reconnaît que sa distinction rigoureuse entre *mysteria* et *symbola* ne correspond pas toujours à l'usage de la sainte Écriture, qui a tendance, concède-t-il, à appeler "symbole" ce qui est "mystère" et "mystère" ce qui est "symbole".

Dans le miracle du Christ de la multiplication des cinq pains et des deux poissons, l'Érigène distingue, d'une part, les pains, qui peuvent être brisés, pour donner un sens littéral aux gens simples et sensuels et un sens spirituel aux sages, et, d'autre part, les poissons, qui ne peuvent pas être brisés : ils sont de pures *allegoriae dicti*, accessibles seulement aux adeptes de la sagesse.

Le moment le plus étrange de ce commentaire vient juste avant les dernières lignes qui nous restent. Comme exemple de *symbolum*, dans lequel on ne reconnaît aucun événement qui ait eu lieu *(in hoc nulla res gesta cognoscitur)*, Jean Scot cite les premiers mots de saint Jean : « Au commencement était le Verbe, et le Verbe était avec Dieu, et le Verbe était Dieu ». Pour l'Érigène, ce *symbolum* ne peut pas être divisé en un sens qui serait littéral et un autre qui serait allégorique. Il devrait donc être accepté tout simplement par les gens sensuels *(simpliciter a carnalibus)*, qui pourraient l'accueillir, je suppose, comme une phrase sacrée, sans la comprendre et sans poser de questions – et accepté dans son intégrité *(uniformiter)* par les sages, comme un sentier qui mène vers le Dieu « qui dépasse tout sens et toute intelligence ».

Cette conception remarquable, que le premier vers de saint Jean est un énoncé purement symbolique, qui vise une réalité tellement élevée qu'elle n'est pas un *factum*, indique l'originalité de l'exposition érigénienne et me fait regretter qu'il n'ait pas pu l'achever avant sa mort. Jean Scot ne mentionne jamais les fables antiques comme *allegoriae dicti et non facti*, et pourtant la discussion à la fin de son dernier ouvrage implique, à mon avis, que c'est à cette catégorie qu'il les

1. *Commentaire* VI v-vi, éd. citée, p. 348-367 ; *cf.* Appendice III, p. 397-402.

aurait assignées. Le même groupe comprendrait alors non seulement les paraboles du Christ mais aussi la fable des noces de Mercure et de Philologie, que Jean Scot avait commentée dans la première étape de sa carrière et dans laquelle je vais choisir un de mes exemples.

Dans la grande trilogie de Hildegarde de Bingen – *Scivias*, *Liber vite meritorum* et *Liber divinorum operum* – l'allégorie est tellement répandue que Hans Liebeschütz intitula son livre de 1930, qui reste toujours irremplaçable, « l'image du monde allégorique », *Das allegorische Weltbild der heiligen Hildegard von Bingen*[1]. Chaque vision de Hildegarde dans les trois parties est suivie d'une allégorèse minutieuse, et souvent assez compliquée, de ce qu'elle avait vu. Mais, dans l'ensemble de son œuvre, y compris la trilogie, l'expression *allegoria* et ses dérivés ne se trouve que dans quelques titres de chapitres du deuxième livre du *Liber divinorum operum*, c'est-à-dire dans les années après 1163. Par ces expressions, que Hildegarde n'utilise que sept fois[2], elle suggère une gamme de significations cachées pour quelques moments de l'*Hexaemeron*, l'œuvre des six jours de la création. Pour elle, par exemple, le verset « Or la terre était vide et vague, les ténèbres couvraient l'abîme » vise *per allegoriam* ceux qui sont vides de bonnes œuvres et ténébreux dans leur incroyance. Le verset « Que la lumière soit » s'accomplit *secundum allegoricum sensum* dans l'éveil de la foi ; le firmament, *secundum allegoriam*, est le Christ ou la foi en lui (bien que, *secundum tropologiam*, le firmament signifie également la discrétion – *discrecio racionis*). L'achèvement du ciel et de la terre, *secundum allegoriam*, est l'incarnation.

Il n'est pas sûr que tous les *capitula* du *Liber* remontent à Hildegarde ellemême : il y a quelquefois la possibilité qu'ils aient été remaniés, peut-être par Guibert de Gembloux[3]. Mais, même si je n'ai aucune raison de douter que Hildegarde ait écrit les *capitula* qui concernent les allégories des six jours de la création, il me paraît digne d'attention que, malgré le rôle énorme joué par l'allégorie dans toute la trilogie, elle n'ait senti le besoin de parler d'*allegoria* que dans son *Hexaemeron*. Souvent, dans le *Liber divinorum operum*, elle se sert d'expressions telles que *quid in mistica ratione per eum figuretur* (I 2, 8), *quid per hanc conexionem innuatur* (I 2, 9), *quid hoc in nobis figuraliter ostendat* (I 2, 10), *mistica et luculenta ratio* (I 2, 42) – ou bien, pour l'interprétation tropologique, *moralis horum intellectus* (I 2, 21). Ailleurs, comme dans son *Expositio evangeliorum*, sa lecture allégorique et tropologique des évangiles, elle préfère commencer tout simplement par *alio modo* (« dans un autre sens »)[4].

1. Coll. « Studien der Bibliothek Warburg », Leipzig-Berlin, 1930 ; réimpr. avec « Nachwort », Darmstadt, 1964.

2. *Liber divinorum operum*, éd. A. Derolez et P. Dronke, coll. *CCCM* 92, Turnhout, 1996, *Capitula* II 1, 20. 22. 25. 32. 36. 44. 48.

3. *Cf. ibid.*, p. LXII, n. 80 ; *Capitula* I 4, 2, note *ad loc.*, et *passim*.

4. *Cf.* P. Dronke, « Platonic-Christian Allegories in the Homilies of Hildegard of Bingen » (1992), repris et révisé dans *Sources of Inspiration*, Rome, 1997, p. 61-81. Une seule fois,

Je voudrais maintenant évoquer deux exemples de lecture allégorique, de la part de Jean Scot et de Hildegarde. Le premier, comme je l'ai suggéré, appartient au domaine que Jean Scot appelle *allegoria dicti et non facti*. C'est le récit de Psyché dans le premier livre du *De nuptiis* de Martianus Capella, que l'Érigène interprète dans tous ses détails narratifs comme une allégorie de la nature de l'âme humaine. Par contre, les deux miracles du Christ, la guérison du lépreux et du fils paralysé du centurion, que Matthieu raconte dans le huitième chapitre de son évangile, auraient été, pour Hildegarde comme pour tout croyant, à la fois *factum* et *dictum*. Néanmoins, Hildegarde interprète le récit de ces miracles d'une façon complètement intériorisée, pour en faire une exploration allégorique des rapports entre l'âme humaine, les cinq sens et les qualités de la perception sensible et rationnelle.

Rappelons quelques détails du début de l'épisode dans le *De nuptiis*[1] : Mercure, le Cyllénien, quand il décida de se marier et se rendit compte que la Sagesse (Sophia) et la Prophétie (Mantiké) n'étaient pas disponibles, voulut demander la main de Psyché, la fille d'Entelechia et Sol. Psyché était suprêmement belle, élevée avec grand soin par les dieux. Le jour de sa naissance, les dieux, invités au banquet, lui avaient apporté beaucoup de cadeaux. Jupiter lui avait posé sur la tête un diadème, qu'il avait retiré à sa fille préférée, Æternitas. Junon avait ajouté un bandeau, fabriqué de l'or le plus pur, au filon radieux ; Pallas, la déesse du lac Triton, détacha de sa tunique son foulard et la ceinture rouge feu qui était sous sa poitrine : vierge sainte et sage, elle orna la vierge Psyché de son propre manteau. Apollon de Délos aussi, qui portait sa tige de laurier, lui montra, au moyen de cette baguette divinatoire, les oiseaux, les éclairs et même les mouvements du ciel et des étoiles. La Muse céleste, Urania, dans sa douce gentillesse, donna à Psyché le miroir luisant dont Sophia lui avait fait cadeau, le suspendant dans son sanctuaire – un miroir dans lequel, en se reconnaissant, Psyché pourrait apprendre son origine. Vulcain, l'artisan de Lemnos, lui alluma des étincelles d'un feu qui ne s'éteint jamais, afin qu'elle ne soit pas opprimée par les ténèbres funestes et la nuit aveugle. Aphrodite lui apporta toutes les séductions de tous les sens, des onguents parfumés et des fleurs, et les clochettes qui font sommeiller les enfants. Mercure lui-même donna à Psyché un char avec des roues rapides, dans lequel elle pourrait voyager à une

dans la version de l'*Expositio evangeliorum* du Riesenkodex, une main légèrement postérieure à celle du copiste a ajouté, dans la marge du texte, les mots *Littera* (f. 459va) et *Allegorice* (f. 459vb) ; *cf. ibid.*, p. 69 n. 17.

1. *De nuptiis* I 6-7. J'ai consulté surtout l'édition, avec traduction et commentaire, d'I. Ramelli, *Marziano Capella. Le nozze di Filologia e Mercurio*, Milan, 2001. Le commentaire érigénien sur ce passage existe dans deux versions : je me sers ici de celle éditée par C. E. Lutz, *Iohannis Scotti Annotationes in Marcianum*, Cambridge (Mass.), 1939, p. 10-14 (le manuscrit de Paris) ; pour l'autre version, dans le manuscrit d'Oxford, voir Éd. Jeauneau, *Quatre thèmes érigéniens*, Montréal-Paris, 1978, p. 91-166, qui en donne l'édition du premier livre. Lutz et Jeauneau se réfèrent aux pages et aux lignes d'une édition antérieure du *De Nuptiis* (A. Dick, Leipzig, 1925, réimpr. avec additions de J. Préaux, Leipzig, 1969).

vitesse merveilleuse, bien que la Mémoire, Memoria, l'eût alourdi et lié par des chaînes d'or.

Il y a ici des éléments d'une fable dans laquelle les personnifications allégoriques (Sophia, Mantiké, Entelechia, Æternitas, Memoria) sont imaginées à côté des dieux et déesses de l'Olympe – une fable qui suggère déjà les débuts d'une lecture allégorique, même sans la rendre explicite. Jean Scot répond à cette invitation latente à l'allégorèse[1]. Il n'est pas aisé de voir tout de suite toute la cohérence subtile de ce qu'il fait : ses passages de *commentum* sont souvent interrompus par des moments pédagogiques de *glosa* : c'est-à-dire de l'explication des mots difficiles et des allusions mythologiques, aussi bien que les jeux étymologiques qui servent à éclairer des idées. Mais on peut quand même suivre son fil d'Ariane sans se perdre.

Avant cet épisode, Jean Scot avait déjà dit que, si l'on veut regarder de près les lois de l'allégorie, on verra en Mercure la forme du discours éloquent *(facundi sermonis ... formam)*. Mais, selon une phrase célèbre, qui va de Cicéron jusqu'à l'École de Chartres, l'éloquence a besoin de s'unir à la sagesse[2]. C'est pourquoi, même s'il finit par choisir Philologia, Mercure pense d'abord à épouser Sophia, puis Mantiké, et puis Psyché – Psyché que Jean Scot identifie à la *rationabilis anima, humana anima* : l'âme rationnelle, l'âme humaine. Pour interpréter sa naissance d'Entelechia et Sol, il fait appel à Calcidius et Platon[3] : la mère, Entelechia[4], qui est dans la fleur de l'âge *(perfecta aetas),* est Anima Mundi, l'âme du monde, de laquelle toutes les âmes, rationnelles et dépourvues de raison, descendent, pour entrer dans chaque partie du monde, procréées par leur père physique, le Soleil.

Jupiter donne à Psyché le diadème qui symbolise son immortalité et éternité : *Diadema immortalitatem et aeternitatem rationabilis animae figurate insinuat.* Mais Jean Scot interprète Jupiter non pas comme le dieu suprême (comme on s'y attendrait) mais comme l'univers visible *(universitas totius mundi visibilis).* C'est donc du cosmos même que l'âme humaine hérite son immortalité : les liens entre les deux mondes, sensible et intelligible, que l'Érigène suggère ici sont

1. Sur l'authenticité, voir la discussion de Jeauneau, *op. cit.* (p. 235 n. 1), p. 91-99, et deux essais dans L. Bieler et J. J. O'Meara (édit.), *The Mind of Eriugena*, Dublin, 1973 : H. Liebeschütz, « The Place of the Martianus *Glossae* in the Development of Eriugena's Thought », p. 49-58 ; G. Schrimpf, « Zur Frage der Authentizität unserer Texte von Johannes Scottus' *Annotationes in Martianum* », p. 125-139.

2. Cicéron, *De inventione* I 1 ; *cf.* Guillaume de Conches, *Philosophia*, éd. G. Maurach, Pretoria, 1980, *Prologus*, p. 17.

3. *Cf.* G. Mathon, « Jean Scot Érigène, Chalcidius, et le problème de l'âme universelle », dans *L'homme et son destin. Actes du premier congrès international de philosophie médiévale*, Louvain-Paris, 1960, p. 361-375.

4. E. R. Curtius, *Europäische Literatur und Lateinisches Mittelalter*, 2e éd., Berne, 1954, p. 119 n. 4, note que tous les manuscrits de Martianus Capella ont la leçon *endelichia*, puisque le *–nt-* du grec antique était devenu *–nd-*.

étroits et indissolubles. Platon, le maître qu'il venait d'invoquer, aurait été choqué par ce détournement de sa pensée.

La fille préférée de Jupiter s'appelle Æternitas. Pourtant, l'idée platonicienne de l'éternité du monde, explique Jean Scot, n'est pas la *vera aeternitas*, mais plutôt un cycle de révolutions et réintégrations sans fin (en effet, ce que Boèce avait appelé *perpetuitas*)[1].

Puis l'allégorèse érigénienne explique la fonction de chaque dieu et déesse et de leurs cadeaux à l'âme. Junon est l'air qui donne à la raison le bandeau qui est « la conjointure de ses puissances » *(contiguitas virtutum)*. Tritonia est triple, parce qu'elle incarne Pallas, Minerva et Athena, les trois facultés de connaissance : αἴσθησις, λόγος, νοῦς. De l'intimité de sa tunique elle donne la vertu, qui est l'élément le plus intime de sa nature, et le *ricinium*, que Jean Scot n'imagine pas comme un foulard mais plutôt comme une épingle *(spinula)*, qu'il interprète comme la discrétion, qui met en ordre la chevelure de la jeune fille. Puis il y a la ceinture rouge feu, qui lie ensemble toutes les puissances de l'âme, une ceinture qui scintille avec les flammes des joyaux des vrais raisonnements *(flammis gemmarum, id est verarum ratiocinationum ... coruscat)*.

Comme mécène de Psyché vient ensuite Apollon, qui signifie l'intuition, l'instinct divin inhérent à l'âme rationnelle *(rationabili animae inesse divino instinctu)*, qui la dote de la puissance divinatoire. Après lui, arrive la déesse au miroir, qui, selon la conjecture de quelques érudits médiévaux[2] et des éditeurs modernes, s'appelait Urania. Mais dans les manuscrits de Martianus, on lisait seulement *Ania*, et Jean Scot s'efforce d'interpréter ce nom inconnu avec l'aide de l'étymologie. Selon lui, il pourrait remonter soit à ἀνὰ ἔννοια, la reconnaissance, soit à ἀνιεῖσα, celle qui libère. C'est d'elle que Psyché reçoit le pouvoir de reconnaître son origine divine, ou bien la conscience de sa liberté de choix – un miroir dans lequel l'âme humaine peut percevoir la dignité de sa nature et en même temps la fontaine primordiale. Même si ce miroir a été obscurci par le péché originel, c'est la Sagesse, Sophia, qui l'a accroché dans le sanctuaire de la mystérieuse *Ania*.

Vulcain, quant à lui, pourrait représenter la chaleur de la volupté, mais, dit Jean Scot, dans une contemplation plus élevée et naturelle, il est le feu terrestre de l'imagination *(ingenium)*, dont les étincelles sont allumées pour dissiper les brouillards qui entourent l'âme rationnelle. Tout comme le feu peut pénétrer invisiblement chaque créature, l'imagination pénètre tous les mortels nés sur terre, par une lumière intérieure qui leur permet de chercher la vérité de leur nature et la nature de leur dieu.

1. Boèce, *De consolatione philosophiae* V, pr. 6, 14, éd. Bieler, p. 102, l. 50-52.

2. Deux manuscrits d'un commentaire anonyme de la première époque proposent, avec hésitation, la conjecture *Urania* ; *cf.* Éd. Jeauneau, *Quatre thèmes* (cité p. 235 n. 1), p. 113 n. 28.

Les dons de Vénus, la femme de Vulcain, sont plus ambigus. L'écume dont elle naquit signifie les semences de toute la vie du monde, mais les séductions et les plaisirs des sens dont elle régale Psyché allument les désirs charnels, qui se mêlent aux puissances de l'âme et peuvent la rendre somnolente. Toutefois, l'âme possède le libre arbitre : c'est-à-dire le char rapide, qui est le don apporté par Mercure. Pourtant, ce don aussi peut devenir ambigu, tout comme l'orbite de Mercure, la planète : il peut descendre jusqu'au plus bas point du cercle de la lune, mais aussi monter vers la sublimité du soleil, tout comme l'âme dans son char peut monter vers son dieu, par le vol le plus haut de l'action et de la science *(altissimo actionis et scientiae volatu).* Il y a quand même Memoria, qui retarde le char de l'âme et la lie par des chaînes d'or. Pour Jean Scot, cela n'est pas fâcheux : c'est une louange *(ad laudem)* de la partie inférieure de la nature rationnelle. Tout ce que l'intellect humain peut connaître des vérités divines doit être attaché à la mémoire.

L'âme humaine, pour résumer, est divinement douée de tant de puissances célestes, mais tout ce qu'elle a d'immortel et de céleste lui vient également de l'univers visible – dont l'image est Jupiter – et tout reste enchaîné par la partie la plus terrestre de l'âme, c'est-à-dire Memoria. En même temps, Jean Scot souligne que les chaînes physiques de la Mémoire sont précieuses comme de l'or, et sont elles-mêmes l'aspiration humaine à la sagesse : Psyché est liée à Memoria *auratis ... compedibus, hoc est sapientiae studiis.*

La lecture que donne Jean Scot de ce passage de Martianus en fait une allégorie à la fois mythopoétique et épistémologique. Ici, l'Érigène, en expliquant ses distinctions, montre en même temps de nouvelles synthèses. Il montre comment pour lui le monde sensible et le monde intelligible s'interpénètrent.

Hildegarde, tout comme Jean Scot, essaya de transformer quelques textes en allégories épistémologiques. Toutefois, son point de départ n'était pas l'affabulation fantastique d'un auteur païen mais des passages choisis des évangiles. Bien qu'elle n'ait pas pu connaître la discussion de l'Érigène dans son commentaire sur l'évangile de Jean, qui ne survit que dans l'unique manuscrit de Laon, on peut dire que, selon les termes érigéniens, ses lectures allégoriques des évangiles étaient des *mysteria*, qui émanent de *facta et dicta*, et non des *symbola*, qui émanent de *dicta* seuls.

Pour illustrer le procédé de Hildegarde, je vais me limiter à une de ses lectures de l'évangile du troisième dimanche après l'Épiphanie, extrait du chapitre 8 de *Matthieu* (ci-dessous, p. 243-244). Ici, elle interprète Jésus comme une allégorie de l'âme humaine, le lépreux comme un appétit physique et le centurion comme les cinq sens. Elle commence en pensant à la création : Jésus est « le souffle qui connaît le bien et le mal, que Dieu a mis dans l'homme » *(spiraculum sciens bonum et malum quod deus in hominem misit).* Ce souffle vient de la montagne, qui est l'altitude divine qui éveille toutes choses. Les foules qui suivent Jésus sont toutes les créatures et, avec elles, les quatre éléments, qui accompagnent la création de l'être humain.

Le lépreux, l'appétit physique, a un pouvoir surprenant. Il peut, de son propre gré, reconnaître le souffle humain, qui est l'âme *(spiraculum hominis, scilicet animam)* ; il peut adorer ce souffle comme son maître, et néanmoins il reste triste, parce qu'il n'est pas libéré de sa délectation charnelle. L'âme pénètre violemment l'appétit, *perfringendo eum*: on pourrait presque traduire par « le fendant », en se souvenant de l'invocation initiale du sonnet magnifique de John Donne:

> Batter my heart, three person'd God ; for, you
> As yet but knocke, breathe, shine, and seeke to mend ;
> That I may rise, and stand, o'erthrow mee, 'and bend
> Your force, to breake, blowe, burn and make me new.

Ainsi l'âme purifie l'appétit, et le prie de faire une offrande au prêtre, qui dans l'allégorie est « l'ordonnateur divin, la loi, celle qui exauce »[1]. L'offrande est la bonne science, commandée par la rationalité inspirée, signifiée par Moïse : ainsi le nom de Dieu sera manifesté dans l'appétit guéri[2].

L'idée qu'un *gustus carnis* peut s'assurer le concours de l'âme et peut posséder lui-même une *scientia* qui est bonne, qui est ordonnée par la rationalité et qui révèle ce qui est divin dans l'être humain – tout cela comporte une exaltation extraordinaire de la dimension sensible de l'existence humaine. C'est tout à fait pareil dans le cas du centurion, qui signifie les cinq sens. L'allégorie permet à Hildegarde de suggérer des rapports entre le sensible et le spirituel, tels qu'aucun traité chrétien *de anima* ne les avait imaginés possibles.

Or l'âme (toujours figurée par Jésus) entre dans Capharnaüm, c'est-à-dire dans la tente des ténèbres corporelles, où les cinq sens implorent son aide. Ailleurs, dans ses écrits, Hildegarde mentionne les cinq sens que nous connaissons tous[3]; ici, par contre, elle construit comme une petite méta-allégorie des sens : ils signifient ce que l'homme cherche, ce qu'il comprend, ce qu'il commence, ce qu'il opère et ce qu'il achève. Avec ces cinq aspects de son existence, il peut tout percevoir, comme s'il était couvert d'yeux, à l'instar des quatre animaux de la vision d'Ézéchiel.

Qu'est-ce que les sens demandent à l'âme ? Ils se plaignent que leur enfant – qui est leur science – est étendu, paralysé par la douleur, c'est-à-dire tourmenté par des tentations. L'âme promet d'appeler au secours les milices célestes, afin qu'elle puisse pénétrer *(perfringam)* cette science paralysée et la guérir.

Les sens (le centurion) résistent : les milices célestes, si elles prenaient d'assaut la maison du corps, la détruiraient. Tout ce dont les sens ont besoin pour la guérison est le baiser de la vigueur – *osculando tua viriditate* – cette *viriditas* qui, dans tous les écrits de Hildegarde, évoque la merveille de la fécondité

1. J'interprète *datori* comme substantif en apposition à *legi*.

2. Dans son expression *coercitata lepra*, la forme fréquentative *(coercito, -are)* paraît être une invention hildegardienne.

3. *Cf.* P. Dronke, « Platonic-Christian Allegories » (cité p. 234 n. 4), p. 76-77.

terrestre et céleste, dans les sens tout comme dans l'âme. Et le centurion d'ajouter que lui aussi, lui qui incarne les sens, peut opérer sous le pouvoir de la rationalité, qu'il peut licencier les vices et accueillir les vertus. Ce qu'il cherche enfin est l'accord parfait avec l'âme : *unde, o anima, parce michi et tibi, et cum pace erimus.*

D'abord l'âme est terrifiée *(exterrita)* par cet appel des sens à la collaboration. Elle prétend qu'elle demeure *in altitudine austeritatis* : par une allusion à un verset de l'Ecclésiaste, aux « paroles des sages qui sont comme un piquet fixé en haut », elle laisse entendre que sa sagesse est trop élevée pour venir à l'aide des sens. Elle n'a jamais connu tant de loyauté – *tantam fidem, id est temperamentum* – où *temperamentum* veut dire la complexion harmonieuse qui comprend à la fois corps et âme.

Et pourtant, insiste Hildegarde, c'est la Sagesse divine même qui a tout tempéré, qui a effectué un accord véritable entre les sens et l'âme. La Sagesse ne fait pas preuve de snobisme : selon la citation des Proverbes – *Sapientia clamitat in plateis* – elle crie par les rues.

A la fin, l'âme et les sens s'accordent d'une façon surprenante. Jésus dit au centurion : « Comme tu m'as commandé et m'as enseigné *(michi precipiendo et me docendo),* je me soumettrai à toi *(tibi subiecta ero),* pour atteindre la discrétion ». Ainsi s'achève la paix. Maintenant, la science humaine *(scientia hominis)* est tranquille et bien tempérée. Cet accord, cette science humaine qui unit sereinement les sens et l'âme, s'est produit parce que l'âme a écouté les désirs des sens et s'y est soumise. Elle a abandonné le prétexte initial, d'être trop élevée : tout comme la Sagesse divine crie par les rues, l'âme (qui est en même temps Jésus présent comme souffle dans l'être humain) a reconnu le besoin d'abord de guérir l'appétit physique, et puis d'écouter l'appel des sens, de la façon qui leur convient : non pas d'une façon hautaine, en arrivant avec les milices célestes, que les sens n'auraient pas pu supporter ; mais très humblement, afin de réaliser cette complexion, ce *temperamentum*, qui est la précondition d'une vraie *scientia hominis*, qui engage les sens autant que l'âme.

La structure de l'allégorèse dans les deux exemples que j'ai choisis dépend d'une série de correspondances entre les détails du texte de base et les interprétations allégoriques proposées, même si celles-ci peuvent se révéler tout à fait inattendues. Dans les chefs-d'œuvre, le *Periphyseon* de Jean Scot et la trilogie des visions de Hildegarde, l'allégorie peut devenir encore plus complexe, parce que souvent elle va au-delà des correspondances, pour devenir un instrument de découverte. J'ai écrit ailleurs, par exemple, sur le paradis terrestre et son arbre de vie dans Jean Scot[1], et sur l'arbre de la justice dans Hildegarde[2], et je ne peux

1. « Eriugena's Earthly Paradise » (1990), repris et révisé dans *Sources of Inspiration* (cité p. 234 n. 4), p. 37-59 (avec documentation des passages mentionnés ci-dessous).

2. « Arbor Caritatis » (1981), repris et révisé dans *Intellectuals and Poets in Medieval Europe*, Rome, 1992, p. 103-141 (avec documentation des passages mentionnés ci-dessous).

que rappeler très brièvement ici ce qu'il y a d'exceptionnel dans de tels passages, dont le point de départ est une allégorie mais le point d'arrivée un aperçu absolument nouveau.

Ainsi – pour ne mentionner que l'essentiel – selon Jean Scot, le paradis terrestre signifie la nature humaine. Et par le jeu de mots sublime de l'Érigène, le commandement de Dieu, « Mangez de tout arbre de ce paradis », devient « Mangez de l'arbre qui est le tout ». Et le tout, c'est le Christ, qui est l'arbre de vie universelle, planté au centre du paradis de la nature humaine. C'est de la terre, qui signifie l'aspect matériel de notre nature, que Dieu produit le tout-arbre, le πᾶν ξύλον, l'*omne-lignum*, qui est le Verbe incarné : *omne lignum, hoc est verbum incarnatum.* Dans le dernier livre du *Periphyseon*, cet aperçu amène Jean Scot à une autre découverte. L'ascension du Christ, le paradis où il est entré quand il a quitté le monde d'ici-bas, n'est rien d'autre que la plénitude de la nature humaine qu'il avait réintégrée en lui-même. « Ainsi il a uni en lui-même la sphère terrestre au paradis, puisque pour lui la sphère terrestre était le paradis » : *Adunavit itaque in se orbem terrarum paradiso : ipsi siquidem orbis terrarum paradisus erat*[1].

Suivant les Pères grecs qu'il choisit comme ses autorités préférées, Jean Scot incline à accepter le paradis terrestre comme une réalité spirituelle et non corporelle, bien qu'il soit rare qu'il s'exprime ouvertement sur ce point délicat. Mais quand il s'en prend, par exemple, à Épiphane, qui, « dans sa croyance trop simple *(nimis simpliciter sentiens),* pensait que le paradis est sur la terre et que ses arbres et ses fontaines sont physiques – une idée dont la raison authentique se moque *(quod vera deridet ratio)* »[2], il est clair que pour Jean Scot ce paradis appartient plutôt au royaume du *symbolum* qu'à celui du *factum* – qu'en effet il est *allegoria dicti et non facti.*

C'est à ce même royaume, à mon avis, qu'appartiennent les visions de Hildegarde. Elles les a reçues, dit-elle au début de *Scivias*, « dans l'esprit pur, avec les yeux et les oreilles de la personne intérieure *(in pura mente, oculis et auribus interioris hominis)* »[3]. Pendant ses visions, assure-t-elle, elle restait toujours éveillée *(vigilans),* sans songes, sans délires, mais elle ne les percevait jamais avec les yeux ou les oreilles du corps.

Dans *Scivias* III 4, Hildegarde a une vision de l'arbre de la justice, et je voudrais suggérer au moins une ou deux comparaisons avec l'*omne-lignum* de Jean Scot. L'arbre hildegardien est une image beaucoup moins constante que celui de l'Érigène : au cours de l'expérience racontée par Hildegarde, son arbre subit de plus en plus de transformations. D'abord, c'est une colonne de la couleur de l'acier, immense et terrible. Puis, deux des trois côtés de cette colonne

1. *Periphyseon* V, *PL* 122, 895a.

2. *Periphyseon* IV, 833a.

3. *Protestificatio*, dans *Scivias*, éd. A. Führkötter et A. Carlevaris, coll. *CCCM* 43, Turnhout, 1978, p. 4.

deviennent arborescents. D'un côté, des rameaux poussent sur la surface, et chaque rameau héberge un patriarche ou un prophète. Abraham est assis sur le rameau le plus près de la racine, puis viennent Moïse, Josué et les autres. Un autre côté de la colonne devient comme façonné au tour, mais rugueux comme l'écorce d'un arbre où commencent à pousser les tendrilles. Là, il y a une grande luminosité, dans laquelle Hildegarde voit une foule d'apôtres, martyrs, confesseurs, vierges et autres saints. Le troisième côté était comme un arc. Au sommet radieux, une colombe tenait un rayon d'or dans son bec.

La présence divine, sur son trône, donne la signification de tous ces détails, mais au cours de l'explication, pourrait-on dire, beaucoup d'autres branches poussent sur l'arbre et les branches s'entrelacent. Le premier côté regarde vers l'Orient, où les patriarches et les prophètes voient l'aurore du jour de la justice totale, où chacun d'eux fait bourgeonner son unique bourgeon *(uniuscuiuscumque singulare germen)*; le deuxième regarde vers le Nord, la région sinistre où commence toute injustice; le troisième regarde vers le Sud, où les saints voient comment la préfiguration de la justice s'accomplit dans la naissance de nouvelles tendrilles et où pousse enfin «le bourgeon latent le plus juste *(rectissimum germen latens)*», qui est l'incarnation du Christ. L'allégorèse de cette vision est en même temps un développement compliqué de beaucoup de ses détails antérieurs. Elle établit des correspondances, d'abord comme s'il s'agissait d'une lecture allégorique pour ainsi dire normale. Mais, bientôt, on se rend compte de plus en plus combien cette lecture dépasse toute constatation de correspondances. Tout comme chez Jean Scot avec son arbre de vie, l'allégorie de Hildegarde s'avance vers des rapports nouveaux et des intuitions imprévisibles.

Il y a une expression française que j'aime beaucoup, et qui n'a pas d'équivalent précis, que je sache, dans les autres langues romanes ou germaniques: c'est «salle polyvalente». En Bretagne, je vois souvent sur la route des signes qui indiquent une salle polyvalente, et cette expression, en apparence érudite, n'appartient pas qu'aux érudits: elle est très bien comprise par tous les habitants des villages. Et la salle polyvalente est toujours utilisée pour une grande gamme d'activités. Pour les *fest-noz* – les fêtes pendant lesquelles les contes de la région sont chantés avec leurs mélodies traditionnelles – mais aussi pour bien d'autres jeux et divertissements, quelquefois pour des discussions solennelles, quelquefois pour des repas joyeux. L'allégorie, si j'ose m'exprimer ainsi, est la salle polyvalente de Jean Scot et de Hildegarde – cette salle qui héberge leurs contes, platonisants ou bibliques, et leurs jeux d'allégorèse, qui peuvent aller jusqu'à l'extravagance; elle héberge en même temps des séances de discussion solennelle et des banquets de célébration joyeuse de l'être humain.

APPENDICE

Une allégorie de Hildegarde : *Expositio evangeliorum*, Mt 8, 1-13

R = Riesenkodex, Wiesbaden, Hessische Landesbibl. 2, f. 443rb-444ra
Pi = J. B. Pitra, *Analecta sacra*, t. VIII, Mont-Cassin, 1882, p. 265-266.

Cum descendisset, veniendo ad hominem, Iesus, scilicet spiraculum sciens bonum et malum quod deus in hominem misit, *de monte* – videlicet de altitudine illa que omnia exsuscitat – *secute sunt eum* famulando et sentiendo *turbe multe* : id est omnes creature cum elementis.

Et ecce leprosus, scilicet gustus carnis, *veniens*, a se recognoscendo, *adorabat* suspirando *eum* – id est spiraculum hominis, scilicet animam – *dicens* in gemitu : "*Domine* – quia michi dominaris – *si vis* pro me in pugna stare, *potes me mundare*, id est a delectatione absolvere". *Et extendens*, sumendo, *manum* – videlicet scutum protectionis – *tetigit* perfringendo *eum*, scilicet gustum carnis. "*Volo* pro te preliari, *mundare* a delectatione". *Et confestim mundata est*, id est coercitata, *lepra eius*, videlicet dulcedo quam in gustu habebat.

Et ait illi Iesus, persuadendo divina inspiratione : "*Vide*, scilicet cave, *nemini*, videlicet nulli creature, *dixeris*, manifestando quia victus sis et iustus effectus, *sed vade* ascendendo, *ostende te* gratias referendo *sacerdoti*, id est constitutori et legi datori, *et offer* in devotione *munus*, scilicet bonam scientiam, *quod precepit*, inspirando, *Moyses* – scilicet racionalitas – *in testimonium illis*, ut nomen dei in te manifestetur".

Cum autem introisset anima *Capharnaum*, id est tabernaculum corporalium tenebrarum, *accessit* gemendo *ad eum*, scilicet animam, *centurio*, videlicet quinque sensus corporis, id est quid homo requirat, quid intelligat, quid incipiat, quid operetur et quid perficiat, et in quibus ubique circum aspiciat, ut quatuor animalia, sicut scriptum est : Dorsa eorum plena sunt oculis[a] ; *rogans eum* in miseria *et dicens* : "*Domine* – scilicet 'o anima' – *puer meus*, videlicet scientia mea, *iacet* prostrata *in domo*, id est in dolore carnis, *paraliticus*, ita ut frequenter in oblivione dormiat, *et male torquetur* per foramina suasionum antiqui serpentis". *Et ait illi*, conpaciendo, *Iesus*, scilicet spiraculum hominis : "*Ego veniam* cum celesti milicia, *et curabo*, id est perfringam, *eum*, scilicet scientiam".

Et respondens, reminiscendo sui, *centurio*, id est quinque sensus, *ait* : "*Domine* – videlicet anima cui obedire debeo – *non sum dignus*, propter inconstantiam meam, sed parce ne peream, *ut intres* cum tanta milicia virtutum, *sub tectum meum*, scilicet corporis mei ; *sed tantum dic*, id est tange carnem meam, *verbo* correptionis in discretione et osculando tua viriditate, *et sanabitur* in bono *puer meus* in utraque parte, ita ut carnem meam tuo medicamine tangas, et in tua viriditate cum discretione sanas. *Nam et ego homo sum*, scilicet operator *sub potestate* racionalitatis, *habens sub me milites*, videlicet possibilitatem operandi ; *et dico*, discernens, *huic 'vade'*, id est vicium unum relinquo, *et vadit*, ita quod illud nolo, *et alio 'veni*, quod amo', *et venit* amplectendo me ; *et servo meo*, scilicet peccato, *'fac hoc'* : ostendo ei alia, *et facit*, inplendo ea que volo. Unde, o anima, parce michi et tibi, et cum pace erimus".

Audiens autem, id est intelligens, *Iesus miratus est*, scilicet exterrita, *et sequentibus se*, viribus suis, *dixit* : "*Amen dico vobis*, in veritate sapientie que terrena et celestia in amplexione habet, *non inveni*, scrutando, *tantam fidem*, id est temperamentum, *in Israel*, scilicet in altitudine austeritatis in qua sum ut clavus qui in alto positus est[b], ita ut carni parcere non possim, quoniam spiraculum sum a deo veniens". Sed Sapientia omnia hec temperat, ut scriptum est : *Sapientia clamitat in plateis*[c]. [...]

Et dixit Iesus, scilicet anima, *centurioni*, videlicet quinque sensibus : "*Vade* ad quietem, *et sicut credidisti*, volendo, michi precipiendo et me docendo, *fiat tibi*, id est ad discretionem tibi subiecta ero". *Et sanatus est* in quiete *puer*, scilicet scientia hominis, *in illa hora*, hoc modo temperata cum discretionis adiutorio.

a Ez 1, 18 b Eccl 12, 11 c Pr 1, 21

1 Ccū R 8 perfungendo Pi 13 legidatori (*uno verbo*) Pi 17 quid (homo requirat)] quod Pi 18 circumaspiciat (*uno verbo*) Pi 24 perfungar Pi 30 sanes Pi 32 alio] alii Pi 35 *sc. anima* (anima exterrita *leg.* Pi) 37 isrl R Jerusalem Pi

BARBARA OBRIST

ALCHIMIE ET ALLÉGORIE SCRIPTURAIRE AU MOYEN AGE

Le recours à l'expression figurée par les auteurs de textes alchimiques pose le problème des pratiques de transfert de sens dans la science de l'Antiquité, du Moyen Age et de la Renaissance du XVIe siècle. Tant parmi les sciences de la nature reconnues comme telles que parmi les sciences et arts qualifiés d'occultes, au statut toujours incertain, l'alchimie était seule à recourir au transfert de sens tout en multipliant les arguments à l'appui de ce mode d'expression. Toutefois, mis à part les recettes, les diverses formes de transfert que désignent, dans les textes centrés sur la transformation des substances métalliques et autres[1], les termes de *similitudo*, de *metaphora*, d'*allegoria* et d'*analogia* n'ont guère fait l'objet de recherches. De fait, la présence persistante de l'expression figurée compte précisément parmi les principales raisons ayant conduit les historiens des sciences à exclure de leur champ d'investigation l'alchimie, qualifiée de non- ou de pré-scientifique[2].

Au Moyen Age, le statut scientifique de l'alchimie demeure indéterminé, voire contesté et rarement reconnu comme tel, la raison fondamentale de cette dépréciation résidant dans le fait qu'elle relève à la fois de la science et de l'art. En tant que discipline se livrant à la contemplation des principes présidant à l'ordre de la nature, l'alchimie fait bien partie de la *scientia naturalis*. Mais en tant que savoir-faire visant l'altération de substances corporelles, elle est également un art mécanique, si bien qu'en fin de compte elle n'appartient à aucun de ces domaines à part entière. Tantôt, l'alchimie est classée parmi les sciences; tantôt, elle passe pour un simple artisanat confiné dans la sphère de l'expérience; ou encore, elle n'est qu'affaire de charlatans qui prétendent opérer sur la base de principes scientifiques qui en réalité n'en sont pas ou dont ils ignorent la nature. De plus, l'alchimie se profile comme la discipline transformatrice par excellence: son activité ne se limite pas aux métaux et aux pierres, mais s'étend aux règnes végétal puis animal. Elle semble ainsi menacer, du point de vue de la conception prédominante de la nature comme ensemble organique, l'ordre établi

1. L'une des premières définitions de l'alchimie à avoir circulé en Occident est celle de Dominicus Gundissalinus, *De divisione philosophie*: «Scientia alquimia ... est scientia de conversione rerum in alias species» (éd. C. Baeumker, dans *Beiträge zur Geschichte der Philosophie des Mittelalters*, IV, Münster, 1903, p. 20, l. 17-19).

2. Pour le problème historiographique que pose l'alchimie médiévale, voir B. Obrist, «Vers une histoire de l'alchimie médiévale», dans l'*Alchimie vers la fin du Moyen Age. Crises et mutations*, coll. «Micrologus», 3, Turnhout, 1995, p. 3-43.

des choses, la stabilité et l'immuabilité des espèces. Enfin, elle bouleverse les frontières bien établies entre l'art de la nature et l'art humain[1].

La pratique du transfert de sens et sa justification – non sa théorie – s'inscrivent dans la problématique du rapport toujours incertain entre *ars* et *scientia* à l'époque précédant la « Révolution scientifique » en ce sens qu'il n'est pas soumis à la vérification expérimentale. Le fossé qui sépare le discours sur les transformations alchimiques et les résultats effectivement obtenus motive ainsi la critique la plus récurrente du mode d'expression caractéristique d'un grand nombre de textes alchimiques : étant dépourvu de toute valeur démonstrative et ne pouvant, de ce fait, relever de la méthode scientifique, l'*alieniloquium* sert simplement à cacher les défaillances de l'artisanat alchimique. De ce point de vue, le discours des alchimistes n'a même pas le statut du discours poétique qui, bien que mensonger, recouvre néanmoins des vérités, mais du discours sophistique : selon un *topos* récurrent, il y a apparence et non pas existence. Au niveau des procédés opératoires, les alchimistes sont accusés de conférer aux métaux vils une couleur dorée superficielle[2].

Les divergences entre la théorie de la transformation artificielle des substances et sa réalisation provoquent des critiques de l'expression figurée au sein même des alchimistes. La discussion porte invariablement sur une question herméneutique de fond, celle du rapport entre sens littéral et sens figuré. Les apprentis-alchimistes qui ont failli dans leur entreprise accusent l'usage abusif de l'expression figurée et finissent par douter de la crédibilité de leur art. De leur côté, les défenseurs de l'alchimie imputent les échecs à une défaillance dans l'interprétation des textes, à une lecture trop littérale et surtout à la confusion entre sens littéral et sens figuré. Comme l'explique le prologue du traité pseudo-arnaldien intitulé tantôt *De secretis nature*, tantôt *De lapide philosophorum* (première moitié du XIVᵉ siècle) à propos d'une phrase du *Secretum secretorum*, à savoir qu'« il est une pierre non pierre qui se rencontre en tout homme, dans la plaine, dans les montagnes, dans les eaux et qu'on appelle blancheur », seuls les sots s'en tiennent au sens littéral des paroles des philosophes : « Alors les imbéciles ne comprenant que la lettre opérèrent en partant des œufs, du sang, des

1. B. Obrist, « Art et nature dans l'alchimie médiévale », *Revue d'histoire des sciences* 49, 1996, p. 215-286.

2. Aristote, *De sophisticis elenchis*, 164a 23 – 165a 24 (éd. B. G. Dod, Leiden-Bruxelles, 1975). Pour l'une des nombreuses variantes de ce passage, voir Constantin de Pise, *Liber secretorum alchimie* (milieu du XIIIᵉ s.), Prologue : « ... ut ait Aristoteles ... sophiste faciunt operationes ad tingendum corpora, sed non ad perpetuandum, nec ad profundandum, quia ubi est profundatio, ibi perpetuatio, sed ubi non est profundatio, ibi nec perpetuatio ; et ideo est ibi apparentia, sed non existentia. Ad ueram ergo apparentiam et existentiam, ut ait Aristoteles, sunt quatro necessaria, uidelicet color, pondus, mollities et perpetuitas » (éd. trad. comm. B. Obrist, Constantine of Pisa, *The Book of the Secrets of Alchemy*; *Introduction, Critical Edition, Translation and Commentary*, Leiden, 1990, p. 66, 15-24).

cheveux... et ils ne découvrirent rien, parce qu'il n'entendirent pas les paroles des philosophes parlant de manière obscure »[1].

Par ailleurs, les principaux arguments en faveur de l'expression figurée, présents dès les premiers documents alchimiques grecs (env. 300 ap. J.-C.[2]), sont au nombre de trois. D'abord, suivant la conception de l'alchimie comme science révélée, l'expression figurée est constitutive de la discipline même. D'où la mise à contribution du *topos* – très diffusé dans l'Antiquité gréco-romaine puis au XIIe siècle – concernant la protection des mystères cosmologiques sacrés, ainsi que le recours aux stratégies rhétoriques correspondantes d'occultation[3]. Les *dicta philosophorum obscure loquentium* du *De secretis nature* s'inscrivent dans cette tradition. En deuxième lieu, la présence de l'expression figurée est considérée comme une nécessité dans la mesure où la connaissance d'un certain nombre de mécanismes et de forces de la nature ne peut être atteinte au moyen de méthodes rationnelles d'investigation basées sur les critères en vigueur dans la majeure partie des disciplines philosophiques et scientifiques[4]. La connaissance de ces facteurs à la fois invisibles et inconnus, « occultes »[5], s'acquiert principalement par la praxis tant manuelle que spirituelle, leur désignation se faisant par la circonlocution, la comparaison, l'allégorie et l'analogie. Occasionnellement, l'idée de forces occultes est reliée à celle de science révélée, mais il ne s'agit pas là d'un lien nécessaire. Enfin, au niveau des recettes, les métaphores qualifiées

1. *Liber de secretis nature*, ch. 1, 4 : « Fatui autem intelligentes litteram operati sunt de ovis, de sanguine, de capellis ... et nihil invenerunt quia non bene intellexerunt dicta philosophorum obscure loquentium » (éd. trad. comm. A. Calvet, « Pseudo-Arnaud de Villeneuve, *De secretis nature* », *Chrysopœia* 6, 1997-1999, p. 155-206). Pour la référence au *Secretum secretorum*, voir p. 199 n. 3. Le topos des œufs et des cheveux se trouve dans la *Flos florum* pseudo-arnaldienne, adressée au roi d'Aragon : « Scias, charissime, quod in omni re creata sub coelo, sunt quatuor elementa, non visu, sed virtute. Unde nostri philosophi sub velamine scientiae elementorum, istam scientiam tradiderunt. Et operati sunt aliqui ad literam intelligentes, ex sanguine, capillis, ovis, urina, et aliis, ut ex illis primo extraherent quatuor elementa ... ». A. Calvet et S. Matton (édit.), « Quelques versions de la *Flos florum* du Pseudo Arnaud de Villeneuve, *Des secrets de la nature* », *Chrysopœia* 6, 1997-1999, p. 207-271 ; *cf.* 226 *sq.*

2. J. Letrouit, « Chronologie des alchimistes grecs », dans D. Kahn et S. Matton (édit.), *Alchimie, art, histoire, mythes*, Actes du Colloque, coll. « Textes et Travaux de Chrysopoeia », 1, Paris, 1991, Paris-Milan, 1995, p. 11-93.

3. Pour l'Antiquité, voir, entre autres, J. Pépin, *La tradition de l'allégorie. De Philon d'Alexandrie à Dante*, Paris, 1987, p. 105 *sq.* ; p. 117 *sq.*

4. Pour l'Antiquité, voir J. Röhr, *Der okkulte Kraftbegriff im Altertum*, Leipzig, 1923. A.-J. Festugière, *La révélation d'Hermès Trismégiste*, t. I : *L'astrologie et les sciences occultes*, Paris, 1950. Pour le moyen âge et le passage à l'époque dite moderne, voir K. Hutchinson, « What happened to Occult Qualities in the Scientific Revolution », *Isis* 37, 1982, p. 233-253.

5. Albert le Grand, *De mineralibus* III 1, 8 (éd. A. Borgnet, *Opera omnia*, V, Paris, 1890 ; trad. D. Wyckoff, *Albertus Magnus, Book of Minerals*, Oxford, 1968).

de *Decknamen* – de mots de code servant à «recouvrir»[1] – sont utilisées pour tenir secrètes les recettes. Cette pratique était largement répandue dans les sociétés de l'époque pré-industrielle.

Dans les textes alchimiques médiévaux, on constate un écart considérable entre la terminologie fluctuante pour désigner les divers modes de transfert de sens – *similitudo, circumlocutio, allegoria, aenigma, metaphora, parabola, analogia* – et les fonctions très précises qu'ils remplissent. Ces fonctions se réduisent, en dernière instance, à une fonction heuristique et à une fonction que l'on pourrait qualifier de rhétorique, la première consistant principalement à inférer des données ; la seconde, à les transmettre.

La présente étude se propose d'examiner ces fonctions du point de vue de l'évolution de l'alchimie dans le contexte historique du Moyen Age, en mettant l'accent sur la fonction heuristique. Son but est de démontrer que, contrairement à une idée reçue encore largement partagée, l'alchimie médiévale est loin de se réduire à une simple imitation de l'alchimie gréco-arabe : elle met au point ses propres techniques, théories et thématiques, ainsi que les modes d'expression correspondants. De ce point de vue, l'introduction dans l'alchimie de thèmes christiques et de l'allégorie scripturaire – tant comme figure que comme méthode exégétique – relève spécifiquement de l'histoire intellectuelle du Moyen Age occidental. De plus, contrairement à une opinion courante concernant les «allégories religieuses», celles-ci ne sont introduites que tardivement dans la littérature alchimique médiévale. Il s'agira donc de dégager les articulations à la fois historiques et intellectuelles qui ont motivé le recours au domaine biblique en esquissant, dans un premier volet, la première étape de l'histoire de l'alchimie médiévale et de ses modes de transfert de sens. Dans un deuxième temps, nous examinerons les premiers documents qui mettent en œuvre les thèmes christiques et l'allégorie scripturaire.

Les termes d'analogie et de métaphore serviront à désigner, de façon générique, les pôles extrêmes que constituent les fonctions heuristique et rhétorique. L'analogie sera globalement considérée comme une méthode utilisée avec l'intention de projeter de nouveaux concepts et de nouvelles catégories, par référence aux discussions qui ont lieu à propos des sciences contemporaines[2]. Dans les textes alchimiques, elle se présente tantôt sous la forme de l'analogie

1. Pour le terme de «Deckname», voir E. O. von Lippmann, *Entstehung und Ausbreitung der Alchemie*, vol. II, Berlin, 1923, p. 69. E. Wiedemann, J. Ruska, «Alchemistische Decknamen», *Sitzungsberichte der physicalisch-medizinischen Societät Erlangen*, 1924-1925, p. 17-36. M. P. Crosland, *Studies in the Language of Chemistry*, Londres, 1961.

2. W. H. Leatherdale, *The Role of Analogy, Model, and Metaphor in Science*, Amsterdam, 1974. M. Turner, «Categories and Analogies», dans D. H. Helman (édit.), *Analogical Reasoning. Perspectives of Artificial Intelligence, Cognitive Science, and Philosophy*, Dordrecht-Boston-Londres, 1988, p. 3-24. S. Vosniadow et A. Ortony (édit.), *Similarity and Analogical Reasoning*, Cambridge-New York, 1989 ; voir en particulier l'introduction, p. 6-9. F. Halleyn (édit.), *Metaphor and Analogy in the Sciences*, Dordrecht-Boston, 2000.

proportionnelle suivant sa définition d'origine mathématique posant l'égalité de deux rapports impliquant au moins quatre termes, tantôt sous celle d'une simple comparaison entre deux termes. En tant que technique herméneutique consistant à dégager le sens caché des mots et des propositions, l'allégorie relève de l'inférence analogique ; en tant que trope, elle s'apparente à la métaphore.

Quelle que soit la forme des rapports d'analogie et quel que soit le cadre philosophique et/ou théologique dont elle est solidaire, l'analogie sert à fournir un fondement théorique aux opérations alchimiques, par le biais d'une relation mimétique entre d'une part l'art de la nature – ou de l'artisan divin – , et d'autre part l'art humain. L'analogie sert à justifier le bien-fondé de l'alchimie par l'inférence – sur la base de conceptions cosmologiques communément tenues pour valables – de théories relatives aux processus invisibles et observables de la formation et de la transformation naturelles et artificielles des métaux. L'alchimie relie ainsi entre eux, par voie d'analogie, trois niveaux principaux : le niveau cosmologique général, celui de la théorie de la formation naturelle et la théorie de la transformation artificielle des substances et le niveau de la *practica* opératoire qui réunit théorie et instructions pratiques. L'analogie sert également à faire des inférences ponctuelles concernant les altérations observables au niveau des changements accidentels[1], à les prédire ou à les expliquer *a posteriori.*

Un quatrième niveau, celui des recettes, intervient principalement dans le contexte rhétorique : des métaphores figées propres au domaine artisanal telles que « corps » ou « pierre », « esprit » et « âme »[2], « mort » et « vivant », lesquelles désignent respectivement les substances solides et volatiles, servent de point de départ aux extrapolations allégoriques. Par ailleurs, les recettes sont le plus souvent regroupées indépendamment de tout contexte théorique[3].

On observe un basculement de l'analogie en faveur de la métaphore avec ses diverses fonctions rhétoriques[4] dans les documents de seconde zone qui se fondent tacitement sur des analogies préalablement établies, mais qui n'en retiennent qu'un terme tout en réduisant ou supprimant le contexte philosophique et théologique. Les relations d'analogie entre modèle cosmologique général et domaines relevant de la *practica* n'y sont plus explicitées. Dans cette littérature dérivée, la fonction de l'expression figurée consiste principalement à désigner tout en les dissimulant des sélections d'un corps de savoir tenu pour

1. Sur le rôle de l'observation, voir C. Crisciani, « Esperienza, communicazione e scrittura in alchimia (secoli XIII-XIV) », dans M. Galuzzi, G. Micheli et M. T. Monti (édit.), *Le forme della communicazione scientifica*, Milan, 1998, p. 85-110 ; *cf.* p. 88-92.

2. Voir, à ce sujet, les passages d'Albert le Grand, *De mineralibus* I 1, 1 (éd. Borgnet, 1890).

3. B. Obrist, « Les rapports d'analogie entre philosophie et alchimie médiévales », dans J.-Cl. Margolin et S. Matton (édit.), *Philosophie et alchimie à la Renaissance*, Actes du Colloque international de Tours (1991), Paris, 1993, p. 43-64 ; *cf.* p. 47.

4. Sur le rapport entre l'allégorie « rhétorique » et l'allégorie « herméneutique » médiévale, voir H. Brinkmann, *Mittelalterliche Hermeneutik*, Tübingen, 1980, p. 214 *sq.* ; p. 219 *sq.*

acquis. Selon Petrus Bonus, médecin de la ville de Ferrare dans les années 30 du XIVe siècle, les auteurs de textes alchimiques qui ont recours à l'*alieniloquium*, au *metaphorice* ou au *mystice loqui*, disent une chose tout en en entendant une autre[1]. Lorsque la visée est prioritairement d'ordre didactique, les mêmes métaphores et allégories (dans le sens de métaphores filées) ayant servi à dissimuler l'objet du discours servent à illustrer tel ou tel propos. Dans ce contexte, la métaphore revêt – outre sa fonction d'occultation – une fonction d'illustration, de comparaison, de persuasion et d'aide à la mémorisation.

Du point de vue de leur histoire, ces divers modes de transfert de sens évoluent en fonction des deux grandes étapes de l'alchimie médiévale : celle du XIIIe, puis celle des XIVe et XVe siècles. Le XIIe siècle se présente comme un simple prélude dans la mesure où il s'agit de l'époque des traductions de l'arabe, à commencer par le *De compositione alchimie*, par Daniel de Morley (vers 1144).

A la faveur d'une évaluation positive sans précédent des *teknai* on est plutôt enclin, au XIIIe siècle, à concéder à l'alchimie la possibilité de se fonder sur les principes certains de la *scientia naturalis*. L'alchimie adopte le système physique aristotélicien du changement tant naturel qu'artificiel et adopte la méthode démonstrative correspondante, l'induction fondée sur l'observation des faits particuliers, accidentels, et la déduction à partir de principes universels. Les écrits alchimiques occidentaux de cette époque ne comportent pas de thèmes christologiques et évitent, en règle générale, le recours à la théologie et à l'expression figurée.

Dans la première phase de l'histoire de l'alchimie occidentale, l'analogie sert principalement à rattacher cette discipline nouvellement introduite en Occident au modèle cosmologique aristotélicien et à déterminer, en fonction de ce modèle, les forces macrocosmiques susceptibles de se prêter à la manipulation artisanale. Toutefois, la situation est loin d'être simple dans la mesure où le corpus aristotélicien ne comporte justement pas de minéralogie. Au milieu du XIIIe siècle, Albert le Grand comble cette lacune en faisant sienne la méthode analogique qu'Aristote pratique notamment dans le domaine de la biologie[2]. Dans le sillage d'Aristote, il prend appui sur l'art humain, en l'occurrence celui des mineurs et des alchimistes, pour établir sa théorie minéralogique. Constatant le manque de termes appropriés pour désigner le principe formateur des minéraux et métaux, Albert affirme, à propos de la « vertu » à l'œuvre dans la formation des pierres, la nécessité de recourir aux similitudes *(per similia oportet declarare quae sit illa virtus)*. Albert formule comme suit son analogie : « ... de même que pénètre dans

1. Petrus Bonus, *Margarita pretiosa novella*, Strasbourg, 1613, p. 589-794 ; *cf.* p. 636 *sq.* ; 660 *sq*. C. Crisciani, « The Conception of Alchemy as Expressed in the "Pretiosa Margarita Novella" of Petrus Bonus of Ferrara », *Ambix* 20, 1973, p. 165-181.

2. Voir, entre autres, G. E. R. Lloyd, *Polarity and Analogy, Two Types of Argumentation in Early Greek Thought*, Cambridge, 1966 ; rééd., p. 285 *sq*. J. Vuillemin, *De la logique à la théologie. Cinq études sur Aristote*, Paris, 1967, p. 17 *sq*.

la semence animale – un résidu de la nourriture – une force formatrice animale provenant des récipients séminaux, qui forme et produit l'animal, et qui est dans la semence de la même façon que l'est l'artisan dans l'artefact par son art, de même, dans la matière appropriée à [la formation] des pierres se trouve une vertu formant et produisant des pierres, et qui les amène à la forme de telle ou telle pierre»[1]. De même, Albert le Grand établit la théorie de la formation naturelle des métaux par référence au domaine animal[2], l'action de la semence sur la matrice servant d'*analogon* pour théoriser les rôles respectifs des principes formel et matériel des métaux, le mercure et le soufre: «... de même que dans le corps animal il faut d'abord un juste mélange des humeurs dans la matière, de même il faut, avant qu'un mélange des formes métalliques puisse avoir lieu, que le soufre et le mercure, peut-être aussi du sel, de l'orpiment et quelques autres substances, soient purifiés»[3].

Pratiquant la même méthode en sens inverse, toute une série de textes alchimiques du XIIIe et de la première moitié du XIVe siècle s'efforce de prouver le bien-fondé de l'alchimie, en règle générale sous forme de simples comparaisons. La référence à la génération animale y joue également un rôle privilégié. Celle-ci est d'autant plus justifiée aux yeux des contemporains que les théories alchimiques relatives au rapport entre science et art sont calquées sur celles développées en médecine.

Compilé au milieu du XIIIe siècle par un étudiant en médecine d'origine pisane, Constantinus, le *De secretis alchemie* peut servir d'exemple pour illustrer la tentative, de la part de l'alchimie, de se rattacher à la *scientia naturalis* scholastique. Aucune connaissance de la *Minéralogie* d'Albert ne transparaît dans ces notes de cours qui, en revanche, comportent encore des traces de platonisme chartrain. Pour rendre compte de l'opération alchimique de base, celle de la solidification du vif-argent, Constantinus commence par donner la définition aristotélicienne de la solidification *(congelatio)*, puis il évoque les chapitres des *Météorologiques* qui traitent de la formation de la glace, de la neige et de la grêle; enfin il invite l'artisan à modeler la solidification du vif-argent sur ces processus macrocosmiques[4]. La congélation de l'eau est présentée comme un

1. Albert le Grand, *De mineralibus* I 1, 5 (éd. Borgnet, 1890).

2. Pour les citations, voir Obrist, «Art et nature», 1996, p. 50-51.

3. Albert le Grand, *De mineralibus* III 1, 1 (éd. Borgnet, 1890). Bien que la forme impérative de ce propos fasse penser aux directives opératoires, il est question de la formation naturelles des métaux.

4. Constantinus, *Liber de secretorum alchimie*, ch. 1: «Congelatio secundum Aristotelem est liquabilium partium coadunatio, aut fluxibilium partium inspissatio. De eadem congelatione locus a simili: ait Aristoteles in quarto Metheorum de extraneis superfluitatibus aeris a sole in hyeme non consumptis ex debilitate caloris solis. Interrogat autem Aristoteles de superfluitatibus aeris, et in hyeme, et in frigida regione, et ex solis remotione, quid sit pruina. Pruina, dicit Aristoteles, est congelatio aque in aere ex perflatu boree... Igitur omnis congelatio oportet quod fiat mediante summo frigido liquidum congelando, et hoc totum ex natura.

exemple *(locus a simili)* permettant de déduire la cause à la fois naturelle et artificielle de la congélation : le froid *(igitur omnis congelatio ...)*. Et d'ajouter que l'art doit suivre la nature autant que son infériorité le permet *(De arte uero ...)*[1]. D'autre part, ce texte offre un des rares exemples de recours au domaine théologique : Constantinus explique également la solidification du vif-argent en se référant à l'activité de l'Artisan divin suivant l'interprétation platonisante *secundum physicam* du récit mosaïque. L'activité ordonnatrice divine s'exerce sur les eaux primordiales assimilées à l'*hylé* tout comme l'artisan alchimiste agit sur le vif-argent en le solidifiant[2].

En règle générale, les écrits alchimiques du XIIIᵉ siècle qui tentent de se conformer aux principes et aux méthodes de la science aristotélicienne s'abstiennent de faire intervenir les arguments d'ordre théologique et de pratiquer la dissimulation du sens par le discours métaphorique[3]. Compilée peu après le milieu du XIIIᵉ siècle, la *Summa perfectionis magisterii* du (pseudo) Geber offre le principal témoignage de cette catégorie d'écrits alchimiques[4]. D'autres exemples prééminents sont : Ps. Aristote, *De perfecto magisterio* et Richard l'Anglais, *Correctorium alchimie*[5].

De arte uero que est debilior natura etiam oportet quod sequatur naturam » (éd. Obrist, p. 71, 15-35).

1. On notera en marge qu'Albert, dans ses critiques des failles de la théorie alchimique, attribue la cause efficiente de la formation naturelle des métaux à la chaleur et non pas au froid (*De mineralibus*, III 1, 5). D'où l'importance de l'analogie animale dans sa minéralogie.

2. Constantinus, *Liber de secretorum alchimie*, ch. 4 : « Sed prima congelando, in qua congelatione efficitur causa materialis, ut in prima yles que fuit omnium creaturarum mater, a summo opifice condia.... Demum : "Et spiritus domini ferebatur super aquas..." Et sicud materia primitiua in seipsa fuit confusa, non habendo formam, sic et in congelatione mercurii, qui est tamquam aqua grossa, fluxibilis et invisibilis. Et sicud in primitiua causa spiritus domini ferebatur super aquas, ut dictum est, sic et illud opus consistit in duodecim aquis, ut habetur in operationibus earundem in sequentibus » (éd. Obrist, 1990, p. 78, 36 – 80, 25). Pour une analyse détaillée, voir B. Obrist, « Cosmology and Alchemy. An illustrated 13th century alchemical tract : Constantinus of Pisa, "The Book of the Secrets of Alchemy" », dans *I discorsi dei corpi = Micrologus* 1, 1993, p. 115-160 ; *cf.* 128 *sq.* La comparaison entre la création du monde et l'œuvre alchimique n'est pas fréquente dans la littérature médiévale.

3. Comme le souligne Albert le Grand à propos des écrits alchimiques « hermétiques » d'origine gréco-arabe, leur mode d'expression est contraire à la science et donc à la rationalité. Albert le Grand, *De mineralibus*, III 1, 7 : « Propter hanc quaestionem [celle de la forme spécifique des métaux, identifiée avec celle de l'or] debite discutiendam plurimos inspexi libros alchimicos, et inveni libros illos absque sigillo et probatione, tantum expertis inniti et celare intentionem eorum per verba metaphorica, quae nunquam fuit consuedo philosophiae. Solus autem Avicenna videtur tangere rationes valde paucos ad solutionem dictae quaestionis, nos in aliquo illuminantes » (éd. Borgnet, 1890 ; trad. Wyckoff, 1968, p. 172).

4. W. R. Newman (édit.), *The Summa Perfectionis of Pseudo-Geber. A Critical Edition, Translation and Study*, Leiden, 1991.

5. Les deux textes sont imprimés dans *Verae alchemiae artisque... doctrina*, Basel, 1561.

Au début du XIVe siècle commence à se dessiner une nouvelle orientation doctrinale dans l'alchimie médiévale. À contre-courant des positions généralement défendues après 1277, l'alchimie relie alors nature et surnature, physique et théologie. Elle remet en avant des modes de connaissance non-rationnels basés soit sur l'expérience sensible, soit sur la révélation divine ou les deux à la fois. Les auteurs situent en dehors du cours naturel des choses l'ultime étape transformatrice de l'alchimie, à savoir le changement substantiel qui se produit *in instante*, et n'hésitent pas à faire de cette transformation, qualifiée d'invisible et d'inconnue, une transformation miraculeuse. La foi confère une certitude à ce type de changement. Petrus Bonus se profile, dans les années 30 du XIVe siècle, comme le théoricien de cette nouvelle orientation. Seule la première partie des opérations transformatrices est située dans le domaine de la nature ; la seconde partie, et tout particulièrement l'action de l'agent mystérieux, relèvent du miracle[1].

Dans la perspective scolastique de Bonus, le modèle cosmologique aristotélicien sert à rendre compte de l'activité alchimique jusqu'à un certain point. Au-delà, il s'avère insuffisant. Par ailleurs, ce même modèle fait l'objet de modifications qui reviennent à mettre en cause son fondement même, à savoir la séparation entre sphère céleste divine et sphère sublunaire soumise à la génération et à la corruption. Parallèlement, on introduit un modèle alternatif, celui du Christ médiateur entre les deux sphères. Les écrits alchimiques qui se profilent comme les documents fondateurs de ces nouvelles orientations, le *De consideratione quintae essentiae* de Jean de Roquetaillade et le *Tractatus parabolicus* du pseudo-Arnaud, font à leur tour intervenir la méthode analogique. Dans le premier cas sous la forme de l'analogie proportionnelle telle que la pratique Albert le Grand ; dans le second, sous celle de l'allégorie scripturaire.

Une brève évocation dė l'évolution de l'alchimie en tant qu'artisanat contribuera à mieux faire comprendre les facteurs qui ont provoqué les tentatives pour situer l'alchimie par rapport à de nouveaux cadres conceptuels et le recours aux

1. Petrus Bonus, *Margarita pretiosa novella,* ch. 6 : « Dicimus quod ipsa [alchimia] partim est naturalis et partim divina, sive supra naturam. Si enim consideretur ex parte proiectionis lapidis super imperfecta metalla quia perfecit omnino ipsa autem sicut facit natura... Si autem consideratur ex parte digestionis et generationis et germinationis, et ortus lapidis, hoc est dupliciter : quia aut ex parte sublimationis, in cuius fine germinatur anima candida mediante spiritu, et cum spiritu ipso volans ad coelum. Et hic est lapis patens, et manifestus, et in isto modo est naturalis, germinatio enim nihil aliud est, quam redactio rei ad id quod erat tempore praefinito, et hoc est naturale... aut ex parte fixionis et permanentiae animae et spiritus in fine sublimationis et hoc fit per adiectionem lapidis occulti, qui sensu non comprehenditur, sed intellectu solum per inspirationem, vel revelationem divinam, aut per doctrinam scientis... Et hoc modo alchemia est supra naturam, et est divina ... neque potest assignari sufficiens ratio naturalis... . Et sic cum intellectus non possit hoc comprehendere... oportet ipsum credere, sicut in miraculosis rebus divinis, ita ut fundamentum fidei Christianae, quod supra naturam existit » (*Theatrum chemicum*, Strasbourg, 1613, vol. 5, p. 589-794 ; *cf.* p. 647-648).

modes correspondants de transfert de sens. Au cours du XIIIe siècle, la branche pharmaceutique de l'alchimie acquiert une importance croissante. Il en résulte une innovation majeure, celle de la distillation d'alcool. Ce produit, ainsi que l'or potable, sont autant d'élixirs appliqués à l'homme, en vue de la prolongation de sa vie et même de son rajeunissement. Roger Bacon se profile comme le porte-parole de cette nouvelle pratique[1]. Dès lors l'alchimie est obligée d'expliquer la fabrication de substances qui n'existent pas dans la nature en tant que telles. Il s'agit également de justifier la permanence des produits et de défendre la possibilité de l'effectuer tant au niveau des êtres animés qu'inanimés. L'alchimie n'intervient plus seulement dans le cours de la nature là où celle-ci a failli accidentellement, mais elle manipule maintenant des substances qui ne résultent justement pas de processus naturels. Le rapport mimétique entre nature et art suivant la théorie aristotélicienne se voit mis en question.

Pour expliquer les propriétés et les effets de l'eau de vie, Jean de Roquetaillade (mort aux alentours de 1365), tente de modifier le modèle cosmologique aristotélicien. Dans les écrits de ce franciscain spirituel[2], l'élément premier aristotélicien sert d'*analogon* pour en rendre compte. De la production artificielle de l'alcool, Jean de Roquetaillade conclut implicitement à l'existence d'une substance identique dans la nature qui ne doit rien à l'interaction des qualités élémentaires. Répandue partout dans le monde sublunaire ou obtenu par distillation – la différence n'est jamais clairement établie[3] – cette substance est par rapport aux quatre éléments du corps humain ce qu'est le ciel par rapport aux quatre éléments macrocosmiques[4]. Elle est immuable, tout comme elle rend

1. M. Pereira, « Un tesoro inestimabile : Elixir e "Prolongatio Vitae" nell alchimia de 300 », dans *I discorsi dei corpi = Micrologus* 1, 1993, p. 161-187. M. Pereira, « Teorie dell "elixir" nell'alchimia latina medievale », dans *Le crisi dell'alchimia = Micrologus* 3, 1995, p. 103-148. F. Getz, « Roger Bacon and Medicine : the Paradox of the Forbidden Fruit and the Secrets of Long Life », dans J. Hackett (édit.), *Roger Bacon and the Sciences. Commemorative Essays*, Leiden, 1997, p. 335-364. A. Paravicini Bagliani, *Medicina e scienze della natura alla corte dei papi nel duecento*, Spolète, 1991 ; voir les chapitres « Il mito della prolongatio vitae e la corte pontifica del Duecento : Il "De restauratione accidentium senectutis" », p. 281-326 ; « Ruggero Bacone, Bonifacio VIII e la teoria della "prolongatio vitae" », p. 327-361. A. Calvet, « Le *De vita philosophorum* du pseudo-Arnaud de Villeneuve. Texte du manuscrit B.N. lat. 7817 édité et traduit », *Chrysopoeia* 4, 1990-1991, p. 35-78.

2. J. Bignami-Odier, *Études sur Jean de Roquetaillade*, Paris, 1952. Son *Liber secretorum eventuum* vient de faire l'objet d'une édition et traduction française par R. E. Lerner et Ch. Morerod-Fattebert (Fribourg, Suisse, 1994).

3. Jean de Roquetaillade, *De consideratione quintae essentiae* (*Alchemiae, quam vocant, artisque metallicae, doctrina...*, Bâle, 1572, vol. II, p. 359-446 ; *cf.* p. 367, 374, 380).

4. Jean de Roquetaillade, *De consideratione quintae essentiae*, ch. 2 : « ... *oportet* rem quaerere, quae sic se habeat respectu quatuor qualitatum, quibus compositum est corpus nostrum, sicut se habet coelum respectu quatuor elementorum. Philosophi autem vocaverunt coelum quintam essentiam respectu quatuor elementorum, quia in se coelum est incorruptibile et immutabile et non recipiens peregrinas impressiones, nisi fieret iussu dei. Sic et res quam quaerimus est respectu quatuor qualitatum corporis nostri, quinta essentia, in se incorrup-

incorruptibles d'autres corps: l'observation d'un oiseau, d'un morceau de viande ou d'un poisson plongés dans l'alcool montre à l'évidence qu'ils ne changent plus. Et de conclure que la chair des êtres animés se prête d'autant mieux à une longue conservation[1].

Malgré la référence obligée au cadre physique aristotélicien, Roquetaillade explique la présence de la quintessence – tantôt une substance, tantôt une *virtus* inhérente à cette dernière – dans la partie sublunaire du monde non pas en termes de processus naturels – notamment en termes d'infiltration –, mais par référence à un acte divin délibéré[2]. L'activité alchimique prolonge ainsi l'œuvre divine par la manipulation d'entités permanentes et inchangeables qui ne relèvent que partiellement de la nature, par définition la sphère du changement.

En principe, cette activité vise bien le seul corps. Mais il n'en reste pas moins que l'importance croissante de la perspective anthropocentrique ouvre la voie à la prise en considération de réalités spirituelles ayant trait à l'esprit humain. Pour Jean de Roquetaillade, le savoir-faire alchimique est la prérogative des hommes évangéliques pour subvenir à leurs besoins tant corporels que spirituels à l'approche de la fin des temps[3]. Tout comme la médecine joue un rôle de science modèle par rapport à l'alchimie dans le cadre de la *scientia naturalis*[4], l'alchimie adopte maintenant des conceptions médicales développées dans les cercles anti-scolastiques. Dans ce contexte doctrinal, la notion d'*exemplum* joue – comme Antoine Calvet l'a montré – un rôle pivot. Plus précisément, il s'agit de l'idée du Christ comme exemple de toutes choses, idée qui se rattache aux courants

tibilis...» (*Alchemiae, quam vocant, artisque metallicae, doctrina...*, Bâle, 1572, vol. II, *cf.* p. 366-367).

1. Jean de Roquetaillade, *De consideratione quintae essentiae* (*Alchemiae, quam vocant, artisque metallicae, doctrina...*, Bâle, 1572, vol. II, p. 368).

2. Jean de Roquetaillade, *De consideratione quintae essentiae*, ch. 1 : «Secretum primum est, quod per vitutem, quam Deus contulit naturae conditae, et humano magisterio subiectae, potest homo incommoda senectutis, quibus nimis in antiquis viris Evangelicis impediuntur opera Evangelicae vitae, curare, et amissam iuventutem iterum restaurare ... , quod maius secretum est, quam sit in tota natura... ; ch. 2 : «Hoc est in quo laboraverunt omnes quaerere rem creatam ad hominum usum aptam, quae possit corruptibile corpus a putrefactione servare, servatum, sine diminutione conservare, conservatum, si foret possibile, perpetuare in esse». Puis : «Talis est radix vitae essentia quinta, quam creavit Altissimus in natura, ut possit supplere necessitati corporis... . Et dixi quod quintam essentiam creavit Altissimus, quae extrahitur de corpore naturae creatae a Deo cum artificio humano et nominabo eam tribus nominibus suis a philosophis sibi impositis. Vocatur aqua ardens, anima vini, seu spiritus, et aqua vitae...» (*Alchemiae, quam vocant, artisque metallicae, doctrina...*, Bâle, 1572, vol. II, p. 363 ; 367).

3. Jean de Roquetaillade, *De consideratione quintae essentiae* (*Alchemiae, quam vocant, artisque metallicae, doctrina...*, Bâle, 1572, vol. II, p. 368).

4. B. Obrist, «Alchemie und Medizin im 13. Jahrhundert», *Archives internationales d'histoire des sciences* 43, 1993, p. 209-246.

spirituels issus de Joachim de Flore et des franciscains spirituels comme Jean Olivi[1].

La notion du Christ exemple de toutes choses est d'abord introduite dans le domaine médical. Arnaud de Villeneuve (env. 1240-1311) se profile comme le chef de file de cette thèse. Brièvement esquissées, les vues théologiques arnaldiennes sont les suivantes : par rapport aux médecins, le Christ exemple de toutes choses est *Summus medicus*. Les médecins quant à eux sont des instruments de Dieu[2] et la médecine est un *donum dei* (*Ecclesiasticus* 38, 1-11)[3]. Par leur vie conforme à celle du Christ, par la pratique de l'humilité et de la piété, les frères mineurs, les *parvuli Christi*, présentent des *exempla* de la perfection évangélique[4]. La connaissance des choses leur est accordée *revelatione vel experimento*[5], au moyen de signes déposés dans la nature et dans l'Écriture[6]. Arnaud de Villeneuve accorde à la médecine un rôle de premier ordre dans l'économie chrétienne du salut. Non seulement le corps mais aussi l'âme humaine font l'objet des pratiques médicales dont l'objectif ultime est la restauration de l'homme et de la nature macrocosmique à leur pureté primitive.

En accord avec ces thématiques, Arnaud de Villeneuve transpose également dans le domaine médical la distinction entre sens littéral et sens spirituel, propre à l'exégèse biblique. Dans le commentaire à ses *Parabolae medicae*, il explique que le sens littéral convient aux doctrines et règles médicales *(canones)* relatives aux remèdes destinés au corps humain ; le sens spirituel, au domaine spirituel. Tout en l'assimilant à la *similitudo* et à l'*exemplar*, Arnaud explique le terme de « parabole » par le fait que les réalités à la fois invisibles et spirituelles sont couramment désignées par les choses visibles. Le point de référence scripturaire essentiel est la Sagesse de Salomon[7].

1. A. Calvet : « Alchimie et joachimisme dans les Alchimica pseudo-arnaldiens », dans S. Matton et J.-C. Margolin (édit.), *Philosophie et alchimie à la Renaissance*, Paris, 1993, p. 93-107. A. Calvet, « Le *Tractatus parabolicus* du pseudo-Arnaud de Villeneuve », *Chrysopoeia* 5, 1992-1996, p. 145-171 ; *cf.* p. 151 *sq.*

2. Cette esquisse s'appuie sur l'étude très dense de C. Crisciani, « Exemplum Christi e sapere : Sull epistemologia di Arnaldo da Villanova », *Archives internationales d'histoire des sciences* 28, 1978, p. 245-292 ; *cf.* p. 274 ; 281.

3. Crisciani, 1978, p. 270, 281, 284.

4. Crisciani, 1978, p. 251.

5. Crisciani, 1978, p. 272-273.

6. Crisciani, 1978, p. 250.

7. Arnaud de Villeneuve, *Commentum magistri Arnaldi de Villa nova super suis parabolis* (*Arnaldi de Villanova medici acutissimi Opera nuperrime revisa* : *una cum ipsius vita recenter hic apposita. Additus est etiam Tractatus de philosophorum lapide intitulatus*, Lyon, 1520), fol. 272 ra – 272 vb. Inc. : « Omnis medela procedit a summo bono. Medela est beneficium sanationis ... ». *Cf.* fol. 272 va : « Nam invisibilia per visibilia designantur et ab ista consideratione vocaverunt supra in titulo canones his descriptos parabolas ... Parabola enim similitudo interpretatur, et unusquisque istorum canonum medicationis corporalis est similitudo vel exemplar canonis particularis ad medicationem spiritualem quia vivens est commune nomen tam corpori quam spiritui ». P. Diepgen, *Des Meisters Arnold von Villanova*

Comme il incombait à la branche pharmaceutique de l'alchimie de produire la médecine universelle susceptible de régénérer le microcosme et le macrocosme, les alchimistes proches des milieux arnaldiens ne tardent pas à introduire dans leurs écrits le concept du Christ exemple de toutes choses. De fait, ce concept est promu au rang de fondement théorique de l'activité transformatrice des alchimistes. Plus précisément, les auteurs établissent un rapport mimétique direct entre les faits de la vie du Christ et la praxis alchimique. Celle-ci se double, de par la nature même du modèle, d'une dimension spirituelle. Ainsi, l'opération alchimique basée sur l'imitation du Christ se réalise maintenant tant dans le domaine des substances corporelles que dans la vie spirituelle de l'artisan. C'est dans ce contexte qu'est mis à contribution l'allégorie scripturaire, tout d'abord en tant que méthode d'inférence analogique.

Mis en circulation sous le nom d'Arnaud au courant de la première moitié du XIVe siècle, le *Tractatus parabolicus* introduit l'allégorie sous la forme de la concordance typologique entre l'Ancien et le Nouveau Testament. Les prophéties vétéro-testamentaires n'y sont pas seulement considérées comme autant de paraboles se rapportant au Christ, mais également comme une référence au mercure, la substance de base de toute opération alchimique. Les passages introducteurs de ce texte fondateur de la nouvelle orientation expliquent la finalité du recours au texte saint et plus particulièrement au modèle christique :

> Commençons des *exempla* sur l'art des philosophes [en nous inspirant] des dits et des paraboles des prophètes à propos de la venue du Christ. On peut en effet comprendre cet art en se référant à ladite venue et même en fixer le régime, le Christ étant l'exemple de toutes choses. C'est-à-dire que selon la conception, la génération, la nativité et la passion du Christ, il est possible de parvenir à la connaissance de notre élixir en le comparant au Christ à partir de ce que les prophètes ont prédit[1].

Puis l'auteur inconnu du *Tractatus parabolicus* explicite l'intention qui motive le recours aux rapports typologiques entre d'une part les paroles des prophètes et le Christ, et d'autre part l'art alchimique, à savoir la légitimation par l'autorité biblique de la crédibilité de l'alchimie : « Nous avons la preuve que l'art alchimique est vrai à cause de la parole d'Isaïe : "Un rejeton sortira de la souche de Jessé…" »[2]. Dans ce traité, le rapport typologique est désigné par le terme *similitudo*.

Parabeln der Heilkunst. Aus dem Lateinischen übersetzt, erklärt und eingeleitet, Leipzig, 1922 ; *cf.* p. 66-67.

1. *Tractatus parabolicus* : « In nomine domini nostri Ihesu Christi et matris sue uirginis Mariae incipidendum exempla in arte philosophorum secundum magistrum Arnaldum de Villa Nova. Incipiamus exempla in arte philosophorum in dictis prophetarum ac parabolis eorum de aduentu Christi. Et secundum aduentum potest comprehendi hec ars et elegi etiam in regimine suo quia Christus fuit exemplum omnium rerum et secundum conceptionem et generationem et natiuitatem et passionem Christi potest comprehendi elixir nostrum et [secundum] predicta prophetarum Christo comparari » (éd. trad. comm. Calvet, 1992-1996, p. 160/161).

2. *Tractatus parabolicus* : « Item probamus artem esse ueram et possibilem per uerbum Ysaie prophete dicentis : "Egredietur uirga de radice Yesse et de radice exiet flos et descendet

Un autre passage introducteur rappelle l'acte divin qui a rendu possible la régénération de la création, l'Incarnation. Une phrase de Jérémie, «Dieu créé du nouveau sur terre», sert de point de départ. L'interprétation de ce texte d'un point de vue alchimique met l'accent sur la composition élémentaire des choses terrestres, à commencer par le premier homme Adam, puis sur les souffrances du second Adam, en vue du traitement du mercure[1]. A la suite de cette introduction, les inférences typologiques se suivent à un rythme de plus en plus soutenu. Elles consistent à citer un prophète, à interpréter ses paroles dans le sens de la venue du Christ, puis à établir une concordance entre le Christ et le mercure. La désignation concurrente de vif-argent, jamais prononcée dans ce texte, est à l'origine des nombreuses variations métaphoriques sur l'opposition vie/mort. À titre d'exemple:

> Le prophète Jonas : "Jonas demeura trois jours dans les entrailles du poisson". Ainsi le Christ demeura dans un tombeau trois jours après sa mort. De même pour le mercure : il doit rester après la mort trois jours dans le tombeau. Le prophète Job : "Dans ma chair je verrai Dieu". Après sa revivification le Christ fut plus beau et plus fort qu'il ne l'était avant ... De même le mercure après sa résurrection et sa revivification est plus beau, plus pur et plus noble en vertu[2].

En établissant une relation mimétique directe entre le modèle du Christ et l'opération alchimique, l'analogie mise en œuvre dans le *Tractatus parabolicus* court-circuite la formation naturelle des substances. La démonstration rationnelle du bien-fondé de l'activité transformatrice alchimique cède la place à l'évocation d'un *exemplum* apte à susciter l'adhésion affective: la passion du Christ provoque la compassion et le désir de l'imiter. Par la praxis de la transformation des substances corporelles se réalise celle de la transformation spirituelle du prati-

et quiescet". Hic demonstratur quod uirgo beata que fuit uirga exiuit de radice Yesse et "flos", id est Christus exiuit de radice quia natus recepit carnem humanam in uirgine que nata fuit de radice Yesse. "Ascendit", id est positus fuit Christus in curce, "quiescet" et quieuit per tres dies» (éd. trad. comm. Calvet, 1992-1996, p. 160/161).

1. *Tractatus parabolicus*: «Incipiamus primo ad Ieremiam prophetam: "Deus fecit nouum super terram". In hoc comprehenditur quod omnia que sub celo sunt et creata et perfecta per dispositionem Dei ad formam debitam supra terram et in terram reuertuntur. Et Deus uoluit mittere filium pro humano genere fieri in terra et de terra, id est nasci de urigine ... Et primus homo, pater noster Adam, fuit factus ex terra et aqua: et mercurius similiter ex terra et aqua, et ideo per similitudinem prophetarum mercurius comparatur homini, et uegetabili quia uegetabilia composita sunt ex quatuor elementis et habent originem in terra et supra terram... Vnde nobis primo per potentiam suam uel gratiam largitus est quod de inuisibili uisibile possumus facere et naturam administrare ... (éd. trad. comm. Calvet, 1992-1996, p. 160/161).

2. *Tractatus parabolicus*: «Ionas propheta: "Tribus diebus stetit Ionas in uentre ceti". Ita Christus post mortem tribus diebus fuit in monumento. Etiam de mercurio: post mortem debet stare tribus diebus in monumento... Job propheta: "In carne mea uidebo Deum". Et post uiuificationem Christus fuit pulcrior et fortior quan antea esset: demonstrauit potentiam suam, uirtutem et pulcritudinem suis prophetis et apostolis. Et sic mercurius post resuscitationem et uiuificationem est pulcrior, purior et nobilior in uirtute» (éd. trad. comm. Calvet, 1992-1996, p. 164/165).

quant. Cette dernière dimension de l'acte mimétique accompli par l'alchimiste ressort surtout dans les passages consacrés à l'interprétation anagogique des souffrances corporelles du Christ :

> On compte quatre sortes de passions et de résurrections dans le Christ attestées par les docteurs. La première passion du Christ, ce fut quand il a été pris ... puis fouetté et frappé sur tout le corps avec une telle violence des coups que le sang s'écoulait de la tête le long du corps ... jusqu'à terre. Et par ce sang si précieux nous sommes rachetés[1].

Parmi les premiers textes à faire intervenir, à la suite du *Tractatus parabolicus*, l'allégorie christique figure un autre texte du corpus des écrits pseudo-arnaldiens, le *Liber de secretis nature* (ou *De lapide philosophorum*). Les premiers chapitres de ce document développent une thématique caractéristique du corpus pseudo-arnaldien, celle du rapport entre sens littéral et sens figuré[2]. Comme le *Tractatus parabolicus*, ce texte-ci conclut des épisodes de la vie du Christ aux opérations que l'alchimiste doit exécuter. Au début du chapitre consacré à la «préparation de la pierre et au mode de son opération», l'auteur avertit le lecteur qu'il aura recours à l'expression métaphorique : «... je dirai le mode de toutes ces opérations ... en des paroles claires pour l'homme intelligent mais obscures pour l'ignorant»[3]. Néanmoins, il désigne par son nom propre la substance de base sur laquelle doit opérer l'alchimiste, à savoir le mercure.

La première instruction concernant la préparation de la pierre se conforme au schéma du *Tractatus parabolicus* : de la correspondance typologique entre l'Ancien Testament et la vie du Christ est inférée une opération alchimique. Mais la suite est développée selon les règles de la métaphore continuée. Le mercure n'est plus appelé par son nom propre, mais par une série de désignations métaphoriques basées sur les caractéristiques de ses divers états, à commencer par «mère couleur de pourpre» : «Comme le monde a été perdu par une femme, il fallait qu'il fut restitué par une femme. Prends donc la mère couleur de pourpre et mets-la dans le lit avec ses fils ...». Cette mère portera un fils qui sera battu par des verges. Puis : «Encore une fois, prends-le [le fils] et livre-le pour qu'il

1. L'enchaînement des arguments se présente comme suit : «Et Christus fuit nobis exemplum in hac arte. In Christo habemus exemplum morte sua, passione, resurrectione et transmigratione. Quaeritur qualiter mercurius per Christi passionem et morte in cruce regatur. Et per eius resurrectionem et transmigrationem perficitur ars. Hic in Christo quatuor passiones et resurrectiones notantur secundum doctores uerum esse. Prima passio Christi fuit quando captus fuit et ligatus ... euerberatus et percussus in corpore suo uerberatione tali et percussione quod suum pretiosissimum corpus a capite per corpus usque in terram fluebat sanguis. Et illo sanguine pretiosissimo redempti sumus» (*Tractatus parabolicus*, éd. trad. comm. Calvet, 1992-1996, p. 164/165-166/167). Pour les quatre passions corporelles, voir Calvet, 1992-1996, p. 153-154.

2. *Supra*, p. 247 n. 1.

3. *De secretis nature* : «Et ideo in primo omnium operationum eius dicam viam summi philosophi, et Hermetis, verbis claris intelligenti, obscuris autem ignoranti» (éd. trad. comm. Calvet, 1997-1999, p. 192/193).

soit crucifié par les juifs»[1]. Et de conclure que, sous peu le fils crucifié se relèvera «de la mort à la vie»[2]. Bien qu'il prenne pour point de départ la concordance entre l'Ancien et le Nouveau Testament, ce texte dérivé combine l'allégorie christique avec les désignations métaphoriques des recettes et développe l'ensemble en séries d'équivalences qui relèvent de l'allégorie événementielle. Comme le souligne A. Calvet, les variations allégoriques sur le thème de la crucifixion ne sont pas sans rappeler un terme technique de la sublimation du mercure in *crucibulo*[3]. La fonction de ces allégories consiste à ponctuer les stades essentiels des opérations par des images frappantes. L'hypothèse d'une fonction mnémonique semble d'autant plus fondée que l'auteur fait savoir, au début du chapitre, que ses connaissances alchimiques lui ont été transmises par deux enseignants, «l'un de mes frères supérieurs» et un «moine d'Allemagne»[4].

Attribué à Jean de Roquetaillade[5], le *Liber Lucis* (ou *De confectione veri lapidis philosophorum*) se réfère au *Tractatus parabolicus* d'Arnaud dans une version qui, d'après les recherches d'A. Calvet, ne nous est pas parvenue[6]. D'orientation exclusivement pratique, ce traité-ci consiste en une série d'instructions opératoires divisée en six étapes, le but avoué étant l'obtention d'une poudre – la pierre – apte à transformer les métaux imparfaits en métaux précieux[7]. L'auteur fait intervenir ce qu'il appelle les *dicta* arnaldiens aux points essentiels de ses instructions, puis il reprend le fil de son propre discours en interprétant ces *dicta* conformément à ses propres intentions.

La première opération a trait à la sublimation du mercure et du soufre. La seconde consiste à extraire l'esprit du mercure sublimé, de couleur blanche, appelé «quinte essence» puisque cet esprit «est presque aussi incorruptible que

1. *De secretis nature*: «Mundus autem fuit perditus per feminam, modo oportunt ut per feminam esset restitutus. Matrem igitur pupruram accipias et eam in lecto cum filiis ponas ... Et iterato eum capias et Judeis ad crucifigendum tradas» (éd. trad. comm. Calvet, 1997-1999, p. 192/193-194/195).

2. *De secretis nature*, p. 192/193.

3. Calvet, 1997-1999, p. 173.

4. *De secretis nature*, p. 192/193.

5. Pour les arguments en faveur de cette attribution, voir R. Halleux, «Les ouvrages alchimiques de Rupescissa», *Histoire littéraire de la France*, 41, 1981, p. 241-278.

6. Jean de Roquetaillade, *Liber Lucis* (*De confectione veri lapidis philosophorum*): «Natura seu materia lapidis res vilis precii, ubique reperibilis... Lapis ex mercurio et sulphure. Et de praedicta praeparatione... dixit magister Arnoldus de Villanova, in *Tractatu parabolico* de maiori edicto...» (*Theatrum chemicum*, Strasbourg, 1613, vol. III, p. 179-188; *cf.* p. 179-180).

7. Jean de Roquetaillade, *Liber Lucis* (*De confectione veri lapidis philosophorum*): «Sexta operatio docet lapidem iam completum perfici ad rubeum, nil penitus addito nilque remoto, sic videlicet: Extrahe de vase praedicto quod vocatur sepulchrum philosophorum: et magister Arnoldus dixit, quod lapis est clausus in eo, ut Christus in sepulchro. Et partem unam, quam volueris pulveris sine tactu accipe... iubente magistro Arnaldo qui dicit: postquam lapis pervenit ad perfectionem albedinis, non sentiat poenas crescentis ignis...» (*Theatrum chemicum*, Strasbourg, 1613, vol. III, p. 184-185).

le ciel»[1]. Arnaud est cité à propos de la quatrième opération, la dissolution du mercure dans l'urine et sa distillation dans l'alambic où il monte de la même manière que «l'eau de vie». Précisant que cette opération était inconnue de Geber et d'Avicenne, mais décrite par Arnaud, l'auteur présente le premier *dictum* arnaldien comme une expression figurée qui exige la mise à nu de son sens littéral: «... maître Arnaud affirme qu'il faut exalter le fils de l'homme dans la croix de l'air. Interprété littéralement, cela signifie que la matière dissoute dans le fond de l'urinal remonte, très pure, sous forme d'esprit, se transforme en air, et est exaltée dans la croix de la tête de l'alambic, comme le Christ qui est élevé sur la croix d'après les propos de maître Arnaud»[2]. Puis: «C'est la raison pour laquelle la pierre blanche est rendue rouge par la force du feu. Et ainsi a lieu l'ascension du Christ ....»[3]. La sixième opération, qui consiste à parfaire la pierre, est à nouveau mise en parallèle avec une étape de l'histoire du Christ, cette fois-ci sous la forme d'une seule comparaison: «Extrais-la [la pierre] du vase sus-dit, appelé sépulcre des philosophes. Et maître Arnaud affirme que la pierre y est enfermée comme le Christ [l'a été] dans le sépulcre».

L'auteur du *Liber lucis* interprète un certain nombre de paroles arnaldiennes relatives au Christ comme autant de figures renvoyant à un sens littéral alchimique. Le choix du mot *dictum* indique que ces *dicta* font autorité et présupposent, de ce fait, un rapport univoque entre allégorie christique et contenu alchimique, rapport que l'interprète explicite à sa façon. Par ailleurs, il présente ses interprétations des *dicta* de maître Arnaud et ses propres instructions comme relevant d'un discours qui renonce à toute stratégie de transfert de sens. Prenant à son

1. Jean de Roquetaillade, *Liber Lucis (De confectione veri lapidis philosophorum)*: «Spiritus ille fere incorruptibile sicut coelum...» (*Theatrum chemicum*, Strasbourg, 1613, vol. III, p. 181).

2. Jean de Roquetaillade, *Liber Lucis (De confectione veri lapidis philosophorum)*: «Quarta operatio est, ut digestionem praedictam in urinali ponas clauso in balneo infra ollam plenam aqua, donec tuus spiritus dissolvatur in aquam. Qua dissolutione facta et completa, pone desuper alembicum... demum da ignem, et ascendet stilla roris madii in modum aquae vitae, lucida lacryma oculi, lac virginis... a Gebero numquam cognita... Hanc Hermes pallavit, Alphidius aptavit, Rosarius intellexit, magister Arnoldus dictavit. Nam de hac quarta operatione quae dicitur expresso lactis virginis, dicit magiser Arnoldus, quod oportet exaltare filium hominis in aeris cruce: quod est ad literam, de materia tertia operatione digesta, quae trita ponitur ad dissolvendum in fundo urinalis, ascenditque quod ibi est, purissimum et spirituale, et in aerem sursum convertitur, et in cruce exaltatur capitis alembici, quasi Christus, ut magister Arnoldus dicit, elevatur in cruce» (*Theatrum chemicum*, Strasbourg, 1613, vol. III, p. 182-183).

3. Jean de Roquetaillade, *Liber Lucis (De confectione veri lapidis philosophorum)*: «Ideo lapis albus per vigorem ignis efficitur rubeus. Et ita ascendit Christus de sepulcro rex excelsus rexuscitatus a mortuis cum diademate rutillante». Cité par A. Calvet d'après BNF, ms nouv. acq. fr. 4141, fol. 34v (Calvet, 1997-1999, p. 149, n° 22).

compte un vieux topos de la littérature alchimique, il affirme qu'avant lui « nul n'a écrit ouvertement sur cette science et cette vérité »[1].

Contrairement aux documents pseudo-arnaldiens, ce texte-ci fait intervenir les *dicta* relatifs au Christ dans le seul contexte de la *praxis* alchimique. Il illustre ainsi l'une des difficultés principales auxquelles se heurte l'historien lorsqu'il soulève la question de la fonction et du statut précis des allégories christiques : au-delà du fait qu'elles rendent hommage à une autorité et qu'elles détiennent une fonction rhétorique illustrative et mnémonique, renferment-elles également une dimension doctrinale ? En supposant que Roquetaillade soit effectivement l'auteur de ce texte – les références au *De quinta essentia* laisseraient plutôt supposer le contraire –, on serait tenté de prendre en considération ses vues spiritualistes. Mais il reste que le contexte des citations est neutre de sorte que toute tentative de réponse relève, dans ce cas-ci, de la pure conjecture.

Les deux textes pseudo-arnaldiens et le texte attribué à Roquetaillade ont en commun l'établissement d'un rapport direct entre le modèle christique et la dimension opératoire de l'alchimie. Aux faits relatifs à la vie du Christ tels qu'ils sont annoncés dans l'Ancien Testament et narrés dans le Nouveau Testament correspondent des séquences d'activité artisanale. On conclut des altérations du corps du Christ et des transformations radicales de sa nature au début et à la fin de sa vie terrestre aux étapes consécutives de la transformation alchimique. Ainsi, le mimétisme artisanal ne se réalise plus par rapport à une théorie des mécanismes macro- et microcosmiques de la nature, mais dans la reprise d'événements centraux de l'économie chrétienne du salut. Mais par ailleurs, seul le *Tractatus parabolicus* pratique l'inférence analogique de façon systématique. Dans les autres textes, le recours aux allégories christiques relève avant tout de la stratégie rhétorique : les événements de la vie du Christ sont sélectionnés et organisés en des métaphores filées et des allégories événementielles en sorte que ces séquences suggèrent un double-sens alchimique. Puis l'auteur les interprète du point de vue de leur signification alchimique. Le nouveau champ thématique repose sur la fonction centrale de l'expression figurée dans les textes alchimiques : l'occultation.

Dans les traités alchimiques de la première moitié du XIVe siècle qui adoptent le modèle christique, le texte biblique sert de fondement doctrinal pour renforcer la crédibilité de l'alchimie. Toutefois, le modèle christique comporte une dynamique susceptible de conduire à la négation de l'autorité textuelle, biblique ou autre. Ce pas est franchi dans un traité alchimique vernaculaire – flamand – de la seconde moitié du XIVe siècle. L'auteur de ce texte en vers, dépourvu de titre mais intitulé, dans l'édition établie par H. Birkhan, *Introduction à*

1. Jean de Roquetaillade, *Liber Lucis (De confectione veri lapidis philosophorum)* : « ... ante me nullus hominum in aperto hanc scientiam et veritatem scripsit » (*Theatrum chemicum*, Strasbourg, 1613, vol. III, p. 185).

l'alchimie, se nomme Gratheus[1]. La filiation pseudo-arnaldienne y reste présente d'abord par une allusion aux distorsion infligées au discours par les paraboles qui conduisent l'alchimiste à opérer avec des coquilles d'œufs et des cheveux[2] puis par la thématique de la passion, de la mort et la résurrection du Christ. Mais en faisant appel à la fiction du savoir non-livresque, l'auteur invite son auditeur, dans une application novatrice du topos d'origine augustinienne du lecteur illettré[3] – à savoir ignorant le Latin – à se tourner vers la partie la plus noble de la nature, le ciel. L'auteur va plus loin encore dans sa négation des connaissances livresques et du langage humain qui les véhiculent : le livre céleste n'est pas couvert de lettres mais d'images. Le rapport entre ciel et étoiles offre une analogie de la forme des récipients : « De même que le firmament entoure les étoiles, de même la forme doit entourer les récipients »[4]. L'image du saint sépulcre apparaît au firmament sous forme de constellation[5]. Contrairement aux paraboles livresques d'invention humaine, les images du livre céleste ne prêtent pas à confusion. En tant que « miroir et exemple manifeste de l'alchimie », elles sont universellement accessibles et permettent la contemplation directe de leur contenu alchimique. Ce livre est « plus compréhensible que tout ce qu'un homme pourrait noter sur un livre ». Quant aux astronomes professionnels, ils sont incapables de déchiffrer l'écriture céleste d'un point de vue alchimique[6].

1. H. Birkhan (éd. trad. comm.), *Die alchemistische Lehrdichtung des Gratheus filius philosophi in cod. Vind. 2372. Ein Beitrag zur okkulten Wissenschaft im Spätmittelalter*, Vienne, 1992, 2 vol. Le texte étant dépourvu de titre (Inc. : « Enech god jn drie persone ... »), nous adoptons celui que lui attribue H. Birkhan. Pour un résumé en français du contenu, voir H. Birkhan, « L'alchimie de Gratheus filius philosophi et ses problèmes », dans *Alchimie, art, histoire, mythes* (cité p. 247 n. 2), p. 191-202.

2. Gratheus, *Introduction à l'alchimie*, vers 36 *sq.* : « Hier bi verkeerden si haer spraken/ in parabelen ende ombonden/ ende seiden dat si hadden vonden/ die sciencie openbare/ in scalen van eyeren ende in hare/ in sulfre in soute in arsenike/ ... » (éd. trad. comm. Birkhan, 1992).

3. Augustin, *Enarrationes in psalmos,* XLV 7 (*CCSL* 38, Turnhout, 1956).

4. Nous donnons une traduction littérale du texte. Gratheus, *Introduction à l'alchimie,* vers 1555-1558 : « Gelijc dat tfirmament/ alden sterren es omtrent/ so gelijc moet al desen/ de vorme omtrent de vate wesen » (éd. trad. comm. Birkhan, 1992).

5. Gratheus, *Introduction à l'alchimie*, vers 815-819 : « Vanden sterren die hier sijn bleuen/ willic noch exempel geuen/ dat tekin es na thelich graf/ dat ons god te kenne gaf/ oostwaert ant firmament ». Le vers 1416 renvoie à une figure dessinée, celle de la tête du Christ entourée de récipients (Birkhan, 1992, fig. p. 86). B. Obrist, « Visualization in Medieval Alchemy », *HYLE-International Journal for Philosophy of Chemistry*, 9, 2003, p. 1-40 ; *cf.* p. 20 *sq.*

6. Gratheus, *Introduction à l'alchimie*, vers 703-708 ; 717-720 ; 737-742 : « Diet vroet ware van astronomien/ hi vonde al twerc van alkemien/ an dat firmament bescreuen/ dies hier niet es achter bleuen/ verstandeliker dan enich man/ in enegen bouc gescriuen can ... . Dat groete vroescap heeft/ dient god te kenne gheeft/ hets spiegel ende exemplare/ van alkemien openbare... . Hier beghint dat men mach scouwen/ an tfirmament in goeder trouwen/ enen spieghel die es scone/ van vii sterren anden strone/ die moeder es der naturen/ na Iesu graf met ere figuren ... » (éd. trad. comm. Birkhan, 1992).

Mais il reste que le rapport spectateur-image supplante la fusion émotionnelle entre le Christ «*exemplum* de toutes choses» et l'artisan alchimique dans l'exercice de ses fonctions artisanales. L'auteur du traité évoque plusieurs fois le rôle pédagogique de l'*exemplum*[1] centré sur ce qu'il appelle les *experimenta judeorum*: «Si je vous ai présenté les *experimenta judeorum*, ceci était en tant qu'*exemplum*. De même que les juifs ont capturé Notre Seigneur et l'ont soumis à de sévères tortures, de même notre Mercure est capturé, battu et privé de son âme»[2].

L'auteur de ce traité flamand impute explicitement une fonction didactique à ses *exempla* christiques. Ces *exempla* ne sont plus des métaphores qui nécessitent une interprétation, comme dans le *Liber lucis,* mais, présentés tels quels, dans la forme d'allégories événementielles, ils ont prioritairement une fonction mnémonique: les luttes et ébats auxquels se livrent les substances personnifiées sont suffisamment singuliers pour se graver dans la mémoire, remplissant ainsi l'une des exigences de l'art de la mémoire. Ils aident à inculquer les principes présidant à la *praxis* alchimique. Par ailleurs, ce texte-ci est d'une orientation très technique, incluant recettes et descriptions d'appareils accompagnées de leurs représentations picturales, comme par exemple un pressoir d'huile[3]. Dans ce domaine encore, les séries de mots inventés tels que *bima, alpha, fumera* et *tenicula* qui désignent les appareils et les substances *(satifera, ylarus, multipos)* ont une fonction mnémonique[4]. La présentation versifiée contribue au même but en se prêtant à la récitation orale.

Au début du XVe siècle, les traditions combinées de l'alchimie comme discipline relevant à la fois de la *scientia naturalis* et de la *scientia supra-naturalis* d'une part, de la tradition de la spiritualité franciscaine de l'autre, culminent dans deux documents richement illustrés qui initient la dernière phase de l'évolution de l'alchimie médiévale, l'*Aurora consurgens* et le *Livre de la Sainte Trinité*[5]. Très éloigné de toute considération d'ordre artisanal, le premier document systématise les concordances bibliques en affirmant que l'Écriture sainte

1. Gratheus, *Introduction à l'alchimie*, vers 697-700: «... als ghi wel sult verstaen/ bi exemplen harde zaen/ als ic hu hier sal toghen/ dat ghijt moogt zien met ogen» (éd. trad. comm. Birkhan, 1992).

2. Gratheus, *Introduction à l'alchimie*, vers 793-802: «Al seidic hu hier te uoren/ experimenta judeorum/ het was exempel al/ als ic noch wel tonen sal/ die joden vinghen onsen here/ dien sie pijnden harde zere/ ende tormenten ende aldus/ so wert geuaen mercurius/ ende wert gepijnt ende geslegen/ ende sine ziele vut ghedregen». Vers en latin, non numérotés: «Est hec scriptura iudeorum/ experimenta qae *(sic)* non faluntur/ ex omnium natura ponuntur/ hec humanorum metallum/ philosophorum et firmamenti quoque/ sunt elementi» (éd. trad. comm. Birkhan, 1992, p. 48).

3. Gratheus, *Introduction à l'alchimie*, vers 474 *sq.*

4. Gratheus, *Introduction à l'alchimie*, vers 64 *sq.*, 1075 *sq.*

5. La comparaison entre la Trinité et la pierre philosophale se trouve dans le traité pseudo arnaldien *De secretis nature*, au début du chapitre qui renferme les allégories christiques (éd. trad. comm. Calvet, 1996-1999, p. 164). Toutefois, elle n'y est pas développée.

dans son intégralité se compose de paraboles susceptibles de renfermer un sens alchimique[1], depuis la création jusqu'à l'Apocalypse. Une partie de l'*Aurora consurgens* est néanmoins consacrée aux comparaisons tirées de processus naturels *(secundum processum naturae)*[2]. Le *Livre de la Sainte Trinité*, rédigé pendant le Concile de Constance et dédié au margrave de Brandebourg en 1419, renoue avec le courant issu des milieux franciscains, y compris l'intérêt qu'il porte aux recettes. Cette fois-ci, l'imitation de l'*exemplum* christique dans la *praxis* alchimique se présente sous la forme de la mystique du Sacré-Cœur; le texte même de ce traité richement illustré est arrangé en forme de cœur[3]. Toutefois, si Jean de Roquetaillade combat l'Antéchrist issu de la lignée de Frédéric II dans le *Liber secretorum eventuum*, Ulmannus, auteur présumé du *Livre de la Trinité*, met à la disposition du dernier empereur Frédéric les bénéfices de l'art alchimique pour le soutenir dans la lutte contre l'Antéchrist. L'élément novateur de ce second document de la fin du Moyen Age réside dans le fait que le programme politique auquel adhère ce franciscain sous-tend à la fois le niveau mystique et le niveau alchimique de son discours. Les stratégies rhétoriques complexes de ces textes demandent à être analysées.

Au terme de ce tour d'horizon des diverses techniques de transfert de sens dans les textes alchimiques de la seconde moitié du Moyen Age, il est possible d'affirmer que, loin de se réduire à un simple procédé rhétorique destiné à illustrer tel ou tel procédé artisanal ou telle ou telle théorie relative à la production artificielle de substances corporelles, l'introduction dans l'alchimie médiévale de thèmes christiques a valeur de seuil dans l'histoire de cette discipline. Elle marque un tournant dans le rapport entre art et nature, le modèle aristotélicien et scolastique de ce rapport étant sinon supplanté, du moins complété ou subverti par le recours à un modèle cosmologique christocentrique. Enfin, un nouveau seuil est franchi avec l'abandon de l'autorité livresque et le recours direct au livre de la nature, moins équivoque que le langage humain. Ce seuil franchi par l'auteur du texte alchimique flamand mène aux conceptions qui sont développées et systématisées au XVIe siècle.

1. *Aurora Consurgens*: «Tota divina pagina parabolice procedit. Nam Christus filius dei modum servavit eundem et dixit: Ego sum vitis vera et pater meus agricola est: nunc attendite sonum verborum et intellectum intrinsecum ...», et ainsi de suite (éd. trad. comm. M.-L. von Franz; trad. Fr. E. Perrot et M.-M. Louzier, *Le lever de l'aurore*, Paris, 1982, p. 220).

2. *Ibidem*, p. 222.

3. B. Obrist, Les *début de l'imagerie alchimique (XIVe-XVe siècles)*, Paris, 1982, 117 *sq.*

AUDE MAIREY

PRATIQUES DE L'ALLÉGORIE DANS LA POÉSIE ANGLAISE DU XIVe SIÈCLE

Allégorie chrétienne et allégorie littéraire : dans l'étude de la littérature en langue vernaculaire, leurs rapports ont généralement été pensés en termes d'influence de la première sur la seconde. De fait, l'allégorie littéraire est très présente dans la littérature anglaise du XIVe siècle, de même que dans d'autres littératures en langue vernaculaire, par exemple celle de la France. Mais aborder ces types d'allégorie conduit à un obstacle majeur : celui de leur définition. Dans un souci de clarté, nous envisagerons ici l'allégorie chrétienne ou exégétique dans son sens le plus large, celui qui relève de l'interprétation de la Bible. Dans cette acception, l'allégorie est souvent assimilée au sens spirituel, par opposition à son sens restreint impliqué par la théorie des quatre sens de l'exégèse, où l'allégorie ne représente qu'une partie du sens spirituel[1]. L'allégorie littéraire recouvre pour sa part un vaste champ allant de la personnification à un schéma narratif très construit ; nous y reviendrons plus loin.

Les critiques littéraires anglo-saxons se sont largement penchés sur la nature des rapports existants entre ces deux types d'allégorie. Cette question a provoqué un vif débat après la deuxième guerre mondiale, débat qui a revêtu une grande importance pour l'évolution des études littéraires outre-Manche. Deux "écoles" se sont en effet opposées, l'école exégétique, pour laquelle les textes littéraires ne pouvaient être interprétés qu'à la lumière de l'exégèse chrétienne, et l'école dite du *New Criticism*, qui a insisté au contraire sur l'interprétation interne et formelle des œuvres[2].

N'est-il pas possible d'aborder cette question autrement, en termes d'accès au texte sacré ? Les traces d'une allégorie chrétienne dans des textes en langue vernaculaire nous y incitent, car il y a une relation forte entre cette allégorie et l'accès aux Écritures – et donc à leur interprétation. Celle-ci a posé de nombreux problèmes à l'institution ecclésiastique dans les derniers siècles du Moyen Age. Les débats sur la transmission des enseignements relatifs à la foi ont été

1. Sur l'allégorie exégétique, voir bien sûr les travaux d'H. de Lubac, *Exégèse médiévale. Les quatre sens de l'Écriture*, 4 vol, Paris, 1959-1964, ainsi que le livre de G. Dahan, *L'exégèse chrétienne de la Bible en Occident médiéval, XIIe-XIVe siècles*, Paris, 1999.

2. Voir la mise au point d'A. Middleton, « Medieval Studies », dans S. Greenblatt et G. Grinn (édit.), *Redrawing the Boundaries*: *The Transformation of English and American Literary Studies*, New York, 1992, p. 12-40.

nombreux en son sein, même pour des enseignements de base, comme le *credo*[1]. L'Angleterre des XIIIe et XIVe siècles a représenté un cas relativement exceptionnel, car une transmission des enseignements fondamentaux en langue vernaculaire a été encouragée par les plus hautes autorités ecclésiastiques, notamment dans les textes littéraires[2]. Dans cette optique, ne peut-on dépasser – sans l'oublier – la question des relations entre allégorie interprétative et scripturaire pour s'interroger sur celles qui peuvent exister entre une allégorie exégétique cléricale et savante et une allégorie vernaculaire ?

Mon objectif est donc de dépasser cette seule question des liens entre allégorie des clercs et allégorie des poètes et de revisiter cette problématique dans une perspective historique, dans le cadre plus large d'une réflexion sur les interactions entre les textes littéraires, leurs auteurs, et l'évolution du système de communication anglais à la fin du Moyen Age. Ce système de communication est entendu ici comme l'ensemble des éléments permettant de communiquer au sein d'une structure sociale précise possédant un langage et des codes communs[3]. Il connaît alors de profondes transformations, dont les deux principales sont l'extension de la *literacy*, c'est-à-dire l'aptitude à lire et à écrire, et l'expansion de l'anglais par rapport au latin mais aussi au français, langue des élites depuis la conquête normande de 1066[4]. Cela se traduit par un développement d'une culture écrite de plus en plus centrée sur les laïcs. La composition de nombreuses œuvres littéraires en anglais en est un signe important, notamment dans la seconde moitié du XIVe siècle. Un autre signe de ce développement est une intense circulation des idées issues d'une culture savante (notamment universitaire), en particulier à Londres[5].

L'objet de cette communication est de proposer quelques hypothèses de travail sur la manière dont des auteurs qui écrivent dans une langue vernaculaire, en l'occurrence l'anglais, conçoivent leurs pratiques allégoriques (dans tous les sens du terme) dans le cadre de leur projet général d'écriture. Ce dernier n'est pas uniquement d'ordre esthétique. Il est en effet non seulement littéraire, mais aussi didactique, spirituel et politique. Geoffrey Chaucer, un des poètes les plus importants de cette période, écrit lui-même à la fin de son œuvre la plus célèbre, les *Canterbury Tales*, en citant l'épître aux Romains (15, 4) : « Nos Écritures le

1. Je renvoie ici aux actes du colloque de l'École française de Rome, *Faire croire. Modalités de la diffusion et de la réception des messages religieux du XIIe au XVe siècle*, Rome, 1981, et en particulier à l'article de J.-Cl. Schmitt, « Du bon usage du Credo », p. 337-361.

2. H. L. Spencer, *English Preaching in the Late Middle Ages*, Oxford, 1993, p. 207 *sq.*

3. J.-P. Genet, « Histoire et système de communication », dans J.-P. Genet (édit.), *L'Histoire et les nouveaux publics dans l'Europe médiévale (XIIIe-XVe siècles)*, Paris, 1997, p. 11-29 ; S. Menache, *The Vox Dei. Communication in the Middle Ages*, New York et Oxford, 1990.

4. Voir notamment M. Clanchy, *From Memory to Written Records, 1066-1307*, Londres, 1979, et J. Coleman, *Medieval Readers and Writers*, Londres, 1981.

5. W. Courtenay, *School and Scholars in Fourteenth-Century England*, Princeton, 1987, p. 356-382.

disent: *Tout ce qui est écrit est écrit pour notre édification*, et c'est bien là mon dessein»[1].

L'utilisation et l'adaptation de l'allégorie chrétienne forment ainsi une problématique valide, mais complexe. Car cette allégorie représente à la fois un type de discours clérical et un exemple de circulation des idées qui conduit à la constitution d'une culture spécifique. C'est pourquoi il est nécessaire de mener une réflexion plus large que celle qui porte sur les liens proprement dits entre allégorie littéraire et allégorie chrétienne, bien que ces liens ne doivent pas être mis de côté, d'autant qu'un terrain d'étude privilégié est constitué par les textes littéraires allégoriques.

Étant donné la richesse de cette littérature, nous n'aborderons dans ces pages que deux auteurs, à la fois représentatifs et très spécifiques: Geoffrey Chaucer et William Langland. Ces deux auteurs sont à peu près contemporains car ils ont tous deux écrit dans la seconde moitié du XIVe siècle. Leurs œuvres sont d'une très grande richesse et ont connu une diffusion importante. Il nous reste plus de 80 manuscrits des *Canterbury Tales* de Chaucer et plus de 50 manuscrits du *Piers Plowman* de Langland, ce qui est considérable.

Dans un premier temps, nous replacerons ces auteurs à la fois dans leur contexte littéraire et dans une perspective historiographique, avant de nous pencher sur leurs pratiques proprement dites et de nous interroger sur la manière dont ils utilisent et adaptent certains éléments de l'allégorie chrétienne dans leur construction poétique. Il faut préciser que ces pratiques sont envisagées sur le plan du contenu et de l'interprétation et non sur le plan formel. Enfin, nous tenterons de montrer comment elles s'inscrivent dans un projet plus vaste, qui vise à constituer un nouveau type de discours, dirigé en priorité vers les laïcs.

L'opposition entre allégorie des poètes et allégorie des théologiens a souvent été évoquée à l'époque médiévale: c'est la distinction entre l'*allegoria in factis* – celle qui repose sur des faits, la réalité des Écritures – et l'*allegoria in verbis* – qui repose sur des mots et donc des fictions – qui remonte à saint Augustin[2]. Elle est reprise dans de nombreuses études actuelles. Il importe avant tout de replacer cette opposition dans ce double contexte, avant d'en proposer un dépassement.

Dans l'Angleterre du XIVe siècle, les textes qui utilisent l'allégorie comme construction littéraire sont foison, tout comme en France. Il y a d'ailleurs une forte influence des textes français sur les textes anglais, que l'on voit bien, par exemple, dans le fait que Chaucer a traduit une partie du *Roman de la Rose* et

1. *Canterbury Tales* X 1083: «For oure book seith, "Al that is written is writen for oure doctrine", and that is myn entente». Toutes les citations de Chaucer proviennent de l'édition dirigée par L. Benson, *The Riverside Chaucer*, Oxford, 1987; toutes les traductions des *Contes de Canterbury* sont d'André Crépin, Paris, 2000.

2. Cette opposition est énoncée dans le livre I de la *Doctrina Christiana*: *cf.* Dahan, *L'exégèse chrétienne*, p. 302 *sq.*

certains passages des trois *Pèlerinages* (de la vie humaine, de l'âme et du Christ), œuvres allégoriques de Guillaume de Digulleville (début du XIVe siècle)[1].

La définition de cette allégorie littéraire est cependant autant sujette à controverse que celle de l'allégorie interprétative chrétienne. Nous prendrons pour point de départ celle qu'en donne Armand Strubel dans son ouvrage *Grant senefiance a: Allégorie et littérature au Moyen Age*[2]. Cette étude porte sur la France, mais bien des conclusions sont sans doute valables pour l'Angleterre, étant donné les rapports étroits entre les productions des deux pays. Selon lui,

> le principe directeur de l'écriture allégorique médiévale est la combinaison de la métaphore et de la personnification, avec une importance variable des deux figures selon les textes... ; un autre trait fondamental est la coexistence des pratiques liées à la description/énumération ("allégorie statique") et de pratiques narratives ("allégorie dynamique" – les limites de ces formulations sont très approximatives)[3].

Ainsi définit-il deux pôles autour desquels s'organise une œuvre allégorique, qui agissent constamment entre eux.

Un trait supplémentaire est que, de même qu'en France, beaucoup d'œuvres allégoriques anglaises emploient le songe pour structurer leur propos. Selon Armand Strubel toujours, l'emploi du songe permet de marquer la dualité des discours (littéral et allégorique) grâce à l'impression d'étrangeté qu'il met en œuvre[4]. Mais le rêve permet aussi une plus grande liberté pour innover formellement ou pour dire des choses indirectement (notamment sur le plan politique). Il offre également l'occasion d'une réflexion sur les liens entre vérité et fiction et plus généralement, sur la conscience qu'a le poète de sa propre création poétique. Le rêve, plus encore lorsqu'il est couplé à une construction allégorique, permet au poète d'affirmer sa dimension subjective et personnelle, en même temps que de se justifier et de renforcer le poids didactique de son œuvre[5].

Dans la seconde moitié du XIVe siècle, beaucoup de textes assez courts et généralement anonymes ont recours à la construction allégorique, souvent sous forme de rêve. Mais il y a aussi de nombreux textes très importants, tant par leur taille que par leur contenu et leur diffusion. Parmi eux, nous pouvons citer la *Confessio amantis* de John Gower, *The House of Fame*, *The Book of the Duchess* ou encore *The Parliament of Fowles* de Chaucer et le *Piers Plowman* de William Langland. Nous reviendrons largement sur *Piers Plowman* et sur *The House of Fame*.

1. Sur Digulleville et l'allégorie, voir F. Pomel, *Les Voies de l'au-delà et l'essor de l'allégorie au Moyen Age*, Paris, 2001.

2. Paris, 2002.

3. Strubel, *Grant senefiance a*, p. 42-43.

4. *Ibid*, p. 44-45.

5. Pour un dévéloppement sur la question, je me permets de renvoyer à ma thèse, *La vision du monde dans la poésie allitérative anglaise du XIVe siècle*, Université Paris I, déc. 2002, p. 47-49.

L'interprétation de ces textes a fait l'objet de nombreux débats historiographiques en Angleterre. Une mise au point est indispensable car, comme nous l'avons mentionné en introduction, les réflexions à propos de l'influence de l'allégorie interprétative ou exégétique – l'« allégorie des théologiens » – sur ces textes littéraires, sont anciennes et ont structuré une grande partie de la critique anglo-saxonne depuis les années 1950[1]. Pour l'école du *New Criticism*, l'étude et l'interprétation d'un texte donné doivent d'abord être formelles et internes. Elle s'oppose à l'école exégétique, sur laquelle nous insisterons davantage. Celle-ci a été représentée essentiellement par Durant Waite Robertson et Bernard Huppé. Pour eux, la littérature, et pas seulement la littérature allégorique, est imprégnée et structurée par l'exégèse : « La possibilité que Chaucer ou n'importe quel autre écrivain important du XIVe siècle puisse avoir une vision littérale de la Bible est, historiquement parlant, extrêmement improbable »[2]. Dans un autre ouvrage, ils sont encore plus catégoriques : « La fonction du poète était d'exprimer en termes figuratifs ... la vérité doctrinale que l'homéliste et le confesseur présentaient directement »[3]. Les auteurs de l'époque auraient été si conditionnés par les méthodes de l'exégèse biblique qu'ils les auraient appliquées à tous les écrits et à toutes les interprétations, y compris celles de leurs propres œuvres.

Dans les années 1970, David Aers a violemment critiqué les interprétations de l'école exégétique, sans pour autant être un tenant du *New Criticism* (c'est, en fait, un critique d'inspiration marxiste). Dans son ouvrage *Piers Plowman and Christian Allegory*, il s'emploie à démontrer que les tenants de l'interprétation exégétique ont trop souvent plaqué sur les textes la théorie des quatre sens de l'exégèse et celle de la distinction entre allégorie littéraire (celle des mots) et allégorie des théologiens (celle des faits), provoquant ainsi une distorsion entre ces théories et les pratiques des divers auteurs, aussi bien d'ailleurs les poètes que les théologiens et les exégèses. C'est cette distorsion que David Aers critique en premier lieu[4] et il s'emploie à démontrer que les pratiques des auteurs de textes littéraires – et il s'attache surtout à l'exemple de *Piers Plowman* – sont extrêmement complexes et que les poètes ne se sont pas contentés de reproduire un schéma théorique. De fait, les analyses de Durant Waite Robertson et Bernard

1. Middleton, « Medieval Studies ».

2. D.W. Robertson, B. Huppé, *A Preface to Chaucer*, Princeton, 1953, p. 314-315 : « The possibility that Chaucer or any other prominent poet of the fourteenth century could take a literal view of the Bible is, historically speaking, extremely unlikely ».

3. D.W. Robertson, B. Huppé, *Fruyt and Chaf, Studies in Chaucer's Allegories*, 1963, p. 10 : « The poet's function was to express in terms of the figurative and the fabled the doctrinal truth which the homilist and the confessor presented directly ».

4. D. Aers, *Piers Plowman and Christian Allegory*, Londres, 1975, p. 1-2 : « Literary criticism is concerned with doctrine and the theology, whether among exegetes or poets, only *in relation to* the literary produce, and this obliges us to resist those critics who confuse dogmatic theory with what is actually produced by figurative writers and interpreters. Any meaningful statements about the relationships between exegesis and poetry must present a critical analysis which take such distinctions into account ».

Huppé sont empreintes d'un systématisme trop réducteur, même si certaines de leurs conclusions peuvent être réexaminées avec plus de sérénité.

L'analyse de David Aers présente des points très intéressants, mais il est possible de la dépasser. L'étude de ces textes doit être replacée dans une perspective historique plus vaste. Cela est d'autant plus justifié qu'il est difficile de mesurer précisément ce qui a pu les influencer : dans la plupart des cas, nous connaissons mal le parcours culturel précis des auteurs de ces textes. Mais les auteurs des grands œuvres allégoriques en anglais ont tous vécu à une période de profondes transformations culturelles, et ils ont participé à ces transformations. Ces auteurs sont soit des laïcs, comme Geoffrey Chaucer, qui a notamment travaillé pour l'administration royale[1], soit des clercs. Dans ce dernier cas, ce sont souvent des clercs qui écrivent au moins en partie pour un public laïc. C'est le cas de Langland, qui a probablement été un clerc mineur vivant de subsides laïques. Ces hommes écrivent en anglais, durant une période où cette langue est en plein développement, en tout cas sous sa forme écrite, et ils contribuent de manière importante à son façonnement.

Tous ces textes, nous l'avons dit, ont des dimensions multiples, esthétiques mais aussi politiques, didactiques et spirituelles. L'œuvre la plus diffusée de Chaucer, les *Canterbury Tales*, se compose de contes qui reprennent et manipulent de nombreux genres littéraires comme les fabliaux, la chanson de geste, les miroirs au prince etc.[2] Ces contes se terminent cependant (l'ordre voulu par Chaucer prête à conjecture, mais la disposition de la fin est à peu près certaine) par un véritable traité pénitentiel (le *Parson's Tale*, « Conte du Curé ») et par une rétractation, dans laquelle il avoue que son but est avant tout de réfléchir sur le salut de l'homme. *Piers Plowman*, que William Langland a sans cesse remanié pendant plusieurs décennies, est une longue quête du narrateur, *Will*, pour son salut et pour celui de la société. Ce poète joue également avec différents genres tels que la satire, la chanson d'aventure, mais aussi avec différents types de discours, dont le discours universitaire.

Ces poètes se démarquent en partie d'une culture savante, autrement dit universitaire (pour autant que l'on sache, ni l'un ni l'autre n'ont été à l'université, mais on sait que Chaucer a eu des contacts avec des universitaires), et ils contribuent à la constitution progressive d'une culture davantage axée sur les laïcs, élément que nous évoquions en introduction. Cependant, ils ne rejettent pas tout. Langland, par exemple, critique souvent le système universitaire et la sophistication de la connaissance, mais il n'hésite pas à aborder des thèmes théologiques fondamentaux, comme la grâce et la prédestination, le tout dans une langue qui n'a pas le statut d'autorité du latin. De même, Chaucer a traduit en anglais la *Consolation* de Boèce et mène une réflexion importante sur le statut de la connaissance dans nombre de ses textes.

1. D. Pearsall, *The Life of Geoffrey Chaucer*, Oxford, 1992.
2. H. Cooper, *The Canterbury Tales*, « Oxford Guides to Chaucer », Oxford, 1989.

L'étude des rapports entre l'écriture des poètes, pas seulement allégorique, et l'allégorie exégétique peut donc être considérée de manière dynamique et globale. Il s'agit de s'interroger sur la manière dont les poètes transforment et adaptent un type de discours, ici le discours clérical de l'allégorie chrétienne, pour la constitution de leur propre discours. Leurs réponses sont extrêmement variées.

Les pratiques allégoriques de Langland et de Chaucer sont apparemment divergentes. Dans *Piers Plowman*, les pistes d'exploration les plus nettes se situent sur le plan du schéma narratif du poème, tandis que, pour les œuvres de Chaucer, les adaptations sont plus apparentes dans la réflexion conduite sur la fonction et la place du poète. Cependant, les points communs et les stratégies des deux hommes convergent parfois de manière surprenante.

Le poème de Langland s'est d'autant plus facilement prêté à une interprétation exégétique que sa dernière partie remet en scène l'histoire du christianisme et l'avènement du Christ dans un enchevêtrement d'allégories extrêmement complexes. Il faut d'abord résumer le contenu narratif de ce texte, même si ce résumé ne peut en refléter toute la richesse. La version B du poème (il en existe au moins trois versions), qui date des années 1370, a une longueur de plus de 7 000 vers[1]. Elle est structurée par huit visions différentes séparées par les réveils et les assoupissements successifs du rêveur, subdivisées en un prologue et vingt *passus*. Dans le courant de son poème, Langland emploie tout ce qu'Armand Strubel a identifié comme composantes d'une construction allégorique : les métaphores et les personnifications, ainsi que la mise en place d'un schéma narratif fondé sur la coexistence de l'allégorie statique et de l'allégorie dynamique. Les deux premières visions sont centrées sur la société humaine (prologue et *passus* 1 à 7). Les troisième et quatrième visions (*passus* 8 à 14) nous représentent le narrateur, Will, en quête d'un concept volontairement flou, Bien-Faire *(Dowel)*. Dans ces visions, Will rencontre de nombreuses figures d'autorité et explore différents modes cognitifs et psychologiques.

Les quatre dernières visions (*passus* 15 à 20) nous intéresseront davantage car c'est là qu'intervient la réécriture de l'histoire de la chrétienté. Il est donc nécessaire de donner quelques détails. Le *passus* 15 (début de la cinquième vision) est constitué par un discours d'*Anima*. Ce personnage représente l'âme dans son entier (*Anima* est considéré comme un personnage masculin). Les thèmes de son discours sont l'Église et la charité. Il livre une violente critique de l'institution ecclésiastique, tout en aiguillant le narrateur vers l'importance de la charité. Au *passus* 16, Will tombe dans un rêve intérieur et contemple tout d'abord l'arbre de charité, allégorie particulièrement subtile. Le gardien en est *Piers Plowman*.

1. L'édition utilisée est celle d'A. V. C. Schmidt, *The Vision of Piers Plowman, Version B*, Londres, 1978, 1987. J'ai effectué la traduction de cette version, intitulée *Pierre le laboureur*, Paris, 1999.

Cet arbre est attaqué par le diable, ce qui conduit Piers à raconter la venue du Christ sur terre, son éducation et sa passion. Au *passus* 17, le narrateur sort du rêve intérieur et rencontre Foi, qui est aussi Abraham. Ce dernier lui apprend qu'il est à la recherche d'un chevalier, Jésus. Il discourt sur la Trinité puis revient à Jésus qui doit sauver les anciens de l'Enfer. Survient alors Espoir, ou Moïse, qui cherche également Jésus et présente les tablettes sur lesquelles sont gravés les deux premiers des dix Commandements. Un troisième personnage entre en scène, le bon Samaritain, qui sauve un homme blessé que les deux autres ont été incapables de secourir. Will suit le Samaritain qui se rend à une joute à Jérusalem. Au *passus* 18 (sixième vision), la Passion est à nouveau racontée. Elle est alors envisagée comme une joute entre Jésus, la Mort et les forces de l'Enfer. Après la mise en croix et la levée des morts, le narrateur se retrouve en enfer et assiste à une dispute entre les quatre filles de Dieu, Miséricorde et Paix d'une part, Vérité et Justice de l'autre. S'ensuit un débat (qui a une forme juridique) entre Lucifer et le Christ. Au *passus* 19 (septième vision), la Passion est une dernière fois mise en scène et le narrateur assiste à la construction de la forteresse chrétienne, Unite, sous la direction de Piers et de Conscience. Dans le dernier *passus* (huitième vision), cette forteresse est attaquée par l'Antéchrist et ses disciples, et le poème s'achève sur le départ de Conscience, qui s'en va à la recherche de Piers et de *Grace*. Ce survol ne peut que suggérer la richesse de la trame narrative du poème.

Les rapports de la dernière partie du poème avec l'allégorie chrétienne, et plus généralement avec l'exégèse, sont importants. Mais Langland ne reproduit pas mécaniquement les théories exégétiques ou allégoriques pour raconter de manière figurée ce que les homélistes et les confesseurs racontent de manière directe. Si l'un des objectifs des derniers *passus* est certes de montrer la centralité du concept de charité dans le christianisme, les conceptions de Langland en la matière s'écartent de la norme, malgré la reprise d'éléments pouvant sembler évidents pour les théologiens. Dans le domaine de l'approche de la nature du christianisme et du divin, Langland a des positions relativement originales, même si elles ne sont pas uniques. Il faut les considérer rapidement avant d'en étudier les rapports avec le discours exégétique, plus particulièrement allégorique. Nous nous concentrerons sur deux éléments: la vision du Christ et l'affirmation de la possibilité du salut universel.

Langland a une vision du Christ en partie conforme à celle des grands courants de pensée du Moyen Age central. L'accent est mis sur l'humanité du Christ, mais en partie seulement[1]. Cette vision est perceptible à travers les récits de la vie et de la passion du Christ. Ces derniers sont nombreux dans le poème, surtout ceux des derniers *passus*. Au *passus* 16, le premier récit prend place dans

1. Sur cet aspect, voir A. Vauchez, «Les Voies du Salut dans l'Église latine», dans M. Mollat et A. Vauchez (édit.), *Histoire du Christianisme des origines à nos jours*, tome VI: *Un temps d'épreuves (1274-1449)*, Paris, 1990, p. 414-446.

le contexte de la lutte contre le Diable. Dans cette narration, le Christ est surtout envisagé comme un guérisseur :

Pierre le Laboureur comprit que le moment était proche et lui apprit l'art du médecin, afin qu'il puisse sauver sa vie et que, si son ennemi le blessait, il sache se guérir lui-même. Et il lui fit éprouver ses facultés de médecin sur des malades, jusqu'à ce qu'il soit un praticien hors pair, capable de traiter toutes les urgences. Il se mit alors en quête des malades et des pécheurs de même, et soigna à la fois les malades et les pécheurs, les aveugles et les estropiés ; et il convertit les femmes de mauvaise vie à la vertu : *Non est sanis opus medici set male habentibus*. Les lépreux, les muets, les gens affligés de coliques sanguinolentes – il les guérissait, encore et toujours. Il ne voyait là rien de miraculeux, excepté lorsqu'il guérit Lazare, qui gisait mort depuis quatre jours dans sa tombe, et qu'il le fit se lever et marcher, vivant. Mais, avant d'accomplir ce miracle, *mestus cepit esse*, et les larmes coulaient de ses yeux ; nombreux furent les présents qui le virent. Certains témoins de l'événement déclarèrent alors que Jésus était le Médecin de la Vie, et le Seigneur du Ciel[1].

Le précepteur du Christ est Piers, personnage éponyme du poème qui a, à plusieurs niveaux, le statut de guide des hommes et des âmes. C'est sans doute un moyen pour le poète de mettre l'accent sur l'apprentissage que doit faire Dieu de la nature humaine. Ce passage exprime une humanité profonde ; l'importance donnée aux larmes du Christ, qui constituent en elles-mêmes un miracle, en est un signe fort[2].

Dans les *passus* suivants, le Christ est vu davantage comme un chevalier et un roi. Le récit du passus 18 est structuré autour de l'image de la joute et du duel judiciaire entre le Christ et le Diable. Mais lorsque le Christ apparaît, il est déguisé et porte les armes de Piers :

Ce Jésus, dans sa grande noblesse, a l'intention de combattre sous les couleurs de Pierre, portant son casque et sa cotte de maille, son *humana natura*. Afin de ne pas être reconnu comme *consummatus Deus*, il enfourchera son destrier habillé de la simple veste du laboureur, Pierre. Mais aucun des coups qu'il recevra dans sa forme humaine ne pourra le blesser *in deitate Patris*[3].

Là encore, il y a une insistance profonde sur l'humanité du Christ. Celle-ci est représentée comme son armure et son déguisement, mais c'est d'abord elle qui

1. *Piers Plowman* B XVI 103-118 : « And Piers the Plowman parceyved plener tyme, / And lered hym lechecraft his lif for to save, / That though he were wounded with his enemy, / And dide hym assaie his surgenrie on hem that sike were, / Til he was parfit praktisour, if any peril fille ; / And soughte out the sike and synfulle bothe, / And salvede sike and synfulle, bothe blynde and crokede, / And commune wommen convertede to goode : / *Non est sanis opus medici set male habentibus* [Mt 9, 12]. / Bothe meseles and mute, and in the menyson blody / Ofte he heeled swiche, he ne held it for no maistrie, / Save tho he leched Lazar, that hadde yleye in grave / *Quatriduanus* quelt – quyk dide hym walke. / Ac ar he made the maistrie, *mestus cepit esse* / And wepte water with hise eighen – ther seighen it manye. / Some that the sighte seighen seiden that tyme / That he was leche of lif, and lord of heigh hevene ».

2. Sur les larmes, voir P. Nagy, *Le don des larmes au Moyen Age*, Paris, 2000.

3. *Piers Plowman* B XVIII 22-26 : « This Jesus of his gentries wol juste in Piers armes, / In his helm and in his haubergeon – *humana natura*. / That Crist be noght biknowe here for *consummatus Deus*, / In Piers paltok the Plowman this prikiere shal ryde ; / For no dynt shal hym dere as *in deitate Patris* ».

est perçue. Il ressemble dans ce passage à un héros des *romances*, mais selon James Simpson, la signification de ce passage va bien au-delà de la présentation d'un héros victorieux, car «elle est utilisée par Langland pour signaler un nouvel ordre spirituel et une nouvelle hiérarchie de noblesse spirituelle»[1].

Le récit du *passus* 19 enfin, raconté par Conscience, représente une synthèse des narrations précédentes :

Et, soudainement, je rêvai de Pierre le Laboureur. Couvert de sang des pieds à la tête, il entra, portant une croix, et là, devant tout le monde, il ressemblait trait pour trait à notre Seigneur Jésus. Alors, j'appelai Conscience pour qu'il me dise la vérité. "Est-ce Jésus ? demandai-je, qui a combattu dans la joute et fut mis à mort par les juifs ? Ou est-ce Pierre le Laboureur ? Qui l'a peint ainsi tout en rouge ?" Conscience s'agenouilla et répondit : "Ce sont les armes de Pierre – ses couleurs et ses armoiries. Mais celui qui vient ainsi, tout couvert de sang, est le Christ avec sa croix, le conquérant des Chrétiens"[2].

Les premiers vers dramatisent plus encore l'humanité du Christ que les passages précédents. Ce dernier est pratiquement identifié à Piers. Ces vers sont parmi les rares où le Christ est représenté dans sa souffrance : il est tout en sang. Mais Conscience explique ensuite comment le Christ est devenu un conquérant, en le présentant comme un jeune chevalier puis comme un roi et à nouveau comme un guérisseur. Le fait que le récit soit mis dans la bouche de Conscience, qui domine l'action des deux derniers *passus*, suggère une intériorisation profonde de cette approche du Christ.

La mise en valeur de l'humanité du Christ n'est pas en soi d'une grande originalité. C'est plutôt la manière dont Langland utilise cet élément et ce qu'il en fait qui est digne d'attention. En effet, par rapport à des tendances générales reconnues, certaines différences sont notables. D'une part, nous ne sommes pas en présence d'une vision réellement doloriste du Christ. Il apparaît plus souvent comme un vainqueur – un conquérant – que comme un être souffrant. La soif de connaissance qu'il manifeste renforce cette vision positive. Son précepteur est Piers et au *passus* XIX, Conscience met largement l'accent sur l'apprentissage de l'humanité du Christ.

Plus généralement, pour décrire la relation à Dieu, l'accent est mis sur l'amour, la grâce et la miséricorde et le poème fait apparaître une vision fondamentalement positive et évangéliste. Langland semble vouloir un accès plus direct au divin, ce qui peut être rattaché à une conception plus ouverte du salut.

1. J. Simpson, *Piers Plowman, An Introduction to the B-text*, Londres, 1990, p. 212: «...the image of the knightly Christ, victorious in his disguise as a peasant, is taken by Langland to signal a new spiritual order, and a new hierarchy of spiritual nobility».

2. *Piers Plowman* B XIX 5-14: «...and sodeynly me mette / That Piers the Plowman was peynted al blody, / And com in with a cros bifore the comune peple, / And right lik in alle lymes to Oure Lord Jesu. / And thanne called I Conscience to kenne me the sothe: / "Is this Jesus the justere, quod I, that Jewes dide to dethe ? / Or it is Piers the Plowman ! Who peynted hym so rede ?" / Quod Conscience, and kneled tho, "Thise arn Piers armes – / Hise colours and his cote armure; ac he that cometh so blody / Is Crist with his cros, conquerour of Cristene"».

La conception du salut universel n'est pas tout à fait explicite, mais elle semble bien apparaître dans la bouche même du Christ, au *passus* 18, lorsque celui-ci défend ses droits contre Lucifer:

> Les diables et les diablotins se tiendront devant moi, prêts à accomplir mes ordres, quels qu'ils soient. Mais quand cela se produira, ma propre nature plaidera pour que je me montre miséricordieux envers l'humanité, car nous sommes frères par le sang, même si nous ne le sommes pas tous par le baptême. Mais ceux qui sont mes frères dans tous les sens du terme, par le sang et par le baptême, ne seront pas condamnés à la mort qui ne connaît pas de fin. *Tibi soli peccavi* ... [Ps 50, 6]. [...] Et si moi, le Roi des Rois, j'apparais au moment où le Jugement dernier envoie les méchants à la mort, la loi dispose que, si je les vois, il dépend de ma grâce qu'ils meurent ou qu'ils ne meurent pas pour le mal qu'ils ont fait. Et si quelque circonstance vient atténuer la gravité de leur péché, j'ai le pouvoir d'exercer ma miséricorde, en toute justice et sans faillir à la vérité de ce que j'ai dit. Et, bien que les Écritures soulignent que je dois punir ceux qui font le mal – *nullum malum impunitum* – ils iront dans ma prison, le Purgatoire ; là, ils seront nettoyés, entièrement lavés de leurs péchés, jusqu'à ce que *Parce* crie "Assez !'. Ma miséricorde se manifestera envers des myriades de mes frères[1].

Malgré les ambiguïtés du texte, il semble bien que Langland fasse allusion ici au concept du salut universel, c'est-à-dire au fait que tous les baptisés, quels que soient leurs péchés, sont en définitive sauvés. Selon Nicholas Watson, cette position est alors défendue de manière plus ou moins explicite par plusieurs écrivains de langue vernaculaire (anglais, mais aussi français), en particulier Jean de Mandeville, Margery Kempe et, bien sûr, Langland[2]. Pour ce dernier, Watson montre bien que ce n'est pas – et de loin – la seule position possible par rapport au salut, mais qu'elle révèle néanmoins un optimisme fondamental:

> L'universalisme clairement impliqué dans cette scène est un pôle vital de la pensée de Langland, un but vers lequel toute son entreprise est dirigée ... le désir que le Christ sauve le

1. *Piers Plowman* B XVIII 374-396a: «Fendes and fendekynes bifore me shul stande / And be at my biddyng wheresoevere be me liketh. / Ac to be merciable to man thanne, my kynde it asketh, / For we beth bretheren of blood, but noght in baptisme alle. / Ac alle that beth myne hole bretheren, in blood and in baptisme, / Shul noght bc dampned to the deeth that is withouten ende: / *Tibi soli peccavi* [Ps 50, 6]. [...] / And I that am kyng of kynges shal come swich a tyme / There doom to the deeth dampneth alle wikked; / And if lawe wole I loke on hem it lith in my grace / Wheither thei deye or deye noght for that thei diden ille. / Be it any thyng abought, the boldnesse of hir synnes, / I may do mercy thorugh rightwisnesse, and alle my wordes trewe / And though Holy Writ wole that I be wroke of hem that diden ille – / *Nullum malum impunitum.* / Thei shul be clensed clerliche and clene wasshen of hir synnes / In my prisone Purgatorie, til *parce* it hote. / And my mercy shal be shewed to manye of my bretheren; / For blood may suffre blood bothe hungry and acale».

2. N. Watson, «Visions of Inclusion: Universal Salvation and Vernacular Theology in Pre-Reformation England», *Journal of Medieval and Early Modern Studies* 27, 1997, p. 145-187. Voir aussi T. Hill, «Universal Salvation and its Literary Context in *Piers Plowman* B XVIII», *Yearbook of Langland Studies* 5, 1991, p. 65-76, et J. Alford, «Note on *Piers Plowman* B XVIII 390: "Til Parce It Hote"», *Modern Philology* 69, 1972, p. 323-325.

monde entier se manifeste à des points pivots dans le poème et s'articule finalement comme un espoir qui peut survivre même à sa conclusion apocalyptique[1].

Il faut ajouter que cette vision des choses est rendue possible par la croyance au Purgatoire (dans son discours, le Christ précise bien que les pécheurs iront y purger leurs peines).

Ces conceptions sont inséparables du fait que la dimension historique du christianisme est pour Langland fondamentale. Cela apparaît très nettement dans les derniers *passus* du poème. Cette importance nous renvoie à celle du sens littéral de l'exégèse, ainsi qu'à celle de la typologie, une des formes spécifiques de l'allégorie chrétienne (je renvoie bien sûr aux travaux d'Henri de Lubac). Les liens entre les deux sont étroits et c'est dans les *passus* 16 et 17 qu'interviennent à la fois l'affirmation de la dimension historique et l'utilisation la plus claire de l'allégorie typologique, bien que celle-ci soit loin d'être traditionnelle. Langland n'en respecte pas tout à fait les règles.

La fin du *passus* XVI et le *passus* XVII sont très intéressants à cet égard. Après la première narration de la vie du Christ, une double trinité apparaît, fondée sur un parallèle entre d'une part deux personnages de l'Ancien Testament et un du Nouveau, et, d'autre part, les trois vertus pauliniennes énoncées en I Corinthiens 13, la foi, l'espoir et la charité. Le narrateur, Will, rencontre d'abord un personnage qui porte deux noms, Abraham et Foi :

> Et puis, le dimanche de la mi-carême, je rencontrai un homme aux cheveux aussi blancs que l'aubépine. Son nom était Abraham. Je commençai par lui demander d'où il venait, puis qui il était et où il avait l'intention d'aller. "Je suis Foi, dit cet homme, et il ne siérait point que je mente. Je suis un héraut d'armes appartenant à la maison d'Abraham. Je cherche un homme que j'ai vu une fois – un chevalier sans peur que j'ai reconnu à son blason. [...] C'est ainsi qu'un été, comme j'étais assis sous le porche de ma maison, je le vis. Je me levai et m'inclinai, le saluant poliment. Je vis trois hommes que je m'efforçai d'accueillir de mon mieux. Je leur lavai les pieds et les essuyai ; après quoi, ils dînèrent de chair de veau et du pain le plus blanc et ils pénétrèrent mes pensées les plus profondes. Entre nous existe un pacte de totale confiance, dont je peux parler si je le désire"[2].

Il y a dans ce passage une référence à une interprétation traditionnelle. Les trois anges qui rendent visite à Abraham sont souvent considérés au Moyen Age

1. Watson, « Vision of Inclusions », p. 160 : « I believe the universalism explicitly implied in this scene to be a vital pole of Langland's thought, a goal to which his whole enterprise is directed... the desire that Christ save all is manifested at pivotal points throughout the poem and finally articulates itself as a hope that can survive even its apocalyptic conclusion ».

2. *Piers Plowman* B XVI 172-180 et 225-230 : « And thanne mette I with a man, a myd-Lenten Sonday / As hoor as an hawethorn, and Abraham he highte. / I frayned hym first fram whennes he come, / And of whennes he were, and whider that he thoughte. / "I am Feith, quod that freke, it falleth noght me to lye, / And of Abrahames hous an heraud of armes. / I seke after a segge that I seigh ones, / A ful bold bacheler – I knew hym by his blasen. (...) / Thus in a somer I hym seigh as I sat in my porche. / I roos up and reverenced hym, and right faire hym grette. / Thre men, to my sighte, I made wel at ese / Wessh hir feet and wiped hem, and afterward thei eten Calves flessh and cakebreed, and knewe whal I thoughte. / Ful trewe toknes betwene us is, to telle whan me liketh ».

comme une représentation de la Trinité[1]. Cela est renforcé par le passage au singulier dans les vers suivants. On notera donc la richesse des associations, d'autant que ce personnage fait par ailleurs un long discours pour expliquer la Trinité au narrateur.

Au début du *passus* 17, Will rencontre un autre personnage, *Spes*, plus ou moins identifié à Moïse :

"Je suis *Spes*, dit-il, un espion envoyé à la recherche d'un chevalier : celui qui m'a donné commandement sur le Mont Sinaï, m'autorisant à régir tous les royaumes que citent ses ordres. J'ai ce document sur moi".

"Est-il scellé ? demandai-je. Les hommes ont-ils le droit de voir cette lettre ?"

"Non, il n'est pas scellé, dit-il. Je cherche celui qui a la charge du sceau – lequel est la croix de la foi chrétienne, avec le Christ pendant dessus. Et quand le document aura été scellé ainsi, je sais avec certitude que la domination de Lucifer prendra fin"[2].

Là encore, il est fait référence à certains éléments traditionnels. Mais Langland ne fait pas appel à l'interprétation courante selon laquelle Moïse préfigure le Christ : il est représenté comme son envoyé (dans tous ces passages, le Christ est souvent assimilé à un chevalier)[3].

Will croise finalement le Samaritain de la parabole énoncée en Luc 10, 30-37. Il s'ensuit alors une relecture de cette parabole :

Et comme nous poursuivions notre chemin tout en bavardant, nous vîmes un Samaritain. Il était monté sur une mule et allait à toute bride dans la même direction que nous. Il venait d'une contrée appelée Jéricho et il était pressé de se rendre à Jérusalem, où devait avoir lieu une joute. Il rattrapa le héraut et Espoir, ensemble, à un endroit de la route où gisait un homme qui avait été blessé et détroussé par des brigands. Il ne pouvait ni se lever, ni marcher, ni même remuer une main ou un pied. En fait, il était inerte et semblait à moitié mort, nu comme un vers et abandonné sans recours. Foi fut le premier à le voir, mais il s'écarta vivement et ne voulut pas s'approcher de plus de la largeur de neuf sillons. Ensuite, Espoir arriva au petit trot – Espoir, qui se targuait d'avoir aidé tant de gens grâce aux commandements de Moïse. Quand il vit le pauvre gars, il recula comme s'il était saisi de terreur, tel un canard découvrant un faucon. Mais le Samaritain, dès qu'il aperçut l'homme en question, descendit de sa monture et, la tenant par les rênes, s'en fut examiner ses blessures. Prenant son pouls, il réalisa que l'homme était en danger de mort et que, s'il n'était pas soigné sur le champ, il ne s'en relèverait jamais. En hâte, il ouvrit les deux bouteilles qu'il portait et nettoya les blessures de l'homme avec du vin et de l'huile, les oignit d'un onguent et lui banda la tête ; ensuite, il le

1. Simpson, *Piers Plowman, An Introduction*, p. 201.

2. *Piers Plowman* B XVII 1-8 : « "I am Spes, a spie, quod he, and spire after a knyght / That took me a maundement upon the mount of Synay / To rule alle reames therewith- I bere the writ here". / "Is it asseled ? I seide. May men see thi lettres ?" / "Nay, he seide, I seke hym that hath the seel to kepe / And that is cros and Cristendom, and Crist theron to honge. / And whan it is asseled so, I woot wel the sothe / That Luciferis lordshipe laste shal no lenger !" ».

3. Simpson, *Piers Plowman, An Introduction*, p. 195-196. Je lui dois beaucoup pour tout ce paragraphe.

prit dans ses bras et, remontant avec lui sur son grison, l'emmena à *Lex Christi*, une ferme distante de quelque six ou sept *miles* dans la direction du nouveau marché[1].

Selon James Simpson, cette réunion fictive d'Abraham, de Moïse et du Samaritain s'explique par le fait que cette parabole était souvent interprétée comme une allégorie de l'impuissance de l'ancienne Loi à aider l'homme blessé par le péché, par opposition au pouvoir de la nouvelle Loi de l'amour[2]. Dans ce cadre, le Samaritain représente le Christ. Mais, dans le poème, le Samaritain n'est pas tout à fait le Christ car, s'il agit comme lui, la narration montre clairement qu'il part à la rencontre du Christ : il se dirige en effet vers Jérusalem, au lieu d'en partir comme dans l'Évangile. En outre, l'action est placée au début de la Semaine sainte. L'accent est donc mis sur la Passion, alors que dans les interprétations courantes, il est mis plutôt sur la résurrection. Langland ne se laisse pas enfermer mais fait évoluer le sens pour assurer la cohérence de son propos.

Une des dimensions présentes dans cette vision est donc le passage de l'Ancien au Nouveau Testament, notamment par le biais de l'allégorie typologique, mais elle est singulièrement enrichie, surtout quand elle est replacée dans le contexte plus général du poème. La mise en parallèle des deux trinités nous rappelle l'importance des vertus pauliniennes, et surtout de la charité, vue comme un principe essentiel qui permet d'approcher le Christ de manière très positive et d'envisager la possibilité du salut universel. D'autant que cette mise en parallèle est précédée par la présentation de l'arbre de charité, qui a souvent été interprété dans un cadre allégorique et exégétique.

L'allégorie de l'arbre de charité, qui conduit le narrateur à vivre l'avènement du Christ est un élément central du schéma narratif de ces deux *passus*. Ce passage est très complexe. L'arbre est présenté une première fois au narrateur par *Anima* :

"En vérité, dit-il, c'est un arbre tout à fait particulier. Ses racines sont miséricorde et son tronc est compassion. Les feuilles sont le langage digne de foi, la loi de la Sainte Église. Les

1. *Piers Plowman* B XVII 49-74 : « And as we wenten thus in the wey, wordynge togideres, / Thanne seighe we a Samaritan sittynge on a mule, / Ridynge ful rapely the righte wey we yeden, / Comynge from a contree that men called Jerico / To a justes in Jerusalem he jaced awey faste. / Bothe the heraud and Hope and he mette atones / Where a man was, wounded, and with theves taken. / He myghte neither steppe ne stande, ne stere foot ne handes, / Ne helpe hymself soothly, for semyvif he semed, / And as naked as a nedle, and noon help abouten. / Feith hadde first sighte of hym, ac he fleigh aside, / And nolde noght neghen hym by nyne londes lengthe. / Hope cam hippynge after, that hadde so ybosted / How he with Moyses maundement hadde many men yholpe ; / Ac whan he hadde sighte of that segge, aside he gan hym drawe / Dredfully, bi this day, as doke dooth fram the faucon ! / Ac so soone so the Samaritan hadde sighte of this leode, / He lighte adown of lyard and ladde hym in his handes, / And to the wye he wente hise woundes to biholde, / And parceyved by his pous he was in peril to dye, / And but he hadde recoverer the rather, that rise sholde he nevere ; / And breide to hise boteles. and bothe he atamede. / With wyn and with oille hise woundes he wasshed, / Enbawmed hym and bond his heed, and in his lappe hym leide, / And ladde hym so forth on lyard to *Lex Christi*, a graunge / Wel sixe mile or sevene biside the newe market ».

2. Simpson, *Piers Plowman, An Introduction*, p. 197-198.

fleurs sont paroles aimables et airs bienveillants. L'arbre lui-même se nomme Patience et humble simplicité de cœur. Et c'est ainsi, grâce à Dieu et aux hommes de bien, que pousse le fruit de Charité. [...] Il pousse dans un jardin, dit-il, que Dieu lui-même a fait. La racine de cet arbre se trouve en plein dans le corps de l'homme. Cœur est le nom du verger dans lequel il pousse, et le soin du jardin, le binage et le sarclage, sont confiés à *Liberum Arbitrium*, sous l'autorité de Pierre le Laboureur".

"Pierre le Laboureur !" dis-je – et d'entendre mentionner son nom me donna une telle joie que je perdis connaissance. Longtemps, je demeurai immobile dans un rêve solitaire ; et, finalement, il me sembla que je voyais Pierre le Laboureur et qu'il me montrait le lieu dans son entier. Il m'invita à regarder l'arbre de près, de la cime à la racine. Je m'aperçus très vite qu'il était soutenu par trois étais[1].

Pierre lui offre alors une nouvelle interprétation ; l'arbre est la Trinité et il est soutenu par trois étais divins, la puissance, la sagesse et le libre arbitre. Enfin, il se livre à une double description des fruits de l'arbre :

"Je vais te dire sans attendre comment s'appelle cet arbre. Le sol dans lequel il pousse se nomme bonté ; et en disant cela, je t'ai dit le nom de l'arbre. Ce qu'il signifie, c'est la Trinité. Là, tout en bas, dit-il, si le besoin s'en fait sentir, je peux cueillir le fruit du mariage ; il est bon et juteux. Plus haut, là, pousse le fruit de la Continence, qui ressemble à un bâtard de Cailloux. Mais la cime de l'arbre porte le fruit le plus doux, à la saveur la plus délicate – le fruit de la virginité, qui vaut celui des anges ; c'est le premier à mûrir ; il arrive à son goût le plus exquis sans gonfler et n'aigrira jamais". Je priai Pierre d'abaisser une branche pour approcher une pomme et de bien vouloir m'en laisser goûter la saveur. Et Pierre attrapa une branche supérieure et le fruit se mit à crier ; il secoua la branche du veuvage, et elle se mit à pleurer. Et quand il saisit la branche du mariage, celui-ci fit tant de tapage, poussa des cris si lamentables, que j'en fus tout affligé tandis que Pierre le secouait. Et en voici la raison : chaque fois qu'une branche ployait vers le sol, le Diable surgissait et cueillait toutes les pommes ensemble, grosses et petites de même – Adam, Abraham, le prophète Isaïe, Samson, Samuel et saint Jean Baptiste. Sans que personne ne l'en empêche, il les emporta hardiment et se constitua une réserve d'hommes vertueux in *Limbo Inferni*, région d'obscurité et de terreur où règne le Diable[2].

1. *Piers Plowman* B XVI 4-23 : « "It is a ful trie tree, quod he, trewely to telle. / Mercy is the more therof ; the myddul stok is ruthe ; / The leves ben lele wordes, the lawe of Holy Chirche ; / The blosmes beth buxom speche and benigne lokynge ; / Pacience hatte the pure tree, and pore symple of herte, / And so thorugh God and thorugh goode men groweth the fruyt Charite. [...] / It groweth in a gardyn, quod he, that God made hymselve ; / Amyddes mannes body the more is of that stokke. / Herte highte the herber that it inne groweth, / And Liberum Arbitrium hath the lond to ferme, / Under Piers the Plowman to piken it and to weden it". — "Piers the Plowman !" quod I tho, and al for pure joye / That I herde nempne his name anoon I swowned after, / And lay longe in a lone dreem ; and at the laste me thoughte / That Piers the Plowman al the place me shewed, / And bad me toten on the tree, on top and on roote. / With thre piles was it underpight – I parceyved it soone ».

2. *Piers Plowman* B XVI 61-85 : « "I shal telle thee as tid what this tree highte. / The ground there it groweth, goodnesse it hatte ; / And I have told thee what highte the tree : the Trinite it meneth. [...] / Heer now bynethe, quod he tho. if I nede hadde, / Matrimoyne I may nyme, a moiste fruyt withalle. / Thanne Continence is neer the crop as kaylewey bastard. / Thanne bereth the crop kynde fruyt and clennest of alle / Maidenhode, aungeles peeris, and arest wole be ripe, / And swete withouten swellyng – sour worth it nevere". / I preide Piers to pulle adoun an appul, and he wolde, / And suffre me to assaien what savour it hadde. / And

Ce passage a fait l'objet de très nombreuses interprétations. Il faut d'abord rappeler celles de l'école exégétique. Selon Durant Waite Robertson et Bernard Huppé, les trois sens spirituels de l'exégèse peuvent être appliqués à l'arbre. Celui-ci représenterait anagogiquement le Christ ou la Croix, allégoriquement le juste et tropologiquement l'individu[1]. Mais cette application systématique se révèle inopérante. Ce passage appelle davantage une interprétation exégétique générale d'autant que chaque fois *Anima* et Piers expliquent les différentes images de l'arbre. Le poète fusionne en effet plusieurs images pour conduire le lecteur vers l'avènement du Christ. Il y a d'abord une image psychologique : la racine de l'arbre est la miséricorde, le tronc est la pitié, et le fruit est la charité elle-même. Puis, l'image est sociale – les fruits de l'arbre deviennent la chasteté, la continence et le mariage. Ces deux premières images sont statiques. L'image suivante est dynamique et nous plonge dans l'Ancien Testament (les fruits sont notamment Adam et Abraham), avant de nous conduire au premier récit de la vie du Christ[2].

Si Langland semble bien inspiré par l'exégèse allégorique, c'est de manière très subtile. Cette présentation de l'arbre nous conduit d'une part à la relecture poétique de l'arrivée du Christ et relie d'autre part cette arrivée de manière très nette à ses conséquences, et notamment à l'importance cruciale pour Langland de la charité, en utilisant entre autres des référents allégoriques et plus généralement exégétiques. Toutes ces images reposent en effet sur un socle commun : le lien entre la Trinité, l'incarnation et la charité.

Comme il le fait avec d'autres types de discours tout au long du poème, Langland se réapproprie l'allégorie interprétative, notamment typologique, en la détournant et en la réinsérant dans un schéma narratif et stylistique très riche. Il faut insister sur le fait que ce détournement s'effectue au sein d'un projet poétique. Il implante ainsi la théologie savante dans une poésie destinée avant tout à des laïcs cultivés et qui ont soif d'édification en même temps que de divertissement, au sens le plus fort du terme. En outre, cette adaptation est un des éléments qui lui permet d'exprimer une conception originale du divin et du salut. Elle lui permet aussi d'autres choses. D'une part, la critique que Langland brosse de l'institution ecclésiastique est largement justifiée par le fait que celle-ci ne se

Piers caste to the crop, and thanne comsed it to crye ; / And waggede widwehode and it wepte after ; / And whan he meved matrimoyne, it made a foul noise, / That I hadde ruthe whan Piers rogged, it gradde so rufulliche. / For evere as thei dropped adoun tbe devel was redy, / And gadrede hem alle togideres, bothe grete and smale / Adam and Abraham and Ysaye the prophete, / Sampson and Samuel, and Seint Johan the Baptist ; / Bar hem forth boldely – no body hym letted – / And made of holy men his hoord in Limbo Inferni / There is derknesse and drede and the devel maister ».

1. D.W. Robertson, B. Huppé, *Piers Plowman and the scriptural tradition*, Princeton, 1951, p. 191-192.

2. Simpson, *Piers Plowman, An Introduction*, p. 186-190. Voir aussi P. Dronke, « Arbor Caritatis », dans P.L. Heyworth (édit.), *Medieval Studies for J. A. W. Bennett*, Oxford, 1981, p. 207-253.

conforme pas suffisamment au principe christique de la charité – il faut mettre les épisodes que nous avons évoqués en relation avec le *passus* 15 où *Anima* fait explicitement cette relation. D'autre part, c'est un des éléments qui lui permet de constituer un discours décalé par rapport au discours institutionnel.

Chaucer n'aborde pas la question de la nature du christianisme et du salut de manière aussi nette. Certes, il fait de fréquentes références à l'allégorie interprétative. Durant Waite Robertson et Bernard Huppé ont d'ailleurs considéré qu'une grande partie de la poésie de Chaucer était l'exemple par excellence de leurs théories. On peut prendre pour exemple leurs considérations sur un de ses poèmes allégoriques, *The Book of the Duchess*. Ce poème a probablement été écrit par Chaucer pour commémorer Blanche, duchesse de Lancastre et femme de Jean de Gand (un des fils d'Edouard III), morte en 1368 ou 1369. Les premières lignes évoquent un médecin qui tente de soigner l'insomnie du narrateur, provoquée par sa tristesse. Finalement, celui-ci s'endort après avoir lu dans un livre, en fait les *Métamorphoses* d'Ovide, l'histoire de la reine Alcyone qui se meurt de chagrin après la mort de son roi. Dans son rêve, il rencontre un chevalier, souvent identifié à Jean de Gand, et il s'ensuit une élégie de la morte. Selon Robertson et Huppé, le médecin est le Christ et l'histoire d'Alcyone est la clé du rêve. Pour eux,

> à travers l'utilisation adroite de la méthode allégorique avec l'exigence que les lecteurs ou les auditeurs perçoivent la *sentence*, Chaucer a réussi à transmettre le sens d'un chagrin personnel provoqué par la mort d'une femme vertueuse et en même temps à présenter les grandes vérités consolatrices de la foi chrétienne en les rendant fraîches et neuves[1].

Cette interprétation est là encore très contestée à cause de son systématisme.

Plus récemment, d'autres critiques ont tenté, de manière peut-être moins systématique, d'expliquer certains passages de Chaucer en relation avec l'allégorie exégétique. Le cas du prologue du Conte de l'Économe (*Manciple's Tale*), étudié par Warren Ginsberg, est à cet égard très intéressant, même s'il doit être nuancé et corroboré par d'autres recherches[2]. Ce conte précède immédiatement le Conte du Curé *(Parson's Tale)*, le traité poétique sur le péché et la pénitence que nous avons déjà mentionné. Malgré les controverses sur l'ordre des contes, il semble à peu près établi que Chaucer a bien voulu placer cette section à la fin. Dans le prologue du Conte de l'Économe, l'hôtelier – qui mène le pèlerinage et veille à ce que chacun remplisse son contrat – réclame un conte de la part du cuisinier. Mais celui-ci cuve son ivresse. L'économe se propose de le remplacer,

1. Robertson et Huppé, *Fruyt and Chaf*, p. 94: « Through deft use of the allegorical method with its demand that the readers or hearers heed the sentence, Chaucer has managed to convey a sense of personal grief over the loss of a virtuous woman and at the same time to present the great consoling truths of the christian faith in such a way as to make them fresh and new ».

2. W. Ginsberg, « Chaucer's Canterbury Poetics: Irony, Allegory, and the Prologue to the Manciple's Tale », *Studies in the Age of Chaucer* 18, 1996, p. 55-89.

tout en lui faisant des remarques acerbes. L'hôtelier accepte sa proposition, mais rabroue l'économe pour sa rudesse. Ce dernier en prend acte :

> "Loin de moi l'idée de le mettre en colère.
> Ce que j'ai dit, ça n'était que pour rire.
> Savez-vous quoi ? J'ai ici dans une gourde
> Une lampée de vin, un fameux cru,
> Et vous allez voir une bonne plaisanterie.
> Je vais en faire boire à notre cuisinier :
> Ma tête à couper qu'il ne refusera pas".
> En vérité c'est ce qui se passa.
> Le cuisinier but à grandes gorgées [...]
> Et, ce vin lui ayant plu énormément,
> Il le remercia du mieux qu'il put.
> Alors l'Hôtelier éclata de rire.
> "Je vois, dit-il, qu'il est bien nécessaire
> D'emporter en voyage une bonne boisson.
> Car elle transforme rancœur et discorde
> En paix et amitié, elle panse les blessures.
> Ô puissant Bacchus, béni soit ton nom :
> Tu tournes en rire les affaires sérieuses.
> Grâces et louanges à ton pouvoir divin !"[1].

Selon Ginsberg, ce prologue mélange l'ironie (au sens rhétorique du terme) et l'allégorie en faisant référence à la parabole du mauvais intendant de Luc 16, 1-9. Il constituerait en partie une allégorie de la conversion. La première partie serait en effet une parodie de la conversion de Paul, narrée dans les Actes des apôtres (9, 2-4), ironique parce que le cuisinier rate sa conversion – qui passe par la narration d'un conte. Mais l'économe est remis à sa place par l'hôtelier : c'est un hypocrite. Et s'il offre en matière de plaisanterie du vin au cuisinier, l'hôtelier inverse la signification de cette offre et la replace dans une économie de la rédemption. Ainsi le spirituel jaillirait-il du matériel. Ce serait une caractéristique essentielle des *Contes* dans leur ensemble[2].

Cependant, ces adaptations et ces pratiques concernent davantage la question de l'interprétation consciente du propre texte de Chaucer, dans le cadre de l'élaboration d'un double ou triple sens. Son utilisation fréquente du terme

1. *Canterbury Tales* IX 80-101 : « "I wol nat wratthen hym, also moot I thryve ! / That that I spak, I seyde it in my bourde. / And wite ye what ? I have heer in a gourde / A draghte of wyn, ye, of a ripe grape, / And right anoon ye shul seen a good jape. / This Cook shal drynke thereof, if I may. / Up peyne of deeth, he wol nat seye me nay". / And certeynly, the Cook drank faste, allas ! [...] / And of that drynke the Cook was wonder fayn, / And thanked hym in swich wise as he koude. / Thanne gan oure Hoost to laughen wonder loude, / And seyde : "I se wel it is necessarie, / Where that we goon, good drynke with us carie ; / For that wol turne rancour and disese / T'acord and love, and many a wrong apese. / O Bacus, yblessed be thy name, / That so kanst turnen ernest into game ! / Worshipe and thank be to thy deitee !" ».

2. Ginsberg, « Chaucer's Canterbury Poetics », p. 85 : « We might well call this burgeoning of the spiritual out of the material and social Chaucer's Canterbury poetics ».

sentence nous semble significative, mais de manière différente que pour Durant Wayte Robinson et Bernard Huppé. Pour ces derniers, en effet, ce terme doit se comprendre au sein de la trilogie des exégètes : lettre, sens et sentence. Ils l'envisagent seulement dans cette acception[1]. Mais en moyen-anglais, le sens technique d'interprétation d'un texte n'est que l'un des nombreux sens de *sentence*, et Chaucer en emploie beaucoup. D'un autre côté, il existe d'autres termes, comme *menynge*, qui signifient également le sens ou l'interprétation d'un texte. Or, le terme *sentence* réapparaît à plusieurs reprises dans des contextes intéressants. Notre premier exemple est tiré du poème intitulé *The House of Fame*. Écrit vers 1379-1380, ce poème est un songe allégorique. Dans le premier livre, le narrateur, Geoffrey, se retrouve dans le temple de Vénus et contemple l'histoire de Didon et d'Énée. Alors qu'il médite sur ce qu'il vient de voir, après être sorti du temple, il rencontre un aigle qui propose de le guider vers la maison de Renommée. Le livre II expose le voyage de Geoffrey dans les cieux, avec une discussion extrêmement docte entre lui-même et l'aigle. Dans le dernier livre, le narrateur visite la maison de Renommée, assiste à des jugements pour le moins hasardeux de la déesse Renommée et finalement se rend dans la maison des rumeurs. Le poème est inachevé. Au cours de ses pérégrinations, on note une réflexion intense de la part du narrateur, à la fois sur le sens de ce qu'il voit et sur le sens de son œuvre ; à plusieurs reprises, il emploie le terme *sentence* pour insister sur la signification de son poème. Dans le livre II, par exemple, lors de la discussion entre l'aigle et le narrateur, le premier explique au second pourquoi tous les sons arrivent à la maison de Renommée. Il emploie *sentence* à deux reprises et notamment à la fin de son discours, lequel s'avère très important pour l'interprétation de ce qui arrive à Chaucer dans la maison de Renommée. Ce terme pourrait ainsi faire référence à l'importance de l'interprétation correcte de son texte.

Cette réflexion est présente dans toute l'œuvre de Chaucer, par exemple dans le Prologue général des *Canterbury Tales* :

> Mais d'abord j'implore votre courtoisie :
> Ne me taxez pas de vile grossièreté.
> Si je m'exprime franchement dans mon récit
> En vous rapportant paroles et conduites,
> En répétant les propos à la lettre,
> Car vous le savez aussi bien que moi :
> Qui veut reproduire un conte d'autrui
> Doit en répéter d'aussi près que possible
> Chacun des termes – c'est justement sa tâche –
> Si vulgaires soient-ils ou débridés ;
> Sinon, il devra fausser le récit,
> Changer l'action, trouver un autre style.
> Retouche impossible, fût-ce par amour fraternel :
> On ne saurait changer un mot sans l'autre.

1. Robertson et Huppé, *A Preface to Chaucer*, p. 315 *sq.*

Dans la Bible le Christ n'a pas mâché ses mots
Et loin de vous l'idée de le critiquer[1].

Celui d'entre vous qui s'en sortira le mieux,
C'est-à-dire celui qui dira les meilleurs
Contes profitables et délectables,
Aura un dîner payé par nous autres...[2].

Chaucer évoque encore la *sentence* de son texte dès le début du prologue et, dans sa rétractation, comme en écho, il insiste sur le fait que son texte ne doit pas être interprété n'importe comment, y compris les contes qu'il semble pourtant rejeter (même si ce n'est pas le cas). Tous ces indices suggèrent que l'œuvre de Chaucer peut – et doit – être interprétée de plusieurs manières, mais pas seulement en termes exégétiques. Le poète utilise les techniques de l'exégèse scripturaire, mais leur fait prendre des significations nouvelles, dont l'une des clés est la conscience de sa création.

Il y a ici un rapprochement certain avec Dante, auquel Chaucer fait d'ailleurs explicitement référence au début de *The House of Fame*. Dans la lettre à Can Grande (*Épître* XIII 7), Dante applique la théorie des sens de l'exégèse à sa *Comédie*:

Il faut savoir que cette œuvre n'a pas un seul sens, mais qu'elle est au contraire polysémique, c'est-à-dire qu'elle a plusieurs significations. Un premier sens est celui de la lettre du texte, un autre est celui des choses qui sont signifiées par la lettre. Le premier est appelé littéral, le deuxième allégorique, moral ou anagogique[3].

Pour beaucoup, Dante est le seul à avoir fait le lien entre l'allégorie des poètes et l'allégorie des théologiens, au bénéfice de la première. Armand Strubel le qualifie d'hapax, et note qu'il « ne considère pas son poème comme une œuvre profane, mais comme une continuation possible du Livre puisque son sens littéral, basé sur l'histoire, fonctionne comme vérité, à l'instar de l'Histoire sainte »[4]. Mais Chaucer semble être lui aussi parfaitement conscient de l'importance de

1. *Canterbury Tales* I 725-742: « But first I pray yow of youre curteisie, / That ye n'arette it nat my vileynye, / Thogh that I pleynly speke in this matere, / To telle yow hir wordes and hir cheere, / Ne thogh I speke hir wordes properly. / For this ye knowen al so wel as I: / Whoso shal telle a tale after a man, / He moot reherce as ny as evere he kan / Everich a word, if it be in his charge, / Al speke he never so rudeliche and large, / Or ellis he moot telle his tale untrewe, / Or feyne thyng, or fynde wordes newe. / He may nat spare, althogh he were his brother; / He moot as wel seye o word as another. / Crist spak hymself ful brode in hooly writ, /And wel ye woot no vileynye is it ».

2. *Canterbury Tales* I 796-799: « And which of you that bereth hym best of alle – / That is to seyn, that telleth in this caas / Tales of best sentence and most solace – / Shal have a soper at oure aller cost... ».

3. *Epistolae* XIII 7: « Istius operis non est simplex sensus, ymo dici potest polisemos, hoc est plurium sensuum; nam primus sensus est qui habetur per litteram, alius est qui habetur per significata per litteram. Et primus dicitur litteralis, secundus vero allegoricus sive moralis sive anagogicus » (*Opere minori* t. II, éd. P. V. Mengaldo, Milan-Naples, 1979). La traduction est de R. Barbone et A. Stäuble, dans le volume dirigé par C. Bec, Paris, 1996, p. 550.

4. Strubel, *Grant Senefiance a*, p. 86.

cette polysémie, même s'il ne va pas aussi loin, en tout cas explicitement, que le poète italien.

Ainsi, les références de Chaucer en matière d'allégorie chrétienne semblent fonctionner à plusieurs niveaux : d'une part, pour conforter son statut d'auteur en tant que créateur (alors qu'il se retranche souvent derrière l'image du compilateur) et, d'autre part, pour exprimer des vérités chrétiennes fondamentales, sans pour autant se substituer au discours clérical, ni le reproduire schématiquement.

Chaucer et Langland connaissent tous deux de nombreux éléments du discours allégorique clérical, mais ils l'utilisent souvent de manière très différente. Cependant, ils se rejoignent par certains côtés : ils reprennent certains aspects de l'allégorie exégétique et les fusionnent dans un discours littéraire qui leur est propre (et qui n'est qu'en partie une construction allégorique poétique). Cela contribue à l'élaboration d'un discours spécifique.

La manipulation de l'allégorie chrétienne et son insertion au sein d'un projet littéraire font partie des éléments qui permettent aux poètes de construire un nouveau type de discours. Leur étude est inséparable de leur réflexion sur le statut de la connaissance. Plusieurs éléments, tous liés entre eux, permettent de le suggérer.

Tout d'abord, cette manipulation prend place dans un projet critique. Nous avons vu que, pour Langland, la manipulation de l'allégorie typologique est aussi une forme de réponse aux défaillances de l'institution ecclésiastique à se conformer aux principes de la charité et à faire correctement son travail. Plus généralement, il critique souvent certains excès en matière d'interprétation. Sans entrer dans les détails, car cela nous mènerait trop loin, il faut noter que chaque fois que Langland fait interpréter une parabole à un personnage clérical, et en particulier aux frères mendiants, il met dans leur bouche, par dérision, une interprétation ambiguë et suspecte[1]. De fait, la plupart des auteurs de l'époque qui écrivent en anglais critiquent de manière plus ou moins voilée une certaine forme de sophistication du savoir clérical – en particulier par rapport à l'interprétation de la Bible. Un des personnages des *Canterbury Tales* par exemple, Alison de Bath, se livre dans le prologue de son conte à une exégèse pour défendre des positions féministes, d'ailleurs de façon ambiguë, qui tourne en dérision un certain nombre de pratiques cléricales de l'époque[2].

Cette critique est d'autant plus significative que pour ces auteurs, un accès direct à la Bible, au moins au Nouveau Testament, apparaît fondamental. En cela, ils ne sont pas isolés. Chaucer et Langland sont contemporains de la seule hérésie anglaise à avoir eu quelque ampleur, l'hérésie lollarde inspirée par le théologien John Wyclif et dont l'un des principaux objectifs a précisément été

1. Mairey, « La vision du monde », p. 460-462.
2. *Cf.* Cooper, *The Canterbury Tales*, p. 148-153.

cet accès direct à la Bible[1]. Les Lollards ont d'ailleurs été à l'origine de la première traduction complète en anglais de l'Ancien et du Nouveau Testament. Or, cette traduction a été largement diffusée, bien au-delà des cercles lollards. En Angleterre dans les dernières décennies du XIVe siècle, il y a donc une véritable volonté d'accès le plus complet et le plus direct possible aux Écritures, et cela se traduit aussi par un intérêt pour les méthodes d'interprétation de ces Écritures. Les Lollards, comme nos auteurs, ne rejettent pas les théories traditionnelles de l'exégèse. La théorie des quatre sens, par exemple, apparaît dans plusieurs de leurs textes. Mais ils se méfient des interprétations trop élaborées.

On peut citer deux exemples de cet intérêt dans le poème de Langland. Selon James Simpson, les éléments empruntés à l'allégorie typologique que nous avons évoqués plus haut s'inscrivent dans un véritable programme éducatif:

> Dans ce type de lecture, nous pouvons voir, en fait, une progression caractéristique de l'éducation médiévale... Alors que l'étude littérale, historique de la Bible s'adresse aux débutants, de tels schémas envisagent que la lecture allégorique doit être entreprise par les étudiants avancés. Et dans la lecture allégorique, les étudiants procèdent selon un ordre de lecture différent...[2].

De fait, dans la troisième vision, le narrateur a rencontré des figures qui l'ont instruit en partie sur le modèle des écoles de grammaire et de la faculté des arts (bien que ces modèles soient fortement mis en question). Dans les dernières visions, et notamment la cinquième, qui comprend les *passus* 15 à 17, l'accent est mis sur la Bible, nous l'avons vu, avec un va-et-vient entre le sens historique et le sens allégorique.

Langland n'hésite pas, également, à pratiquer une exégèse en anglais, en faisant appel au procédé de la personnification, tout en allant bien au-delà. On peut donner l'exemple du portrait de Charité au *passus* XV, qui calque et explique les versets 4 à 7 du chapitre 13 de la première épître aux Corinthiens, dans un langage adapté à la société contemporaine. Ce portrait introduit toute la séquence que nous avons discutée plus haut, en utilisant différentes méthodes exégétiques.

Ces éléments sont à mettre en rapport avec les conceptions générales de Langland sur la connaissance: toutes les formes de savoir doivent participer au salut, et la plupart d'entre elles doivent être accessibles au plus grand nombre[3].

---

1. Sur l'hérésie lollarde, l'ouvrage de référence est celui d'A. Hudson, *The Premature Reformation*, Oxford, 1988.

2. Simpson, *Piers Plowman, An Introduction*, p. 199: «In this kind of reading, we can see, in fact, a progression characteristic of medieval education... Whereas the literal, historical study of the Bible is for beginners, such schemes posit the allegorical reading as to be undertaken by advanced students. And in allegorical reading, students proceed according to a different order of reading...».

3. Mairey, «La vision du monde», p. 400-445.

Une étude des rapports des poètes avec l'exégèse au sens large, prenant en compte l'allégorie mais pas seulement, pourrait donc se révéler fructueuse, en particulier si elle est faite dans le cadre d'une étude plus générale sur le rapport de ces poètes à la connaissance et aux différents types de discours d'origine cléricale.

De nombreux problèmes sont à explorer dans ce domaine, comme l'impact de la langue anglaise elle-même, sur l'évolution des rapports avec le discours allégorique lié à l'exégèse. Ces quelques réflexions suggèrent cependant que l'opposition habituellement mise en avant entre allégorie des poètes et allégorie des théologiens peut être dépassée lorsque l'étude des œuvres et de leur processus de composition est replacée dans le cadre plus vaste des transformations culturelles et sociales, avec lesquelles ces œuvres sont en interaction. Les auteurs anglais des poésies allégoriques sont marqués par les différents modes d'interprétation de la Bible, mais ils les interrogent et les réutilisent dans leurs propres constructions de manière structurelle, afin de produire un discours spécifique et adapté à leur public qui est constitué d'un nombre croissant de laïcs de plus en plus exigeants.

PHILIPPE BÜTTGEN

DOCTRINE ET ALLÉGORIE AU DÉBUT DE LA RÉFORME. MELANCHTHON

La critique de l'allégorie a constitué, chez les auteurs de la Réforme, une attitude de rupture. Mais avec quoi exactement a-t-on rompu ? Pour le comprendre, il faut replacer les débats médiévaux sur les règles de l'interprétation scripturaire sous l'intitulé général des rapports entre *science et théologie*. Ceux qui au Moyen Age pratiquaient l'exégèse allégorique des textes sacrés, entendaient faire œuvre de science ; comprendre ce qui est écrit dans le Livre revenait pour eux à comprendre ce qui se passe dans le monde. Cette disposition fondamentale de l'exégèse confessante n'a pas été affectée par la création des universités et des *studia* monastiques, non plus que par l'émancipation de la théologie par rapport aux études bibliques à partir du milieu du XIIIe siècle[1]. La séparation entre exégèse et théologie, l'émergence d'une science théologique autonome, avec son manuel de référence (les Commentaires des *Sentences*), sont des faits avérés ; ils n'ont toutefois nullement altéré la scientificité de l'exégèse biblique aux yeux de ceux qui sur le moment s'y livraient. L'intrication d'une théologie et d'une exégèse considérées comme également scientifiques est même une donnée de départ, qui marque les cursus et la production des facultés de théologie du Moyen Age latin : l'intérêt actuel de la recherche pour Thomas d'Aquin exégète est de ce point de vue très parlant[2]. Il faut donc dire qu'en pratiquant l'allégorie, les théologiens exégètes à partir du XIIIe siècle ont eu, comme leurs prédécesseurs des monastères et des écoles urbaines, la certitude de recourir à un instrument fiable, permettant d'établir scientifiquement des vérités. Certes, parmi

1. La question est depuis longtemps instruite sur son versant théologique : voir le classique de Marie-Dominique Chenu, *La Théologie comme science au XIIIe siècle*, 3e éd., coll. « Bibliothèque thomiste », 33, Paris, 1957, et aujourd'hui Ch. Trottmann, *Théologie et noétique au XIIIe siècle. À la recherche d'un statut*, coll. « Études de Philosophie médiévale », 78, Paris, 1999. Sur le versant exégétique, les travaux sont plus récents : voir G. Dahan, *L'Exégèse chrétienne de la Bible en Occident médiéval, XIIe-XIVe siècle*, Paris, 1999, p. 108-120, sur l'exégèse des universités, p. 30-31 et 389, sur le concept ricœurien d'exégèse confessante et son usage possible en histoire de l'exégèse.

2. Sur l'exégèse biblique chez saint Thomas, voir récemment Ch. T. Baglow, *« Modus et forma ». A New Approach to the Exegesis of Saint Thomas Aquinas with an Application to the Lectura super Epistolam ad Ephesios*, coll. « Analecta Biblica », 149, Roma, 2002, et en France les travaux de Serge-Thomas Bonino, Martin Morard et Gilles Berceville. S'agissant du cursus, on peut penser à l'obtention successive des grades de bachelier biblique et de bachelier sententiaire.

les exégètes médiévaux, l'allégorie, la rigueur et la fréquence de son utilisation, plus généralement l'articulation des différents sens de l'Écriture, sont des questions qui ne cessèrent jamais d'être discutées. Personne pourtant ne remit alors en cause le principe de l'interprétation allégorique : cette intrication avec une théologie conçue comme science rigoureuse suscite aujourd'hui notre perplexité, en raison même de l'évidence qu'elle revêtait aux yeux des contemporains[1].

Dans cette perspective, nous pouvons mieux saisir ce qui s'est passé autour de 1520 dans l'Empire germanique. *Le moment que nous appelons Réforme est celui où l'allégorie s'est fait exclure de la scientificité théologique.* Ce qui s'est passé chez Luther et ses contemporains, c'est une mise en question de l'allégorie *au nom même de l'exigence scientifique pour la théologie.* La prémisse reste par conséquent inchangée, et permet d'établir entre la théologie luthérienne et les théologies médiévales une continuité qui n'est certes pas de contenu, pas davantage de forme – avec la critique de l'allégorie, c'est la *forme de la théologie* qui change, c'est-à-dire la forme de son recours à ce qui constitue pour elle l'autorité suprême, – mais qui concerne l'intention scientifique de la théologie. La rupture opérée par Luther est d'autant plus intéressante qu'elle vise à préserver quelque chose qui, depuis les critiques humanistes et, précisément, protestantes de la scolastique, nous est devenu relativement étranger : la scientificité de la *théologie,* et non pas (seulement) de la critique textuelle du canon biblique. Lire les théologies de la Réforme dans la continuité des théologies médiévales, en suivant et en croisant les deux fils rouges de l'allégorie et de la théologie comme science rigoureuse, c'est donc se soumettre à un problème qui est celui que pose en général le changement dans les sciences, avec cette difficulté supplémentaire que le type de savoir dont il s'agit ici ne se donne plus, aujourd'hui, comme science.

Parmi les théologiens de la Réforme, on s'attachera ici à Melanchthon, chez qui le problème de l'allégorie a pris le plus clairement le tour épistémologique qu'on vient de désigner. Ce qui est venu remplacer l'allégorie dans la nouvelle théologie de Wittenberg, c'est en effet une méthode, celle des « lieux communs », *loci communes,* qui, à partir du manuel éponyme de Melanchthon en 1521, s'est identifiée à la méthode de la théologie scientifique en se posant comme alternative à toutes celles qui avaient prévalu auparavant, c'est-à-dire non seulement aux genres du Commentaire des *Sentences* et de la Somme de théologie, mais aussi, comme on cherchera à le montrer, aux genres de l'exégèse médiévale. Ce refus de l'allégorèse au nom de la science, dans son entrelacement caractéristique de dogme et d'exégèse, constitue un objet théorique suffisam-

1. Gilbert Dahan radicalise cette thèse en posant que la « séparation entre exégèse et théologie » eut pour conséquences simultanées la « constitution de la théologie en science » et l' « essor d'une exégèse de type scientifique », qui apparaissent comme deux moments liés dans un même processus : voir *L'Exégèse chrétienne de la Bible, op. cit.,* p. 271, ainsi que 109 et 409-423.

ment complexe pour qu'il soit nécessaire de s'y arrêter un peu plus longuement que ne l'ont fait jusqu'ici les travaux sur Melanchthon interprète scripturaire[1]. Il faudra exposer d'abord la manière dont Melanchthon théorise la substitution des lieux théologiques à l'allégorie, en particulier dans son manuel de rhétorique de 1531. On pourra ensuite montrer comment la méthode des lieux a pu se construire à travers une opposition expresse à l'exégèse allégorique : le texte de référence sera ici le début des *Loci communes.*

I. Luther et l'allégorie : invective et compétence

Un court préambule sur Luther sera nécessaire. Pour la période 1517-1530 qu'on aura ici prioritairement en vue, il n'y a pas de difficulté : sans théologie de Luther, il n'y aurait pas de théologie de Melanchthon. C'est seulement après 1530 que les deux théologies emprunteront des voies divergentes ; encore faut-il souligner que la parution des *Loci communes,* dans lesquels tout le protestantisme luthérien a appris sa théologie, a toujours dispensé Luther de formaliser sa pensée[2]. En fait, au moins pour la décennie 1520, le plus exact serait de parler d'une *théologie de Wittenberg,* portée et représentée par Luther, mais élaborée collectivement, comme cela fut aussi le cas, à la même époque et jusqu'en 1534, pour la traduction allemande de la Bible entreprise autour du Réformateur. À l'intérieur de cette théologie wittenbergeoise, le travail systématique de Melanchthon a la valeur et l'autorité d'un programme.

1. Dans ce domaine, par ailleurs en expansion, de la recherche sur Melanchthon, voir en particulier T.J. Wengert, *Philip Melanchthon's* Annotationes in Johannem *in Relation to its Predecessors and Contemporaries*, coll. « Travaux d'Humanisme et de Renaissance », 220, Genève, 1987, ainsi que le collectif édité par le même savant en collaboration avec P. Graham, *Philip Melanchthon (1497-1560) and the Commentary*, Sheffield, 1997 ; C.J. Classen, « Melanchthon's Rhetorical Interpretation of Biblical and Non-Biblical Texts », dans *Rhetorical Criticism of the New Testament,* coll. « Wissenschaftliche Untersuchungen zum Neuen Testament », 128, Tübingen, 2000, p. 99-177. Fondateur reste le livre de H. Sick, *Melanchthon als Ausleger des Alten Testaments*, Tübingen, 1959 ; le récent tour d'horizon d'Olivier Millet, « La Réforme protestante et la rhétorique (circa 1520-1550) », dans M. Fumaroli (édit.), *Histoire de la rhétorique dans l'Europe moderne. 1450-1950*, Paris, 1999, p. 259-312, est très précieux pour la perspective adoptée ici.

2. Même après 1530, Luther a toujours renvoyé aux *Loci* ceux qui lui demandaient une telle formalisation ; voir WA TR 5, n° 5511 (hiver 1542-1543), 204, en part. 24-26 : « Non est melior liber post scripturam sanctam ». Les textes de Luther sont cités dans l'édition de Weimar : *Dr. Martin Luthers Werke. Kritische Gesamtausgabe,* Weimar, Böhlau, à partir de 1883, en abrégé WA suivi des indications de tome, page et ligne. L'abréviation TR correspond à la série des *Tischreden,* qui comporte une numérotation continue que je reprends également. Sur l'impact de la méthode des lieux, avec ses transformations, dans l'histoire des théologies luthériennes aux XVIe et XVIIe siècle, voir Th. Kaufmann, « Martin Chemnitz (1522-1586). Zur Wirkungsgeschichte der theologischen Loci », dans H. Scheible (édit.), *Melanchthon in seinen Schülern*, coll. « Wolfenbütteler Forschungen », 73, Wiesbaden, 1997, p. 183-253.

Les textes de Luther contiennent une condamnation sans appel de l'interprétation allégorique, dont le meilleur résumé est fourni par un propos de table de l'année 1540:

> Quand j'étais jeune, j'étais savant, et en particulier, avant que je n'entre en théologie, je faisais dans les allégories, les tropologies, les analogies et c'était du grand art; si quelqu'un aujourd'hui voyait cela, il y verrait de la vaine sainteté. Je sais que c'est de la m..., car aujourd'hui j'ai laissé tomber, et le meilleur, le plus haut de mon art, c'est: *Tradere scripturam simplici sensu*, car le *sensus literalis*, ça le fait, il y a la vie, la consolation, la puissance, la doctrine et l'art là-dedans. Le reste, c'est de la bouffonnerie, aussi fort que ça puisse briller[1].

Les attendus doctrinaux de cette condamnation peuvent être regroupés sous trois rubriques principales, à l'image de la méthode adoptée dans le plus récent article sur l'allégorèse chez Luther, qui sur ce point résume l'opinion commune[2]. La critique de l'allégorie est menée *premièrement* au nom de l'intelligibilité ou «clarté» de l'Écriture, postulat de l'herméneutique luthérienne qui voit dans la division des quatre sens une forme intolérable de découpage ou «charcutage» du sens toujours obvie de la Parole divine[3]. *En second lieu*, l'allégorie vient troubler

1. WA TR 5, n° 5285 (octobre 1540), 45, 10-17, cité par Johann Anselm Steiger, «Martin Luthers allegorisch-figürliche Auslegung der Heiligen Schrift», *Zeitschrift für Kirchengeschichte* 110, 1999, p. 331-351, cit. 332: «Weil ich jung war, da war ich gelertt, vnd sonderlich, ehe ich in die theologia kam, da gieng ich mitt allegoriis, tropologiis, analogiis vmb vnd machte lauter kunst; wens jtzt einer hette, er hilts vor eitell heiltumb. Jch weiß, das ein lauter dreck ist, den nuhn habe ichs faren lassen, vnd diß ist mein letzte vnd beste kunst: Tradere scripturam simplici sensu, denn literalis sensus, der thuts, da ist leben, trost, krafft, lehr und kunst inen. Das ander ist narren werck, wie wol es hoch gleist.» Sur Luther et l'allégorie, l'étude de G. Ebeling, *Evangelische Evangelienauslegung. Eine Untersuchung zu Luthers Hermeneutik* [1942], 3e éd., Tübingen, 1991, reste fondatrice, ainsi que l'article «Die Anfänge von Luthers Hermeneutik» [1951], dans *Lutherstudien*, Bd. 1, Tübingen, 1971, p. 1-68; auparavant, il y avait eu l'étude de Karl Holl, «Luthers Bedeutung für den Fortschritt der Auslegungskunst» [1920], dans *Gesammelte Aufsätze zur Kirchengeschichte*, Bd. I: *Luther*, 7e éd., Tübingen, 1948, p. 544-582, sp. 545-558. Dans la littérature récente, outre l'article de Steiger dont il va être question dans un instant, voir John Pilch, «Luther Hermeneutical Shift», *Harvard Theological Review* 63, 1970, p. 445-448; D. R. Reinke, «From Allegory to Metaphor: More Notes on Luther's Hermeneutical Shift», *Harvard Theological Review* 66, 1973, p. 386-391; M. Brecht, «Zur Typologie in Luthers Schriftauslegung», dans *Ausgewählte Aufsätze*, Bd. I: *Reformation*, Stuttgart, 1995, p. 134-147; T.H. Maschke, «The Authority of Scripture: Luther's Approach to Allegory in Galatians», *Logia* 4, 1995, p. 25-31; J. Ringleben, «Luther zur Metapher», *Zeitung für Theologie und Kirche* 94, 1997, p. 336-369. On peut laisser de côté le livre de Hans Wernle, *Allegorie und Erlebnis bei Luther*, coll. «Basler Studien zur deutschen Sprache und Literatur», 24, Bern, 1960.

2. Nous suivons ici J.A. Steiger, «Martin Luthers allegorisch-figürliche Auslegung der Heiligen Schrift», art. cité, p. 331-334.

3. Sur ce thème central du *De servo arbitrio* contre Érasme (1525), voir le bon résumé de J. Ringleben, «Claritas scripturae», *Theologische Rundschau*, 62, 1997, p. 103-110. Le thème de la lacération de l'Écriture par les commentateurs scolastiques apparaît toutefois avant 1525: les *Operationes in Psalmos* de 1519-1521 s'en prennent ainsi à ceux «qui (...) nobis

la thèse du *verbum vocale,* qui veut que l'Esprit saint se donne tout entier dans la parole proclamée à voix haute, selon l'interprétation luthérienne du verset de *Rm* 10, 17: *Fides ex auditu.* La parole lue dans le Livre n'est que le reflet ou la continuation d'une parole reçue de l'extérieur, dans le prêche. Une spécificité de Luther consiste ainsi à poser l'*organe* de cette parole comme constitutif de son *sens*: la recherche de sens cachés ressortit à une forme d'exégèse qui selon Luther méconnaît la fondamentale oralité de la Bible. *Enfin,* l'allégorie, en détournant le lecteur du sens littéral, le détourne aussi de l'unique pourvoyeur de certitude dans son approche de l'Écriture. L'*historica sententia* est seule à «affermir les esprits par un témoignage certain et à nourrir la foi et la crainte», au contraire de l'allégorie, «le plus souvent incertaine, non fiable et très peu sûre pour étayer la foi, dans la mesure où elle dépend des conjectures et des opinions des hommes»[1]. Quand on sait l'obsession de la certitude chez les auteurs de la Réforme, et en particulier son rôle dans la théologie du *sola fide*[2], on comprend que la condamnation de l'allégorie n'ait pu qu'être sans appel.

Une présentation historique de la rupture, progressive mais jamais définitive, de Luther avec l'exégèse quadruple d'abord, l'allégorèse ensuite, année par année jusqu'en 1529, est fournie par Ebeling dans sa somme déjà citée sur l'interprétation évangélique des Évangiles, à partir des prêches du Réformateur sur les péricopes du Nouveau Testament[3]. Elle nuance mais ne contredit pas, dans ses grandes lignes, le résumé dogmatique qui vient d'être donné à de simples fins de rappel.

Dans les travaux récents sur l'exégèse de Luther, il faut relever une curieuse tendance à escamoter l'originalité de l'entreprise du Réformateur juste après en avoir affirmé le caractère révolutionnaire[4]. En parlant, dans l'article dont nous avons jusqu'ici suivi le fil, de l' «interprétation figurée-allégorique de l'Écriture sainte chez Martin Luther», Steiger chercher à provoquer, et sa tentative en dit

scripturam in meras lacinias sensuum secuerunt, ut tot sententias prope habeamus quot syllabas» et leur opposent le principe «scripturae et verbi dei oport[e]t esse unum, simplicem constantemque sensum» (WA 5, 280, 35 – 281, 8, qui précise ensuite l'allusion en mentionnant Pierre Lombard et Gratien). Karl Holl, qui cite la première partie de ce texte, ramène tous les qualificatifs de clarté, simplicité, unicité à un critère d'«univocité» *(Eindeutigkeit)* de l'Écriture: voir «Luthers Bedeutung für den Fortschritt der Auslegungskunst», art. cité, p.551-553.

1. *In Esaiam scholia ex D. Martini Lutheri praelectionibus collectas* (1532-1534), WA 25, 113, 11-14 et *Deuteronomion Mosi cum Annotationibus* (1525), WA 14, 560, 17-19, cités par Steiger, «Martin Luthers allegorisch-figürliche Auslegung...», art. cité, p. 334-335. Voir aussi *Operationes in Psalmos* (1519-1521), WA 5, 647, 2 : «quomodo enim fidem certam doceas, quando sensum incertum facis ?»

2. Très bonne étude récente par Eilert Herms, «Gewißheit in Martin Luthers "De servo arbitrio"», *Luther-Jahrbuch* 67, 2000, p. 23-50.

3. Ebeling, *Evangelische Evangelienauslegung, op. cit.*, p. 48-87, ainsi que 141-202.

4. Steiger, «Martin Luthers allegorisch-figürliche Auslegung...», art. cité, p. 333, parle d'un «bouleversement révolutionnaire» *(umwälzende Revolutionierung der Hermeneutik).*

long sur le véritable réflexe confessionel qu'est devenue, chez les théologiens luthériens, la méfiance envers l'allégorie. Cela ne lui donne pas pour autant raison, surtout quand son essai de réhabilitation de l'allégorie est lui-même dicté par des raisons de théologie systématique. En particulier, Steiger confond son idée d'une *théologie luthérienne de l'allégorie,* qu'il rattache à une théologie de la Création comme acte de parole, expression, signe, allégorie de la volonté divine[1], avec la *pratique* effective de l'allégorie qui, chez le Réformateur, n'est assurément pas stable, mais pour des raisons qui tiennent à autre chose. Il est certes exact que Luther n'a jamais cessé de recourir à l'allégorie, lors même qu'il la critiquait – la chose est connue depuis longtemps[2] ; plus exact encore que cette pratique continuée de l'allégorie en modifie le sens et en révise la portée à la baisse, en la transformant en un simple ornement rhétorique qui confirme des vérités de foi préalablement extraites par le seul sens littéral : « il n'y a pas d'autre usage des allégories que comme ornements et amplifications »[3]. L'entreprise de disqualification *scientifique* de l'allégorie comme instrument de découverte et de démonstration, et pas seulement de confirmation, des vérités théologiques se déploie ici d'une façon particulièrement franche : c'est en vain, nous semble-t-il, qu'on cherchera à relier cet usage « marginal » de l'allégorie[4] au cœur doctrinal de la théologie telle que Luther la conçoit, comme théologie de la justification par la Parole de Dieu. Toute tentative en ce sens se condamne à dévier en direction d'une « esthétique théologique » qui, si elle a pu occuper un

1. C'est l'objet de la troisième partie de l'article de Steiger : « Die Allegorie innerhalb der Mimesis des göttlichen Sprachgestus », p. 337-343, dont l'insistance sur la théologie de la Création (comme corrélat d'une « rhétorique originaire, propre au Créateur », qui fait de ses créatures des masques ou allégories, voir p. 339) est significative du souci aujourd'hui répandu de minorer la spécificité de la théologie luthérienne de la Parole en empruntant ses modèles d'interprétation à la codification dogmatique (« orthodoxe ») du luthéranisme des années 1600-1650. Il en va de même avec la théologie de l'Incarnation mobilisée un peu plus loin, p. 342 (idée d'une « linguistique théologique » prolongeant l'*Entäußerung* christique conçue comme « geste métaphorique divin »). Cette ligne d'interprétation, qui a ses lettres de noblesse (voir W. von Loewenich, *Luthers Theologia crucis,* München, 1929, p. 172-173, sur l'allégorie comme « expression linguistique de l'action allégorique de Dieu »), se trouve aussi dans le livre de U. Asendorf, *Lectura in Biblia. Luthers Genesisvorlesung (1535-1545),* coll. « Forschungen zur systematischen und ökumenischen Theologie », 87, Göttingen, 1998, avec lequel on trouvera un début de discussion dans notre article « Comment faire taire les philosophes ? Théologie et philosophie dans le grand commentaire de Luther à la Genèse (1535-1545) », dans D. de Courcelles (édit.), *Fonder les savoirs, fonder les pouvoirs, XVe-XVIIe siècles,* coll. « Études et rencontres de l'École des chartes », 6, Paris, 2000, p. 17-53, auquel nous nous permettons de renvoyer également pour une étude de cas sur le refus luthérien de l'allégorie (« L'allégorie : Luther contre Augustin », p. 28-39).

2. Voir par exemple Ebeling, *Evangelische Evangelienauslegung, op. cit.*, p. 307-308.

3. *In Esaiam scholia...*, WA 25, 23-24, cité par Steiger, « Martin Luthers allegorisch-figürliche Auslegung... », art. cité, p. 334, et résumé ensuite (p. 335) sous l'opposition entre *constitutio fidei per sensum literalem* et *confirmatio fidei per sensum allegoricum.*

4. Voir Steiger, *ibid.*, p. 337 : « En ce sens, il faudra conférer à l'allégorèse chez Luther une portée plus que simplement marginale [...] ».

grand théologien (catholique) du XXe siècle, ne pouvait, en tout état de cause, constituer le souci principal d'un professeur de théologie (hérétique) du XVIe[1].

La préoccupation de Luther est en effet expressément *didactique*, et elle ne se comprend pas sans référence à la représentation que Luther se faisait de lui-même comme théologien universitaire. Dans la disqualification luthérienne de l'allégorie, il y a d'abord la revendication d'une compétence, celle du théologien exégète. «Jouer avec des allégories, ce n'est pas interpréter l'Écriture», dit le grand Commentaire à la Genèse de 1535-1545, par quoi il faut entendre: ce n'est pas ce qui doit s'appeler *interpretari scripturam* quand on prend au sérieux les exigences de la discipline[2]. De ce point de vue, le Propos de table reproduit au début est significatif. La formule qu'il emploie: «avant que je n'entre en théologie» *(ehe ich in die theologia kam)* ne signifie pas que Luther se soit trouvé «dans les allégories» avant de commencer ses études de théologie[3]: le plus vraisemblable consiste au contraire à penser que c'est pendant ses études de théologie qu'il a été familiarisé avec la méthode des quatre sens. Il faut donc supposer une seconde entrée «dans la théologie», correspondant à la rupture réformatrice, et il est remarquable que celle-ci se dise aussi dans les termes d'un cursus et d'une compétence disciplinaires.

1. Voir Steiger, *ibid.*, p. 343, qui parle de l'interprétation «spirituelle et figurée» (sur l'abandon par Luther des distinctions entre allégorie, interprétation figurée, spirituelle, métaphore, voir la remarque de Steiger p. 334 n. 19, qui s'appuie sur le consensus des luthérologues) comme *«Stimulator einer theologischen Ästhetik»*. L'allusion de Steiger va bien sûr à Hans Urs von Balthasar, *Herrlichkeit. Eine theologische Ästhetik*, Einsiedeln, 4 vol. en 3 t., 1961-1969.

2. *Vorlesungen über 1. Mose* (1535-1545), WA 42, 15, 31-33: «Sed hoc ludere intempestivitis allegoriis [...], non est interpretari scripturam». Ce passage et d'autres (ainsi WA TR 4, n°4448, 317, 16-17: «Allegoriis ludere in doctrina christiana est periculosum», cité par Steiger, «Martin Luthers allegorisch-figürliche Auslegung...», art. cité, p. 347), réfutent le développement de Steiger (p. 339) sur l'allégorie comme «jeu» toléré, voire encouragé par Luther (l'idée d'une *spielerisch-meditative Beschäftigung mit dem Katechismus* n'est aucunement illustrée par le passage de la Préface au Grand Catéchisme cité en renfort n. 49). Sur le motif du jeu dans la critique par Luther de la théologie scolastique, voir R. Quinto, *Scholastica. Storia di un concetto*, coll. «Subsidia Mediaevalia Patavina», 2, Padova, 2001, p. 213, et en particulier la n. 13, qui cite un texte des *Decem praecepta Wittenbergensi praedicata populo* (1518), WA 1, 507, 35-39, où l'idée de jeu fait le lien entre la critique de la scolastique et la critique de l'exégèse quadruple de la Bible: «Hoc effecerunt insulsi illi et inepti somniatores, ludentes in sensu literali, allegorico, morali, anagogico, et vocantur doctores Scholastici, et hoc propriissimo veroque nomine: Scholastici enim sunt, id est ludicri et lusores, immo et illusores tam sui quam aliorum, qui neque quid sit litera neque quid sit spiritus cognoverunt». D'autres textes sur cette question sont analysés dans notre article «Histoire et critique de la scolastique. Luther en 1521», dans *L'Histoire en marge de l'histoire à la Renaissance, Cahiers V. L. Saulnier* n° 19 (Centre V. L. Saulnier, Université de Paris-Sorbonne), Paris, 2002, p. 129-156; tous vont à l'appui d'une conclusion importante pour le présent propos: comme la critique de l'allégorie, la critique de la scolastique est menée par Luther au nom d'une certaine idée de ce que doit être la scientificité de la théologie.

3. Pour la reproduction intégrale du passage, voir *supra*, p. 292 n. 1.

Cette compétence porte chez Luther un nom qui résume sans doute toute sa critique de l'allégorie : interpréter l'Écriture, dans l'horizon constamment présupposé du commentaire universitaire, c'est savoir l'*enseigner*. Plus exactement, c'est savoir transmettre ce que l'Écriture elle-même enseigne. Un autre passage du grand Commentaire à la Genèse le dit clairement : « Seul le sens historique enseigne vraiment et solidement »[1]. Le mot clé est ici *docere*, qui revient avec insistance dans toute la critique luthérienne de l'allégorie : le rôle auxiliaire, ornemental de l'allégorie dont on a parlé lui est concédé à titre d'unique moyen de la faire participer à un processus didactique que Luther considère comme immanent à la lettre de la Bible, et dans lequel le *movere* rhétorique est très clairement subordonné au *docere* dialectique[2]. Pour s'en tenir à l'énoncé : « seul le sens historique enseigne », on ne peut qu'être frappé par une comparaison avec le fameux distique de remémoration des quatre sens : *litera gesta docet, quid credas allegoria, moralis quid agas, quo tendas anagogia*, que le premier Luther ne manque pas de citer[3]. Dans la formule traditionnelle, *docere* est présupposé dans l'explication de chacun des modes de l'exégèse *(litera gesta docet, allegoria docet quid credas, etc.)*. Dans le commentaire de 1535-1545 en revanche, *docere* devient un critère : au-delà de la redéfinition par Luther des rapports entre sens littéral et sens spirituel, dont l'étude reste jusqu'à aujourd'hui imprégnée de présupposés confessionnels[4], c'est dans ce tri entre ce qui enseigne

1. *Vorlesungen über 1. Mose*, WA 42, 173, 32-33 : « Sola enim historica sententia est, quae vere et solide docet », cité par Steiger, « Martin Luthers allegorisch-figürliche Auslegung... », art. cité, p. 333 n. 14.

2. Voir *In Esaiam Scholia...*, WA 25, 88, 31-33 : « Sed [allegoriae] possunt pro ornamentis ac amplificationibus adhiberi interdum ad *docendum* imperitum vulgus, cui eadem alia atque alia forma inculcanda sunt » (nous soulignons), cité par Steiger, *ibid.*, p. 341 n. 61. C'est délibérément que nous empruntons nos exemples à des textes cités par Steiger, pour montrer qu'il est possible d'en tirer de tout autres conclusions. Le lien consubstantiel entre critique de l'allégorie et visée didactique est cependant affirmé en bien d'autres endroits. Sur l'analogie établie par Luther entre allégorie et rhétorique d'une part, sens littéral et dialectique d'autre part, voir la suite du texte des *Vorlesungen über 1. Mose*, WA 42, 173, 41 – 174, 2 (note précédente), citée par Steiger, *ibid.*, p. 342 n. 64 : « Qui igitur Allegoriis volunt uti, hi fundamentum earum ex ipsa historia petent. Historia enim est, quae, ceu Dialectica, vera et indubitata *docet*. Contra Allegorica quasi Rhetorica pingere historiam debet, ad probandum autem nihil valet » (n. s.). Les rapports entre rhétorique et dialectique, *movere* et *docere* et leur réalisation linguistique concrète chez Luther ont été étudiés très précisément par Birgit Stolt : voir *Studien zu Luthers Freiheitstraktat (...)*, coll. « Stockholmer germanistische Studien », 6, Stockholm, 1969, et « Docere, delectare et movere bei Luther. Analysiert anhand der "Predigt, daß man Kinder zur Schulen halten solle" », dans *Wortkampf. Frühneuhochdeutsche Beispiele zur rhetorischen Praxis*, coll. « Respublica literaria », 8 / « Stockholmer germanistische Studien », 13, Frankfurt a. M., 1974, p. 31-77.

3. Voir p. ex. *Operationes in Psalmos*, WA 5, 644, 37-38. D'autres citations du même distique sont répertoriées par Steiger, « Martin Luthers allegorisch-figürliche Auslegung... », art. cité, p. 331 n. 1.

4. Depuis Karl Holl, la luthérologie met l'accent sur la distinction entre sens spirituel et allégorie, en montrant que l'abandon de l'exégèse quadruple constituait le seul moyen d'accès

et ce qui n'enseigne pas que la critique luthérienne de l'allégorèse va, en dernière analyse, puiser ses ressources, prolongeant ou plutôt redirigeant l'idéal d'une théologie scientifique, c'est-à-dire didactique et magistériale, vers l'instance désormais unique du sens littéral.

II. Melanchthon : allégorie et arts du langage (**Elementa rhetorices** *[1531], II, CR XIII, 466-474)*

Le souci est par conséquent celui de la *doctrine*[1] : c'est un mot clé de la critique wittenbergeoise de l'allégorie, que nous retrouverons plus tard, et qui nous permet à présent d'aller à Melanchthon. Les deux principales prises de position de Melanchthon sur l'allégorie sont contemporaines : on les trouve dans la version la plus développée de son manuel de rhétorique, les *Elementa rhetorices* de 1531, et dans un fragment homilétique daté de 1529, le *De officiis concionatoris*[2]. Les deux ouvrages contiennent une section intitulée *De quatuor sensibus*,

au véritable sens spirituel de l'Écriture, dont Luther aurait montré qu'il est immanent au sens littéral dès lors que la compréhension en est ouverte par l'Esprit saint (voir « Luthers Bedeutung für den Fortschritt der Auslegungskunst », art. cité, p. 556-558, suivi par Ebeling, *Evangelische Evangelienauslegung, op. cit.*, p. 311, avec quelques réserves p. 46). Les recherches actuelles sur l'exégèse médiévale incitent à réviser sur plusieurs points la caricature (issue pour une bonne part de Luther lui-même) qui fait de l'exégèse quadruple une sorte d'automatisme : parmi ces points, on mentionnera la sensibilité des exégètes médiévaux pour l'« épaisseur du sens littéral » (G. Dahan, *L'Exégèse chrétienne de la Bible en Occident médiéval, op. cit.*, p. 240), la richesse de leur réflexion sur le sens spirituel, dont l'allégorie n'est qu'une forme parmi d'autres (*ibid.*, p. 299-358), l'« éclatement du schéma des quatre sens » dès le tournant des XIIe-XIIIe siècles (p. 436-440) et surtout, en correctif aux analyses d'Henri de Lubac, l'antériorité logique et chronologique de l'opposition binaire sens littéral/sens spirituel, « deux plans d'une égale richesse », sur le schéma des quatre sens (p. 55).

1. Voir deux passages cités par Steiger, « Martin Luthers allegorisch-figürliche Auslegung... », art. cité, respectivement p. 335 n. 28 et 344, sur la subordination de l'allégorie à une doctrine préalablement formulée sans son aide : *Vorlesungen über 1. Mose*, WA 42, 371, 26-27 : « Ad promissiones enim et *fidei doctrinam* Allegoriae applicandae sunt, ut consolentur et confirment animos » et *Deuteronomion Mosi...*, WA 14, 560, 34 – 561, 18 : « Proinde hic regula Pauli servanda est, ut allegoriae secundo loco habeantur et pro roboranda et ornanda locupletandaque *fidei doctrina* aptentur » (n. s.).

2. *Philippi Melanthonis Elementorum rhetorices libri duo* (1531), éd. C. G. Bretschneider, coll. *Corpus Reformatorum : Philippi Melanthonis opera quae supersunt omnia*, t. XIII, Halis Saxonum, 1846, réimp. Bad Feilnbach, 1990 [en abrégé désormais CR, suivi du numéro de tome et de colonne], Liber secundus : De Elocutione, De quatuor sensibus sacrarum literarum, col. 466-472, qui suit le texte définitif de 1542 de ce manuel édité pour la première fois en 1531, pour faire suite au *De rhetorica* de 1519 et aux *Institutiones rhetoricae* (1521). La pagination de CR XIII est donnée également dans l'édition critique bilingue récemment procurée par Volkhard Wels : Philipp Melanchthon, *Elementa rhetorices. Grundbegriffe der Rhetorik*, coll. « Bibliothek seltener Texte », 7, Berlin, 2001. – Une première esquisse du texte se trouve dans le *De officiis concionatoris Philippi Melanthoni dissertatio* (1529), De quatuor sensibus, éd. P. Drews et F. Cohrs, coll. *Supplementa melanchthonia. Werke Philipp Melanchthons, die im Corpus Reformatorum vermißt werden*, t. 5, 2, *Philipp Melanchthons Schriften zur*

ce qui, dans un cas au moins, n'est pas chose ordinaire. En effet, si les *artes praedicandi* médiévaux constituent une source de choix pour l'histoire de l'exégèse[1], on peut en revanche s'étonner de trouver dans un manuel de rhétorique un passage expressément consacré aux quatre sens de l'Écriture. Celui-ci est du reste le seul de ce type dans les manuels de rhétorique publiés par Melanchthon, mais l'immense diffusion des *Elementa* en a fait sans contredit possible le texte de référence sur la critique luthérienne de l'exégèse quadruple: avec 44 éditions jusqu'en 1600, ce qui fait d'eux vraisemblablement le manuel le plus répandu de tout le XVIe siècle avec le *De copia* d'Érasme[2], les *Elementa* ont offert à cette critique une exposition absolument unique dans tout le monde savant. Il n'en est que plus étonnant de voir que depuis le XVIIe siècle la section sur les quatre sens n'a à notre connaissance plus jamais fait l'objet d'un commentaire suivi, tel que nous allons le tenter ici.

Les termes de la critique sont très durs, et reprennent ceux de Luther:

> Certains ont stupidement enseigné qu'il y a quatre sens de l'Écriture: littéral, tropologique, allégorique et anagogique, et sans discernement ils ont interprété tous les versets de l'Écriture tout entière de cette façon quadruple. Combien le procédé est défectueux, il est facile d'en juger. Le discours devient en effet incertain quand il est déchiré en tellement de significations différentes. Mais ces niaiseries furent inventées par des incultes, qui, ne possédant aucun art du dire, et voyant cependant que l'Écriture est pleine de figures, ne furent pas capables de juger comme il faut des figures. Ils furent par conséquent contraints d'inventer une nouvelle rhétorique [...][3].

De Luther à Melanchthon, on retrouve en particulier l'argument de l'incertitude provoquée par la lacération de l'Écriture en sens multiples. Dans les *Elementa*, la critique est en outre également menée au nom d'une compétence, qui n'est cependant pas celle dont parlait Luther: avant même la vraie théologie, il

praktischen Theologie. Homiletische Schriften, Leipzig, 1929, réimpr. Frankfurt a. M., 1968, p. 10-11. Sur les manuels de rhétorique de Melanchthon et leurs différents états de 1519 à 1542, une orientation commode est fournie par Joachim Knape, *Philipp Melanchthons 'Rhetorik'*, coll. «Rhetorik-Forschungen», 6, Tübingen, 1993, à compléter par O. Berwald, *Philipp Melanchthons Sicht der Rhetorik*, coll. «Gratia. Bamberger Schriften zur Renaissanceforschung», 25, Wiesbaden, 1994. Sur le *De officiis concionatoris*, voir U. Schnell, *Die homiletische Theorie Philipp Melanchthons*, Berlin-Hamburg, 1968, p. 63-77.

1. Cf. G. Dahan, *L'Exégèse chrétienne de la Bible en Occident médiéval*, *op. cit.*, p. 398-401, et le livre toujours précieux de Th.-M. Charland, *Artes praedicandi. Contribution à l'histoire de la rhétorique au Moyen Age*, coll. «Publications de l'Institut d'études médiévales d'Ottawa», 7, Paris-Ottawa, 1936.

2. J. Knape, *Philipp Melanchthons 'Rhetorik'*, *op. cit.*, p. 36.

3. *Elementa rhetorices*, CR XIII, 466-467: «Quidam enim inepte tradiderunt quatuor esse scripturae sensus: Literalem, Tropologicum, Allegoricum et Anagogicum. Et sine discrimine omnes versus totius scripturae quadrifariam interpretati sunt. Id autem quam sit viciosum facile iudicari potest. Fit enim incerta oratio, discerpta in tot sententias. Sed has nugas commenti sunt homines illiterati, qui cum nullam dicendi rationem tenerent, et tamen viderent scripturam plenam esse figurarum, non potuerunt apte de figuris iudicare. Itaque coacti sunt novam quandam rhetoricam comminisci [...]»

manque aux *homines illiterati* une *ratio dicendi* définie comme jugement approprié sur les figures. Cet «art du dire» doit se prémunir contre la menace d'une «nouvelle rhétorique» produite par l'incompétence. Le développement sur les quatre sens, inséré d'abord comme «en passant»[1], se rattache donc au fil de l'exposé rhétorique qui, dans sa deuxième partie consacrée à l'*elocutio*, est passé à la question des figures, après avoir examiné celle du «discours grammatical»[2]. Plus encore, cette section, dont la nature exégétique peut d'abord surprendre dans le contexte, s'acquitte en vérité d'une bonne partie de la tâche d'un traité des figures, en prenant en charge l'exposé de leur bon usage, prioritaire dès lors que Melanchthon a marqué son peu d'intérêt pour un travail poussé de distinction entre types de figure[3].

Cette continuité avec le propos général du manuel fait mieux comprendre la nature du substitut que Melanchthon propose à l'allégorie et à l'exégèse quadruple. C'est ici l'énoncé central de toute la section sur les quatre sens :

> Pour le reste, nous nous souviendrons que ce qu'il faut partout chercher, c'est une signification unique, certaine et simple selon les règles de la grammaire, de la dialectique et de la rhétorique. Car un discours qui n'a pas une signification unique et simple n'enseigne rien de certain[4].

On retrouve ici les deux objectifs de l'interprétation : l'enseignement, au service de la certitude. Par rapport à ce qu'on peut lire chez Luther, la nouveauté réside dans le soin mis à définir les moyens de ces objectifs, soit les trois disciplines du langage, grammaire, rhétorique et dialectique, qui produisent la simplicité et la certitude de l'interprétation. La formulation est en outre importante. Melanchthon ne dit pas ici que dans la Bible tout doit s'entendre littéralement, bien que les expressions *literalis sensus (seu historicus), sensus grammaticus, literalis*

1. *Ibid.*, CR XIII, 466 : «Sed quoniam huius rei mentio *obiter incidit*, duxi etiam adiiciendam esse quarundam vocum interpretationem, quae alicubi occurrunt in Theologis» (n. s.).

2. Donnons brièvement l'enchaînement : dans le second livre des *Elementa rhetorices*, *De Elocutione* (CR XIII, 459), le *De quatuor sensibus sacrarum literarum* s'insère à la suite d'un *De figuris* et d'un *De tropis et schematibus* (CR XIII, 463) eux-mêmes commandés par une tripartition des *partes elocutionis* qui énumère 1. le *sermo grammaticus*, 2. les figures et 3. les amplifications, en leur superposant la détermination cicéronienne des «quatre parties» de l'élocution (*De Or.* 3, 37) : «ut latine, ut dilucide, ut ornate, ut apte dicatur» (CR XIII, 461).

3. Voir les deux avertissements de la section sur les tropes, *Elementa rhetorices*, CR XIII, 464 : «Nos prius recensebimus tropos, quos tamen non est necesse subtiliter discernere [...]» et, sur la nécessité ou non d'une distinction entre métalepse et métonymie : «[...] non sunt superstitiose discernendae figurae». Il faut ajouter la remarque sur l'ironie dans l'énumération des formes d'allégorie : «Magna est autem varietas ironiarum, quae melius ex quotidianae vitae consuetudine, quam ex praeceptis cognosci possunt» (CR XIII, 472), qui marque une attention remarquable pour les ressources du langage ordinaire.

4. *Ibid.*, CR XIII, 468 : «Caeterum nos meminerimus unam quandam ac certam et simplicem sententiam ubique quaerendam esse iuxta praecepta grammaticae, dialecticae et rhetoricae. Nam oratio, quae non habet unam et simplicem sententiam, nihil certi docet.»

sententia, sententia grammatica parcourent tout le texte[1] ; il dit très exactement que chaque passage de la Bible a *un* sens et non pas quatre, et que ce sens unique et simple s'obtient par conformité avec les règles issues des trois disciplines du langage. Par là se produit un important transfert théorique, qui substitue les disciplines du *trivium* aux quatre sens de l'Écriture.

Il ne s'agit pas là de numérologie. Un examen détaillé du texte des *Elementa* fait apparaître que la disqualification des quatre sens à partir des disciplines du *trivium* s'opère à l'aide d'une construction très élaborée, dont il faut à présent suivre les étapes.

1. Figure. – La première étape est déjà annoncée par le contexte : *l'allégorie n'est pas un sens de l'Écriture, mais une figure de rhétorique*. En un sens, le constat n'est pas nouveau : que l'allégorie soit une figure, plus exactement une « métaphore perpétuelle » (ou filée), c'est ce que disait Quintilien cité par Melanchthon juste avant que ne s'ouvre la section sur les quatre sens. Dans cette répétition de Quintilien, il y avait néanmoins déjà une pointe polémique, qui s'affûtait dans l'expression que Melanchthon adjoignait à celle de « métaphore perpétuelle » : « enthymème mutilé », soit, eu égard à la définition usuelle de l'enthymème comme syllogisme imparfait, imperfection au carré[2]. Ici se profile déjà l'élément *dialectique* dans la critique de l'exégèse quadruple, qu'on va voir ensuite reparaître (voir *3.*).

La polémique se poursuit au début de la section sur les quatre sens, mais en se détournant d'abord de sa cible initiale, l'allégorie. Ce qui est visé, c'est dans un premier temps le principe général d'une exégèse quadruple, que Melanchthon qualifie de « défectueux » et porteur d'incertitude[3]. L'argumentation présente ici la particularité d'être menée à partir d'une analyse scripturaire, celle du Ps 110, 4 : « Tu es prêtre à jamais selon l'ordre de Melchisédek ». De l'examen effectué ici des quatre sens traditionnellement attribués à ce verset se dégagent deux arguments principaux. Le premier est d'ordre général : l'exégèse quadruple compte au moins deux sens de trop, la tropologie et l'anagogie se réduisant de toute façon à l'allégorie. Les mots mêmes de « tropologie » et d'« anagogie »

1. Voir respectivement *Elementa rhetorices*, CR XIII, 468, 469 § 1 (« ... plerumque uno sensu grammatico contenti esse debemus »), 469 § 3, 467 (« At nostri Theologi fuerunt ineptiores, qui, ut longius etiam a sententia grammatica discederent... »).

2. *Ibid.*, CR XIII, 466 : « Nam ἀλληγορία eiusmodi est collatio, in qua simile ostenditur, nec tamen additur expresse altera pars collationis, seu ut dicam aliter, allegoria est mutilatum enthymema. Quintilianus vocat perpetuam metaphoram, gratum in oratione usum habet, parce usurpata [...] ». La référence est *De Inst. Or.* 9, 2, 46, qui parle de métaphore « continue ». Suit une première salve critique : « Si crebra fuerit, reddet orationem obscuram et ineptam. Itaque sunt ineptissimi, qui in sacris literis omnia transformant in allegorias ». Suit alors la section sur les quatre sens. Sur le rapport entre allégorie et métaphore chez Luther, voir J. A. Steiger, « Martin Luther allegorisch-figürliche Auslegung der Heiligen Schrift », art. cité, p. 337, en part. n. 36.

3. Voir *supra*, p. 299 n. 4.

trahissent l'incompétence des tenants de l'exégèse quadruple, le premier parce qu'il désigne «en général» *(in genere)* le principe de l'interprétation par trope ou par figure *(quidquid figurate effertur)*, et non pas en particulier l'exégèse morale, le second parce qu'il est improprement utilisé – il faut dire *anagogê* plutôt qu'*anagogia*, – et parce que lui aussi «n'est rien d'autre que l'allégorie»[1]. La correction du grammairien humaniste, appelée par l'ambition terminologique que se donne au début la section sur les quatre sens[2], sert ainsi à recentrer le propos sur la théorie des figures, qui semble à elle seule dissoudre les distinctions ou «prodigieuses métamorphoses» de l'exégèse quadruple[3].

Le deuxième argument est le plus important, et le plus difficile. Le modèle des quatre sens contraint celui qui l'applique à mettre au fondement de son interprétation du Ps 110 un sens historique *(aliqua historia)* absurde pour ensuite pouvoir dérouler ses sens spéculatifs. L'absurdité consiste à dire que le Psaume s'applique historiquement à David, alors que David n'a jamais été prêtre, mais roi. Ce faisant, le tenant de l'exégèse quadruple pense d'avance à l'allégorie qu'il obtiendra en référant le verset du Psaume à la royauté sacerdotale du Christ, sur le modèle de ce qui est fait en He 2, 9[4]. La typologie de l'Épître aux Hébreux suggère cependant à Melanchthon une autre solution : c'est tout à fait littéralement que le verset parle du sacerdoce christique, et il ne parle de rien d'autre. «Ce Psaume parle seulement et exclusivement du Christ», et ce sens christique est le premier et le seul du texte[5].

1. *Ibid.*, CR XIII, 467 : «Hanc translationem ad mores vocabant τροπολογίαν, cum quidem in hac voce errarent, aliud enim significat τροπολογίαν, videlicet, non sermonem aut interpretationem de moribus, sed in genere quidquid figurate effertur [...] Dionysius figuram nominat ἀναγωγήν, neque tamen apud hunc aliud est, quam allegoria, quam quidem et ipse immodice praedicat.» Dans l'intervalle, la correction a également visé l'usage fautif d'*anagogia* (synonyme de «petulanti[a], seu ferita[s] morum») à la place d'*anagogê*.

2. Voir *supra*, p. 299 n. 1 : Melanchthon expose la nécessité d'insérer «quarundam vocum interpretationem, quae alicubi occurrunt in Theologis».

3. *Ibid.*, CR XIII, 468 : «Et hoc modo omnes versus prodigiosa metamorphosi quadrifariam interpretabantur, quantumvis interdum dictum aliquod repugnaret illi metamorphosi». Même expression dans le *De officiis concionatoris, op. cit.*, p. 10, qui montre encore mieux la solidarité entre ces «métamorphoses» et la réduction des quatre sens au couple sens littéral / allégorie : «Docuerunt trifariam unamquamque sententiam peruetere. Sed huiusmodi metamorphoses nullo modo ferendae sunt. Interdum allegoria uti concessum est, si id verecunde et ratione quadam fiat et in talibus locis, quos constat ideo traditos esse, ut recte aliquid significarent [...]».

4. Sur la question de la royauté sacerdotale du Christ à l'époque de la Réforme, nous nous permettons de renvoyer à notre article, «Luther, la liberté du chrétien et la question de la puissance», dans J.-P. Cahn, G. Schneilin (édit.), *Luther et la Réforme, 1519-1526*, Paris, 2000, p. 91-106.

5. *Elementa rhetorices*, CR XIII, 468 : «Constituendum est igitur, quod hic Psalmus de uno ac solo Christo loquatur et literalis sensus seu historicus in hoc versu erit de Christi sacerdotio», où l'on notera le parallèle entre le «unus Christus» et la «una sententia» dont la nécessité est affirmée peu avant (texte cité *supra*, p. 299 n. 4, avec de même à la suite : «Nam

Ressaisie dans son contexte, l'analyse du Ps 110 par Melanchthon pose une difficulté de taille. Il ne fait pas de doute qu'elle illustre la critique par Melanchthon de l'idée qu'à chaque verset de l'Écriture correspondent quatre sens distincts. Quel rapport présente-t-elle cependant avec la théorie des figures, dans laquelle on a vu que s'insère la section sur les quatre sens ? Une première réponse est possible : l'analyse du Ps 110 viendrait montrer que la présence d'une figure dans un texte ne saurait être prétexte à une inflation de sens, autrement dit que la figure donne au texte un sens certes différent du sens propre, mais tout aussi unique que lui. L'insistance de Melanchthon, au cours de sa lecture du Psaume, sur le principe de l'interprétation figurée, à laquelle on a vu qu'il réduit les sens tropologique et anagogique, semblerait conforter cette interprétation. À l'appui de cette idée d'un sens d'emblée et uniquement figuré, semble venir aussi le principe posé à la suite par Melanchthon, en corollaire de l'idée déjà mentionnée selon laquelle un sens « unique, certain et simple » peut être obtenu à l'aide des préceptes de la grammaire, de la dialectique et de la rhétorique[1] :

> Si surviennent des figures, celles-ci ne doivent pas engendrer une multiplicité de sens, mais bien, conformément à l'allure générale du discours, une seule signification, conforme au reste de ce qui est dit[2].

À ce moment, Melanchthon semble admettre qu'en général une figure est à même de doter un texte d'une signification unique et certaine ; il semble cependant suggérer aussi que ce cas s'applique en particulier aux Écritures, autrement dit, que les figures peuvent entrer dans l'« allure générale » du discours biblique (la répétition de la notion importante de *consuetudo sermonis* est ici significative) et, plus important encore, qu'elles peuvent fournir aux consciences un enseignement certain[3]. Le Ps 110 précédemment analysé est alors sans hésitation donné en exemple : *Ut in isto loco quem citavimus, Tu es sacerdos, etc.* À la suite toutefois, Melanchthon affirme que c'est littéralement et au sens propre que le Ps 110 parle du Christ :

oratio, quae non habet *unam ac simplicem sententiam,* nihil certi docet. Si quae figurae occurrent, hae non debent multos sensus parere, sed iuxta consuetudinem sermonis *unam aliquam sentientiam*, quae ad cetera quadret, quae dicuntur » [nous soulignons]).

1. Voir *supra*, p. 299 n. 4.

2. *Elementa rhetorices*, CR XIII, 468 : « Si quae figurae occurrent, hae non debent multos sensus parere, sed iuxta consuetudinem sermonis unam aliquam sententiam, quae ad caetera quadret, quae dicuntur ».

3. *Ibid.*, CR XIII, 468, à la suite : « Et ad hunc usum haec pueris doctrina de figuris et omni ratione dicendi reperta est, ut discamus iudicare de sermone, et unam aliquam ac certam sententiam ex qualibet oratione colligere. Proinde in sacris literis illa sententia retinenda est, quam consuetudo sermonis parit, haec certo docet conscientias de his rebus, quae ibi traduntur, Ut in isto loco quem citavimus : Tu es sacerdos etc. » Autrement dit, il est tout à fait envisageable que la *consuetudo* d'un passage de la Bible soit figurée : elle n'en est pas moins productrice de certitude, c'est-à-dire d'une *sententia* unique et simple.

Il faut donc poser que ce Psaume parle seulement et uniquement du Christ, et que le sens littéral ou historique de ce verset portera sur le sacerdoce du Christ[1].

Par conséquent, «celui qui veut expliquer» n'a pas à «aller chercher des allégories»[2]: l'analyse du Ps 110 s'achève sur une défense du sens littéral, alors même qu'elle semblait avoir commencé par sauver l'allégorie en la traitant comme figure et en dissociant son cas de celui d'une l'exégèse quadruple impitoyablement critiquée. Il y a ici un problème qu'il faut garder en réserve; la cohérence du raisonnement ne peut être sauvegardée qu'en supposant l'intervention d'un paramètre supplémentaire, qu'on peut nommer ici par anticipation: les *loci communes*.

2. *Typologie*. – Il est en tout cas cohérent qu'après cette défense du sens littéral, Melanchthon demande «s'il n'y a nulle part de place pour les autres sens»: la question n'aurait pas de sens s'il était ressorti de l'étape précédente que Melanchthon attribuait au Ps 110 un sens allégorique ou même littéral-figuré. Le rappel de la règle générale qui précède la réponse nous importe surtout par la répétition du critère de certitude: «si nous voulons tout transformer sans discernement en une variété de sens, l'Écriture n'aura rien de certain», et c'est parce qu'Origène «transformait tout en allégories» que les philosophes païens ont pu se gausser d'une «doctrine» qui «n'avait rien de certain»; il faut donc «le plus souvent» se contenter du seul sens grammatical[3].

La réponse de Melanchthon à l'objection qu'il se pose à lui-même s'enchaîne également à ce qui précède en ce que les «autres sens» dont il vient d'être question ne sont en réalité qu'un seul sens, le sens allégorique: Melanchthon raisonne ici à partir de la réduction de la tropologie et de l'anagogie à l'allégorie considérée comme figure[4]. L'argumentation est largement négative: elle définit

1. Voir *supra*, p. 301 n. 5 pour le latin.

2. *Elementa rhetorices*, CR XIII, 468: «Nunc qui volet explicare, non accersat allegorias [...]»

3. *Ibid.*, CR XIII, 469: «Verum hic interroget aliquis, an nusquam aliis sensibus locus sit. Ad hoc respondeo: Si omnia sine discrimine velimus transformare in varios sensus, *nihil habebit certi scriptura*, Itaque iure reprehenditur Origines, qui omnia quantumlibet simpliciter dicta, tamen in allegorias transformabat. Haec interpretandi ratio maxime labefacit autoritatem scripturae. Nam et Porphyrius hoc nomine irrisit Christianam doctrinam, et *scripsit eam nihil habere certi*, siquidem non aliter atque fabulae poëtarum, in alios quosdam sensus, praeter grammaticum, omnia transformanda essent. Itaque plerumque uno sensu grammatico contenti esse debemus, ut in praeceptis et promissionibus Dei» (nous soulignons, et corrigeons le texte fautif de la troisième phrase dans CR XIII). Je remercie Richard Goulet d'avoir bien voulu m'indiquer la source de ce passage: Eusèbe de Césarée, *Hist. Eccl.* VI 19 (Porphyre, *Contra Christianos*, fr. 39 Harnack). On notera que Melanchthon ne distingue pas entre sens littéral et sens grammatical, pas plus qu'entre sens littéral et sens historique («literalis sensus seu historicus», voir *supra*, p. 301 n. 5).

4. Voir l'enchaînement entre la question: «Verum hic interroget aliquis, an nusquam aliis sensibus locus sit» et la formule «allegoriae locus» un peu plus loin, CR XIII, 469 (texte complet *infra*, p. 304 n. 2).

pour l'interprétation allégorique deux séries de conditions et restrictions conjointes. Chacune de ces séries s'ouvre sur un rappel du principe médiéval de l'allégorie, comme dispositif de choses (et pas seulement de mots) signifiant d'autres choses[1]. La *première* séquence comprend ainsi une définition : l'Écriture contient « certains faits » et « certaines cérémonies » instituées dans le but de « signifier autre chose » ; elle se poursuit avec une, voire deux restrictions : ces faits et cérémonies « ne produisent pas de démonstrations solides dans les controverses » et doivent être utilisées seulement comme des « images » ou « tableaux ». La condition stipule enfin : ces tableaux doivent rendre « plus éclatant » ce qui est prouvé ailleurs, « en d'autres endroits » auxquels est conféré un degré suffisant de certitude[2]. Outre le critère de certitude, on aura reconnu deux principes présents dans Luther : l'éviction, inspirée d'Augustin, de l'allégorie hors du domaine de la controverse[3], et surtout sa réduction à un rôle rhétorique ou ornemental[4].

La *deuxième* séquence procède de même, en s'appuyant sur la définition médiévale : ce sont les « faits et les mœurs eux-mêmes » qui sont « ramenés à d'autres choses qui leur sont semblables ». La condition précédente est ensuite répétée : il faut que ces « autres choses » soient dites « simplement et sans figures » en d'autres endroits du texte. La restriction s'enchaîne : l'allégorie « suit le sens littéral »[5]. La formulation est ici particulièrement intéressante : c'est ici en effet que Melanchthon propose sa théorie du sens littéral figuré, dont il faut déplier les présupposés[6]. La tâche n'est pas simple, car Melanchthon relie implicitement cette théorie à une forme d'exégèse typologique qui elle-même ne dit pas son nom. Il faut d'abord faire retour à la première séquence et relever les exemples de « faits et cérémonies » institués pour dire autre chose que ce qu'ils

1. Voir la mise au point de Gilbert Dahan, *L'Exégèse chrétienne de la Bible en Occident médiéval, op. cit.*, p. 299-305.

2. *Elementa rhetorices*, CR XIII, 469 : « Caeterum, quaedam facta extant in sacris literis, et ceremoniae quaedam, quae ad id institutae fuerunt, ut aliud quiddam significarent. In his est allegoriae locus. Quanquam ne hic quidem anxie quaerendae sunt, quia ut maxime eruamus aptas allegorias, tamen in controversiis non pariunt firmas probationes, tantum velut picturae reddunt illustrius, id quod ex aliis certis locis probatur ».

3. Sur ce point, voir Steiger, « Martin Luthers allegorisch-figürliche Auslegung der Heiligen Schrift », art. cité, p. 335 n. 22, 342 n. 64 et surtout 343 n. 67.

4. Voir *supra*, p. 294.

5. *Elementa rhetorices*, CR XIII, 469 : « Porro hic non est abiiciendus literalis sensus, sunt enim mandata Dei, quae non licuit mutare sine autoritate divina, sed ipsa facta et mores conferuntur cum aliis rebus similibus, quae alibi simpliciter et sine figuris propositae sunt. [...] Itaque allegoria sequitur literalem sententiam, ubi res similes ad literalem sensum, velut ad exemplum, aut imaginem comparare possumus, sicut in apologis enarrandis, mores tyrannorum ad luporum ingenia conferuntur, aut astuti ad vulpeculam ».

6. Sur les antécédents historiques du sens littéral figuré, voir plus haut dans le volume l'article de Richard Goulet.

disent[1]. L'histoire de Jonas, le sacrifice de l'agneau pascal et l'adoration du propitiatoire du sanctuaire ont en commun de faire l'objet d'une exégèse typologique explicite dans le Nouveau Testament, comme c'était déjà le cas du verset du Ps 110 analysé plus haut dans le texte[2]. Melanchthon ne le dit pas tout de suite; lorsqu'il y revient dans la deuxième séquence, la chose va de soi, et légitime l'interdiction d'aller « au-delà du sens grammatical », lors même que l'allégorie est avérée:

> Ce qui s'est produit avant la révélation de l'Évangile signifiait quelque chose sur l'Évangile: c'est pourquoi il nous faut en rester à la parole de l'Évangile, sans aller chercher de nouvelle doctrine au-delà du sens grammatical[3].

L'opération consiste ici à faire comme si la typologie allait de soi, et comme s'il allait de soi qu'elle encadrait tout usage de l'allégorie. Cette typologie silencieuse a ici valeur intégratrice: elle relie en particulier, à ce moment du texte, la définition classique de l'allégorie comme mode de signification propre aux choses signifiées, par delà les mots, à la perspective rhétorique qui était adoptée depuis le début dans la section sur les quatre sens et qui réapparaît ici pour renforcer l'idée d'un sens allégorique conforme au sens littéral[4].

3. Dialectique et allégorie. – Peu différente de la typologie apparaît d'abord la troisième arme de Melanchthon contre l'allégorie. Le protévangile de Gn 3, 14-16 (malédiction du Serpent) occupe une place centrale dans l'exégèse issue de la Réforme depuis au moins 1518[5]: il faut ici remarquer que nombre des exemples scripturaires de Melanchthon sont empruntés à Luther, l'un des objectifs de la section sur les quatre sens étant de conférer à l'exégèse du Réformateur, dès les années 1530, une forme de classicisme immédiat[6]. Le propos est néanmoins

1. *Elementa rhetorices,* CR XIII, 469: « Sunt autem huius generis pleraque facta, ut historiae Jonae, qui post triduum revixit, Mactatio agni in Paschate, Adoratio ad propiciatorium, et aliae ceremoniae ».

2. Voir respectivement Jon 2, 1 et Mt 12, 40; Ex 12, 1-14 et He 9, 11-28; Ex 25, 17-22 et à nouveau He 9. L'Épître aux Hébreux est confirmée ici dans le rôle recteur qu'elle tient depuis l'analyse du Ps 110, 4, qui s'autorisait implicitement de l'exégèse de He 7.

3. *Elementa rhetorices,* CR XIII, 469: « Nam ea quae acciderunt ante patefactum Evangelium, aliquid de Evangelio significabant, quare in Evangelii sermone resistere nos oportet, nec praeter grammaticum sensum, novam doctrinam quaerere », où l'on retrouve le souci de la doctrine.

4. *Ibid.*, CR XIII, 469, à la suite: « Itaque allegoria sequitur literalem sententiam, ubi res similes ad literalem sensum, velut ad exemplum, aut imaginem comparare possumus, sicut in apologis enarrandis, mores tyrannorum ad luporum ingenia conferuntur, aut astuti ad vulpeculam ». Le principe de l'interprétation figurée produit l'indexation de l'allégorie au sens littéral, et autorise un rapprochement audacieux entre l'interprétation des Évangiles, mentionnés juste auparavant, et celle des fables animalières (« in apologis enarrandis »).

5. Voir p. ex. le début de la *responsio* de Luther à Prieras, *Ad dialogum Silvestri Prieratis de potestate papae responsio*, WA 1, 649, 1-13.

6. Dans cette séquence « dialectique » de l'argumentation, il faut encore signaler le recours à *Isaïe*, commenté par Luther au moment de la rédaction des *Elementa*, en 1527-1529 (CR XIII, 471). Le principe général d'un usage des *loci communes* dans l'exégèse (col. 470),

nouveau: Melanchthon pose entre les versets de Gn 3 («Je mettrai une hostilité entre toi [serpent] et la femme») et l'énoncé «le Christ viendra et vaincra le Diable» une forme de déduction logique qui selon lui fait échapper l'interprétation de ce verset à toute manière d'allégorèse. Par là est introduite une «autre manière de raisonner à partir de l'Écriture» *(alia quaedam ratio ex scripturis ratiocinandi)*, l'expression employée apparaissant vite dans son ambiguïté: ce qui est ici nouveau ou «autre», c'est la prise en compte, dans l'exégèse, du fait même de l'argumentation, et sa promotion au rang d'alternative à l'allégorie. D'autres exemples parmi ceux qui sont proposés n'impliquent par ailleurs aucune forme d'aspiration de l'Ancien Testament vers le Nouveau, comme dans l'exégèse typologique[1]. Ce que Melanchthon appelle *ratio argumentandi* acquiert ainsi la valeur d'une solution possible au problème de l'exégèse allégorique. Le point remarquable ici est que le critère demeure celui du caractère enseignable ou non des énoncés tirés de l'interprétation:

> Cette manière d'argumenter est de loin supérieure aux allégories, et elle est appropriée à l'enseignement, car elle engendre des démonstrations solides; c'est pourquoi le Christ lui-même l'emploie souvent, il débat [par exemple] de la question de savoir s'il peut être appelé «Seigneur» par David et veut que de là ressorte une vérité très importante[2].

Le contexte est ici celui de la controverse, dont la science est la dialectique. Enseigner par la dispute: la plupart des exemples sont ici tirés de l'«argumentation» du Christ «disput[ant]» avec les Docteurs de la Loi, et c'est ce mot, *argumentatio(nes)*, qui s'impose à côté de *ratio argumentandi* pour désigner ce dont il est question à ce moment du texte:

> Ces argumentations ne sont pas des allégories: en effet le sens grammatical n'y est pas rejeté comme l'ombre ou la figure d'autre chose, il faut garder la signification à la fois de l'antécédent et du conséquent, et c'est ainsi, par l'argumentation, que nous parvenons pour ainsi dire par degrés du premier au dernier élément. Ici ce n'est pas du semblable qui est comparé avec du semblable, ce sont des arguments qui sont tirés des causes, des effets, des définitions, des contraires et autres lieux dialectiques[3].

auquel nous arriverons d'ici peu, est précédé d'une mention très précise d'œuvres de Luther données en exemples: «Extant Lutheri commentarii in Deuteronomium, et in quosdam Prophetas, qui ostendunt, quid in hoc genere enarrandi maxime decet». Melanchthon renvoie ici au *Deuteronomion Mosi cum annotationibus* de 1525 (WA 25, 497-744), plusieurs fois cité plus haut, ainsi qu'aux *Praelectiones in Prophetas minores* publiées entre 1524 et 1526 et reprises au t. 13 de la WA.

1. Entre autres cette brève illustration, vraisemblablement à partir de Mt 22, 15-22 (rendre à César): «Christus approbat magistratum, *igitur* approbat iudicia, militiam, et omnia civilia officia» (*Elementa Rhetorices*, CR XIII, 471). Nous soulignons: les autres exemples contiennent semblablement des *hinc, igitur, ergo*.

2. *Ibid.*, CR XIII, 471 (à la suite): «Haec ratio argumentandi longe praestat allegoriis, et *ad docendum* accommodata est, quia gignit plerasque *firmas probationes*, ideo et Christus saepe ea utitur, disputat, se a Davide dici Dominum, *hinc* gravissimam sententiam vult effici» (nous soulignons).

3. *Ibid.*, CR XIII, 471-472: «Tales argumentationes non sunt allegoriae, non enim abiicitur sensus grammaticus tanquam umbra, aut figura alterius rei, sed pariter antecedentis et

L'exclusion qui s'opère ici à la fois de la figure *(non... tanquam umbra)* et du principe de la comparaison du semblable au semblable, fait reculer très loin le domaine de l'allégorie. Les deux corrections que Melanchthon, fidèle à sa manière, effectue à la suite, radicalisent même le propos. Après avoir esquissé une sorte de répartition des secteurs de compétence – l'allégorie pour les récits de faits *(facta)*, l'argumentation pour les discours *(dicta)* et les promesses prophétiques[1], – l'auteur se ravise. En vérité, selon lui, le principe de l'argumentation s'applique aussi aux récits de faits: dans l'épisode de Daniel dans la fosse aux lions prévaut ainsi une forme de «similitude» – de même que Daniel fut jeté aux lions à cause et pour la cause de la Parole de Dieu, de même la Parole de Dieu nous expose à la haine de ses ennemis – qui ne relève pas d'une tropologie, comme d'autres l'ont cru jadis, mais d'une argumentation, «dans laquelle, conformément aux principes de la dialectique, des choses apparentées ou semblables sont comparées». Le critère pour rejeter l'allégorie est ici qu'«aucun sens nouveau n'est ajouté» [2]. Non seulement donc le récit, mais aussi le principe de similitude, placé depuis le début au cœur de la définition du procédé allégorique[3], et, plus remarquablement encore, la figure *(«factum... cum aliqua figura»)* sont annexés au domaine de la dialectique: ce qui avait d'abord été exclu est peu après récupéré, mais purifié de toute allégorie.

Rétrospectivement, on s'aperçoit qu'un procédé analogue avait été appliqué dans les deux premières séquences de l'argumentation: exclus les quatre sens, il s'agissait de récupérer l'allégorie comme simple figure, dans un horizon tacitement mais fortement typologique, pour dire sa conformité en dernière instance au sens littéral – *allegoria sequitur sensum literalem.* L'introduction de la dialectique permet un pas supplémentaire: il s'agit d'intégrer la figure dans un dispositif d'argumentation indifféremment discursif ou narratif d'où l'allégorie est le plus souvent écartée – *tales argumentationes non sunt allegoriae.* Une fois les distinctions de l'exégèse quadruple dissoutes par la correction grammaticale,

consequentis sententias retinere necesse est, et argumentatione quasi per gradus a priore ad posteriorem pervenimus. Neque hic simile confertur ad simile, sed ducuntur argumenta ex causis, ex effectibus, ex definitionibus, ex contrariis, et aliis locis dialecticis».

1. *Ibid.*, CR XIII, 472: «Porro allegoria magis locum habet in factis enarrandis, at hac ratione argumentandi utendum est in dictis explicandis, in prophetiis ac promissionibus», où la formule *«locum habere»* semble répondre à la question posée dans la séquence «typologique» de l'exposé (voir *supra*, p. 303 n. 3, et p. 304 n. 2).

2. *Ibid.*, CR XIII, 472 (à la suite): «Verum et in factis valet argumentatio, cum exempli causa factum proponimus cum aliqua figura, ut, Daniel obiectus est leonibus propter verbum Dei, ita et nos oportet propter verbum Dei perpeti acerbissima odia hostium. Hic quaedam similitudo ostenditur, comparatur rabies hostium Evangelii ad leonum truculentiam. Hoc genus argumentorum vocabant τροπολογίαν abutentes vocabulo. Nos in tali collatione non dicimus novum esse sensum exempli, sed dicimus argumentationem esse, in qua iuxta dialecticae praecepta res inter se cognitae aut similes conferuntur. Hoc modo multa ratiocinatur Christus in Evangelio ex parabolis».

3. Voir *supra*, p. 300 n. 2, la définition de l'allégorie comme «collatio, in qua simile ostenditur...».

les deux autres disciplines du *trivium* se chargent de redéfinir à la baisse le périmètre de l'allégorie : de le redéfinir, d'abord, en validant l'interprétation d'un certain nombre de passages scripturaires traditionnellement repérés comme allégoriques, mais sur de tout autres critères (Jonas et la baleine) ; de le réduire, ensuite, en suscitant le substitut de l'« argumentation » dans d'autres passages dont il est montré qu'il est possible de ne pas les comprendre allégoriquement (Daniel dans la fosse aux lions). L'interprétation allégorique se retrouve ainsi prise entre le marteau de la rhétorique, qui l'arrache à l'environnement familier de l'exégèse quadruple, et l'enclume de la dialectique, qui, sans la supprimer complètement, la réduit néanmoins à la portion congrue. Cette opération, assurément virtuose, laisse cependant des zones d'ombre, à l'instar de l'hésitation déjà constatée à propos du Ps 110 et de l'idée d'un sens figuré unique et certain, que Melanchthon semble ne pas pouvoir renoncer à qualifier finalement de littéral[1]. C'est pourquoi il faut ajouter à présent une quatrième composante du raisonnement.

4. Lieux communs. – La question des lieux communs parcourt toute la section sur les quatre sens, réapparaissant à chaque scansion importante. Le propos peut en la matière s'appuyer sur les résultats de la section *De locis communibus*, à la fin du premier livre des *Elementa* : s'il peut être question des lieux communs à travers toutes les étapes du raisonnement, c'est parce que Melanchthon a préalablement pris soin de doter ceux-ci d'une définition suffisamment générale. On appelle lieux communs les « principales têtes de chapitre contenant les sources et la somme d'une discipline », « dans tout type d'enseignement » : définition délibérément souple, à laquelle il faudra revenir, et qui, au moment où elle est formulée, permet à l'auteur d'écarter la compréhension morale qu'Érasme avait promue en assimilant les *loci* à une « accumulation de sentences extraites des poètes et des orateurs » sur les vertus et les vices des hommes[2]. L'opération de Melanchthon, partout où il s'essaie à définir les lieux communs, consiste à rendre à la notion la plasticité que lui ôte toute interprétation limitée à un domaine disciplinaire (rhétorique, morale, etc.) : c'est ce qu'illustre à son tour la

1. Voir *supra*, p. 302-303. De même, à propos cette fois de la séquence dialectique de la section sur les quatre sens, on peut se demander pourquoi, après avoir déclaré que l'argumentation élimine l'allégorie, Melanchthon, en évoquant l'exemple de Dn 6, se contente de critiquer ceux qui y ont vu une « tropologie » (voir *supra*, p. 307 n. 2) : l'évitement du terme d'allégorie est ici significatif, dès lors que Melanchthon a assimilé la tropologie au principe de l'interprétation figurée en général (voir *supra*, p. 301 n. 1).

2. *Elementa rhetorices*, CR XIII, 452 : « Ac voco locos communes, non tantum virtutes et vicia, sed in omni doctrinae genere praecipua capita, quae fontes et summam artis continent ». La critique d'Érasme se poursuit : « Quidam putant se locos communes tenere, cum de variis rebus coacervatas sententias habent, quas passim ex Poetis et Oratoribus excerpserunt. Et quia iudicant hanc coacervationem insignium dictorum perfectam esse doctrinam, nihil habent consilii in legendis autoribus, nisi ut inde tanquam flores, dicta quaedam decerpant, Interim nullam artem perfecte discunt, nullum scriptum totum intelligunt, nusquam totum orationis genus considerant ».

section sur les quatre sens, au fur et à mesure qu'elle travaille à conférer un rôle plus précis aux *loci communes* dans le dispositif exégétique.

Dans un premier temps, les lieux communs sont présentés comme une alternative à l'interprétation allégorique: «celui qui veut expliquer» n'a pas à «aller chercher des allégories», il lui faut «renvoyer aux lieux communs et exposer ceux-ci dans l'ordre, en suivant les principes de la dialectique». En l'occurrence, s'agissant du Ps 110, les lieux communs auxquels il est fait référence concernent la nature et les effets du sacerdoce christique, sa supériorité sur le culte que les hommes peuvent d'eux-mêmes exercer pour rendre justice à Dieu[1]. L'opération suppose ici cependant qu'on sache à l'avance que le sacerdoce christique constitue le «sens littéral ou historique» du verset discuté, ce qu'aura permis l'opération qui consiste à préalablement «parcourir la narration tout entière» en recherchant les «circonstances», les acteurs et interlocuteurs concernés: c'est ainsi qu'on parvient à voir que le Ps 110 parle au «sens littéral et historique» du sacerdoce du Christ[2]. La dimension grammaticale du travail interprétatif est ce qui s'affirme en premier lieu, dans la recherche des principales articulations du récit; les lieux communs semblent n'intervenir que secondairement, pour «illustrer» le sens littéral: leur rôle semble ici purement ornemental, et la nécessité de bien les choisir, affirmée à la suite, fait penser à la tâche de développement et d'amplification du texte demandée à celui qui enseigne[3].

Une nouvelle mention des lieux est faite dans la séquence «typologique» du texte, immédiatement après le principe qui veut qu'aux endroits où l'interprétation allégorique est autorisée, l'allégorie «sui[ve]» de toute façon le sens littéral[4]. Melanchthon ajoute alors:

> Dans l'Écriture, l'allégorie se mouvra toujours parmi les principaux lieux de la doctrine chrétienne; elle se rapporte en effet au royaume du Christ, à la pénitence, à la grâce, à la foi en Christ, à la doctrine de la croix, à la prière, aux devoirs de charité. Car c'est là qu'une intelligence chrétienne trouve son repos, et il n'y a pas de meilleure doctrine à chercher. C'est pourquoi il n'est nul besoin d'allégorie là où les Prophètes nous livrent des promesses claires au

1. *Ibid.*, CR XIII, 468: «Nunc qui volet explicare, non accersat allegorias, sed hanc causam seu literalem sensum de sacerdotio Christi, referat ad locos communes, et de his ordine dicat, iuxta dialecticae praecepta: Quid sit sacerdotium, Quid effecerit Christi sacerdotium, Quod nostra iusticia, nostris victimis, nostro cultu, non possimus placare Deum sed Christi sacrificio placatus, donet nobis iusticiam, pacem, vitam aeternam».

2. *Ibid.*, CR XIII, 468: «Initio tota narratio percurrenda est, et quaerendae circumstantiae, quis loquatur, de qua persona loquatur. Hic reperiemus pleraque membra nihil pertinere ad Davidem, sed ad quendam perpetuum regem, qui novo quodam sacerdotio fungetur, antiquitato Levitico. Constituendum est igitur, quod hic Psalmus de uno ac solo Christo loquatur, et literalis sensus seu historicus in hoc versu erit de Christi sacerdotio».

3. *Ibid.*, CR XIII, 468: «Hoc modo literalis sensus illustratus, per definitionem sacerdotii, magnopere iuvat bonas mentes, ac in locis communibus delectus adhibendus est, ubi ad Evangelium referenda res sit, ubi ad Decalogum seu praecepta de moribus».

4. Voir *supra*, p. 304 n. 5.

sujet du Christ, ou encore là où ils nous livrent des énoncés clairs sur la foi, la pénitence, la croix, les devoirs de charité[1].

Conformément à la procédure adoptée à ce moment de l'exposé[2], l'usage de l'allégorie est encadré par une restriction et une condition. La restriction stipule que l'allégorie est superflue aux endroits de l'Écriture où la prophétie est claire, c'est-à-dire là où, pour l'auteur, le procédé typologique est manifeste. Partout ailleurs, il faut – c'est ici la condition – que l'allégorie puisse être ramenée aux «principaux lieux de la doctrine chrétienne», dont Melanchthon donne une liste non exhaustive. À nouveau donc, les lieux préexistent à l'interprétation allégorique. Melanchton place désormais l'accent sur leur fonction de contrôle et de structuration de l'interprétation allégorique, à laquelle ils fournissent autant de repères et de garanties. Comme précédemment, l'allégorie se voit confier la tâche d'illustrer, sur le mode pictural, les lieux communs[3]. La nouveauté réside toutefois dans l'idée que cette fonction de contrôle exercée par les lieux communs sur l'interprétation suppose une compétence particulière dans leur maniement:

> Il n'est pas donné à tout le monde, l'art de manier habilement les allégories, ou de voir où celles-ci conviennent. Personne en effet ne sera bon artisan en la matière, à moins d'avoir une connaissance parfaite de ces lieux qui sont les principaux dans la doctrine chrétienne, et que je viens d'énumérer[4].

En mettant de la sorte l'accent sur la compétence en matière d'allégorèse et en indexant cette compétence à la connaissance des principaux lieux de la doctrine chrétienne, Melanchthon poursuit à notre avis deux objectifs. Il s'agit d'abord d'introduire le respect de la *doctrine* comme critère ultime de l'interprétation scripturaire: on y reviendra encore. Deuxièmement, il s'agit de définir progressivement le rôle effectif des *loci communes* dans la procédure exégétique. C'est ce qui est finalement fait à la suite de la mention des commentaires de Luther au

1. *Elementa rhetorices*, CR XIII, 469-470: «Semper autem versabitur allegoria in sacris literis, inter locos praecipuos doctrinae Christianae, refertur enim ad regnum Christi, ad poenitentiam, ad gratiam, ad fidem in Christum, ad doctrinam de cruce, ad orationem, ad officia charitatis. Nam in his rebus acquiescit mens Christiana, neque restat alia melior doctrina quaerenda. Quare nihil opus est allegoria, ubi Prophetae claras promissiones de Christo tradunt, aut claras sententias de fide, de poenitentia, de cruce, de officiis charitatis».

2. Voir *supra*, p. 303-304.

3. C'est le cas pour l'interprétation typologique telle qu'elle est menée dans le Nouveau Testament par Jésus et Paul eux-mêmes. Melanchthon renvoie à Mt 12, 40 (reprise de l'histoire de Jonas), Jn 3, 14 (élévation du Fils sur le modèle de l'élévation du Serpent d'airain, Nb 21, 4-9) et 2 Co 3, 13 (le voile de Moïse, d'après Ex 34, 33), et repère dans tous ces versets un même procédé consistant à se «mouvoir à l'intérieur des lieux [...] et à montrer les choses les plus importantes comme peintes en images». Voir *Elementa rhetorices*, CR XIII, 470: «Hos videmus versari intra locos illos, quos nominavi, et maximas res quasi pictas imaginibus ostendere».

4. *Ibid.*, CR XIII, 470: «Neque vero cuiusvis est artificis, dextre tractare allegorias, aut videre ubi deceant. Nemo enim erit idoneus artifex huius rei, nisi perfectam cognitionem habeat istorum locorum, qui sunt in doctrina Christiana praecipui, quos paule ante recitavi».

Deutéronome et aux Prophètes – soit, dans l'économie de l'Écriture, et eu égard au propos de Melanchthon à ce moment du texte, les principaux points d'ancrage de l'interprétation typologique[1] :

Ici, les allégories ne nous sont pas livrées toutes seules : avant cela, l'histoire elle-même est transférée vers les lieux communs de la foi et des œuvres, et c'est de ces lieux que sont issues, ensuite, les allégories[2].

C'est une fonction très particulière, mais assez énigmatique, qui est alors dévolue aux lieux communs ; en l'absence d'une définition précise de ce qu'ils *sont*, c'est sans doute de là qu'il faut partir pour comprendre ce qu'ils *font*. Les *loci communes* se voient clairement assigner une place intermédiaire entre le sens historique et l'allégorie. La question est alors : que se passe-t-il dans le cas des *loci* ? Dire que l'allégorie en sort, c'est refuser qu'elle sorte du texte lui-même : on retrouve le refus fondamental de Melanchthon, qui porte sur l'idée qu'un texte scripturaire puisse générer de lui-même plus d'un seul sens. On peut alors avancer l'hypothèse suivante : les lieux communs sont ce qui, hors du texte, sert à démultiplier la signification du texte ; la mention des « principes de la dialectique », avant même la séquence consacrée aux *argumentationes* bibliques (voir *3.*)[3], indique que cette démultiplication relève tout autant des exigences de l'enseignement que de l'amplification rhétorique qui avait été suggérée dans un premier temps par l'idée d'« illustration » picturale[4]. À propos de l'allégorie, comme à d'autres sujets, Melanchthon invente donc une nouvelle alliance entre rhétorique et dialectique[5].

Par là, on comprend mieux l'hésitation initiale de Melanchthon, à propos de son interprétation christologique du Ps 110, entre sens figuré et sens littéral. Si la terminologie vacille ici quelque peu, c'est parce que l'auteur a à dire quelque chose qui se situe à ses yeux en deçà de ces deux termes de toute façon solidaires l'un de l'autre. Il s'agit ici de l'unicité de la signification biblique, qui est *une* avant d'être littérale (ou historique, grammaticale...) ou figurée, et il s'agit de la manière de transmettre cette unicité en la préservant : les *loci communes* accomplissent cette fonction de développement contrôlé d'un texte-source. Le souci de

1. Voir *supra*, p. 305 n. 5.

2. *Elementa rhetorices*, CR XIII, 470 : « Hic non traduntur solae allegoriae, sed prius historia ipsa transfertur ad locos communes fidei et operum, deinde ex locis illis nascuntur allegoriae ».

3. Voir *supra*, p. 306 n. 3.

4. Voir *supra*, p. 309 n. 3 (« literalis sensus illustratus »), à quoi répond peu après, col. 469, le passage sur les allégories licites qui « ne font que rendre plus lumineux, comme le font les tableaux, ce qui est prouvé à d'autres endroits avec certitude » (texte reproduit *supra*, p. 304 n. 2).

5. C'est déjà ce qui se produisait dans la section sur les *loci communes*, *Elementa rhetorices*, CR XIII, 452 : « Adhibentur autem loci communes et ad probandum et ad amplificandum, Etenim fere in omni probatione, maior nascitur ex aliquo communi loco ». À la différence de ce qui se produit ici, la section des quatre sens ne dit cependant rien de la nature, propositionnelle ou non, des lieux communs.

la transmission rattache la problématique ici déployée par Melanchthon à celle d'un manuel de rhétorique, mais la forte composante dialectique de la section sur les quatre sens, qu'on vient à nouveau de constater, incite à regarder aussi dans d'autres directions. Derrière le souci d'unicité du sens, il y a la préoccupation, qu'on a déjà vu se profiler, de la certitude ; et la certitude ici porte un nom, celui de la doctrine, à laquelle il va falloir encore s'intéresser, car elle fait apparaître la portée de la confrontation avec l'allégorie dans l'émergence de la pensée théologique de Melanchthon.

*III. Somme, allégorie, doctrine et lieux communs (***Loci communes** *[1521], Épître dédicatoire, Introduction)*

On peut résumer la conception de Melanchthon en disant que l'usage de l'allégorie y est strictement encadré par les *loci communes*, qui garantissent la conformité de l'interprétation à la doctrine chrétienne. Hormis les cas de typologie, à propos desquels Melanchthon multiplie les précautions, l'allégorie n'est pas *issue* du texte scripturaire, comme c'est le cas dans l'exégèse quadruple, qui fait du sens spirituel une dimension intrinsèque de tout discours sacré ; elle y est au contraire sciemment *ajoutée* par l'interprète au moment où celui-ci passe à l'exposé rhétorique (amplification) ou dialectique (démonstration) suscité par le texte. Ce qui sort de la Bible, ce sont désormais les lieux, que l'exposé n'a qu'à aller chercher : par exemple, le Ps 110 permet de développer le lieu « sacerdoce » à travers notamment la comparaison entre sacerdoce humain et sacerdoce christique. La tâche de l'interprète n'est alors plus de faire correspondre chacun des éléments du texte à chacun des éléments de son interprétation pour se convaincre de la justesse de l'allégorie qu'il a trouvée ; elle consiste à faire apparaître le parcours du texte à travers tous les lieux auxquels il se rattache : Sacerdoce, de là Justice, puis Loi, puis Évangile (comme contraire de la Loi), etc. Si allégorie il doit y avoir, celle-ci apparaîtra précisément à la faveur de ce passage par les lieux de la doctrine.

Pour un lecteur d'aujourd'hui, ces règles sont formulées par Melanchthon avec un déconcertant sentiment d'évidence : on sent le texte de 1531 partagé entre renvoi à une pratique exégétique connue, celle qui prévaut à Wittenberg depuis le début des années 1520, et souci de proclamer une méthode encore nouvelle. C'est ici que le recours aux *Loci communes* de 1521 s'avère à la fois une nécessité et un danger. Il est clair que la section des *Elementa* sur les quatre sens suppose connue la méthode prescrite dans le manuel par lequel, dix ans plus tôt, Melanchthon avait entièrement refondu les études théologiques à Wittenberg. Aujourd'hui cependant, la comparaison entre les deux textes suscite sans doute autant de problèmes qu'elle en résout, du fait de l'absence d'une information complète sur la circulation effective des hommes, des savoirs et des enseignements dans l'univers qui était celui de Melanchthon. La question est donc celle des lumières que les *Loci communes* de 1521 peuvent jeter sur la section des *Elementa rhetorices* consacrée aux quatre sens de l'Écriture : on verra ici pour finir sous quelles conditions il est possible de déterminer un angle d'éclairage suffisamment efficace.

Il faut repartir ici de la définition même des lieux communs. On a vu que le renvoi de la section sur les quatre sens à celle intitulée *De locis communibus* dans la première partie des *Elementa* n'apporte pas de prime abord de résultat décisif. La définition des lieux communs donnée en introduction du manuel de 1521 est tout aussi générale et allusive :

> On a pris l'habitude de rechercher, dans chaque discipline, un certain nombre de lieux comprenant la somme de la discipline en question et qui sont considérés pour ainsi dire comme les cibles vers lesquelles nous dirigeons tous nos efforts[1].

Confrontés à cette absence de prise sur l'objet, et eu égard au fait que les lieux communs constituent le modèle scientifique commun à tous les savants de la Renaissance, nous devons prendre le libellé de cette définition avec prudence. On peut en effet montrer que Melanchthon cherche à produire le concept le plus compréhensif qui soit des lieux communs, un concept qui soit apte à intégrer les approches dialectique-catégoriale d'Aristote, rhétorique de Cicéron, logico-épistémologique d'Agricola, morale d'Érasme : même l'interprétation érasmienne des *loci* comme exemples, sentences et vérités morales à retenir et à amplifier dans le discours, qui est pourtant celle dont Melanchthon se démarque le plus manifestement, trouve sa place dans les *Elementa*[2]. La stratégie de

1. *Loci communes rerum theologicarum seu hypotyposes theologicae*, CR XXI, 83. Nous reproduisons aussi la pagination de la dernière édition en date, procurée par Horst Georg Pöhlmann : Philipp Melanchthon, *Loci communes 1521. Lateinisch-Deutsch* [1993], « 2., durchgesehene und korrigierte Ausgabe », Gütersloh, 1997, p. 16 : « Requiri solent in singulis artibus loci quidam, quibus artis cuiusque summa comprehenditur, qui scopi vice, ad quem omnia studia dirigamus, habentur ». Nous renvoyons à l'introduction de CR XXI sur les différents états d'un texte en constante évolution jusqu'à la mort de Melanchthon ; l'article « Melanchthon » de Heinz Scheible dans la *Theologische Realenzyklopädie* 22, 1992, p. 370-411, sp. 386, fournit également sur ce point un aperçu complet. Il ne sera question ici que du premier état des *Loci communes*, correspondant à l'édition de 1521. Les changements qui suivirent (et dans lesquels la formule *Loci communes* commença à être concurrencée par celle notamment de *Loci theologici*) engagèrent pour une bonne part l'évolution théologique de Melanchthon, mais sont de toute façon postérieurs aux *Elementa* de 1531, avec lesquels nous entreprenons ici de donner des éléments de comparaison. Il est vrai que les *Elementa* sont eux-mêmes le troisième manuel de rhétorique dû à Melanchthon, après le *De Rhetorica* (1519) et les *Institutiones rhetoricae* (1521) : pour une mesure de l'évolution accomplie entre 1519 et 1531, voir les ouvrages de J. Knape et O. Berwald cités *supra*, p. 297 n. 2. Sur la méthode de travail de Melanchthon, adepte de la révision permanente et du *work in progress*, nous nous permettons de renvoyer à notre notice « Melanchthon, Philipp Schwartzerdt dit Philipp (1497-1560) », à paraître en 2005 dans le *Dictionnaire du Monde germanique*, sous la direction de M. Espagne et J. Le Rider.

2. Pour une introduction à la problématique des *loci*, l'article de Quirinus Breen, « The Terms "Loci" and "Loci Communes" in Melanchthon », dans *Christianity and Humanism. Studies in the History of Ideas*, Grand Rapids MI, 1968, p. 93-105, n'a pas remplacé l'étude de Paul Joachimsen, « Loci communes. Eine Untersuchung zur Geistesgeschichte des Humanismus und der Reformation », *Luther-Jahrbuch* 8, 1926, p. 27-87, repris dans *Gesammelte*

Melanchthon consiste à imposer sa conception des lieux communs en évitant la confrontation avec d'autres traitements possibles de la notion, auxquels il tente d'assigner leur place dans sa propre division des lieux : l'imprécision de la définition est de ce fait on ne peut plus voulue.

Entre les *Loci communes* et la section des *Elementa rhetorices* sur les quatre sens de l'Écriture, on voit pourtant progressivement se former des cohérences. Le texte des *Elementa* dit très clairement sa dette envers ce que les *Loci* affirmaient dix ans auparavant à propos de l'interprétation allégorique : le *De lege* donnait une première analyse des conditions auxquelles une loi cérémonielle de l'Ancien Testament peut être qualifiée d'allégorie du Nouveau, et l'accent était déjà mis sur le passage du sacerdoce lévitique au sacerdoce christique, autour duquel tournera l'analyse du Ps 110[1]. Le lien se noue pourtant bien plus haut dans le système, dans l'appareil conceptuel mobilisé dans la définition des lieux communs, c'est-à-dire dans les termes de cette définition qui ne sont pas interrogés pour eux-mêmes par l'auteur. Les lieux, dit Melanchthon en 1521,

Aufsätze. Beiträge zur Renaissance, Humanismus und Reformation, zur Historiographie und zum deutschen Staatsdenken [1970], « 2., unveränderte Ausgabe », Aalen, 1983, t. I, p. 387-442. L'article de Joachimsen a fait l'objet d'une révision critique par Wilhelm Maurer, « Melanchthons Loci communes von 1521 als wissenschaftliche Programmschrift. Ein Beitrag zur Hermeneutik der Reformationszeit », *Luther-Jahrbuch* 27, 1960, p. 1-50 (couplé à « Zur Komposition der Loci Melanchthons. Ein Beitrag zur Frage Melanchthon und Luther », *Luther-Jahrbuch* 25, 1958, 146-180), qui a elle-même trouvé un prolongement chez Martin Leiner, « Die Anfänge der protestantischen Hermeneutik bei Philip Melanchthon. Ein Kapitel zum Verhältnis von Rhetorik und Hermeneutik », *Zeitschrift für Theologie und Kirche* 94, 1997, p. 468-487. Tous ces travaux discutent en particulier le rapport Melanchthon-Agricola-Érasme : sur ce point, voir aussi récemment K. Meerhoff, *Entre logique et littérature. Autour de Philippe Melanchthon*, coll. « L'Atelier de la Renaissance », 10, Orléans, 2001. En France, le livre de Francis Goyet, *Le Sublime du lieu commun. L'invention rhétorique dans l'Antiquité et à la Renaissance*, coll. « Bibliothèque littéraire de la Renaissance », Série 3, 32, Paris, 1996, traite un sujet beaucoup plus vaste. Sur la place maintenue des *loci* comme sentences morales dans la rhétorique de Melanchthon, voir *Elementa rhetorices*, CR XIII, 453, à comparer avec *supra*, p. 308 n. 2.

1. *Loci communes*, CR XXI, 123 = Pöhlmann 130-132 : « Nec allegoricam interpretationem admittunt nisi ritus et facta in hoc prodita, ut essent signa aliarum rerum, ut sacrificia pontificatus Levitici in hoc prodita sunt, ut essent signa sacerdotii Christi », à comparer au passage des *Elementa rhetorices*, CR XIII, 469, cité supra, p. 304 n. 2. De même, au lieu *De Evangelio*, CR XXI, 155 = Pöhlmann 194, l'analyse de 2 Sam 12, 12-13 (David adultère, parole de Nathan : « Yahvé pardonne ta faute, tu ne mourras pas ») anticipe le propos des *Elementa* sur les quatre sens en refusant d'ajouter une strate allégorique à l'interprétation du sort de David (« Sunt, qui putant in veteris instrumenti historiis praeter allegorias nihil requirendum. Sed hic vides, quantum sit eruditionis in uni Davidis exemplo, si solam literam consideres. Immo ea sola est spectanda, in qua cum irae, tum misericordiae suae opera spiritus dei nobis large exhibuit ») ; on en trouve encore un écho dans la section des *Elementa* sur les *loci communes*, où la même histoire de David et Bethsabée est lue au prisme du *locus de poenitentia*, qui épargne également à l'interprète la tentation d'une interprétation allégorique (CR XIII, 452).

contiennent la «somme» de chaque discipline; les *Elementa* le redisent en 1531 – *praecipua capita, quae fontem et summam artis continent*[1] – et manifestement ce dernier terme pèse lourd, car il introduit encore un peu plus loin à la liste des lieux communs théologiques[2]. Or cet élément de la définition se retrouve dans la critique de l'allégorie. Si les *Elementa* conseillent aux plus malhabiles de s'en tenir aux «lieux de l'Écriture» dans lesquels «la somme de la doctrine chrétienne est donnée sans figure»[3], le *De officio concionatoris* de 1529 fait de la possession de la somme une condition de l'allégorèse légitime:

> Ils ont enseigné à tourner et retourner toute proposition de trois façons, mais ce genre de métamorphoses ne peut en aucune façon être toléré. Toutefois, il est permis de se servir de l'allégorie, pour autant qu'on le fasse avec parcimonie et méthode, et en des endroits dont il est clair qu'ils ont été donnés pour vraiment signifier quelque chose: ainsi lorsqu'on interprète [l'épisode du] propitiatoire ou de l'arche. Et néanmoins il faut, comme je l'ai souvent dit, que ceux qui manient l'allégorie détiennent la somme de la doctrine chrétienne, sans quoi il leur sera impossible de ne pas dévier du bon chemin[4].

Comme on le voit ici d'une manière particulièrement claire, la règle d'intentionalité de l'allégorie formulée aussi bien dans les *Loci communes* que dans les *Elementa* – pour qu'un passage puisse être interprété allégoriquement, il faut montrer que son auteur a voulu qu'il le soit[5] – ne se suffit pas à elle-même: elle est surbordonnée à la connaissance des lieux communs, que la définition donnée dans le manuel de théologie de 1521 permet de faire strictement équivaloir à la «somme de la doctrine chrétienne». Cette condition, la plus générale de toutes celles données par Melanchthon pour le maniement de l'allégorie, est celle qui garantit en dernière instance la scientificité de l'exégèse. On peut montrer en effet que la scientificité des lieux communs provient de la totalisation qu'elle opère des connaissances disponibles dans une discipline particulière. Les *loci,*

1. Voir *supra*, p. 308 n. 2.

2. *Loci communes*, CR XXI, 83 = Pöhlmann 18: «Et quanquam nolim immorari studiosos, ut antea dixi, hoc genus summis, tamen prope necessarium duco indicare saltim, e quibus locis rerum summa pendeat, ut quorsum dirigenda sunt studia intelligatur». Suit une liste de «capita», que Melanchthon du reste ne va pas suivre: *Deus, Unus, Trinus, Creatio, Homo/ Hominis vires, Peccatum*, etc.

3. *Elementa rhetorices*, CR XIII, 470-471: «Et cum proclive sit in hoc genere a via deerrare, monendi sunt imperiti, ut omissis allegoriis, versentur sedulo in aliis locis scripturae, ut autoribus, ubi sine figuris plane traditur summa doctrinae Christianae, Nam allegoriae intempestive adhibitae perniciosos errores pariunt».

4. *De officio concionatoris Philippi Melanthoni dissertatio, op. cit.*, p. 10 : «Docuerunt trifariam unamquamque sententiam peruertere. Sed huiusmodi metamorphoses nullo modo ferendae sunt. Interdum allegoria uti concessum est, si id verecunde et ratione quadam fiat et in talibus locis, quos constat ideo traditos esse, ut recte aliquid significarent: Vt si quis propiciatorum et arcam interpretetur. Et tamen allegoriam tractantibus, id quod saepe iam dixi, summam Christianae doctrinae tenere opus est, alioqui non potest fieri, quin recta via deerrent». Le motif de l'errance hors du droit chemin rapproche clairement ce texte du précédent.

5. Voir *supra*, p. 304 n. 2, le passage des *Elementa*, CR XIII, 469, sur les «facta quaedam [...] et ceremoniae quaedam, quae ad id instituae fuerunt, ut aliud quiddam significarent».

tels que définis en 1521, offrent une vue sur l'ensemble de la théologie; dix ans plus tard, dans les *Elementa*, c'est semblablement au nom d'une nécessité de complétude que Melanchthon rejette la définition érasmienne des lieux communs: les sentences morales sont toujours éparses, alors qu'il s'agit d'acquérir une connaissance complète des lieux, dans le plus grand nombre de disciplines possible[1]. Aussi remarquable que le lien établi par le concept de lieu commun entre théologie et rhétorique, qui est ce qui a jusqu'ici le plus intéressé la recherche sur Melanchthon, est ce critère d'exhaustivité sur lequel s'opère la jonction entre lieux rhétoriques et lieux théologiques. La communication des disciplines, motif implicite de la définition des lieux communs dans leur imprécision même, s'avère la résultante d'un idéal de scientificité totale pour lequel Melanchthon a deux mots omniprésents, *summa* et *doctrina*.

Dans l'instrumentarium conceptuel de Melanchthon, la somme est en effet toujours la somme d'une doctrine. On vient de rencontrer, dans les *Elementa* aussi bien que dans le *De officio concionatoris*, l'expression *summa doctrinae christianae*, à laquelle était conférée une incidence directe dans le maniement de l'allégorie; il faut ajouter qu'à l'instar de *summa artis*, elle fait également le lien avec les *Loci communes* de 1521, dont, avant même l'introduction, l'Épître dédicatoire à Tilemann Plettener annonçait qu'ils livreraient une «nomenclature des lieux [...] dont dépend la somme de la doctrine chrétienne»[2]. En parcourant la section des *Elementa* sur les quatre sens de l'Écriture, on a pu constater l'omniprésence du souci de conformité de l'interprétation allégorique à la doctrine: l'allégorie est à verser dans les «lieux principaux de la doctrine chrétienne», parce qu'«il n'y a pas de meilleure doctrine à chercher»[3]; ou encore, la technique qui consiste à «transférer» l'*historia* d'un texte scripturaire aux lieux communs de la foi et des œuvres pour qu'ensuite les allégories naissent de ces lieux, cette technique est subordonnée à la condition de posséder une «excellente doctrine»[4]. Les renvois du texte à la *doctrina*, croissants en nombre comme en intensité, relaient ainsi les mentions initiales du *docere* et de la nécessité de

1. *Elementa rhetorices*, CR XIII, 452-453: «Sciendum est igitur, ita locos communes recte cognosci, si artes illae in quibus versantur, perfecte cognitae fuerint. Et ut locos communes apte in causis intertextere possimus, opus erit *perfecta eorum cognitione*. Verum quia in civilibus negociis saepe existunt disputationes de virtutibus, de vitiis, de fortuna, de legibus, de consuetudine. Ideo Rhetores horum locorum precipue mentionem faciunt, qui tamen neque perfecte intelligi, neque copiose ac varie tractari possunt, nisi cognitis illis artibus, in quibus versantur. Quare necesse est ad bene dicendum addere *studium omnium maximarum artium*, philosophiae, doctrinae religionis, Iuris et historiarum» (nous soulignons).

2. *Loci communes*, CR XXI, 82 = Pöhlmann 14: «[...] dum nomenclaturam tantum facimus locorum, ad quos veluti divertendum est erranti per divina volumina, dum paucis verbis monemus, e quibus summa christianae doctrinae pendeat».

3. Voir *supra*, p. 310 n. 1.

4. *Elementa rhetorices*, CR XIII, 470 (suite du texte cité supra, p. 311 n. 2): «Sed hanc doctrinam nemo imitari sine excellenti doctrina potest».

livrer aux consciences un enseignement certain[1]. Parti du critère de l'enseignable pour juger de la qualité d'un discours, Melanchthon en arrive ainsi, dans les *Elementa rhetorices* de 1531, à ce qui par excellence s'enseigne, une doctrine, pour contrôler l'interprétation allégorique de la Bible, et fait par là retour à la nouvelle méthode d'enseignement théologique qu'il avait élaborée en 1521 dans les *Loci communes*.

Il est alors frappant de constater qu'il est possible de faire le même trajet dans l'autre sens, en partant de 1521 : on s'aperçoit en effet que la méthode théologique des lieux communs s'est conçue d'emblée dans une relation critique avec l'interprétation allégorique. Dans l'Épître dédicatoire déjà mentionnée, alors qu'il fait mention, pour la première fois dans le livre, des « lieux principaux de la discipline chrétienne », Melanchthon entend livrer un instrument permettant d'éviter qu'à l'avenir des « arguties aristotéliciennes » s'imposent à la place de la « doctrine du Christ ». Le propos se donne en son commencement comme expressément anti-scolastique, en opposant l'allure qu'il annonce prendre – « sobre et brève » – à d'autres, familières à la théologie savante de son temps[2]. Ce mode d'écriture théologique entend se mouler de la façon la plus fidèle dans la « forme » – comprise comme essence – du christianisme, qu'il faut chercher tout entière dans « l'Écriture canonique » : il ne s'agit donc de rien d'autre que d'« invite[r] à l'Écriture »[3]. Dans ce but, il faut substituer la méthode des lieux à un certain nombre de genres d'écriture théologique que le texte de l'Épître passe en revue. Après les « disputations obscures et embarrassées », Melanchthon s'en prend tout particulièrement à ce qu'il appelle les « commentaires » : il n'y est « pas favorable », les estimant « éloignés » de la « pureté » de l'Écriture et « dépendants de la philosophie et des opinions de la raison humaine », en conflit de ce fait avec le « jugement de l'Esprit »[4]. Ce terme de « commentaire » est

1. Voir les passages du texte des *Elementa* cités *supra*, p. 299 n. 4 et p. 302 n. 3 (CR XIII, 468 : « Nam oratio, quae non habet unam ac simplicem sententiam, nihil certi docet [...] haec [sententia, quam consuetudo sermonis parit] certo docet conscientias de his rebus, quae ibi traduntur »).

2. *Loci communes*, CR XXI, 81-82 = Pöhlmann 12-14 : « Porro, quod ad argumenti summam attinet, indicantur hic christianae disciplinae praecipui loci, ut intelligat iuventus, et quae sint in scripturis potissimum requirenda et quam foede hallucinati sint ubique in re theologica, qui nobis pro Christi doctrina Aristotelicas argutias prodidere. Parce vero ac breviter omnia tractamus, quod indicis magis quam commentarii vice fungimur, dum nomenclaturam tantum facimus locorum, ad quos veluti divertendum est erranti per divina volumina, dum paucis tantum verbis monemus, e quibus summa christianae doctrinae pendeat ».

3. *Ibid.*, CR XXI, 82 = Pöhlmann 14 (à la suite) : « Non hoc ago, ut ad obscuras aliquas et impeditas disputationes a scripturis avocem studiosos, sed ut, si quos queam, ad scripturas invitem. [...] Fallitur, quisquis aliunde christianismi formam petit quam e scriptura canonica ». Sur le principe *sola Scriptura* chez Melanchthon, outre la littérature citée *supra*, p. 291 n. 1, voir toujours E. Bizer, *Theologie der Verheissung. Studien zur theologischen Entwicklung des jungen Melanchthon (1519-1524)*, Neukirchen-Vluyn, 1964.

4. *Ibid.*, CR XXI, 82 = Pöhlmann 14-16 : « Nam in universum non aequus sum commentariis, ne veterum quidem, tantum abest, ut ullo meo longiore scripto velim quenquam a cano-

aujourd'hui obscur. Certains, comme Maurer, comprennent qu'il s'agit d'ouvrages exégétiques : on peut de fait, dans le texte de l'Épître, construire une opposition entre la brièveté annoncée des *loci*, leur disposition tabulaire – « index » et « nomenclature »[1] – et la longueur d'un genre exégétique dont le principe est d'ajouter des mots aux mots à commenter[2]. On peut néanmoins aussi bien comprendre, avec les éditeurs modernes des *Loci*, que ces « commentaires » désignent les Commentaires des *Sentences* de Pierre Lombard issus de l'enseignement des universités : l'enchaînement apparaît alors plus clair avec la critique des *Aristotelicas argutias* et des *scholasticas nugas*, ainsi que Melanchthon dénomme le type de spéculation théologique pour lequel les Commentaires des *Sentences* ont constitué avant lui l'un des endroits privilégiés[3]. L'introduction du traité nomme expressément Pierre Lombard (au côté de Jean Damascène) et mentionne les recherches des « théologiens scolastiques » sur les *formalitates*, les universaux, les connotés « et je ne sais quels autre termes vains »[4]. D'une manière générale, on peut lire le début des *Loci communes* de 1521, non seulement comme le « texte programmatique » d'une nouvelle théologie, mais comme une sorte de banc d'essai des genres principaux de la théologie médiévale savante. Dans cette perspective, la présence du mot *summa* au voisinage de toutes les définitions des lieux communs que nous avons ici rencontrées apparaît significative de l'ambition scientifique de Melanchthon : comme on le constate aussi chez Luther, mais d'une autre manière, il s'agit bien, autour de 1520, de

nicae scripturae studio retrahere [...] Quantum enim ab huius [Scripturae canonicae] puritate absunt commentarii ? In hac nihil reperias non augustum, in illis quam multa, quae a philosophia, ab humanae rationis aestimatione pendent, quae cum iudicio spiritus prorsus ex diametro pugnant ».

1. Voir le texte cité *supra*, p. 317 n. 2.

2. C'est ainsi qu'on peut comprendre, en CR XXI, 82 = Pöhlmann 14, le « tantum abest, ut ullo meo *longiore* scripto velim quenquam a canonicae scripturae studio retrahere » (nous soulignons ; voir *supra*, p. 317 n. 4). Sur l'interprétation des « commentaires » comme ouvrages d'exégèse, voir W. Maurer, « Melanchthons Loci communes von 1521 », art. cité, p. 22-23, qui s'appuie en outre sur *Loci communes*, CR XXI, 116 et 228 = Pöhlmann 98 et 376 pour voir dans ce rejet du commentarisme un aspect supplémentaire de la polémique antiérasmienne de Melanchthon.

3. Nous renvoyons aux remarques de l'éditeur dans *Loci communes*, Pöhlmann 14 n. 7, 9, 12, ainsi qu'à ses renvois infrapaginaux, dans tout le texte, aux Commentaires des *Sentences* de Scot, Ockham et Biel.

4. *Loci communes*, CR XXI, 84-85 : « Nimium enim philosophatur Damascenus, Longobardus congerere hominum opiniones quam scripturae sententiam referre maluit [...] Quaeso te, quid assecuti sunt iam tot seculis scholastici theologistae, cum in his locis solis versarentur ? ». Le contexte est alors celui d'une critique de la théologie spéculative, du type de celle qui s'interroge sur les attributs divins, le mystère de la Création et le mode de l'Incarnation, au profit d'une connaissance du Christ, c'est-à-dire de ses bienfaits (« ... siquidem hoc est Christum cognoscere beneficia eius cognoscere »).

mettre au point un nouveau genre de Somme de théologie, pour remplacer le modèle thomasien[1].

D'autant plus remarquable apparaît alors la mention que fait l'Épître dédicatoire des *Loci communes* de l'interprétation allégorique dans le sillage des disputations et des commentaires des *Sentences*:

> Les auteurs [de la Bible] n'avaient pas usé le ψυχικόν au point de ne respirer que des πνευματικά. Chez Origène, si tu enlèves les allégories malhabiles et la forêt de sentences philosophiques, qu'est-ce qui restera? Et pourtant c'est cet auteur qu'ont suivi, dans un bel ensemble, les Grecs, ainsi que, chez les Latins, Ambroise et Jérôme, qu'on considère comme leurs piliers[2].

L'ironie du passage est aujourd'hui difficile à percevoir, comme le montrent certaines erreurs de la traduction[3]. Melanchthon renvoie ici à un temps où l'Esprit était autre chose que l'interprétation «spirituelle». Ce temps était révolu déjà au moment des Pères de l'Église: l'attaque contre Origène, ses «maladroites allégories» et ses successeurs est très dure; au moment où Melanchthon la formulait, elle se heurtait aussi bien au culte récent d'Origène parmi les humanistes qu'à la traditionnelle dévotion patristique; elle se retrouvera, on l'a vu, dans les développements des *Elementa rhetorices* sur les quatre sens de l'Écriture[4].

C'est pourtant autre chose qui frappe aujourd'hui. Melanchthon refuse de dissocier le cas des Pères de celui des théologiens scolastiques: il n'y a ici qu'une seule critique, dans laquelle l'association de Jean Damascène et de Pierre Lombard possède valeur emblématique. Il en va de même au sujet des disputes universitaires, des allégories et, placé entre elles, du commentaire: la salve est unique, le trait, continu. Ce constat nous ramène aux remarques initiales: il repose en effet sur l'absence de séparation stricte entre une théologie et une exégèse qui, pour peu qu'elles fussent pratiquées au même endroit (universitaire), étaient considérées dès avant Melanchthon comme également scientifiques. Pour faire pleinement apparaître cette solidarité, il fallait cependant que fût proposée une alternative de nature à renverser à la fois l'allégorie et ce qu'on appelait la

1. Nous nous permettons sur ce point de renvoyer à l'Introduction de notre édition de Luther, *De la Liberté du chrétien. Préfaces à la Bible. La naissance de l'allemand philosophique*, Paris, 1996, réimp. 2004, p. 11-23, ainsi qu'à Ph. Büttgen et D. Thouard, «Réformes et protestantismes dans l'Europe moderne», dans École Pratique des Hautes Études, Section des Sciences Religieuses, *Annuaire. Résumé des conférences et travaux*, t. 110, 2001-2002, Paris, EPHE, 2003, p. 447-454.

2. *Loci communes*, CR XXI, 83 = Pöhlmann 16: «Non sic detriverant τὸ ψυχικόν scriptores, ut nihil nisi πνευματικά spirarent. Ex Origene si tollas inconcinnas allegorias et philosophicarum sententiarum silvam, quantulum erit reliquum? Et tamen hunc auctorem magno consensu sequuntur Graeci et ex Latinis, qui videntur esse columnae, Ambrosius et Hieronymus».

3. Pöhlmann lit *phusikon* à la place de *psuchikon* et invente de ce fait à la phrase un sujet erroné, les théologiens («theologische Schriftsteller») plutôt que les auteurs bibliques.

4. Voir *supra*, p. 303 n. 3.

théologie scolastique – tout au moins l'idée, ou la caricature, qu'on se faisait de l'une et de l'autre. Cette alternative fut offerte par le concept des lieux communs, au service d'une nouvelle idée de la « doctrine » chrétienne, prise dans sa « somme », c'est-à-dire dans l'intuition de sa totalité. Le trajet historique de 1521 à 1531 fait cependant apparaître une situation intriquée : *si la* rhétorique *de Melanchthon a pu proposer les lieux communs comme moyen de réduire et de contrôler l'usage de l'allégorie en exégèse biblique, c'est parce que la méthode* théologique *des lieux communs a trouvé dès ses commencements à se formuler à travers une hostilité farouche envers l'allégorèse.* Cet aller et retour entre les lieux et l'allégorie – les *loci* comme instrument d'un refus de l'allégorie, mais le refus de l'allégorie comme motivation première d'une invention des lieux – signale à lui seul le rôle créateur que l'allégorie et sa critique ont pu tenir, autour de 1520, au moment où une nouvelle théologie s'inventait.

Épilogue : l'histoire de l'herméneutique, ou rendre l'exégèse à ses mots

L'enquête demanderait désormais à être prolongée en direction de la pratique que Melanchthon a pu promouvoir de l'allégorie au travers du système des lieux. En particulier, au vu de l'utilisation intensive de la méthode des lieux dans les commentaires néo-testamentaires de Melanchthon, il faudrait s'interroger sur le lien entre sens littéral et lieu commun : l'hypothèse qui demande à être vérifiée est que les lieux communs sont ce qui permet le transfert du sens littéral et son développement, à des fins de démonstration ou d'amplification, en dehors du texte qui le porte – une sorte d'*alias* dans l'espace du commentaire ou du prêche. Pour pleinement comprendre cela, il faudrait encore situer les coordonnées exactes de l'herméneutique de Melanchthon, entre dialectique, grammaire et rhétorique. La recherche, en particulier depuis Maurer, s'est employée à constater la naissance d'une nouvelle intention visant à fixer pour elles-mêmes les règles de l'interprétation des textes scripturaires dans le cadre des disciplines du *trivium*[1]. De fait, la présence d'un traité des quatre sens de l'Écriture, même succinct, à l'intérieur d'un manuel de rhétorique, continue d'étonner. Il reste que l'interrogation sur la naissance de l'herméneutique a toutes les chances de rester cantonnée à l'anachronisme, aussi longtemps qu'obnubilée par le terme même d'« herméneutique » qui ne se trouve pas chez Melanchthon, elle ne s'interroge pas sur les mots qui, chez l'auteur et ses contemporains, ont porté l'intention interprétative, telle qu'elle pouvait alors se formuler. En laissant résonner les termes de *doctrina, summa, loci*, nous avons ici essayé d'inverser la tendance, en vue d'une reconstitution ultérieure de la conceptualité herméneutique du XVIe siècle.

1. Pour la définition des enjeux indissociablement théoriques et historiographiques de l'interrogation sur la naissance de l'herméneutique, voir le début de l'article de M. Leiner, « Die Anfänge der protestantischen Hermeneutik bei Philip Melanchthon », art. cité, p. 468-469.

Deux derniers exemples seront pour le terme qui a été privilégié pour désigner le point de départ et d'arrivée de toute interprétation selon Melanchthon, mais aussi selon Luther: *doctrina*. Si, dans les *Elementa rhetorices*, c'est une vue compréhensive de la doctrine qui permet de régler, *via* le système des lieux, l'usage de l'allégorie, dans l'œuvre exégétique de Melanchthon, l'allégorie doit permettre au lecteur, non seulement de comprendre la doctrine, mais de voir celle-ci se dégager, comme telle, comme un élément essentiel de la vie du chrétien. Dans l'exégèse de Melanchthon en 1544, c'est le chapitre 6 de l'Évangile de Jean, sur l'épisode de la multiplication des pains, qui est destiné à dire ce rôle de la doctrine. Le dernier lieu recensé par Melanchthon dans la péricope est expressément intitulé *allegoria* et porte sur l'injonction finale de rassembler les pains restants dans des paniers (Jn 6, 12):

> C'est une allégorie très douce: elle désigne en effet la distribution de la doctrine. Celle-ci grandit dans l'agitation [...] Ensuite les restes de la vraie doctrine doivent être récupérés, mais en faisant des choix. C'est pourquoi nous devons préserver les écrits des anciens, mais en faisant des choix. [...]
>
> Les paniers signifient les lettres et le savoir dans lesquels le souvenir doit en être conservé[1].

Dans la tradition, le texte de Jn 6 avait déjà été interprété de cette façon réflexive, en particulier par Thomas d'Aquin: les cinq pains de l'enfant désigné par André signifiaient pour lui allégoriquement le Deutéronome, également appelé «doctrine de la Loi», cependant que les deux poissons du même enfant signifiaient les Psaumes et les Prophètes, qui donnent leur «douce saveur» au pain de la Loi[2]. Chez Melanchthon, le texte sur les quatre sens, dans les *Elementa rhetorices*, en avait déjà appelé au même verset, à propos des typologies auxquelles ont recouru Jésus et Paul:

1. *Annotationes Philippi Melanthonis in Evangelia, quae usitato more diebus dominicis et festis proponuntur*, Dominica laetare, Euangelium Iohannis 6., CR XIV, 238: «Allegoria est dulcissima: significat enim distributionem doctrinae. Haec crescit agitando, sicut alibi dicit Paulus: Colonum oportet primum de fructibus percipere: ita docens primum accipit praemia a Deo, illustratur ipse maiori luce. Deinde reliquiae verae doctrinae diligenter et cum delectu servandae sunt. Quare & nos veterum monumenta, sed cum delectu, servemus. Ac utinam eius rei maior cura fuisset, et monumenta tradita per Apostolorum discipulos conseruata essent. Cophini significant literas, & eruditionem, quibus conseruari monumenta debent».

2. Thomas d'Aquin, *Super Evangelium S. Ioannis lectura*, cura P. Raphaelis Cai, O.P., «Editio V revisa», Taurini-Romae, 1952, p. 162: «Puer ergo iste quinque panes habet, id est doctrinam legis; vel quia in quinque libris Moysi contenta est [...] vel quia data est hominibus vacantibus sensibilibus, quae per quinque sensus exprimuntur: qui sunt hordeacei, quia lex ipsa data erat ut in ea vitale alimentum corporalibus sacramentis obtegetur [...] Per pisces autem duos qui saporem suavem pani dabant, intelligitur doctrina Psalmorum et Prophetarum: et sic vetus lex non solum habebat panes, scilicet libros quinque Moysi, sed etiam duos pisces, scilicet Prophetas et Psalmos [...]». Je remercie chaleureusement Gilbert Dahan d'avoir bien voulu me faire connaître ce texte de Thomas, ainsi que d'autres, notamment d'Hugues de Saint-Cher, qui font de Jn 6 un des grands moments de la réflexion médiévale et renaissante sur la possibilité d'une interprétation spéculaire de la Bible.

Nous les voyons se mouvoir dans les lieux que j'ai dits, et présenter les choses les plus importantes comme peintes en image. Ces images, utilisées à cet endroit, apportent grâce et lumière au discours, comme quand, pour recommander les lettres et les arts, on les compare aux paniers dans lesquels on rassembla les cinq pains restants, [c'est-à-dire] les savoirs humains. De même en effet que les pains signifient la parole de Dieu, les paniers signifient les lettres et les arts, dans lesquels la Parole de Dieu est gardée parmi les hommes. Le chrétien évitera donc de dédaigner les humanités, car elles sont les vases dans lesquels est conservée la doctrine céleste[1].

Entre saint Thomas et Melanchthon, le domaine de l'allégorie s'est à la fois étendu et restreint: il recouvre désormais toute l'Écriture, définie comme doctrine, mais intègre aussi tous les biais – langues, arts, disciplines – par lesquels cette doctrine est cultivée. De l'image au discours, Melanchthon récapitule ici la rencontre des lieux communs et de l'allégorie, situant la place d'une exégèse en train de s'inventer, entre amour du savoir et respect de la doctrine.

Compléments bibliographiques.

Note 1, p. 289: U. Köpf, « The Institutional Framework of Christian Exegesis in the Middle Ages », dans M. Sæbø (éd.), *Hebrew Bible / Old Testament. The History of Its Interpretation*, vol. I, part 2, Göttingen, 2000, p. 148-179. Sur l'exégèse médiévale et l'histoire de la Réforme, R. A. Muller, «Biblical Interpretation in the Era of the Reformation. The View from the Middle Ages», dans R. A. Muller, J. L. Thompson (édit.), *Biblical Interpretation in the Era of the Reformation*, Grand Rapids (Mich.), 1996, p. 3-22.

Note 1, p. 292: l'article de Joachim Ringleben, «Luther zur Metapher», a été repris dans *Arbeit am Gottesbegriff*, Bd. 1: *Reformatorische Grundlegung, Gotteslehre, Eschatologie,* Tübingen, 2004, p. 58-95, où on lira aussi l'étude sur «Metapher und Eschatologie bei Luther», p. 96-116.

1. *Elementa rhetorices*, CR XIII, 470: «Hos [Jesus et Paulus] videmus versari inter locos illos, quos nominavi, et maximas res quasi pictas imaginabus ostendere. Afferunt enim in loco adhibitae, et gratiam et lucem orationi, ut si quis in commendatione linguarum et artium comparet ad cophinos, in quos colligebantur reliquiae quinque panum, disciplinae humaniores. Cum enim panes significent verbum Dei, cophini significabunt linguas et artes, quibus inter homines asservatur verbum Dei. Non igitur aspernandae erunt homini Christiano disciplinae humaiores, cum sint vasa in quibus coelestis doctrina conservatur.»

TABLES

INDEX LOCORUM

INDEX NOMINUM

Noms bibliques ou mythologiques

Autres noms

INDEX THÉMATIQUE ET TERMINOLOGIQUE DE L'ALLÉGORIE

Mots latins

Mots hébreux

Mots arabes

Mots grecs

CONTRIBUTEURS

Philippe BÜTTGEN	UMR 8584, École pratique des Hautes Études-CNRS ; Mission Historique Française en Allemagne
Pierre CHIRON	EA 431, Université de Paris XII - Val de Marne
Gilbert DAHAN	UMR 8584, École pratique des Hautes Études-CNRS
Peter DRONKE	University of Cambridge
Michael FISHBANE	The Divinity School, University of Chicago
Jean-Claude FREDOUILLE	UMR 8584 AP (Institut d'Études Augustiniennes), CNRS ; Université de Paris IV
Richard GOULET	UPR 76, CNRS
Jean-Baptiste GOURINAT	UMR 8061 (Centre Léon Robin), CNRS-Université de Paris IV
Alain LE BOULLUEC	UMR 8584, École pratique des Hautes Études-CNRS
Pierre LORY	UMR 8584, École pratique des Hautes Études-CNRS
Aude MAIREY	UMR 8589, CNRS-Université de Paris I
Barbara OBRIST	UMR 7062, École pratique des Hautes Études-CNRS-Université de Paris VII
Anca VASILIU	UMR 7062, École pratique des Hautes Études-CNRS-Université de Paris VII

TABLE DES MATIÈRES

TABLES

Achevé d'imprimer en France
le 30 mars 2005
sur les presses de
IDG
52200 Langres - Saints-Geosmes
Dépôt légal : avril 2005 - N° d'imprimeur : 5838